基金项目：

广西八桂学者项目"中国与东南亚关系研究"的研究成果；

广西民族大学中国—东盟研究中心项目"菲律宾殖民当局的对华政策（16—17 世纪）"
（KT201402）的研究成果；

广西民族大学中国—东盟研究中心创新研究团队"菲律宾政治研究"（TD201305）的
研究成果。

菲律宾殖民当局的对华政策

（16—17世纪）

Philippine Colonial Authorities' Policies toward China from 16th to 17th Century

陈丙先 著 ■

厦门大学出版社
XIAMEN UNIVERSITY PRESS

国家一级出版社
全国百佳图书出版单位

内容提要

　　菲律宾这个隔南中国海相望的邻邦,由于地处东南亚边缘地带,且在历史上经济发展相对滞后,所以相较于东南亚其他地区,这个群岛在前殖民时期同中国的交往相对来说不太密切。西班牙人入主菲岛后,带来大量美洲白银。由于白银在中国的使用越来越普遍,菲律宾的美洲白银对中国商人有着很大的吸引力,同时精美的丝货、瓷器等各色中国商品又为菲岛的西班牙人所喜爱,还被他们转贩美洲等地,因此以美洲白银交换中国商品为主要内容的菲中贸易蓬勃发展起来。随着贸易联系的加强,菲(西)中在政治、文化领域也交往频繁。对西治前期(16—17世纪)的菲(西)中关系进行全面探讨,深入研究东西两大帝国如何在东亚地区进行互动,不仅具有很强的学术意义,或许还能获得某种历史启示。

　　为了深入了解这一时期的菲(西)中关系,还原历史真相,本书选择该时期菲律宾殖民当局的对华政策作为研究对象,在对不同时期不同领域菲律宾殖民当局在菲(西)中交往中所奉行的政策内容进行全面阐述的基础上,进而深入系统地探讨各项政策出台的背景与过程,影响政策制定与执行的各种因素,政策执行的效率等,将纵向的历史发展脉络和横向的国际交往结合起来,从历史时空的二维角度展示该时期的菲(西)中关系。

　　在对前殖民时期的菲中关系,西班牙人东来前的对华认知,西属菲律宾殖民政权的建立过程等背景因素进行简单的历史回顾后,本书主要从政治、经济、文化三个方面来研究菲律宾殖民当局的对华政策,着重阐述不同时期菲律宾殖民当局的对华政治态度及其对在菲华人的安全防范,并分析各种不同态度下的菲(西)中官方交往;阐述菲中贸易的重要性以及菲律宾殖民当局对该贸易所持的政策,并分析影响政策制定的各种因素;阐述西班牙托钵修士传教中国的热忱,对华武力传教的主张,与葡萄牙耶稣会士的传教策略分歧,在中国礼仪之争中所扮演的角色;最后简要分析和归纳菲律宾殖民当局的对华政策特点,探究其对华政策与菲中关系的内在联系。

总　序

庄国土

　　东南亚是我国重要的周边地区,人口众多,资源丰富,扼印度洋和太平洋之间的交通要道,战略地位重要,近代以来一直是大国争斗要地。东南亚和中国有长期密切的政治、经济和文化联系,汉唐以降,两地商人、使臣往来络绎于途。西方殖民者东来以后,东南亚相继沦为殖民地和列强的势力范围,中国也成为半封建半殖民地的国家。二战以后,东南亚各国和中国先后独立,各自在维护主权独立和经济、文化发展过程中取得重大成就。20 世纪 70 年代以来举世瞩目的"东亚经济奇迹",其核心内容之一就是东南亚和中国的崛起。

　　近代以来,中国和东南亚共同的命运、山水相连的近邻、全球化推动下的区域资源最佳配置和基于相近的价值观,使中国和东南亚之间的密切合作已是水到渠成。1991 年,中国与东盟建立了对话伙伴关系。2002 年,中国国务院总理朱镕基和东盟十国领导人签署了《中国—东盟全面经济合作框架协议》,启动了中国与东盟建立自由贸易区的进程。2003 年,中国第一个加入《东南亚友好合作条约》,第一个明确支持《东南亚无核武器区条约》并与东盟双方确立了"面向和平与繁荣的战略伙伴关系"。由对话关系上升到战略伙伴关系,是中国—东盟关系的升华,由此开启此后的"黄金十年"睦邻合作。十年来,中国与东盟关系进入全面合作与发展的新阶段,全方位、多层次和宽领域的经济合作不断深化。在 2002 年至 2012 年,中国与东盟的进出口贸易额从 547.67 亿美元增至 4000.93 亿美元,增长 6.3 倍。双方互为最重要的贸易伙伴之一。在国际经济不景气的大背景下,中国—东盟贸易额创历史新高,突破 4000 亿美元,同比增长 10.2%,高于同期中国对外贸易平均增幅(6.2%)。中国连续四年是东盟的第一大贸易伙伴,东盟继续为中国的第三大贸易伙伴。中国与东盟相互投资规模也日益扩大,尤其是近年来中国对东盟的投资更是飞速增长。至 2012 年底,双方相互投资总额累计达 1007 亿美元。中国在东盟还建立了多个境外经贸合作区,如泰中罗勇工业园、柬埔寨西哈努克港经济特区、越南龙江工业园、越南中国(海防—深圳)经贸合作区。东盟国家一直是中国重要的海外承包工程市场和劳务市场。至 2012 年底,中国在东盟工程承包签署合同额达 1478.7 亿美元,完成营业额 970.7 亿美元。比经济合作更为重要的是人员交流。2012 年,双方人员往来超过 1500 万人次,其中,中国赴东盟游客 732 万人次,较十年前增长 2.6 倍,是东盟第二大游客来源地。而东盟各国则成为中国公民的最主要旅游地。中国在东盟的留学生超过 10 万人,东盟在中国的留学生也超过 5 万人。此外,中国与东盟在政治、安全、海洋、环保等方面的合作日益深化。2002 年 11 月,中国同东盟国家签署了《南海各方行为宣言》,显示了双方共同致力于加强睦邻互信伙伴关系,维护南海地区和平与稳定的决心。2011 年 7 月,中国与东盟国家就落实《南海各方行为宣言》后续行动指针达成一致。2013 年 9 月,双方在苏州开始《南海行为准则》的谈判。

2013 年 9 月,中国总理李克强在第十届中国—东盟博览会上致辞,将中国—东盟过去十年的合作成就形容为"黄金十年",并表示双方有能力创造新的"钻石十年"。今年以来,习近平主席、李克强总理相继访问东南亚国家,提出与东盟加强海上合作,共同建设 21 世纪"海上丝绸之路",这对夯实与加强中国与东盟国家的利益基础与纽带,开启中国东盟合作"钻石十年"具有极其重要且深远的意义。

诚然,中国与东盟关系中,还存在一些矛盾和问题,尤其是南海争端。我的看法是南海争端被过多关注和夸大。首先,南海争端是殖民时期的遗留问题,并非东南亚国家独立以后出现的新争端。中国与相关国家完全有能力在双边会商的基础上解决争端。其次,南海争端是中国与其南海邻国长期存在的问题,海域划分和相关岛屿归属也是国际社会普遍存在的问题。因此,中国与相关南海主权声索国可本着"搁置争议、共同开发"的原则,不必急于一时解决。再次,由于当事国各方的节制,南海争端并不比以前更激烈。1988 年以来,没有发生过军事冲突,各方都期待和平方式处理争端,"南海行为准则"的协商也在中国与东盟之间进行。因此,我们有理由期待,中国与东盟的合作伙伴关系将排除各种干扰而加速推进。我要强调的是,广西将在中国与东盟关系的发展中发挥特殊的作用。

广西是中国唯一与东南亚山水相连、血脉相通的省份,是华南经济圈、西南经济圈和东盟经济圈的结合部,在中国实施中国—东盟自由贸易区战略中,具有重要战略地位和作用,这也是从 2004 年起每年的中国—东盟博览会落户南宁及广西作为中国—东盟经贸合作区唯一落户省份的原因,由此也使广西成为中国和东盟合作与发展的主要平台之一。但如何真正成为中国—东盟合作的带头羊、引领中国的东南亚战略,是广西面临的重大机遇和挑战。

中国领导人最近提出,中国期待与东盟合作建设"海上丝绸之路"。在 21 世纪中国海上丝绸之路新战略中,广西责无旁贷。中国传统海上丝路的起源地,就在北部湾东北部的现广西合浦县。合浦离南宁 176 公里,距北海市 28 公里。这是《汉书·地理志》的记载,也是中国最早的中国商人携带丝绸经海路前往印度洋的记载。海上丝绸之路自此开张。现在海上丝绸之路要推动的中国—东盟互联互通,广西是唯一与东盟山海相连的省份,海通陆也通,广西理应在 21 世纪海上丝绸之路建设中发挥更大的作用。

中国—东盟合作的重大发展战略,其论证和实施需要顶层设计,而深度解读东盟是前提。有幸的是广西政府能高瞻远瞩,在广西民族大学设立东盟学院,并将广西第一批八桂学者中,唯一的文科八桂岗位"中国与东南亚关系研究"落户于东盟学院,委以深度研究东盟和培养高端东盟事务人才之重任。

近两年来,东盟学院几近从空白开始,在学科建设、资料建设、咨询服务、国内外交流平台、科研队伍建设方面已经有初步成效。到现在拥有三个学科和数十个硕士生规模,有国内独树一帜的信息员队伍,取得包括省部级以上项目、论文和咨询报告的科研成果,获得新华社、国务院侨办、中国—东盟中心的好评,有几份报告送呈政治局书记处,并得到采纳证明。

东盟学院八桂学者团队深度研究东南亚的部分学术成果,以《中国与东南亚研究丛书》出版,本书即是该项目的成果之一。这些研究成果基于作者数年乃至十数年的研究积累,可谓发前人之未发。虽然各书作者学力所限,当有各种疏漏,本人作为主编,当负全责,但本人仍期待读者,关注各书体现的创新性,包括分析的创新和资料的重新。

八桂学者　庄国土

广西民族大学东盟学院

2014 年 12 月 31 日

目　　录

第一章

绪　　论

一、选题的缘起与意义

　　菲律宾群岛隔南中国海与华南相望,隔巴士海峡与台湾相望,是我国的近邻。在中国与东南亚地区的关系史中,菲律宾群岛算是比较特别的。该群岛虽与中国邻近,但处于东南亚地区的边缘地带,且在前殖民时期社会经济发展滞后,并在东洋航线开辟前处于南海传统商路的末端,既没有凸显地理上的优势,也缺乏对中国商人的吸引力。所以相较于东南亚其他地区,前殖民时期菲律宾同中国的交往不是太密切,在中国史籍中留下的相关记载也不太多。

　　尽管如此,在西班牙人入主前,菲中之间已有近六百年的交往史。据中国史籍记载,菲中交往的首次记录见于宋太平兴国七年(982)。此后,据宋、元、明三个朝代的诸多典籍记载,宋初至明前期菲律宾地区与中国一直保持着某种程度上的政治、经济和文化联系。首先,在这一时期,由于菲岛发展滞后,除了苏禄地区的珍珠外,没有太多高价值的产品用于交换,所以,尽管每年有中国商船定期前往贸易,但贸易的规模不大。其次,这一时期官方层面的朝贡贸易和宗藩关系却很显著,中国典籍的记载也更为详尽。如宋咸平六年至大中祥符四年(1003—1011)菲律宾古(邦)国蒲端曾五次遣使前来中国,明初洪武至永乐年间(1368—1424),菲律宾古(邦)国吕宋、合猫里、冯加施兰、古麻剌朗、苏禄等先后十五次遣使到访中国,并有多次由国王或首领亲自率团来访。[①] 这些前来的使节携来大量贡品,以换取中国朝廷的丰厚回赐,并接受中国皇帝的册封。当然,这种官方交往并不具备"朝贡"和"宗藩"关系的实质,往往以"朝贡"之名行"贸易"之实。[②] 尽管如此,这一时期中国与菲律宾的一些古(邦)国间维持着友好的官方交往,这一点毋庸置疑。再次,在前殖民时期,由于中国文化相对强势,众多的中国文化因子传入并扎根于菲律宾文化之中,中国是名副其实的文化输出者。最后,由于这一时期菲律宾的社会、经济、文化发展程度相对落后于中国,对中国存在着某种程度上的经济和文化依赖,所以这一时期的菲律宾人往往以一种仰慕的态度来看待中国和中国人。在古(邦)国三岛,连到过中国的本地人都能享受很高的礼遇。网巾礁老人则"见华人舟,趑然而喜"。

1571 年西班牙殖民者攻占马尼拉后,吕宋、冯嘉施兰、合猫里、猫里务等菲律宾中、北部古(邦)国先后消失,除了南部棉兰老岛和苏禄群岛外,菲律宾群岛的其他地区都成了殖民地,成为西班牙帝国的一部分。自西班牙殖民者占领菲律宾直至 17 世纪末,西属菲律宾同中国交往频繁,但相较于前殖民时期,这一时期的中菲关系出现了很大的变化。

首先,经济联系紧密。由于菲岛甚至是西属美洲对中国商品的依赖,菲岛经济发展对中国商人和劳工的依赖,中国对美洲白银的巨大需求,菲岛能给来自中国沿海省份的移民提供一个相较于祖籍国更宽松的谋生环境,使得以美洲白银交换中国商品为主要内容的菲中贸易蓬勃发展,尽管时有起伏,但相较于前殖民时期,无论在数量上还是规模上都大为提升。同时,随着菲中贸易的发展以及西班牙人对菲律宾群岛开发的深入,大量中国移民以商人、工匠、劳工等身份前往并留在了菲律宾,虽然由于屠杀与驱逐之故,有时数量起伏较大,但总体上还是远超前殖民时期。其次,与经济上的紧密联系相反,这一时期菲(西)中间的政治关系则出现了倒退。西班牙殖民者入主菲律宾后,菲律宾殖民当局实为西班牙帝国的地方政府,尽管菲督有权

---

① 中山大学东南亚历史研究所:《中国古籍中有关菲律宾资料汇编》,北京:中华书局,1980 年,第 1～2 页。

② 庄国土:《略论朝贡制度的虚幻:以古代中国与东南亚的关系为例》,《南洋问题研究》2005 年第 3 期,第 1～3 页。庄国土教授认为,"很多东西方学者所认为的中国与东南亚之间长期存在的'朝贡贸易与宗藩关系',实际上并不具备'朝贡'和'宗藩'的实质。将到中国者统称为朝贡者,基本上是中国统治者及历代史官、文人的一厢情愿","朝贡是贸易的外衣"。

派遣或接待来自亚洲国家的外交使节,可以和亚洲的统治者签订条约或向他们宣战,近乎行使一个君王的权力和特权,①但毕竟只是西班牙国王的代理人。这一时期菲中间的官方交往都在中国福建、广东等沿海各省的地方政府与菲律宾殖民当局之间进行,菲律宾殖民当局与中国朝廷之间以及中国沿海省份的地方政府与西班牙王室之间都没有发生过直接联系,中国朝廷与西班牙王室之间更是没有,所以在官方交往的层级上出现了倒退。更重要的是,与前殖民时期一贯友好的官方交往不同,这一时期菲(西)中间的官方关系不时出现紧张,甚至剑拔弩张。再次,与前殖民时期中国文化大量输入菲律宾相反,西班牙殖民者入主后,菲律宾迅速被天主教化和西班牙化,成为向中国派遣传教士、输出天主教信仰的基地。尽管这属于明清时期中西文化交流的一部分,这种交流不仅有"西学东渐",也有"东学西渐",但对于本身位于东方的西属菲律宾来说,中国文化的输入多在前殖民时期就已完成,这一时期更多的是向中国输出天主教文化。最后,中国与中国人在菲岛不再受仰慕。虽然经济上十分依赖中国的商品和移民,但 700 年收复失地运动的最终胜利,海外殖民征服的所向披靡,庞大海外殖民帝国的建立,以及狂热的宗教信仰,自然地形塑了西班牙人强烈的民族自豪感和文化优越感,使其傲视其他的非欧洲民族与文明,因此中国及中国人也就难以在政治和文化上受其尊重了。也正是这种当时盛行的欧洲主义让菲岛的民事和宗教当局一而再地叫嚣征服中国,并宣称这种征服是正义而合理的。受害于殖民当局的隔离政策,被天主教化和西班牙化的菲律宾本土民族,也慢慢地从殖民者和西方文化的角度来看待在菲华人,进而在某种程度上充当殖民当局迫害和屠杀华人的帮凶。

为什么西班牙殖民者东来后菲(西)中关系会发生如此大的变化?要比较完整地回答这一问题,恐怕需要从各个层面对那一时期的菲(西)中关系进行深入研究。本书选择菲律宾殖民当局的对华政策——主要指其对菲(西)中官方交往、菲中贸易、在菲华人、入华传教等所奉行的相关政策——这一菲(西)中关系的侧面为视角,来透视那一时期的菲(西)中关系。

研究菲律宾殖民当局的对华政策,其意义就在于,一方面,通过对政策内容、政策形成的背景和过程、政策执行的效率等方面的研究,从一个侧面

---

①　格雷戈里奥·F.赛义德著,吴世昌、温锡增译:《菲律宾共和国:历史、政府与文明》上册,北京:商务印书馆,1979 年,第 154 页。

展示那一时期的菲(西)中关系,为还原历史真相,为这一领域的学术研究略尽绵薄之力。这一领域目前尚属菲(西)中关系研究的薄弱环节,国内外研究成果甚少,或许还能起抛砖引玉之效。另一方面,以菲律宾殖民当局的对华政策为主线,来展示东西方两个具有异质文明的强大帝国相遇后所进行的互动过程与模式,两大文明交汇后所发生的碰撞在各自人民之间所产生的心理震撼和文化认知,但求能为当今世界纷繁复杂的对外关系,特别是具有异质文明的国家之间所进行的交往,提供某种启示。

二、国内外研究综述

早在 16 世纪后期,当时欧洲最强大的帝国西班牙征服了菲律宾中北部地区,并建立了全面的殖民统治,从而与中华帝国相比邻,时达 300 多年。那一时期的中菲关系成为许多中外关系史、东西文化交流史、菲律宾史、东南亚史乃至明清史学者关注的重要内容,经过长时间的积累,已有很多相关的专著、论文出版,史料也很丰富。不过,由于很多时段的文献记载不足或缺失,该时期的中菲关系研究难度很大,所以很多该领域的研究成果都缺乏深度和广度。

(一)外国学者的研究①

国外学者对西属时期菲(西)中关系的研究,经历了一个研究者的地域分布逐渐扩大、研究层次不断提升的过程。这一过程大致可分为二个阶段。

1. 西班牙统治时期

在西班牙统治菲律宾的 300 多年间,国外有着大量关于西属时期菲(西)中关系的记载或著述。不过,那些记载或著述绝大多数出现于西班牙帝国版图内,这不仅因为西班牙帝国是该时期菲(西)中关系的当事方,马尼拉开港前西班牙在菲律宾实行的封闭性政策,即规定菲律宾除了与墨西哥及西班牙母国进行纵向联系外,不得与其他西方殖民国家进行直接交往,也是一个重要原因,因为该规定使得其他西方人很少有机会进入菲律宾,去了解该时期的菲中交往。作为旁观者,与西班牙在东亚舞台上进行角逐的其他西方殖民国家,如葡、荷、英、法等,还是留下了不少该时期菲(西)中交往的记载。

---

① 本书将独立后的东南亚国家的华人学者也归入国外学者的行列。

（1）西班牙人的相关记载或著述

西班牙人对西属时期菲（西）中关系的记载或著述，基本上都出自菲律宾的殖民官员与传教士之手。这主要是因为在菲华人文化程度较低且专注于生计，而土著又文化程度太低且视野有限，使得著书立说的文字工作长期以来都局限于少数上层殖民官员和传教士范围内。其中，又由于传教士的文化修养相对较高，更有能力进行记载和著述，所以在整个西属时期，"几乎所有有关西班牙在菲律宾殖民统治的著作都来自各修会的传教士"。①

西班牙人有关西属时期菲（西）中关系的记载或著述，主要以王室法令，殖民官员的报告、书信或著作，以及传教士的著作、书信或日记等文献形式出现，或载于其中。由于西班牙王室的法令、殖民官员的报告或书信以及传教士的书信或日记等文献，往往记载的内容比较单一且狭隘琐碎，记述又就事论事而缺乏深入分析，虽为珍贵史料却学术价值不高，且数量庞大，内容与形式繁杂，难以进行分类概述，所以本书在此仅就传教士的相关著作，也包括极少数殖民官员的著作，作一个简述。

第一部叙述菲中交往的著作为马丁·德·拉达（Martin de Rada）的《中国纪行》，其第一部分主要叙述德·拉达一行出使中国的经过。拉达神父是第一位亲历中国的西班牙传教士，②返回马尼拉时捎回了百余种中国典籍。在参考所捎回典籍的基础上以其亲身经历撰写的《中国纪行》，可信度高，后来与那些典籍一起成为西班牙奥斯定会传教士门多萨（Gonzalez de Mendoza）撰写《中华大帝国史》（History of the Great Kingdom of China）的宝贵资料。得益于此，门多萨的《中华大帝国史》1585 年于罗马出版后，成为当时影响欧洲人中国观念的经典之作，也是关于西属初期菲（西）中关系的重要著作。1604 年出版于罗马的耶稣会士皮德罗·季里诺（Pedro Chirino）的《17 世纪的菲律宾》（The Philippines in 1600）一书，虽其主要篇幅是叙述耶稣会在菲律宾的传教状况，其中也包含作者本人在华人中传教及学习华文，耶稣会士对华人施加巨大影响等内容。1609 年出版

---

① C. R. Boxer, Some Aspects of Spanish Historical Writing on The Philippines, in D. G. E. Hall edited, *Historian of South East Asia*, London, Oxford University Press, 1961, p. 200.

② 本书将会多处出现"西班牙传教士"、"西班牙托钵修士"之类的称呼，都是指经由西班牙海外属地前来，特别是受西班牙王室资助，承认西班牙王室保教权的传教士，其中绝大多数来自西班牙，有些则来自其他国家。

于墨西哥的莫加博士(Antonio de Morga)所著的《菲律宾纪事》(*Sucesos de las Filipinas*)一书,涵盖了 1493—1603 年间菲律宾政治、经济和社会生活等各方面的内容,其中就包括了华人问题与中菲贸易增长情况。由于莫加曾在 1595—1603 年间任菲律宾最高法院院长、代理总督,这不仅使他有机会接触到西班牙政府的档案,而且还成为一些历史事件的见证者和亲历者,所以该书是基于其文献研究、个人观察及自身经历撰写而成的,记载相对客观真实,如作者坦承,如果没有殖民者的野蛮行径也就不会激发 1603 年的华人暴动,从而使该书成为西属时期菲律宾殖民史最重要的著作之一,对今天的研究仍有重要的参考价值。[1] 麦蒂那(Juan de Medina, O. S. A.)撰于 1630 年,后于 1893 年在马尼拉出版的《菲律宾奥斯定会史》(*History of the Augustinian Order in the Filipinas Islands*)一书,其中以一定的篇幅谈到了中菲贸易的利润丰厚以及某些官员辞公职而从事中菲贸易,中菲贸易的起始与发展,以及早期奥斯定会士赴华传教企图失败等内容。[2] 1736 年艾伯茹(Antonio Alvarez de Abreu)撰于马德里的 *Extracto Historial* 一书,回顾了自起始至 1640 年间菲律宾与新西班牙之间的贸易,其中涉及贸易争端,王室的限制政策,特别是对中国丝织品的限制等内容。在该书的第三部分至最后,主要叙述 1640 年至该书成书时那一时段内,在菲律宾、墨西哥与西班牙母国三方的博弈下,西班牙王室对菲墨间贸易的政策摇摆不定。[3] 因为菲墨贸易是中菲贸易的延伸,前者的任何波动都会直接影响到后者,所以该书也应被视为涉及西属时期中菲关系的重要著作。阿杜阿特(Diego Aduarte)1640 年在马尼拉出版的《多明我会圣玫瑰省传教史》(*Historia de la provincia del Sancto Rosario*)一书,记载了西班牙远征东亚前半个世纪的传教情况,其中在该书第一册的第 1 至 9 章谈到了在中国开教的失败,第 10 章则谈在马尼拉华人中的传教。[4] 1693 年在萨拉戈萨出版的克鲁斯的(Baltasar de Santa Cruz, O. P.)《历史》(*Historia*)一书,叙述了菲律宾多明

---

[1]　B. L. , Review: History of the Philippine Islands from Their Discovery by Magellan in 1521 to the Beginning of the XVII Century, *Bulletin of the American Geographical Society*, Vol. 39, No. 8 (1907), pp. 510~511.

[2]　E. H. Blair and J. H. Robertson, *The Philippine Islands*, 1493—1898, Cleveland, The Arthur H. Clark Co. , 1903 (下文简称 BR), Vol. 23, pp. 14~15.

[3]　BR, Vol. 44, pp. 18~22.

[4]　BR, Vol. 30, pp. 12~13.

我会 1641—1669 年的历史，其中谈到了派遣传教士入华传教、在华传教士的行为规范等方面的内容。① 1756 年埃西斯(Fray Pedro de San Francisco de Assis)撰于萨拉戈萨的编年史《托钵修会奥斯定会神父通史》(*General History of the Discalced Augustinian Fathers*)一书，主要记叙大约 1661—1712 年奥斯定会在菲律宾各地的传教活动，其中详细记述了 1662 年华侨大屠杀的经过以及奥斯定会士在其中所扮演的角色，奥斯定会前往中国传播福音的企图及为此所作出的各种努力等各种与中国或华人相关的内容。1718 年奥斯定会士迪亚士(Casimiro Diaz, O. S. A.)撰于马尼拉的《征服》(*Conquistas*)的第四册，叙述了 17 世纪后期菲律宾奥斯定会的历史，也例外地记载了那时期的世俗历史，其中涉及中菲贸易、入华传教、在菲华人等诸多与中国或华人相关的内容。②

（2）其他外国人的相关记载或著述

由于前述原因，其他外国人，主要为西方其他国家的人，对西属时期菲(西)中关系的记载或著述数量不多，本书仅就所能找到的资料作一简述。

安东尼奥·博卡罗(António Bocarro)撰的《印度历史上的第十三个十年》，1876 年由费尔内(Rodrigo José de Lima Felner)在里斯本皇家科学院出版，两集，为葡萄牙在 1612—1617 年间在远东活动的编年史，包含大量有关澳门与菲律宾的资料。弗朗西斯科·卡尔列蒂(Francesco Carletti)的《环球旅行(1594—1606)》，记述作者本人，一名佛罗伦萨商人途经马尼拉和澳门的环球旅行。塞巴斯蒂昂·曼里克(Sebastião Manrique)的《路线》，记载葡萄牙奥斯定会士 1628—1640 年间在亚洲的旅行，他曾到过澳门和马尼拉。索利斯(Duarte Gomes de Solis)的《关于印度的贸易》，1628 年出版，其中有许多有关中国和菲律宾的记述。③ 英国海盗丹皮尔(William Dampier)，1686—1687 年的大部分时间待在菲律宾群岛，后于 1697 年在伦敦出版了《新环球航行》(*New Voyage Round the World*)一书，虽然该书主要描述南部棉兰老岛的居民、物产、风俗习惯等情况，也还是偶尔提到了一些有关中国和华人的情况。此外，还有法国人吉罗内埃(Paul Proust de la

---

① 　BR，Vol. 37，pp. 10～12.
② 　BR，Vol. 42，pp. 13～19.
③ 　洛瑞罗：《16—17 世纪伊比利亚与菲律宾的交往：有关书目简介》，《澳门文化杂志》2004 年第 51 期，第 72～75 页。

Gironiere)的《菲岛二十年》(*Twenty Years in the Philippines*),以及保宁(Sir John Bowring)的《菲岛访问记》(*A Visit to the Philippine Islands*)(London,Smith,Elder & Co.,1859)等。

综观西班牙统治时期,西班牙人及其他外国人对菲(西)中关系的记载或著述,在特征上与明清时期中国典籍的记载有诸多相似之处。首先,多数文献的记载不详。虽然海外诸国留下的记载众多,但多为粗略的简介,甚至是片言只语,诸如一些日记、游记、信件之类的记载。其次,部分文献的记载过于繁琐而又不全面,往往对事件过程的记载过于冗长,而对事件的起因、结果、事后的影响、领导者的决策过程等方面却记载不周。再次,记载多为就事论事,缺乏深入分析,忽略事件之间横向和纵向的因果联系。最后,多带有宗教和文化偏见,有些甚至歪曲事实。所以,总体上看,该时期多数记载或著述的学术价值不高,与其说是研究成果,倒不如说是有待于研究的文献史料。

2. 后西班牙时期

随着西方学者对东南亚地区研究的深入,该地区本土学者的成长,以及世界其他地区学者对该地区的关注,自19世纪后期以来,特别是二战以后,海外的东南亚研究成果大量出版,其中很多专论西属时期的菲(西)中关系或与之相关。本书在此仅就一些与西属时期菲(西)中关系相关度较大的成果作一简述。

(1)综合研究。阿利普(Eufronio M. Alip)的《十个世纪的菲中关系》(*Ten Centuries of Philippine-Chinese Relations:Historical,Political,Social,Economic*)(Manila:Alip,1959)一书时间跨度大,回顾了整个中菲关系的发展历程。陈台民著的《中菲关系与菲律宾华侨》(马尼拉以同出版社,1961年)一书资料最为翔实,主要叙述16世纪后期的中菲关系。吴景宏的《中菲关系论丛》(新加坡青年书局,1960年)一书及其博士论文《中菲关系的历史与经济视角:1603—1762》(*Historico-Economico Aspects of Sino-Philippine Relations*,1603—1762)(University of the Philippines,1975),则从历史、经济等多个角度去描述中菲关系。奥勒(Manel Ollé)的《中国的发明——16世纪菲律宾的欲望和战略》(威斯巴登,2000年),是一部用西班牙文学形式表达并通过菲律宾人介绍中国的作品,《中国工程——从战无不胜的军队到马尼拉大帆船》(巴塞罗那 Alcantilado,2002年),是关于西班牙通过菲律宾发展与中国关系的最新的研究作品。路德斯·迪亚斯—特舒罗的《近代历史上东方的联系》和安刚科（Celedonio A.Angangco)的《中菲关系的新边界》(*New Frontiers in Chinese-Filipino Relations*)(Taipei：the China Academy，1969)也分别从不同角度阐述了不同时段的中菲关系。

（2）中菲贸易研究。舒尔茨（William Lytle Schurz)的《马尼拉大帆船》(*The Manila Galleon*)(New York，E. P. Dutton，1939)一书,堪称西属时期菲中贸易研究中最经典的著作。洛佩斯（Carmen Yuste Lopez)的《新西班牙和菲律宾的贸易1590—1785》（墨西哥国家人文和历史学院,1984年），主要介绍菲律宾及其作为墨西哥和中国之间贸易中转地的作用。潘日明（Benjamim Videira Pires)的《16至19世纪澳门—马尼拉之间的贸易往来》（澳门海事研究中心,1987年）。考迪（Fernando Iwasaki Cauti)的《16世纪的远东和秘鲁》（马德里Mapfre,1992年），阐述美洲和菲律宾之间尤其是在经济领域的关系以及同中国不可避免的联系。弗林（Flynn)和吉拉尔德斯（Giraldez)的《衔"银匙"而生：1571年世界贸易的源头》(Born with a "Silver Spoon"：The Origin of World Trade in 1571)(载《世界历史杂志》第6卷第2期,1995年)及巴克（Tom Barker)的《白银、丝绸和马尼拉：马尼拉帆船贸易的导向因素》(Silver，Silk and Manila：Factors leading to the Manila Galleon Trade)(载《菲律宾研究》第44卷第1期,1996年)二文,主要研究菲中贸易及菲墨贸易。

（3）在菲华人研究。这是后西班牙时期,西属时期中菲关系研究中,国外学者研究成果最丰硕的领域。井出季和太执笔、满铁东亚调查局的《有关菲律宾的华侨》（东京,1939年），魏安国的《菲律宾生活中的华人：1850—1898》(*The Chinese in Philippine Life* 1850—1898)(New Havan, Yale Univ. Pr.，1965)，费里斯（Alfonso Felix)的《在菲律宾的中国人1570—1770》（马尼拉历史保存协会,1966年），劳费尔（Berthold Laufer)的《中国人与菲律宾的关系》(*The Relations of the Chinese to the Philippines*)(Manila，1967),高祖儒的《华商拓殖菲岛史略》（商总月报发行,1969年6月),格雷戈里奥·F·赛义德的《早期在菲律宾的中国人》(《民族问题资料摘译》1977年第8期),安德鲁·罗杰·威尔逊著的《西统时期菲律宾华人简史》（菲律宾华裔青年联合会,2001年),辛西娅（Cynthia Ongpin Valdes)的《西治时期菲律宾的中国人》(*The Chinese in the Philippines during the Spanish Colonial Period*)(洪玉华和菲律宾华裔青年联合会出版的专著,

2002 年），辛科（V. G. Sinco）的《中国与菲律宾群岛的关系》（*The Relations of the Chinese to the Philippine Islands*）（华盛顿，史密森学会）等，从历史发展的角度综述西属时期的在菲华人。霍斯利（Margaret Wyant Horsley）的《生理人：菲律宾反华情感的形成——典型偏见的文化研究》（*Sangley*：*the Formation of Anti-Chinese Feeling in the Philippines-A Cultural Study of the Stereotypes of Prejudice*）（Ann Arbor，Univ. Microfilms，1950），魏特曼（George Henry Weightman）的《菲律宾华人：边际贸易社群的文化史》（*The Philippine Chinese*：*A Cultural History of a Marginal Trading Community*）（Ithaca：Cornell University，1960），舒伯特（Shubert S. Liao）的《菲律宾经济和文化的华人参与》（*Chinese Participation in Philippine Culture and Economy*）（NewYork，Bookman，Associates，1964），施振民的《菲律宾华人文化的衰微与变迁》（《华侨华人历史国际研讨会论文集》，1985 年）等，则从经济文化的角度来研究。《西班牙时代的菲律宾华侨》（《南支南洋》第 160 号，1938 年），三吉明十的《历史上的菲律岛华侨动乱》（《研究资料》第 3 卷第 4 号，1941 年），箭内健次的《马尼拉的所谓巴里安》（《台北帝国大学文学部史学科研究年报》第 5 号，1938 年）和《马尼拉地区支那人的发展》（《南亚细学报》第 2 号，1944 年），吉尔（Robert Lewis Gill）的《菲岛华人处境的法律视角》（*The Legal Aspects of the Position of the Chinese in the Philippine Islands*）（密西根大学的哲学博士学位论文，1942 年），陈守国著的《菲律宾五百年的反华歧视》（菲律宾华裔青年联合会，1989 年）等，则着重从西属殖民当局殖民政策的角度来研究。

（4）对华传教研究。伯纳德（H. Bernard）著的《天主教十六世纪在华传教志》（上海商务印书馆，1936 年）一书，虽主要叙述 16 世纪葡萄牙耶稣会在华传教的情况，但也叙述了菲律宾的西班牙传教士企图开教中国的种种努力。科斯塔（Horacio De la Costa）的《耶稣会在菲律宾 1581—1768》（剑桥，哈佛大学出版社，1961 年），是耶稣会在菲律宾最严谨的历史资料，其中有许多有关中国的介绍。卡明斯（Cummins，J. S.）著的《闵明我的旅行与争议：1618—1686》（*The Travels and Controversies of Friar Domingo Navarrete 1618—1686*）（The Hakluyt Society，1962）则主要叙述了西班牙传教士闵明我在中国的活动及其在礼仪之争中所扮演的角色。冈萨雷斯（Gonzalez，J. M.）著的《多明我会中国传教史》（*Historia de las Misiones*

Dominicanas en China）（Imprenta Juan Bravo，1964）则介绍西班牙多明
我会在中国传教的历史。博克赛（C. R. Boxer）的《教会斗士与伊比利亚扩
张：1440—1770》（*The Church Militant and Iberian Expansion*，1440—
1770）（巴尔地摩：约翰霍布金斯大学出版社，1978 年）着重阐述教会在伊比
利亚半岛的殖民扩张中所扮演的角色，西葡殖民地的政教关系。弗尔南德
斯（Pablo Fernandez，O. P.）的《菲律宾教会史（1521—1898）》（*History of
the Church in the Philippines*，1521—1898）（Manila，National Book
Store，1979）全面叙述直至西班牙统治结束菲律宾天主教会的历史，受马
尼拉教区管辖的中国部分地区也涉及在内。

（二）中国学者的研究

虽然中菲关系历史悠久，且早期中菲交往的记载多见于中国典籍，但国
内真正有关菲律宾的学术研究直至民国后才出现，有关西属时期中菲关系
的研究也是如此。国内学者在这一领域的研究大致可分为三个阶段。

1. 第一阶段——明清时期

在明清时期，中国典籍中有着大量关于西属菲律宾及该时期中菲交往
的记载。不过，如许云樵先生所言，"（19 世纪初以前的）中国学者有关南洋
的著述，完全抱'海客谈瀛'的态度，兴之所至，随手笔录，一鳞半爪，不成体
系"。[①]

明代记载吕宋的典籍很多，共约二十来部，[②]其中以《明史》卷三二三
《吕宋传》，《明实录》中的《明神宗实录》，张燮的《东西洋考》卷五《吕宋》、卷
七《饷税考》、卷九《舟师考·东洋针路》与卷十一《艺文考》，茅瑞徵的《皇明
象胥录》卷五《吕宋》，何乔远的《名山藏》册六二《王享记三·吕宋》，何乔远
的《闽书》卷三九《版籍志》、卷一四六《岛夷志》与卷一五〇《南产志上·蕃
薯》，徐昌治的《破邪集》卷三《驱邪直言》，陈子龙等辑的《明经世文编》卷四
〇〇、四一一、四三三、四六〇与四九一，顾炎武的《天下郡国利病书》，查继
佐的《罪惟录》卷三六《吕宋国》的记述较为详细，其中又以《明史》、《东西洋

① 　许云樵：《50 年来的南洋研究》，近代中国研究网，http://jds. cass. cn/Article/
20050919104651. asp
② 　根据中山大学东南亚历史研究所编的《中国古籍中有关菲律宾资料汇编》一书
中的第二部分《明代有关吕宋等地的记述》中共列举了二十部古籍，本书在这里借用它
的成果。

考》、《明经世文编》为最。内容上主要集中在万历年间的中菲官方交往、民间贸易、旅菲华人、西班牙人对吕宋的征服、天主教习俗、物产等方面,其中尤以万历年间中菲官方交往的记载最为丰富。在记载时段上,《明史》和《明实录》主要集中在万历年间,至天启三年(1623)之后,就不再有任何关于吕宋的记载,其他典籍的记载也主要集中在万历年间。当然,为什么天启三年后就不见有关吕宋的任何记载,本身就是一个值得研究的学术问题。

明代中国典籍记载的缺陷除了内容上缺乏深度和广度,时段上缺乏广度外,还存在很多道听途说、以讹传讹的错误,如诸多典籍中所载的牛皮拓地之说,《破邪集》中的"我西士有四眼,日本人有三眼,中国人有两眼,吕宋人无一眼"之说,[①]将西葡二国混为一谈,等等。此外,虽然记载较多,多为相同事情的不同记载,实质内容不多,甚至前后记载不一,令人难以判断。

清代记载吕宋[②]的典籍更多,共约有四十四部,[③]记载的内容也较明代更为全面、详细。内容涉清廷的对菲政策、中菲官方交往、吕宋在华传教事宜、华人与劳工问题等方面的,主要有赵尔巽的《清史稿》、《清实录》,故宫博物院编的《史料旬刊》第七、二二、一六、三一、一〇、一二、一八期,故宫博物院编的《清代外交史料》嘉庆朝第一、三册,故宫博物院编的《清季外交史料》卷八、九、一二、六八、七四、七五、八四,王之春的《国朝柔远记》卷四,张煜南的《海国公余杂著》卷一,薛福成的《出使英法义比四国日记》,崔国因的《出使美日秘国日记》,倚剑生编的《中外大事汇记》之《论说汇》卷首,其中以《清实录》、《史料旬刊》、《清季外交史料》、《出使美日秘国日记》及《中外大事汇记》的相关记载更为详细。载有中菲贸易、菲律宾气候地理与物产以及菲律宾民俗风情的,主要有《清实录》,陈伦炯的《海国闻见录·东南洋记》,郁永河的《裨海纪游·西洋国》,黄可垂的《吕宋纪略》,叶羌镛的《吕宋记略》,萧

---

① 徐昌治:《破邪集》,卷三《驱邪直言》,日本安政二年刻本,《四库未收书辑刊》第十辑第四册,北京:北京出版社,2000 年,第 375~378 页。

② 与明代不同,到了清代后期,中国典籍中对西属菲律宾的称呼开始多样化,除称"吕宋"外,谢清高的《海录》开始称"小吕宋",《清实录》中自道光二十四年也开始称"小吕宋",洪勋的《游历西班牙闻见录》开始称"非利比恒",倚剑生编的《中外大事汇记》则"吕宋"、"小吕宋"、"飞腊边"、"菲律宾"四个称呼混用。

③ 根据中山大学东南亚历史研究所编的《中国古籍中有关菲律宾资料汇编》一书中的第四部分《清代有关吕宋等地的记述》中共列举了四十四部古籍,本书在这里借用它的成果。

令裕的《粤东市舶论》,梁廷枏的《粤海关志》卷二四,周凯等的《厦门志》卷五,徐继畬的《瀛环志略》卷二,谢洪赉的《瀛寰全志》卷七,其中又以《清实录》、《吕宋记略》、《粤海关志》、《瀛环志略》的记载更为详细。在记载的内容上,主要以中菲贸易以及菲律宾的地理和民俗风情等方面为主,且以中菲贸易的相关记载为最。在记载的时段上,虽始于顺治朝直至清末,但记载较多的主要为乾隆朝、道光朝及光绪朝,其他时段或者记载甚少,或者无记载。

清代典籍对菲律宾及中菲关系的记载虽较于明代典籍更为丰富和详尽,但总体来说,依然是蜻蜓点水式的记载为多,有着与明代典籍记载相同的缺陷。

虽然明清典籍对西属时期菲律宾及该时期的中菲关系的记载甚多,但是该类记载均算不上是真正的学术研究。照许云樵先生的观点,"以 1820 年杨炳南笔录的谢清高《海录》为断,《海录》之前的著作,都列入文献,不入研究范围内"。《海录》之后,福建巡抚徐继畬所著的《瀛环志略》,槟榔屿代副领事张煜南编著的《海国公余辑录》,及前文所述的黄可垂的《吕宋纪略》,叶羌镛的《吕宋记略》,薛福成的《出使英法义比四国日记》等著作,也"不能称为真正的研究工作,他们只做了搜集资料的研究准备,都没有正式研究"。[①]

2. 第二阶段——民国时期[②]

随着南洋地区殖民化加深,众多西方学者,很多为汉学家,主要以本国在南洋的殖民地为研究对象,对南洋地区的历史、地理、文化等各方面进行研究。鸦片战争后,西方的学术思想和学术理论不可避免地传入并影响中国,民国后更是影响日增。出于地理邻近、经济文化联系紧密及华人众多等诸多因素,中国学者也渐渐注意到了南洋地区的重要性,由此开始了对南洋地区真正意义上的学术研究。

据许先生的观点,中国最早而又最成功地进行南洋地区研究的当属沈曾植,他所著的《岛夷志略广证》二卷,载《古学汇刊》第一集,舆地类;20 世纪初对南洋研究声势最大的是丁谦所著的《明史外国传地理考证》十一篇,

---

①　许云樵:《50 年来的南洋研究》。

②　因为直至新中国成立,东南亚地区的华侨尚未面临国籍选择的问题,所以本书在分类时,将其中的华侨学者归入国内学者的行列,尽管其生活于东南亚地区,且科研成果也在那里出版。

该部书1915年收于浙江图书馆丛书第一集。《岛夷志略广证》和《明史外国传地理考证》所涉菲律宾的部分虽属前殖民时期的中菲关系史或菲律宾史,但毕竟开了中国对菲律宾学术研究之先河。至新中国成立,已有众多涉及西属时期中菲关系的研究成果出版,不过尚未见一部中菲关系史面世。下面就笔者所见的一些主要著作作一个简单的分类与罗列。

内容涉西属时期中菲关系,但是以整个南洋地区的历史、经济、贸易、华人等为研究对象的著作。1927年,海南书局出版了张相时的《华侨心中之南洋》上下两卷。1929年,上海国立暨南大学文化事业部出版了李长傅的《南洋华侨史》,上海东方印书馆出版了温雄飞的《南洋华侨通史》。1930年,上海商务印书馆出版了黄竟初的《南洋华侨》,上海国立暨南大学南洋文化部出版了李长傅编的《南洋华侨概况》。1933年,上海商务印书馆出版了王云五、李胜五主编的《南洋华侨》。1934年,上海国立编译馆出版了刘继宣、束世澄的《中华民族拓殖南洋史》。1935年,北京中华平民教育促进会出版了舒贻上编著的《南洋群岛和华侨》,上海商务印书馆出版了李长傅的《南洋华侨史》,南京华侨互济社出版了陈因的《南洋华侨概述》。1937年,上海国立暨南大学出版了程天放的《东南亚之华侨》,上海商务印书馆出版了冯承钧的《中国南洋交通史》和李长傅的《中国殖民史》。1938年,长沙商务印书馆出版了李长傅的《南洋史纲要》。1946年,南洋研究所出版了余顺贤著的《中国与南洋贸易》。1948年,广州岭南大学西南社会经济研究所出版了陈序经的《南洋与中国》。

内容涉西属时期中菲关系,但是以菲律宾的历史、经济、贸易、华人等为研究对象的著作。1925年,上海商务印书馆出版了郑民编的《菲律宾》一书,为一部菲律宾简史。1928年,广州出版了赵鸿汉的《菲律宾华侨概况》。1931年,马尼拉出版了菲律宾名人史略编辑社编印的《菲律宾华侨名人史略》。1932年,中国簿记研究社出版了蔡大训编著的《菲律宾华侨簿记与税律》。1935年,厦门出版了傅泰泉编的《菲律宾指南》。1936年,出版了章进编的《新菲律宾与华侨》,同年上海商务印书馆出版了李长傅编译的《菲律宾史》。1937年,上海商务印书馆出版了石楚耀、吴泽霖著的《菲律宾独立问题》,该书以较大的篇幅回顾菲律宾的历史。1939年,公惠出版社出版了敦公惠编辑的《菲律宾商业名录:附华侨史略》。1947年9月,上海正中书局出版了施良编著的《菲律宾研究》。1948年,菲律宾华侨事迹大观出版社出版了陈笑予编著的《菲律宾与华侨事迹大观》第一集。

涉西属时期中菲贸易的著作。1934年,哈佛燕京学社出版了张维华著的《明史佛郎机、吕宋、和兰、意大利亚四传注释》。1939年,出版了明代高岐辑的《福建市舶提举司志》。1947年,新加坡南洋书局出版了张礼千著的《东西洋考中之针路》。

从上述罗列的著作中可以看出,民国时期的南洋研究具有明显的时代特征。首先,作为起步阶段,历史积累不深,所以该时期以整个南洋地区或区内个别国家为研究对象宏观的概述类或概况类的著作居多,即使是关于某个国家某个领域的专著也是综论性的居多,深度不够。其次,由于华侨与民国的深厚渊源,南洋地区又是华侨的主要聚居地,所以民国时期的南洋研究对南洋地区的华侨甚为偏重。

3. 第三阶段——新中国时期①

二战后,东南亚各殖民地相继独立,新建立的民族主义政权在去殖民化的过程中,纷纷对其内政外交进行重构。中国同各新独立国家的关系由独立前的中国与其宗主国关系的一部分变为独立后的国与国的关系,中国也面临重构其与各新独立国家双边关系的迫切任务,所以加大对东南亚地区的研究以服务于双边关系的构建十分必要。新中国成立后,为了适应形势的需要,政府先后在北京、厦门、昆明、广州等地的大学和科研院所设立东南亚问题研究机构,以对东南亚地区进行研究。随着时间的推进,科研成果的不断积累,特别是20世纪80年代后中国高等教育的不断发展,东南亚研究机构的逐渐增多和科研队伍不断扩大,涉及东南亚各领域各层面的大量专著、译著、论文等纷纷出版,其中有众多的菲律宾研究成果。此外,处于同东南亚地区交往最前沿地带的港澳台地区,也有大量的东南亚研究成果出版。不过,专论或以一定的篇幅论及西属时期中菲关系的研究成果还是不多,本书在此仅以所能找到的资料,就与西属时期中菲关系有关的一些主要科研成果作一个概述。

（1）大陆地区的研究

新中国成立后,大陆地区在20世纪50年代就开始成立专门的东南亚

_____

① 新中国成立后,不承认双重国籍,很多东南亚地区的华侨学者转归为海外华人学者。但值得注意的是,20世纪有很多东南亚地区的华侨华人学者出于学习、生活或工作的缘故,常常往来于东南亚与中国大陆或港澳台地区之间,很难界定其为中国学者还是海外华人学者。有鉴于此,本书在分类时,忽略该类学者的国籍身份,仅以其科研成果的出版地来界定。

研究机构,但有关西属时期中菲关系的研究成果多数出现在 20 世纪 80 年代以后。按研究内容的侧重点来分,主要有以下四类。

综述类成果。主要有中山大学东南亚历史研究所编的《中国古籍中有关菲律宾资料汇编》(中华书局,1980 年),江醒东的《明代中国与菲律宾的友好关系》(载《中山大学学报》(社会科学版)1981 年第 1 期),罗荣渠的《中国与拉丁美洲的历史联系(十六世纪到十九世纪初)》(载《北京大学学报》(哲学社会科学版)1986 年第 2 期),金应熙主编的《菲律宾史》(河南大学出版社,1990 年 4 月),刘浩然著的《中菲关系史初探》(泉州市菲律宾归侨联谊会,1991 年),段研的《明万历年间中菲关系初探》(载《东南亚》2000 年第 2 期),张铠著的《中国与西班牙关系史》(大象出版社,2003 年),赵亮的《明清之际中国与西班牙关系研究》(2004 年山东大学的硕士学位论文)。其中《中国古籍中有关菲律宾资料汇编》是一本很好的工具书,比较全面地将中国典籍中有关西属时期中菲关系的记载收录在其中;金应熙主编的《菲律宾史》则比较深入地研究了西属菲律宾殖民政府对华侨的政策及华侨在经济中的作用;张铠著的《中国与西班牙关系史》则着重论述中国—马尼拉—墨西哥间的贸易联系及宗教文化交流;赵亮的《明清之际中国与西班牙关系研究》则综述了明清间中菲间的官方交往、民间贸易以及华侨问题。

关于中菲官方交往的研究成果。直至 19 世纪中期,中国朝廷才与西班牙王室之间建立起直接联系,之前双方之间的官方交往仅在菲律宾殖民当局与中国沿海省份的地方政府之间进行,留下的文献记载不多,所以西属时期中菲关系中官方交往这一块成了该领域学术研究最薄弱的环节。主要有严中平的《从菲律宾到中国》(载《近代史研究》1982 年第 1 期),邹云保的《西班牙征服中国计划书的出笼及其破产》(载《南洋问题研究》2001 年第 3 期),成洪燕的《明朝后期与西属菲律宾殖民地的交涉:明政府与台湾郑氏政权对菲政策比较》(2002 年中山大学硕士学位论文),赵亮的《中国与西班牙的第一次正式交往》(载《北京大学研究生学志》2007 年第 1 期)。其中严中平的《从菲律宾到中国》与邹云保的《西班牙征服中国计划书的出笼及其破产》主要阐述西属初期西班牙殖民者侵略中国的企图;成洪燕的《明朝后期与西属菲律宾殖民地的交涉:明政府与台湾郑氏政权对菲政策比较》则比较研究了明政府与郑氏政权的对菲政策。

关于中菲贸易的研究成果。主要有李永锡的《菲律宾与墨西哥之间早期的大帆船贸易》(载《中山大学学报》《社科版》1964 年第 3 期),黄重言的

《〈东西洋考〉中的中菲航路考》(载《学术研究》1978年第4期),严中平的《丝绸流向菲律宾白银流向中国》(载《近代史研究》1981年第1期),钱江的《1570—1760年西属菲律宾流入中国的美洲白银》(载《南洋问题研究》1985年第3期)与《1570—1760年中国和吕宋贸易的发展及贸易额的估算》(载《中国社会经济史研究》1986年第3期),刘文龙的《马尼拉帆船贸易——太平洋丝绸之路》(载《复旦学报》〈社会科学版〉1994年第5期),喻常森的《明清时期中国与西属菲律宾的贸易》(载《中国社会经济史研究》2000年第1期),廖大珂的《福建与大帆船贸易时代的中拉交流》(载《南洋问题研究》2001年第2期),李隆生的《明后期海外贸易的探讨》(2004年复旦大学博士学位论文),李曰强的《明代中菲贸易研究》(2007年山东大学硕士学位论文)。其中李隆生的《明后期海外贸易的探讨》比较全面地研究了明后期中菲贸易的各个领域;钱江的《1570—1760年西属菲律宾流入中国的美洲白银》与《1570—1760年中国和吕宋贸易的发展及贸易额的估算》则着重估算1570—1760年间的中菲贸易量。

关于在菲华人的研究成果。主要有李永锡的《西班牙殖民者对菲律宾华侨压迫的政策与罪行》(载《中山大学学报》1959年第4期),黄滋生的《16—18世纪华侨在菲律宾经济生活中的作用》(载《暨南学报》〈哲学社会科学版〉1982年第1期),黄滋生、何思兵著的《菲律宾华侨史》(广东高等教育出版社,1987年),曾少聪的《明清海洋移民菲律宾的变迁》(载《中国社会经济史研究》1997年第2期),曾少聪著的《东洋航路移民:明清海洋移民台湾与菲律宾的比较研究》(江西高校出版社,1998年),黄启臣的《明末在菲律宾的华人经济》(载《华侨华人历史研究》1998年第1期),赵亮的《西属菲律宾时期"以华养菲"华侨政策的扬抑轨迹》(载《兰州学刊》2007年第8期)。其中以黄滋生、何思兵著的《菲律宾华侨史》一书最为全面而详尽。

关于对华传教的研究成果。主要有周南京的《西班牙天主教会在菲律宾殖民统治中的作用》(载《世界历史》1982年第2期),施雪琴的《西班牙天主教语境下的宗教政策——16—18世纪菲律宾华侨皈依天主教研究》(载《华侨华人历史研究》2002年第1期),崔维孝的《明清之际西班牙方济会在华传教研究(1579—1732)》(中华书局,2006年),张先清的《多明我会与明末中西交往》(载《学术月刊》2006年10月号)。其中以崔维孝著的《明清之际西班牙方济会在华传教研究(1579—1732)》一书研究最为翔实。

(2)港澳台地区的研究

　　新中国成立以来,港澳台地区有关西属时期中菲关系的研究成果,按研究内容的侧重点来分,主要可分为以下几类。

　　综述类成果。主要有陈烈甫著的《菲律宾与中菲关系》(南洋研究出版社,1955 年),张其昀著的《中菲文化论集》(中华文化出版事业社,1960 年),陈烈甫的《菲律宾的历史与中菲关系的过去与现在》(正中书局,1968 年),刘芝田的《中菲关系史》(正中书局,1979 年),陈台民著的《中菲关系与菲律宾华侨》(朝阳出版社,1985 年),萧曦清的《中菲外交关系史》(正中书局,1995 年)。其中以陈台民《中菲关系与菲律宾华侨》一书的史料最为翔实,陈烈甫的《菲律宾的历史与中菲关系的过去与现在》一书时间跨度大。

　　台菲关系类成果。这一领域以台湾李毓中先生的研究成果最为丰硕,主要有《塞维亚印度总档案馆中有关郑经的西班牙文史料译述》(载《台湾风物》第 49 卷第 1 期),《北向或南进:西班牙东亚殖民拓展政策下的菲律宾和台湾(1565—1642)》(2005 年 5 月"台湾的东南亚区域研究界年度讨论会—2000"会议论文),《西班牙人在艾尔摩莎》(载《历史月刊》第 222 期),《西班牙、菲律宾、墨西哥及葡萄牙所藏早期台湾史料概况》(载《国际汉学》第 14 辑),《台湾与西班牙关系史料汇编》(台湾文献馆,2008 年),《第一份西方国家有关台湾主权的占领报告》(载《史学月刊》第 228 期)。此外,还有吕理政主编的《帝国相接之界:西班牙时期台湾相关文献及图像论文集》(南天书局,2006 年),郑佩宜的《17 世纪初以前的中菲贸易与 1603 年的马尼拉大屠杀》(2008 年台湾大学历史学研究所硕士学位论文)等。

　　关于中菲官方交往的研究成果。主要有李毓中的《明郑与西班牙帝国:郑氏家族与菲律宾关系初探》(载《汉学研究》1998 年第 2 期),《西班牙外交部总档案馆及其所藏有关中国史料简介》(载《近代中国史研究通讯》第 25 期),《听闻西班牙:明代中国对西班牙世界的理解初探》;吴景宏的《明初中菲关系之探讨》(见《大陆杂志史学丛书》第 3 辑第 4 册)。

　　关于中菲贸易的研究成果。主要有全汉昇的《略谈近代早期中菲美贸易史料:〈菲律宾群岛〉——以美洲白银与中国丝绸贸易为例》(载《"中央研究院"历史语言研究所集刊》第 64 本第一部分),《从晚明到清代中期中国与西班牙美洲的丝绸贸易》(载《历史地理》第 6 辑),《明季中国与菲律宾间的贸易》(载《中国经济史论丛》)。此外,还有李毓中、许壬馨的《马尼拉大帆船:远东与美洲贸易史研究》(载《东南亚区域研究通讯》1999 年第 9 期),萧轩竹的《西属初期菲律宾土著的华货消费市场(1571—1620)》(2008 年台湾政治大学硕士学位论文)等。

关于在菲华人的研究成果。主要有黄明德编著的《菲律宾华侨经济》(海外出版社,1956年),刘芝田著的《菲律宾华侨史话》(海外文库,1958年),陈台民著的《菲律宾华侨史话》(香港益群出版社,1961年),陈荆和的《十六世纪之菲律宾华侨》(新亚研究所,1963年),杨建成主编的《菲律宾的华侨》(中华学术院南洋研究所,1986年),陈剑秋编著的《菲律宾华侨概况》(正中书局,1988年),赵启峰的《西属(1565—1898)菲律宾华人经济空间之研究》(1999年成功大学硕士学位论文),李毓中的《〈印地亚法典〉中的生理人:试论西班牙统治菲律宾初期有关华人的法律规范》(见《第八届中国海洋发展史论文集》,2002年)及《图像与历史:西班牙古地图与古画呈现菲律宾华人生活(1571—1800)》(见《第九届中国海洋发展史论文集》,2005年)。

关于对华传教的研究成果。这类成果不多,主要有李毓中的《西班牙、葡萄牙两国所藏有关耶稣会在中国活动的史料》(载《汉学研究通讯》总第75期)。

纵观各个时期国内外学者对西属时期中菲关系的研究成果,从简单的文献记载到严格的学术研究,从粗浅宏观的概述到深入的专题研究,不可谓不丰富,却不见有关菲律宾殖民当局对华政策这一领域的专论,连专章也未见,只有一些简单而又零碎的叙述,散见于该时期中菲关系各个领域的相关论述之中。这是本书面临的最大挑战,也是本书写作的意义之所在。

三、研究内容、基本框架和研究方法

(一)研究内容

本书选取16世纪后期至17世纪后期菲律宾殖民当局的对华政策作为研究对象,在全面陈述不同时期菲律宾殖民当局在菲(西)中交往的不同领域所奉行的政策的基础上,再深入探讨各种政策形成的背景和过程,政策执行的效率,政策的调整或变更,尽可能真实地展示菲(西)中关系的全貌,还原历史真相。

(二)基本框架

本书共分为六章。第一章绪论部分,阐明选题的缘起和意义,国内外研究现状,论文的研究内容、基本框架和研究方法,以及相关说明。

第二章从历史发展的角度回顾前殖民时期的菲中关系,西班牙人东来前的对华认知以及西属菲律宾殖民政权的建立过程。为西属时期菲(西)中关系的展开作一个纵向历史背景的铺垫。

第三章结合背景分析,阐述不同时期菲律宾殖民当局对菲(西)中官方交往所持的政策和态度,并概述不同政策背景下的菲(西)中官方交往,以及菲律宾殖民当局对在菲华人的安全防范。

第四章阐述菲中贸易的重要性和菲律宾殖民当局对菲中贸易所持的政策和态度,分析影响政策制定的各种因素。

第五章阐述菲律宾殖民当局和西班牙传教士传教中国的热诚,西班牙传教士关于武力传教中国的争议,以及西班牙托钵修士与葡萄牙耶稣会士[①]之间传教策略上的分歧。

第六章结论,对菲律宾殖民当局的对华政策特点进行简要的分析和归纳,了解其对华政策与菲(西)中关系内容之间的内在联系。

(三)研究方法

本书采取跨学科的综合研究方法,包括历史学、国际关系学、民族学、宗教学、经济学等,将纵向的历史发展脉络和横向的国际交往结合起来,以菲律宾殖民当局的对华政策为主线,从二维角度展示西属菲律宾前期的菲(西)中关系。在研究方法的具体应用上,首先以历史学传统的实证研究为主,全面搜集国内外史籍文献和既有研究成果,并在强调史料的原始性和可靠性及学者论述的合理性的基础上,对其进行分类、整理、归纳和分析,在行文时,力求做到以史料为基础,以事实为依据,寓论于史,论从史出,史论结合,尽可能地还原历史真实。其次,菲(西)中关系内容广泛,牵涉诸多其他学科,需要辅以其他的研究方法。具体说来,菲(西)中关系史既涉及史学,又涉及国际关系学,需要运用国际关系学的相关理论来分析菲中交往,探索国家间的互动模式和外交决策过程;菲中贸易涉及经济学,需要运用经济学的相关理论来分析菲中贸易发展的过程及其兴衰的原因;对于在菲华人与西班牙人的合作与斗争还涉及民族学的内容,需要运用民族学的相关理论,

---

① 本书将会多处出现"葡萄牙传教士","葡萄牙耶稣会士"之类的称呼,都是指经由葡萄牙海外属地前来,特别是受葡萄牙王室资助,承认葡萄牙王室保教权的传教士,其中多数来自葡萄牙,有些则来自其他国家。

从民族心理和民族文化的角度,来分析西班牙人与华人之间的彼此认知,探究两者互动的文化诱因;入华传教还牵涉到宗教学和文化人类学的内容,需要运用这些学科的相关理论来分析西班牙传教士在华传教的目的与方式。

四、关于研究时段的说明

本书截取的研究时段为自西班牙人入主菲律宾至 17 世纪后期。本书之所以将研究时段的下限定在 17 世纪后期,主要出于以下几点理由:第一,据史籍记载,中国明清朝廷(包括明郑政权)同西属菲律宾殖民地的官方交往主要发生在 18 世纪以前和鸦片战争以后,1683 年明郑政权的覆灭是明清时期中菲官方交往第一阶段结束的标志之一。第二,中菲贸易时有起伏,1685 年"疆臣请开海禁,报可。于是设権关四,在于粤东之澳门,福建之漳州府,浙江之宁波府,江南之云台山"。① 清廷此一开海也宣告了 1645—1683 年这一中菲贸易低潮期的结束。第三,1686 年西班牙国王下令在六个月内驱逐在菲的全部华人,该命令虽未被执行,却标志着菲律宾殖民当局对在菲华人的排斥和迫害达到了顶峰,往后直至 18 世纪 70 年代,在菲华人不仅遭遇各种迫害,还被频繁而又大规模地驱逐。第四,1692 年康熙帝颁布传教宽容法令,天主教在华传教事业出现了大发展的势头,直到 1707 年后才迈入衰退。所以 17 世纪末是天主教在华传教事业发展的鼎盛阶段。考虑到菲(西)中关系的各个领域都能在 17 世纪后期找到其标志性事件,况且西班牙方面 1700 年也正好是哈布斯堡王朝(1516—1700)与波旁王朝(1700年至今)更替的年份,所以本书将研究时段的下限定在了 17 世纪后期。

---

① 夏燮著,高鸿志点校:《中西纪事》,长沙:岳麓书社,1988 年,第 40 页。

第二章

菲(西)中关系的历史背景

　　菲律宾是我国的近邻,隔南中国海与华南相望,在西班牙人入主前,菲中间就已有着悠久的交往历史。据中国史籍记载,菲中交往最早出现于宋代,且自宋至明代前期,菲中间保持着较为密切的政治、经济和文化联系,维持着友好的双边关系。16 世纪后期西班牙人入主菲岛,建立起殖民政权,菲中关系的主体发生了变更。在开启海外殖民征服前,西班牙人就已经对中国有了一定程度的了解,并在当时的历史条件下寻求与中国交好。

第一节　前殖民时期的菲中关系

　　虽然前殖民时期菲岛社会经济发展滞后,但由于地理上邻近,与中国却保持着较为密切的往来。根据中国史籍记载,自宋初至明代前期近乎 600 年的时间里,菲中间的官方往来、贸易联系和文化交流都较为频繁,总体上维持着友好关系。

一、菲中官方交往

　　"自古帝王临御天下,中国属内以制夷狄,夷狄属外以奉中国"是"华夷"秩序的根本理念与原则,而"朝贡"制度则是"华夷"秩序在体制上最根本的保证。[①]　由于中国朝廷在对外交往中坚守"华夷"秩序,所以前殖民时期的菲中官方交往也被纳入了"朝贡"体制的框架内,尽管其实际形式往往是以

---

　　① 　何芳川:《"华夷秩序"论》,1998 年 2 月于北京大学演讲的演讲词。

"朝贡"之名行贸易之实。

（一）政治交往

前殖民时期菲中之间大体上维持着较为密切而又友好的政治交往。宋元两代见于记载的、朝贡过中国的菲律宾古（邦）国，只有菲律宾南部棉兰老地区的蒲端和三麻兰，见载于《宋史》、《宋会要辑稿》和《文献通考》。且持续时间短暂，始于宋咸平六年（1003）而止于宋大中祥符四年（1011），蒲端前后入贡四次，[①]三麻兰入贡一次。同时在中国朝廷方面，却并未见遣使菲律宾诸邦国的记载，只是在元"世祖至元三十年，命选人招诱之（三屿）"，后因平章政事伯颜等"乞不遣使"，最后"帝从之"。[②] 至明代，中国同菲律宾的官方交往大为提升。早在洪武五年（1372），菲律宾的吕宋就"遣使偕琐里诸国来贡"，[③]和明朝廷建立了官方往来。至永乐朝，明朝廷和菲律宾各邦国的联系十分密切，中菲之间的传统交往达到了顶峰。至永乐二十二年（1424），菲律宾各邦国前后十四次入贡明廷，其中吕宋三次，冯加施兰三次，苏禄四次，古麻剌朗三次，合猫里一次。其后却不再有菲律宾诸国前来朝贡的官方记载。明代的中菲官方交往中，除了菲律宾诸国前来明廷入贡外，明廷也常遣使菲律宾诸邦国。如表 2-2 所示，明廷前后四次遣使前往吕宋、古麻剌朗、苏禄等国。其中两次遣使苏禄都是发生在苏禄最后一次朝贡之后，且派出的使者返回后皆获赏赐。所以，可以推测，明朝廷和菲律宾诸邦国之间友好官方关系的维系时间应长于洪武五年（1372）至宣德二年（1427）之间。

---

① 《宋史》卷七、卷八《真宗本纪》和《宋会要辑稿》册一九九都提到大中祥符四年的二月和六月（《宋会要辑稿》中为五月）蒲端两次入贡，实际上是一次入贡的两次内容不同的记载，这在《宋会要辑稿》册一九七《蒲端》中记载得很明确。

② 宋濂等：《元史》卷二一〇，列传九七，《外夷三·三屿》，北京：中华书局，1976年，第 4668 页。

③ 张廷玉等：《明史》卷三二三，列传二一一，《外国四·吕宋》，北京：中华书局，1974 年，第 8370 页。

表2-1　宋至明代中叶菲律宾诸国来华朝贡情况表

朝代	国家	朝贡情况
宋代	蒲端	咸平六年(1003)九月其王其陵遣使李伣罕、副使加弥难来贡
		景德元年(1004)五月,遣使李伣罕等来贡
		景德四年(1007)六月,王其陵遣使已絮汉等来贡
		大中祥符四年(1011)二月,国主悉离琶大遏至又遣使李于燮来贡
	三麻兰	太平(大中)祥符四年(1011),祀汾阴,并遣使来贡
明代	吕宋	洪武五年(1372)遣使偕琐里诸国来贡
		永乐三年(1405)遣其臣隔察老来朝
		永乐八年(1410)与冯嘉施兰入贡,自后久不至
	冯嘉施兰	永乐四年(1406)其酋嘉玛银等来朝
		永乐六年(1408)其酋玳瑁、里欲二人各率其属来朝
		永乐八年(1410)朝贡
	苏禄	永乐十五年(1417)东、西、峒王率其家属头目凡三百四十余人来朝
		永乐十八年(1420)西王遣使入贡
		永乐十九年(1421)东王母遣王叔叭都加苏里来朝
		永乐二十二年(1424)遣头目生亚烈巴欲贡方物,自后不复至
	古麻剌朗	永乐十八年(1420)王幹(斡)剌义亦奔敦率其妻子、陪臣随谦来朝
		永乐十九年(1421)古麻剌朗王入贡
		永乐二十二年(1424)入贡
	合猫里	永乐三年(1405)遣其臣回回道奴马高附爪哇使臣朝贡

　　资料来源:据《宋会要辑稿》、《宋史》、《文献通考》、《明史》、《明实录》、《明会典》、《国权》、《东西洋考》等相关史籍记载编制。

表2-2　明廷遣使菲律宾诸邦国的情况

时间	遣使情况	遣往的国家
永乐三年(1405)	遣使赍诏抚谕	吕宋
永乐十五年(1417)秋九月	遣太监张谦赍敕往谕	古麻剌朗国王幹(斡)剌义亦郭(敦)奔

续表

时间	遣使情况	遣往的国家
洪熙元年(1425)之前	遣官军千户汪海等九十□人出使	苏禄等国
宣德二年(1427)之前	遣福州左等卫千户赵清等四十一人出使	苏禄等国

资料来源:据《明实录》的相关记载编制。

(二)官方贸易

朝贡往往与官方贸易结合进行,即以"贡品"来换取中国朝廷的丰厚"回赐"。蒲端是宋代典籍中所记载的同中国官方交往最密切的菲律宾邦国,前后四次朝贡中国。[①] 据载,"真宗咸平六年(1003)九月,其王其陵遣使李俋罕、副使加弥难来贡方物及红鹦鹉。景德元年(1004)正月,诏上元节夜中使,命押伴蒲端使观灯、宴饮,仍赐缗钱。五月,遣使李俋罕等来贡方物。九月,有司言:'蒲端使多市汉物、金银归国,亦有旗帜之类。远人不知条禁,望令开封府戒谕市人无得私制。'从之。四年(1007)六月,王其陵遣使已絮汉等贡玳瑁、龙脑、带枝、丁香、丁香母及方物。赐冠带、衣服、器币、缗钱有差。八月,蒲端国使已絮汉上言:'伏见诏赐占城使鞍辔马二、大神旗二,望如恩例沾赉。'有司言:'蒲端在占城之下,若例赐之,恐无旌别,望改赐杂彩小旗五。'从之。大中祥符四年(1011)二月,国主悉离芭大遏至又遣使李于燮以金版镂表,奉丁香、白龙脑、玳瑁、红鹦鹉来贡。时祀汾阴后土,命其使至行在。又献昆仑奴一,帝悯其异俗离去乡土,命还之。……六月,诏以李于燮为怀化将军。……七月,李于燮等奉大(其)国之奏,乞赐旗帜、铠甲,以耀远方。从之"。[②]

吕宋是最早入贡明廷的菲律宾邦国,先后三次。据史籍载,"吕宋国,洪

① 《宋史》卷七、卷八《真宗本纪》和《宋会要辑稿》册一九九都提到大中祥符四年的二月和六月(《宋会要辑稿》中为五月)蒲端两次入贡,实际上是一次入贡的两次内容不同的记载,这在《宋会要辑稿》册一九七《蒲端》中记载得很明确。

② 徐松:《宋会要辑稿》册一九七,《蕃夷四·蒲端》,上海:中华书局,1957年,第7761页。

武五年,与琐里诸国同贡方物",①获"赐国王织金彩缎、纱罗,使臣并从人俱与琐里国同";②"吕宋国,本朝永乐三年,国王遣其臣隔察老来朝,并贡方物",③明廷"赐文绮,命广东布政司宴劳";④"(永乐)八年,与冯嘉施兰入贡",⑤明廷则"赐……吕宋国……等处朝贡使臣、头目……等……宴"。⑥ 合猫里则朝贡次数最少。据载,"永乐三年,国王遣其臣回回道奴马高等来朝,并贡方物",⑦获"赐锦绮袭衣"。⑧ 冯嘉施兰也先后三次入贡明廷。据载,"永乐四年八月,其酋嘉马银等来朝,贡方物,赐钞币有差。六年四月,其酋玳瑁、里欲二人,各率其属朝贡,赐二人钞各百锭、文绮六表里,其从者亦有赐";"(永乐)八年,复来朝贡",⑨明廷"赐……东洋冯嘉施兰……等处朝贡使臣、头目……等……宴"。⑩ 古麻剌朗也先后三次入贡明廷。据载,永乐十八年,"古麻剌朗国王斡(幹)剌义亦奔敦率妻子陪臣随太监张谦来朝,上表贡方物。命礼部宴赉之如苏禄国王"。同年十月,"给印诰、冠带、仪仗、鞍马、文绮、纱罗、金织袭衣,赐王妃冠服,及其陪臣等各赐彩币、表里有差"。⑪ 十九年正月,"辞还,复赐金银钱、文绮、纱罗、彩帛、金织袭衣、麒麟衣,妃以下赐有差"。同年四月,王卒福建后,"命其子剌苾嗣为王,率众归,赐钞币"。⑫ 永乐二十二年,"国王剌苾……遣头目叭谛吉三等奉金叶表笺来朝,贡方物。赐之钞币"。⑬ 苏禄是入贡明廷次数最多的菲律宾邦国,先后四

---

① 李东阳等撰,申时行等重修:《大明会典》卷一○六,礼部六四,《朝贡二·东南夷下》,台北:新文丰出版社,1976年,第1600页。

② 李东阳等撰,申时行等重修:《大明会典》卷一一一,礼部六九,《外夷上》,第1647页。

③ 李贤:《大明一统志》第十册,卷九○,《吕宋国》,台湾影印本,1965年,第5561页。

④ 茅瑞徵:《皇明象胥录》卷四,《合猫里》,四库禁毁书丛刊,史部,第十册,北京:北京出版社,2005年,第611页。

⑤ 张廷玉等:《明史》卷三二三,列传二一一,《外国四·吕宋》,第8370页。

⑥ 《明太宗实录》卷七三,永乐八年十一月丁丑,上海:上海古籍书店,1983年。

⑦ 李贤:《大明一统志》第十册,卷九○《吕宋国》,第5561页。

⑧ 谈迁:《国榷》,永乐三年九月乙卯,《续修四库全书》第三五九册,上海:上海古籍出版社,1995年,第19页。

⑨ 张廷玉等:《明史》卷三二三,列传二一一,《外国四·冯嘉施兰》,第8380页。

⑩ 《明太宗实录》卷七三,永乐八年十一月丁丑。

⑪ 《明太宗实录》卷一一八及二三○,永乐十八年十月乙巳及丙辰。

⑫ 张廷玉等:《明史》卷三二三,列传二一一,《外国四·古麻剌朗》,第8379页。

⑬ 《明仁宗实录》卷三上,永乐二十二年十月辛亥。

次。据载,永乐十五年八月,甲申,苏禄三王"奉金镂表来朝贡,且献珍珠、宝石、玳瑁等物",[①]另有"贡物:梅花脑、米脑、竹布、棉布、玳瑁、降香、苏木、胡椒、荜茇、黄腊(蜡)、番锡"。[②] 明廷按接待满刺加国王的规格予以接待。苏禄使团到京后,明朝廷筵宴接风,后临别时又设宴饯行。"苏禄国,永乐十五年,筵宴一次。国王来朝,经过府卫,茶饭管待。回还,亦如之。"[③]永乐十五年八月,辛卯,明廷册封苏禄三王并赐予"诰命及袭衣、冠服、印章、鞍马、仪仗。随从、头目三百四十余人赐冠带、金织文绮、袭衣有差"。永乐十五年八月,庚戌,"苏禄国东王巴都葛叭都葛巴刺卜辞归,人(各)赐金相(镶)玉带一、黄金百两、白金二千两、罗锦文绮二百匹、绢三百匹、钞一万锭、钱三千贯、金绣蟒龙、麒麟衣各一袭;赐其随从、头目文绮、彩绢、钱钞有差",[④]并"诏货物俱给价,免抽分"。[⑤] 永乐十五年九月,乙丑,"苏禄国东王巴都葛叭答剌次德州,病卒,讣闻",明成祖"留其妃妾及傔从十人守墓,令毕三年还国"。[⑥] 永乐二十一年七月,"苏禄国东王妃叭都葛苏哩等还国。……(明廷)厚赐而遣之"。[⑦] 另据《明实录》载,永乐十八年八月,"苏禄国西王麻哈刺叱葛刺麻丁遣陪臣奉表贡方物。赐钞币遣还";[⑧]永乐十九年四月,"苏禄国东王之母遣王叔叭都加苏哩等贡方物。赐叭都加苏哩冠带、袭衣、钞、紵丝文锦纱、彩罗绢;赐其从人有差";[⑨]永乐二十二年十月,"苏禄等国遣头目生亚烈巴欲等贡方物。赐袭衣、钞币有差"。[⑩]

① 《明太宗实录》卷一九二,永乐十五年八月甲申。

② 徐溥、李东阳等:《明会典》卷九八,《朝贡三·苏禄国》,影印文渊阁四库全书,第六一七册,史部三七五,台北:商务印书馆,1986 年,第 902 页。

③ 徐溥、李东阳等:《明会典》卷一〇三,《筵宴》,影印文渊阁四库全书,第六一七册,史部三七五,第 944 页。

④ 《明太宗实录》卷一九二,永乐十五年八月庚戌。

⑤ 严从简著,余思黎点校:《殊域周咨录》卷九,《麻剌》,北京:中华书局,1993 年,第 314 页。

⑥ 《明太宗实录》卷一九二,永乐十五年八月乙丑。

⑦ 《明太宗实录》卷二六一,永乐二十一年七月己丑。

⑧ 《明太宗实录》卷二二八,永乐十八年八月乙卯。

⑨ 《明太宗实录》卷二三六,永乐十九年四月癸卯。

⑩ 《明仁宗实录》卷三下,永乐二十二年十月丁巳。

表 2-3　宋至明代中叶中菲朝贡贸易情况表

朝代	国家	朝贡时间等	贡品	回赐品
宋代	蒲端	咸平六年（1003）九月其王其陵遣使李㤞罕、副使加弥难来贡	方物及红鹦鹉	赐缗钱
		景德元年（1004）五月,遣使李㤞罕等来贡	方物	
		景德四年（1007）六月,王其陵遣使已絮汉等来贡	玳瑁、龙脑、带枝、丁香、丁香母及方物	赐冠带、衣服、器币、缗钱有差,以及鞍辔马二、杂彩小旗五
		大中祥符四年（1011）二月,国主悉离琶大遐至又遣使李于燮来贡	金版镂表、丁香、白龙脑、玳瑁、红鹦鹉、一昆仑奴	旗帜、铠甲
	三麻兰	太平（大中）祥符四年（1011）,祀汾阴,并遣使来贡		
明代	吕宋	洪武五年（1372）遣使偕琐里诸国来贡	方物	赐国王织金彩缎、纱罗,使臣并从人俱与琐里国同
		永乐三年（1405）遣其臣隔察老来朝	方物	赐文绮,命广东布政司宴劳
		永乐八年（1410）与冯嘉施兰入贡,自后久不至	可能是黄金	赐宴
	冯嘉施兰	永乐四年（1406）其酋嘉玛银等来朝	方物	赐钞币有差
		永乐六年（1408）其酋玳瑁、里欲二人各率其属来朝		赐二人钞各百锭、文绮六表里,其从者亦有赐
		永乐八年（1410）朝贡		赐宴

续表

朝代	国家	朝贡时间等	贡品	回赐品
明代	苏禄	永乐十五年（1417）东、西、峒王率其家属头目凡三百四十余人来朝	奉金镂表来朝贡，且献珍珠、宝石、玳瑁等物，另有贡物：梅花脑、米脑、竹布、棉布、玳瑁、降香、苏木、胡椒、荜茇、黄腊（蜡）、番锡	赐宴，接风，饯行，同年八月辛卯赐予三王诰命及袭衣、冠服、印章、鞍马、仪仗，随从、头目三百四十余人赐冠带、金织文绮、袭衣有差。同年八月庚戌，各赐金相（镶）玉带一、黄金百两、白金二千两、罗锦文绮二百匹、绢三百匹、钞一万锭、钱三千贯、金绣蟒龙、麒麟衣各一袭；赐其随从、头目文绮、彩绢、钱钞有差。永乐二十一年七月，厚赐而遣东王妃。
		永乐十八年（1420）西王遣使入贡	方物	赐钞币遣还
		永乐十九年（1421）东王母遣王叔叭都加苏里来朝	方物	赐叭都加苏哩冠带、袭衣、钞、纻丝文锦纱、彩罗绢；赐其从人有差
		永乐二十二年（1424）遣头目生亚烈巴欲贡方物，自后不复至	方物	赐袭衣、钞币有差
	古麻剌朗	永乐十八年（1420）王斡（幹）剌义亦奔敦率其妻子、陪臣随谦来朝	方物	宴赉，同年十月赐给印诰、冠带、仪仗、鞍马、文绮、纱罗、金织袭衣，赐王妃冠服，及其陪臣等各赐彩币、表里有差，十九年正月复赐金银钱、文绮、纱罗、彩帛、金织袭衣、麒麟衣，妃以下赐有差，十九年四月赐钞币
		永乐十九年（1421）古麻剌朗王入贡		
		永乐二十二年（1424）入贡	奉金叶表笺来朝，贡方物	赐之钞币
	合猫里	永乐三年（1405）遣其臣回回道奴马高附爪哇使臣朝贡	方物	赐锦绮袭衣

资料来源：据《宋会要辑稿》、《宋史》、《文献通考》、《明史》、《明实录》、《明会典》、《国榷》、《东西洋考》等相关史籍记载编制。

二、菲中民间贸易

菲中直接贸易的最早记录出现于宋代。据《宋史》载："又有摩逸国，太平兴国七年，载宝货至广州海岸"。[①] 此后有关菲中民间贸易往来的记载逐渐增多。

（一）宋元时期

据中国史籍记载，宋元时期菲岛已在中国商人的活动范围内，他们运去大量中国商品以博易当地的土特产。据《诸蕃志》载，"（中国）商人用瓷器、货金、铁鼎、乌铅、五色琉璃珠、铁针等博易（麻逸土产）"，[②]"（华商）博易（三屿土产）用瓷器、皂绫、缬绢、五色烧珠、铅网坠、白锡为货"。[③] 据《岛夷志略》所载，在三屿，华商的"贸易之货，用铜珠、青白花瓷、小印花布、铁块之属"；[④]在麻逸，华商的"贸易之货，用〔铜〕鼎、铁块、五采红布、红绢、牙锭之属"；[⑤]在民多朗，华商博易"货用漆器、铜鼎、阇婆布、红绢、青布、斗锡、酒之属"；[⑥]在麻哩噜，华商的"贸易之货，用足锭、青布、瓷器盘、处州盘、水坛、大瓮、铁鼎之属"；[⑦]在苏禄，华商的"贸易之货，赤金、花银、八都刺布、青珠、处器、铁条之属"。[⑧] 宋元时期中国输入菲律宾的大量商品，特别是瓷器，还得到了考古发现的佐证，在菲律宾沿海地区的港口和贸易城市出土了很多宋元时期的外销陶瓷。艾迪斯在其 1968 年 5 月 30 日宣读的论文中提出，"据估计菲律宾过去十年中至少发掘了四万件瓷器（指中国外销瓷）。我不善于

---

① 脱脱等：《宋史》卷四八九，列传二四八，《外国五·阇婆》，北京：中华书局，1977年，第 14093 页。

② 赵汝适著，杨博文校释：《诸蕃志》卷上，《麻逸国》，北京：中华书局，1996 年，第 141 页。

③ 赵汝适著，杨博文校释：《诸蕃志》卷上，《三屿、蒲哩噜》，第 144 页。

④ 汪大渊著，苏继顾校释：《岛夷志略》，三岛条，北京：中华书局，1981 年，第 23 页。

⑤ 汪大渊著，苏继顾校释：《岛夷志略》，麻逸条，第 33～34 页。

⑥ 汪大渊著，苏继顾校释：《岛夷志略》，民多朗条，第 60 页。

⑦ 汪大渊著，苏继顾校释：《岛夷志略》，麻里噜条，第 89 页。

⑧ 汪大渊著，苏继顾校释：《岛夷志略》，苏禄条，第 178 页。

计数,但我认为其总数一定会更高一些"。①

在菲中民间贸易中,菲人主要用各种土产同前往的华商贸易,或前来中国贸易。《云麓漫钞》载:"福建市船司常到诸国舶船。……麻逸、三屿、蒲里唤、白蒲迷国则有吉贝布、贝纱。"②另据《诸蕃志》载,"(麻逸)土产黄蜡、吉贝、真珠、玳瑁、药槟榔、于达布",③"蛮贾争棹小舟,持吉贝、黄蜡、番布、椰心簟等至与(华商)贸易"。④ 又据《岛夷志略》载,"三岛……地产黄蜡、木棉、花布";⑤"麻逸……地产木棉、黄蜡、玳瑁、槟榔、花布";⑥"民多朗……地产乌梨木、麝檀、木棉花、牛麂皮";⑦"麻哩噜……地产玳瑁、黄蜡、降香、竹布、木棉花";⑧"苏禄……地产中等降真条、黄蜡、玳瑁、珍珠"。⑨

(二)明代前期

尽管厉行海禁,海外贸易为朝廷所垄断,民间商人出于生活所迫或为利益所驱,还是屡屡犯禁出洋,菲中民间贸易无法禁绝,正如许孚远的《疏通海禁疏》所载:"……东南滨海之地,以贩海为生,其来已久,而闽为甚。闽之福、兴、泉、漳,襟山带海,田不足耕,非市舶无以助衣食,其民恬波涛而轻生死,亦其习使然,而漳为甚。"⑩

中国民间商人赴菲经商的状况,中国史籍中有一些零星的记载。据《国朝献征录》载:"吕宋,国小,然产黄金,故人亦富厚,舶商多至。"⑪这里的"舶商"系指中国商人。另据《闽书》载:"皇朝禁海舶,不通诸蕃。其诸蕃入贡者,至泉州。惟大琉球所贡番物,则市舶司掌之。成化八年(1472),市舶司

① J. M. 艾迪斯:《在菲律宾出土的中国陶瓷》,载《中国古外销陶瓷研究资料》第一辑,1981 年,第 36 页。

② 赵彦卫:《云麓漫钞》卷五,北京:中华书局,1985 年,第 152~153 页。

③ 赵汝适著,杨博文校释:《诸蕃志》卷上,《麻逸国》,第 141 页。

④ 赵汝适著,杨博文校释:《诸蕃志》卷上,《三屿、麻哩噜》,第 144 页。

⑤ 汪大渊著,苏继顾校释:《岛夷志略》,三岛条,第 23 页。

⑥ 汪大渊著,苏继顾校释:《岛夷志略》,麻逸条,第 33 页。

⑦ 汪大渊著,苏继顾校释:《岛夷志略》,民多朗条,第 60 页。

⑧ 汪大渊著,苏继顾校释:《岛夷志略》,麻里噜条,第 89 页。

⑨ 汪大渊著,苏继顾校释:《岛夷志略》,苏禄条,第 178 页。

⑩ 陈子龙等辑:《明经世文编》第五册,卷四〇〇,《敬和堂集·疏通海禁疏》,北京:中华书局,1962 年,第 4333 页。

⑪ 焦竑:《国朝献征录》卷一二〇,《四夷·吕宋》,台北:学生书局,1984 年,第 5355 页。

移至福州，而比岁人民往往入蕃，商吕宋国矣。其税，则在漳之海澄海防同知掌之。民初贩吕宋，得利数倍。其后，四方贾客丛集，不得厚利，然往者不绝。"①又据《明史》载，"吕宋居南海中……先是，闽人以其地近且饶富，商贩至者数万人，往往久居不返，至长子孙"；"合猫里……其国又名猫里务……近吕宋，商舶往来，渐成富壤。华人入其国，不敢欺凌，市法最平，故华人为之语曰：'若要富，须往猫里务'"。② 需要说明的是，这里的"商贩至者数万人"，数字明显夸大，与西班牙人到达菲岛后所描述的情况差异太大。又据《皇明象胥录》载："今贾舶所至城，颇据天险，疑峒王所都，聚落不满千家。……其国有珠池，入夜望之，光浮水面。夷人时从鲛室探珠满袖。"③又据《东西洋考》载，"沙瑶、呐哔啴，其地相连。……僻土无他长物，我舟往贩，所携亦仅瓷器、锅釜之类，极重至布，然竟少许，不能多也。舟至诣酋，亦有微赠。交易朴直"，"苏禄……物产：真珠，玳瑁，珠壳，片脑，番锡，降香，竹布，绵布，荜芨，黄蜡，苏木，豆蔻，鹦鹉。交易：（华商的）舟至彼中，将货尽数取去，夷人携入彼国深处售之，或别贩旁国，归乃以夷货偿我。彼国值岁多珠时，商人得一巨珠携归，可享利数十倍。若夷人探珠获少，则所偿数亦倍萧索，顾逢年何如耳。夷人虑我舟之不至也，每返棹，辄留数人为质，以冀日后之重来"。④ 尽管《东西洋考》成书于1617年，但该书成书前沙瑶、呐哔啴、苏禄并未被纳入西班牙人的统治之下，社会变化不大，可以推测，明代前期沙瑶、呐哔啴、苏禄同中国的贸易情形与该书所描述的差别不大。

中国民间商人在菲经商的情形，西班牙殖民者在探索和征服菲岛的过程中也留下不少相关记载。1521年麦哲伦在霍蒙汉岛（Homonhon）看到中国的丝织品，在里马沙瓦岛（Limasawa）看到中国的陶罐，在宿务看到中国制造的描花漆碗和丝头巾，并了解到这个岛屿同中国有直接贸易关系。他的同伴还在一些地方看到中国的瓷盘、铜锣、用金线和丝织成的织物。在棉兰老获悉，中国每年都有六或八艘帆船到吕宋从事贸易。他们在南部群岛看到土人使用中国的铜钱，铜钱中间有一个方洞，一面铸有四个中国文

① 何乔远：《闽书》第一册，卷三九，《版籍志·杂课》，福州：福建人民出版社，1994年，第976～977页。

② 张廷玉等：《明史》卷三二三，列传二一一，《外国四·合猫里》，第8374页。

③ 茅瑞徵：《皇明象胥录》卷四，《苏禄》，四库禁毁书丛刊，史部，第十册，第615页。

④ 张燮著，谢方点校：《东西洋考》卷五，《苏禄·高药》及《沙瑶、呐哔啴·班隘》，北京：中华书局，1981年，第98、100页。

字,表示中国皇帝的年号。① 1526 年随加西亚·洛阿萨(F. de Loaisa)远征队到过菲律宾的乌尔达内塔(A. de Urdaneta)后来回忆,"人们告诉我们,为贸易目的每年有两艘帆船从中国来到棉兰老。棉兰老之北是宿务,据土著说,它也产金。中国人为了金每年都去宿务贸易"。② 另据其记载,中国商船每年前往棉兰老岛及其附近的岛屿贸易,换取黄金、珍珠、肉桂及那些岛屿的其他土产。③ 萨阿维德拉(Saavedra)远征队 1527 年 10 月启航前往菲律宾,宿务土著告诉他们,"中国人来到这里,在这些岛屿之间从事贸易"。④ 1543 年 3 月维拉洛博斯(Villalobos)远征队用武力夺取了棉兰老附近的萨兰加尼岛(Sarrangar)后,发现一定数量的中国瓷器和铜铃,被当地土著用于喜庆活动并且极受推崇,还有麝鹿香、琥珀、麝猫香、药用苏合香以及树脂香料,这些商品在当地有足够的供应,当地人也习惯于用这些商品,他们从前往那里的中国人和菲律宾人那里购买这些产品。⑤ 1543 年该远征队还在棉兰老的一座小山上发现一个埋藏很多中国珍贵商品的地窖,里面有中国瓷器、香水、化妆品、铜器和一些黄金。远征队中的埃斯卡兰特(Escalante de Alvarado)认为,麝鹿香、龙涎香、麝猫香、苏合香及如此之类的香料,不管是固态的还是液态的,当地人都非常的喜好,他们从前去那里的中国商人处购买。当埃斯卡兰特到达莱特岛时,他了解到,在西北部有一个最大的市镇,名为宿务,中国商船每年前往那里,那里有一个中国人的永久仓库,贮藏他们的货物,他们以那些货物换取黄金和奴隶。⑥ 1544 年,莱特岛 Abuyog 一位年长的居民告诉维拉洛博斯手下的一位指挥官,在该岛的西北边有一个名 Sugut 的大镇,中国商船每年都前往那里,在那里购买黄金和奴隶,并有中国人在那里留居,建有一栋贮藏商品的房子;在宿务,中国

① 黄滋生:《十六世纪七十年代以前的中菲关系》,《暨南学报》(哲学社会科学版) 1984 年第 2 期,第 31 页。

② E. H. Blair and J. H. Robertson, *The Philippine Islands*, 1493—1898, Cleveland, The Arthur H. Clark Co., 1903, Vol. 2, p. 35.(以下简称 BR)

③ Martin J. Noone S. S. C., *General History of the Philippines* (1521—1581), Vol. 1, Manila, 1986, p. 140.

④ BR, Vol. 2, p. 42.

⑤ BR, Vol. 2, pp. 68~69.

⑥ Martin J. Noone S. S. C., *General History of the Philippines* (1521—1581), Vol. 1, pp. 225 & 235.

人习惯于前往那里购买黄金和珍贵的宝石。① 西班牙人占领宿务几个月后，几名吕宋土著商人从民都洛引了两艘商船到那里，船上载着中国的铁器、锡器、瓷器、披巾、柔软的毛织品、波纹绸、香水和其他杂物。② 1567 年 7 月 23 日黎牙实比在给其国王菲利普二世的报告中写道，"中国人和日本人每年都到（吕宋和民都洛）这些地方贸易。他们运来丝绸、毛织品、钟、瓷器、香水、铁器、锡器、彩色棉布和其他小商品，回程则运去黄金和黄蜡。两岛的居民是摩洛人，他们购买中国人和日本人载来的货物，并在群岛各地贩卖"。③ 1569 年 7 月 7 日黎牙实比在给墨西哥总督的报告中写道："我想，如果西班牙人移入和定居菲律宾，我们就不仅能够获得大量黄金、珍珠和其他值钱的商品，而且将促进与中国的商务关系，从那里获得丝织品、瓷器、安息香、麝香和其他商品。"④1570 年 5 月下旬，戈第船队停泊在民都洛岛的巴托河面，发现五里格外有两艘中国商船，十分高大，船上有 80 名中国人，载有生丝、丝织物、金丝、麝香、描金瓷碗、棉布、描金茶壶及其他新奇物品等贵重物品，甲板上还堆有陶坛、瓦罐、大瓷瓶、瓷盘子、瓷碗、精瓷壶和铁、铜、钢以及向当地购买的少量黄蜡。并了解到，在离巴托河五里格的民都洛市镇还有三艘中国商船。戈第船队驶进马尼拉湾后，又在那里见到四艘中国商船，发现马尼拉有四十名中国人居住，并在后来的马尼拉战役中俘虏了若干名华人妇女，而她们的丈夫则随马尼拉土著逃走了。⑤

三、菲中文化交流

作为菲律宾的近邻，又由于古老而发达的文明，中国在文化上对菲律宾的影响很大，是影响菲律宾民族文化形成的为数不多的几大文明之一。据菲律宾学者格雷戈里奥·F. 赛义德的研究，菲律宾人从中国人那里学会了使用瓷器、雨伞、锣、银子和别的金属商品，还有制造火药和冶金的技术；早期菲律宾人穿的宽大服装，有袖子的上衣以及菲律宾穆斯林妇女的宽大裤

---

① H. de la Costa, S. J., *Readings in Philippine History*, Manila：Bookmark Inc., 1965, p. 12.

② 黄滋生、何思兵：《菲律宾华侨史》，广州：广东高等教育出版社，1987 年，第 23 页。

③ BR, Vol. 2, p. 238.

④ BR, Vol. 3, p. 58.

⑤ BR, Vol. 3, pp. 74～76, 95 & 101～102.

子，日用布鞋和雨伞，都透露了中国人的影响；在西班牙时代以前，菲律宾的贵族着黄色服装，平民着蓝色服装，丧服用白色（现今菲律宾穆斯林还沿用这样的服装），也都是起源于中国人；早期菲律宾人的有些风俗，诸如婚姻是由新郎新娘的父母安排的，议婚时用媒人介绍，办丧事时请职业的陪哭人，尊崇祖先，孩子要孝敬父母和尊长，都是起源于中国人；菲律宾民族的品质，因为和中国人通婚而改进了，菲律宾人取得了中国人的优良品质，例如爱家庭、节俭、有耐心、谦恭；菲律宾语言中有很多的中国文字。[①]

　　前述那些中国文化的因子多数已在西班牙时代之前就已传入并扎根于菲律宾文化之中。所以在前殖民时期，由于中国文化相对的强势地位，作为文化输出者的中国或中国人在菲律宾本土民族眼中是受尊崇和仰慕的。据《宋会要辑稿》载，"（大中祥符四年）七月，（蒲端国使）李于燮等奉大（其）国之奏，乞赐旗帜、铠甲，以耀远方。从之"。[②] 另据《岛夷志略》载，"三岛……男子常附舶至泉州经纪……既归其国，则国人以尊长之礼待之，延之上座，虽父老亦不得与争焉。习俗以其至唐，故贵之也"。[③] 又据《明史》载，"华人入其国，不敢欺凌，市法最平"。[④] 又据《东西洋考》载："有网巾礁老者，数为盗海上。……小国见华人舟，跫然而喜，不敢凌厉相加，故市法最平。"[⑤]又据《元史》三屿条载，"去年（1292）（元军）入琉求，军船过其国，国人饷以粮食，馆我将校，无它志也"。[⑥] 上述"以耀远方"，"习俗以其至唐，故贵之也"，"不敢欺凌，市法最平"，"饷以粮食，馆我将校"之类的言辞，足以说明中国或中国人受到了菲律宾本土民族的尊崇和仰慕。

第二节　西班牙人东来前的对华认知

　　早在汉代，中国就与当时西方的罗马帝国开始了往来，据《后汉书·西域传》载，"桓帝延熹九年（166），大秦王安敦遣使自日南徼外献象牙、犀角、

　　① 格雷戈里奥·F. 赛义德著，吴世昌、温锡增译：《菲律宾共和国：历史、政府与文明》上册，第62～63页。
　　② 徐松：《宋会要辑稿》第一九七册，《蕃夷四·蒲端》，第7761页。
　　③ 汪大渊著，苏继顾校释：《岛夷志略》，三岛条，第23页。
　　④ 张廷玉等：《明史》卷三二三，列传二一一，《外国四·合猫里》，第8374页。
　　⑤ 张燮著，谢方点校：《东西洋考》卷五，《猫里务、网巾礁老》，第98～99页。
　　⑥ 宋濂等：《元史》卷二一〇，列传九七，《外夷三·三屿》，第4668页。

璠珸,始乃一通焉"。[①] 曾任元世祖忽必烈亲信、顾问达 17 年之久,并历游中国各地的马可·波罗于 1295 年返回威尼斯故乡,后将其东游经过口述成书,是为《马可·波罗游记》,书中对上都、汗八里、杭州之繁华富丽以及泉州港中外交通之繁密,都有记述,也时时述及当时元朝的琐闻佚事、朝章国故,[②]将中国描述成一个童话般的世界。在中世纪的欧洲,《马可·波罗游记》几乎妇孺皆知,但开始时只是被人们当作奇谈怪论以供消遣,随着时间的推移,至 15 世纪才渐渐被欧洲学术界接受。在漫长的中西交往过程中,有关中国的各种信息逐渐西传,作为西方一部分的西班牙必然有所知悉。

在马可·波罗返回威尼斯 100 多年后,西班牙杰出外交家克拉维约(Ray Gonzales de Clavijo)于 1403 年奉卡斯蒂利亚(西班牙的前身)国王恩里克三世(Enrique Ⅲ)之命携带国书和珍贵礼品前往撒马尔罕去觐见称雄一时的帖木儿,1406 年返回西班牙后写出一部《克拉维约东使记》,记录了他完成使命的过程和往返途中的见闻。其中关于中国的记述可被看作是西方在对中国认识上的一个里程碑。[③] 据该书记载,中国皇帝名"九邑斯汗"(Cayis Han),意为:"统有九邦之大帝";鞑靼人则称之为通古斯(Tanguz),意为"嗜食豕肉之人";中国天子御驾出征之际,留于后方镇守之兵卒,为数即有 40 万之众;中国天子虽生来即为拜偶像之徒,但其后皈依基督教。[④]女儿国距帖木儿境甚近,但隶属于中国,尽属天主之教徒。中国的首都名"汗八里"(Kam Ballik),广大雄伟,有大不里士的二十多倍大,为中国城市之最,也可称为世界最大的都会;距海不远,自撒马尔罕至彼有六个月路程。中国与帖木儿帝国之间有着大规模的贸易往来,撒马尔罕市内可以看到自中国境内运来的世界上最华美的丝织品,其中有一种为纯丝所织,质地最佳。帖木儿帐幕的外墙仍由名"刺桐"(《马可·波罗游记》中的泉州港)的素缎所围起。[⑤] 在作者抵达前几个月,有一支由八百匹骆驼组成的中国商队抵达撒马尔罕并载来大宗商货。[⑥]

---

① 范晔:《后汉书》卷八八,《大秦传》,西安:三秦出版社,2004 年,第 1512 页。

② 向达:《中西交通史》,上海:上海书店,1934 年,第 59～61 页。

③ 张铠:《中国与西班牙关系史》,郑州:大象出版社,2003 年,第 56 页。

④ 克拉维约著,杨兆均译:《克拉维约东使记》,北京:商务印书馆,1957 年,第 127 页。

⑤ 张铠:《中国与西班牙关系史》,第 63 页。

⑥ 克拉维约著,杨兆均译:《克拉维约东使记》,第 159 页。

恩里克三世派克拉维约去觐见帖木儿,目的是想与帖木儿帝国修好,在战略上从东西两边夹攻土耳其人和阿拉伯人。但是,克拉维约此行没有获得任何结果,因为在他离开撒马尔罕之前帖木儿已经重病,他没有带回致卡斯蒂利亚国王的国书,也没有获得任何答复。但克拉维约了解到一个比帖木儿帝国更强大的国家——中国(他在撒马尔罕见到的中国使节,就是去向帖木儿催纳欠贡的),并且听说中国的天子皈依基督教,境内也有很多的基督徒(如女人国)。考虑到中世纪欧洲人一直期盼能寻找到传闻已久的东方那个信仰基督教的约翰长老的国度,[①]以便与其结盟,进而从东西两个方向夹击阿拉伯人。那么克拉维约对中国的了解,等于为欧洲人描绘出一张新的东西方之间地缘政治变化的蓝图:即在特定的历史时期欧洲应考虑与中国结盟,共同制约横亘在亚欧大陆之间的草原帝国。这对哥伦布的历史性远航很可能起到重要的推动作用。

在克拉维约之后近100年,哥伦布开始了他寻找东方的航程。各种历史记载显示,哥伦布东方航行的主要目的地是中国,是为了到中国寻找财富和友谊。

早在1474年,意大利地理学家托斯卡内利在他给哥伦布的两份信函中,暗示了中国是哥伦布想要西航寻找的主要目的地。其中6月24日的信中写道,"图中又绘岛屿数处,若遇风漂抵岛上,可知身处世界何方。……诸岛仅居商贾。而各地商贾,贩运商货,即合全世界计之,亦不及刺桐一港。每年有巨舶百艘,载运胡椒至刺桐,且未计装载其他香料之船。其国人口众多,富庶无匹;各省城邑之多,不可胜数,皆臣属于大汗——拉丁文意为'万王之王'。都城在契丹。……河岸有城市二百余处。各城都有大理石桥,桥头饰有石柱。国人待基督教甚为宽厚,拉丁人大可设法前往,不仅金、银、珍宝与香料到处都是,可以致富,且可与其国之学人、哲士、天文家等交换知识;而治国之道,作战之术,也可以自其人学习"。[②] 另一封写道,"上次我和你说过关于一条去香料产地的海路……能到达这块盛产香料和宝石的最富庶的地方……从里斯本城以直线向西到非常高贵而辉煌的金萨伊(Quinsay)城,图上指明有26里格。(此城)周围达100英里,有十座桥梁。城名的含义是'天府';对于这个城市及其工艺与财富的众多,有很多奇迹般

---

① 迟至1487年,葡萄牙国王若昂二世还派遣佩德罗·达科维良和阿方索·德派瓦前往东方去了解约翰长老国王及肉桂和其他香料的产地。

② 转引自方豪:《中西交通史》下册,长沙:岳麓书社,1987年,第659页。

的传说。它（指中国）拥有整个地球约三分之一的面积。此城位于Katay省内，那是这个国家的皇室驻地"。① 哥伦布自己也有一本关于马可·波罗报道的小册子，并对其中提到东亚财富的地方作了批注。②

哥伦布出发前，西班牙王室发给他一张护照，言简意赅地用拉丁文写着："国王已派他率领三艘轻快帆船开往印度地区（ad parte Indiae）。"同时还给他颁发国书，一式三份，一份给中国的"大汗"，两封空白函准备在到达某国时按当地国王名衔填写。③

哥伦布到达古巴之前从当地土著那里听说前往"古巴纳罕"（Cubanacan）有四天的行程。"纳罕"在土著语中指"中部"，意思是到古巴中部有四天路程。哥伦布一行人中没人懂当地语言，哥伦布于是认为土著提到的是蒙古皇帝忽必烈汗，并进一步认为古巴就是亚洲大陆，自己的目的地蛮子省和中国应该不远了。到达古巴后，他认为自己直接到达了中国海岸，古巴就是中国的"蛮子省"。④ 1492年10月30日，哥伦布在日记中写道："应设法前往大可汗国，据其认为，大可汗就在附近。也即大可汗居住之契丹就在附近。"11月1日他又在日记中写道，"这里就是大陆，萨伊多（Zayto）与金萨伊就在我前面一百里格的地方"。据孙家堃先生考证，萨伊多应是我国的泉州；金萨伊可能是杭州（Kinsai）的变体写法。⑤ 因为这两个城市在《马可·波罗游记》中都有具体的描述。

哥伦布在回航途中写给西班牙国王的信说明了印度⑥是他航行和已经到达的目的地，"由于我向殿下们提供了关于印度土地和一位成为大可汗（在我们卡斯蒂利亚语中意为'王中之王'）的国君的情况，且这位国君和他的前任曾多次遣人去罗马，要求通晓我们神圣信仰的神学家去向他们传授，而教皇一直未予提供，结果许多臣民迷失路途，陷入了偶像崇拜，接受了堕

---

① 詹姆斯：《地理学思想史》，北京：商务印书馆，1982年，第76～77页。转引自华涛：《大航海时代初期欧洲的东亚观》，《文化杂志》2004年第52期，第3页。
② 戴默尔：《欧洲近代初期的日本与中国观：对东亚陌生文化不同理解管道之比较》，《文化杂志》2007年第64期，第130页。
③ 华涛：《大航海时代初期欧洲的东亚观》，第4页。
④ 萨·伊·莫里逊：《航海家哥伦布》，长沙：湖南人民出版社，1983年，第36、68、77页。转引自华涛：《大航海时代初期欧洲的东亚观》，第4～5页。
⑤ 孙家堃译：《哥伦布航海日记》，上海：上海外语教育出版社，1987年，第50页。
⑥ 从内容上看，这里明显是指中国。

落的教派,两位殿下作为信仰基督的国王、热爱基督教神圣信仰的君主、该信仰的推进者、伊斯兰教以及一切偶像崇拜和异教的敌人,想到派我——哥伦布到上述印度地方,去看看上述君主、臣民、土地以及一切事务的状况,并了解可用来使那些地方改变信仰的方式……两位殿下命我率领足以使我到达上述印度地方的舰队……远涉大洋到达印度……向那些君主呈递两位殿下的国书,完成你们赋予我的使命……"①

1992 年张至善先生从巴塞罗那阿拉贡王室档案馆找到了西班牙王室为哥伦布签发的空白介绍公函(La Carta de comendaticia),并认为公函的内容正是《马可·波罗游记》中所载的波罗兄弟第一次返乡时带回的消息,以及托斯卡内利致哥伦布的信中所提的关于中国的情况,也是哥伦布反复向西班牙王室宣传的所谓"大汗的契丹"的情况,因而肯定那封王室介绍公函就是致中国大汗的"国书"。②

介绍公函

至尊贵之君主陛下,至敬爱之我友(空白):_____

我等乃卡斯蒂利亚、阿拉贡、莱昂、西西里、格拉纳达等王国之国王斐迪南及伊莎贝拉向陛下问安祝福。

自我等某些臣民及其他来自贵国之人士得知,陛下对我等及我等之国家表示出何等之倾慕,并抱有极大之兴趣,欲了解我等之事务。为此,兹决定向陛下派出持此信者,我等之优秀船长 Cristobal Colon(哥伦布—译者)。陛下可从彼获知我等繁荣乐土之近况,以及我等授权其向陛下讲述之其他事物。故请陛下可对其深信不疑。如蒙关照,将不胜感激之至。我等亦乐于接受陛下之祝愿。

一四九二年四月三十日书于格拉纳达

朕,国王　朕,王后

文书科洛马(Coloma)

此件签发三份

1453 年土耳其人攻下君士坦丁堡后,称霸东南欧和东地中海,直接威

---

① 古斯塔沃·巴尔加斯·马丁内斯:《哥伦布对中国的所谓"发现"》,见载于黄邦和、萨那、林被甸主编:《通向现代世界的 500 年——哥伦布以来东西两半球汇合的世界影响》,北京:北京大学出版社,1994 年,第 135～136 页。

② 张至善:《哥伦布首航美洲:历史文献与现代研究》,北京:商务印书馆,1994 年,第 10 页。

胁卡斯蒂利亚人在西地中海的利益，双方持续不断地在地中海交战。1492年完成失地收复后，面对土耳其人扩张的现实威胁，在地中海区域同奥斯曼帝国进行全面对抗以及通过新航路的开辟去寻找马可·波罗和克拉维约所描绘的东方大国—中国，以便与中国"大汗"结盟，进而形成对奥斯曼帝国的合围，成为西班牙王室地中海战略的两个基点。[1] 这正是西班牙王室支持哥伦布远航东方的重要原因之一。

进入大航海时代后，先期来到亚洲地区的葡萄牙人所捎回的各种信息，进一步加深了西班牙人对中国的认知，其中最深刻的莫过于中国的广袤、强大、富裕与"奇风异俗"。

第三节　西属菲律宾殖民政权的建立

横渡太平洋的壮举首先是由葡萄牙籍航海家费迪南德·麦哲伦进行的。他25岁时就参加了葡萄牙的东征军，跟随阿尔梅达的舰队，先后到达东非、印度和东南亚，一直向东行至马鲁古群岛，并亲自参加了葡萄牙对果阿和马六甲的战争。东方的财富，尤其是香料和黄金给他留下了深刻的印象。他的好友弗朗西斯科·塞拉诺写信告诉他在马鲁古群岛的东面还是一片汪洋大海，这使他坚信香料群岛和亚洲大陆距离美洲西海岸很近，他决心追随哥伦布的足迹，寻找一条通向香料群岛的新航路。他在给远在香料群岛的塞拉诺的信中写道，"不久我将和你在一起，若非通过葡萄牙的路线，则是通过西班牙的路线。我的事业总是要朝着这个目标前进"。[2] 同时，西班牙王室对葡萄牙所垄断的利润丰厚的香料贸易垂涎已久，并且根据16世纪初盛行于西班牙国内的地理学观点，认为香料群岛应该属于西班牙所有，而通往香料群岛的印度洋航线已为葡萄牙所控制，所以迫切希望开辟一条通往那里的新航线。所以，麦哲伦绕道南美向西航行直达马鲁古群岛的建议对葡萄牙来说显得多余，却迎合了西班牙的需要，得到了西班牙国王查理一世的欣赏和大力支持，他为麦哲伦提供了充足的人员和物资装备，并在远征

---

[1]　张铠：《中国与西班牙关系史》，第65～66页。

[2]　McCarthy, *Spanish beginnings in the Philippines*，1564—1572，Washington，D. C., The Catholic University of America Press，1943，p. 8.

队的准备过程中每周都过问具体情况,多次下达谕令为远征队排除障碍。[①]

1519 年 9 月 20 日麦哲伦率船队离开圣卢卡港,1521 年 3 月 16 日船队的瞭望哨发现了萨马岛上高高耸起的山冈,这就是菲律宾的再发现,[②]是欧洲人第一次西向航行登上亚洲的土地,西班牙终于开辟了一条通往东方的新航道。但由于航线偏北,麦哲伦原本是寻找香料群岛,却阴差阳错地来到了菲律宾群岛,意外地带来了西班牙殖民帝国版图的拓宽。17 日,麦哲伦率远征队在萨马岛旁边一个荒无人烟的小岛霍蒙汉岛登陆建立临时营地。28 日,麦哲伦率船队来到距离合茫夯岛不远的里马沙瓦岛。统治这个岛的大督名叫科兰布(Kolambu),麦哲伦通过欺骗及利诱的手段,取得了他的信任并与其歃血为盟,结成兄弟,这是菲律宾纪年史中第一次歃血盟约。与远征队随行的教士佩德罗·德·瓦尔德拉马还在该岛上举行了第一次天主教弥撒,麦哲伦乘机宣布岛民已经皈依天主教,里马沙瓦岛并入西班牙王国的神圣版图,并将之命名为圣·拉萨罗(St. Lazarus)岛,在一座山顶上竖起一个十字架,上面摆放一顶木制的西班牙王冠,以示西班牙王室的权力。4 月 7 日,在科兰布的带领下麦哲伦率领船队来到了宿务,远征队继续运用武力威胁与欺骗相结合的手法,最终使宿务岛上的大督拉贾·胡马旁(Humabon)接受了天主教洗礼,接受西班牙国王的统治,同意以武力帮助麦哲伦成为那一地区的首领。麦哲伦在所到之处竖立十字架以证明那些地区已成为西班牙国王的神圣领土,根据与查理一世订立的合同,麦哲伦被授命担任那些被发现领土的最高长官并具有世袭权。但他当时没有力量去直接统治那些广阔的领土,希望找一个代理人来代为统治,他看中了胡马旁,所以召集宿务所有的酋长,命令他们服从胡马旁的统治,同时要求所有岛民皈依天主教,否则没收一切财产,并处以死刑。其后,约有两千余名宿务岛居民皈依了天主教。

然而,麦哲伦远征队的殖民活动遭到了马克坦岛(Moctan)首领锡拉普拉普(Cilapulapu)的坚决抵制。他派人告知胡马旁,他绝不会背弃传统宗教,对于背弃者,他会联合其他酋长对之进行讨伐。4 月 27 日凌晨,麦哲伦率领六十名远征队员直接攻打马克坦岛,决定杀一儆百,以树立西班牙人的

---

① Nicholas P. Cushner, *Spain in the Philippines*: *from Conquest to Revolution*, Quezon City, Ateneo de Manila, 1971, pp. 11~13.

② G. F. Zaide, *The Pageant of Philippine History*: *Political*, *Economic*, *and Socio-Cultural*, Manila, Philippine Education Company, 1979, Vol. 1, p. 184.

权威。战争的结果出人意料之外，西班牙人的火力优势无法发挥，麦哲伦死于非命。战争的失败与麦哲伦的死，也让胡马旁开始反叛，5月1日假借宴会之名诱歼了二十余名远征队员。其余的队员仓皇逃离宿务岛，辗转来到了马鲁古群岛的蒂多雷岛，在那里装满香料之后，于1522年9月6日回到了西班牙的塞维利亚港，完成了人类历史上第一次环球航行。

麦哲伦远征队环球航行成功后，"西班牙的历代国王都对在东方建立一个立足点表示出极大的兴趣。"[①]查理一世立刻在西班牙西北角的拉科鲁尼亚（La Corunia）港设立了一个"香料贸易局"，意想利用这个港口来和葡萄牙的里斯本竞夺香料贸易，来"收获麦哲伦发现的果实"。[②]为了鼓励勘探时称的"西方群岛"，查理一世还授予最初前往的五支远征队以三十三种特权。

1525年7月24日，一支以洛阿萨为首的西班牙远征队从拉科鲁尼亚港启航，前往东方，洛阿萨被任命为香料群岛的省督，并被授权"统治任何其他大陆和岛屿"。但是该远征队一路上多灾多难、极不顺利。1526年7月30日洛阿萨病逝，他的两任接替者也在一个多月内相继死去。[③]9月20日，远征队终于到达了棉兰老岛。由于供应无法得到满足，10月15日远征队决定前往宿务，结果却被西北季风吹到了蒂多雷。[④]由于远征队人员损失太重，无力在那里与葡萄牙人对抗，只能等候援救。[⑤]

1526年4月3日，查理一世组织的另一支远征队在锡伯斯坦·卡博特（Sebastian Cabot）率领下从塞维利亚启航，结果卡博特误将拉普拉塔河当成通向太平洋的海峡，以至于在河区转悠了三年一无所获，最终只好于1530年8月带着残余队员返回了西班牙。[⑥]

奉查理一世之命，征服墨西哥的著名冒险家科尔特斯组织了麦哲伦之

---

① Nicholas P. Cushner，*Spain in the Philippines*，p. 39.

② Nicolas Zafra，*Philippine History：Through Selected Sources*，Quezon City，Alemar-Phoenix Publishing House，1967，p. 25.

③ Clements Markham translated and edited，*Early Spanish Voyages to the Strait of Magellan*，London，Printed for the Hakluyt Society，1911，p. 50.

④ Nicolas Zafra，*The Colonization of the Philippines and the Beginnings of the Spanish City of Manila*，Manila，National Historical Commission，1974，p. 26.

⑤ Nicholas P. Cushner，*Spain in the Philippines*，p. 23.

⑥ Martin J. Noone S. S. C.，*General History of the Philippines*（1521—1581），Vol. 1，pp. 162~165.

后开向远东地区的第三支西班牙远征队,由萨阿维德拉率领于 1527 年 10 月 31 日从墨西哥的萨瓜塔内霍启航。该远征队除了要营救或搜寻麦哲伦及其后两支远征队的人员或船只下落之外,还负有一个重要使命,即"选择一个理想的定居地作为殖民据点,同时探寻从东方返回新西班牙的航路。"该远征队也遭遇了一系列的不幸。最后仅剩旗舰"佛罗里达"号于 1528 年 2 月抵达棉兰老岛,在那里与岛民发生冲突而无法立足,被迫驶向蒂多雷,在那里与洛阿萨远征队的余部会合。此后,萨阿维德拉两次试图返回墨西哥,结果都失败,他本人也于 1529 年 10 月 9 日死于海上,走投无路的其他远征队员,都投降了葡萄牙人。①

自从"维多利亚"号返航之后,在长达数年的时间里,西班牙和葡萄牙为了香料群岛一直争吵不休,要求对那些岛屿的所有权。为了平息双方争议,1529 年 4 月 22 日,西班牙和葡萄牙两国缔结了萨拉戈萨条约,西班牙以三十五万金杜卡特(ducat)的价格,把双方的分界线划在香料群岛以东 297.5 里格之处。② 这样一来,不仅香料群岛成了葡萄牙的领土,就连菲律宾也都划到了葡萄牙一方。

1529 年 4 月 22 日,西、葡两国《萨拉戈萨条约》签订后,西班牙人并未放弃继续拓殖菲律宾群岛,染指香料群岛的野心。③ 1542 年 11 月 1 日,一支在墨西哥装备的远征队在维拉洛博斯率领下从纳维达德港(Navidad)出发,于 1543 年 2 月 2 日到达棉兰老岛。为了补给粮食,远征队 3 月初开往了萨兰加尼岛(Sarangani)。在那里他们采用武力手段进行掠夺,遭到了岛民们的顽强抵抗,维拉洛博斯被迫派出小分队到棉兰老岛沿岸各地四处搜寻。在各地岛民的打击下远征队无法建立殖民据点,被迫转往马鲁古群岛。1546 年 4 月,维拉洛博斯死于安汶岛,远征队陷于崩溃,残留队员则辗转经印度回到西班牙。④

1556 年菲利普二世继任为西班牙国王,他一继位就开始谋划向远东地区扩张,首当其冲的就是菲律宾群岛。1559 年 9 月 24 日,他命令墨西哥总督路易斯·韦拉斯科负责装备一支前往东方的远征队。1564

---

① Nicholas P. Cushner, *Spain in the Philippines*, pp. 24~29.

② BR, Vol. 1, p. 226.

③ Keith Whinnom, Spanish in the Philippines, *Journal of Oriental Studies*, 1954, Vol. 1, p. 173.

④ 金应熙主编:《菲律宾史》,开封:河南大学出版社,1990 年,第 100 页。

年 11 月 21 日,远征队在黎牙实比的率领下由墨西哥的纳维达德港启航。这支远征队的主要使命为:尽力使当地土著皈依天主教,探明当地物产,探索返回新西班牙的安全航路。此外还授命黎牙实比在适当的地方建立殖民地,与土著维持"最稳固的友好关系"。① 1565 年 2 月 13 日,远征队到达萨马岛附近,在获得补给之后南下先后来到了莱特岛和里马沙瓦岛。② 远征队后来又来到了保和岛,黎牙实比在取得岛民们的信任后获准上岸,并按菲律宾人的传统与当地首领卡图纳歃血为盟。4 月 22 日远征队开始向宿务进发,黎牙实比决心将宿务建成西班牙的第一个殖民据点,作为征服菲律宾的基地。在非武力占有的企图受挫后,远征队集中所有炮火向那里的村落轰击。6 月 4 日,宿务首领图帕斯被迫与黎牙实比签订和平条约,规定:图帕斯及其人民承认西班牙的统治;岛民得向西班牙人进贡;黎牙实比承诺保护他们不受敌人攻击;双方相互进行贸易;冒犯西班牙人的宿务人要交给黎牙实比按西班牙法律处罚。③ 该条约的签订是菲律宾开始沦为西班牙人殖民地的标志。1565 年由菲律宾到墨西哥的归程航线开辟后,黎牙实比获得了墨西哥方面源源不断的支持,实力得到了充实,开始以宿务为据点,不断向萨马、莱特、班乃、内格罗斯、棉兰老等诸岛屿派出探险队,拓宽势力范围。1569 年 1 月又决定在班乃岛建立第二个殖民据点。后又在米沙鄢地区建立了一系列殖民据点。1569 年 8 月 14 日,西班牙国王正式任命黎牙实比为菲律宾总督,隶墨西哥总督府管辖。④ 1570 年 5 月,黎牙实比派戈第率领远征队开始对马尼拉进行第一次攻击,后由于后援不继退回了班乃。1571 年 4 月,黎牙实比率领远征队主力开往马尼拉,并于 5 月 16 日再次占领了马尼拉,6 月最终征服了马尼拉。6 月 24 日,西班牙人在马尼拉建立市政厅,并修筑堡垒、教堂,逐步建立起一座全新的西班牙城市,马尼拉也最后成为西班牙在菲律宾殖民统治的中心。至 1578 年,西班牙人基本上完成了对菲律宾中、北部地区的殖民征服,随后开始了向菲律宾南部的殖民征服。在一连串的征讨行动后,西班牙

---

① BR, Vol. 2, p. 63.

② BR, Vol. 2, pp. 202～205.

③ G. F. Zaide, *The Pageant of Philippine History: Political, Economic, and Socio-Cultural*, Vol. 1, p. 237.

④ BR, Vol. 3, p. 66.

人陆续在棉兰老岛一带的岛屿设立了殖民据点,"自此,被这些据点所形成的面所构成的岛屿群,大体上形成人们今日所称的'菲律宾群岛'"。[①] 西班牙在菲律宾的殖民统治得以初步确立。

---

① 李毓中:《遗落在东亚的美洲岛屿:西属菲律宾殖民地的形成与变迁》,《历史月刊》,2002 年 12 月号,第 61 页。

第三章

对华政治态度

　　西属菲律宾殖民政权建立后，菲（西）中官方交往的主体变成了菲律宾殖民当局（或西班牙王室）和中国地方政府（或中国朝廷），菲（西）中政治关系也出现了新的局面。自殖民政权建立至 17 世纪末，菲律宾殖民当局的对华政治态度前后有别，大体上以 17 世纪为界，之前对华抱有侵略企图，进入 17 世纪后则转为防范与交好。西班牙人在东来前及东来后对华政治态度的前后变化，所折射的正是西班牙国力的盛衰，也说明了他们在对外政治交往中的现实主义态度。此外还需要指出的是，虽然菲律宾殖民当局对在菲华人的安全防范政策与其对华政治态度密切相关，却没有明显的前后对应关系，其防范之心早已有之。

第一节　企图侵华

　　刚刚完成领土统一，西班牙就开始了海外殖民扩张，通过王室联姻和海外殖民征服，位于欧洲西南边陲并长期与穆斯林交战的西班牙迅速崛起并进而迈向霸权。因为海外殖民征服不仅开拓了大片领土，还为西班牙王室攫取了巨额财富供其用于欧洲的霸权争夺战争，所以西班牙王室一直支持海外殖民事业。自黎牙实比登陆菲岛直至 16 世纪末，菲律宾殖民当局一直在东亚地区实行殖民扩张政策，梦想建立一个西班牙人的东方帝国，一改西班牙人在开启海外殖民征服前寻求交好中国的态度，将中国列为企图侵略的主要目标。

一、侵华企图产生的背景

西班牙殖民者的侵华企图是对哥伦布亚洲梦想某种形式上的延续,受殖民利益驱动,受母国实力支撑,受美洲殖民经历激励,受对中国错误认知引导,也受远东殖民战略和国际关系格局影响。

(一)殖民利益的驱动

自《马可·波罗游记》出版发行以来,契丹(中国)的财富让欧洲人像着了魔一样,无限遐想。[①] 从麦哲伦到黎牙实比的一系列远征,只是为了实现哥伦布及其伙伴寻求的印度目标。[②] 1569 年王室驻菲律宾代理人安德鲁斯(Andres de Mirandaola)从宿务写信给菲利普二世,说岛上的葡人告诉他,他们在中国和日本沿海进行的交易和来往是"迄今所见到的最大和最有利的买卖",并说葡人的说法部分地为两名迷路的中国人所证实;他在信的末尾预言,如果菲利普二世同意,时机得当,对西班牙人来说,征服中国将证明是件轻而易举的事。中国海另一面那不为人知的国土上的财富,传说诱人,以致几个顽固分子认为,把时间花在试图征服或转变半野蛮的菲律宾人身上是毫无意义的。他们敦促放弃菲律宾,向真正财富所在的国土进军,"这就是中国,琉求,爪哇和日本"。[③] 1573 年 12 月 5 日,新西班牙总督马丁·恩里克斯(Martin Enriquez)在给国王菲利普二世的信中谈到,中国的财富使一些西班牙人计划征服中国。[④] 1574 年 1 月 8 日,安德鲁斯在给国王的报告中,尽可能详尽地描述中国的幅员和资源,并暗示西班牙会发现征服那样一个富裕的王国是值得的。[⑤] 1582 年 6 月 16 日,菲督龙其虑(Gonzalo Ronquillo)从马尼拉写信给国王,"陛下您应该高度重视这块土地,因为它靠近中国。毫无疑问,中国是世界上最好的国家,因为她有如此众多的人民和巨大的财富。吕宋岛距离中国不到一百里格,陛下您的臣民在那里付出的努力应该收益很大。对中国发动战争是公义的,征服只系于上帝启示陛

---

① William Lytle Schurz, *The Manila Galleon*, p. 68.
② William Lytle Schurz, *The Manila Galleon*, p. 16.
③ 转引自 C. R. 博克塞编注,何高济译:《十六世纪中国南部行纪》,第 18 页。
④ BR, Vol. 3, p. 21.
⑤ BR, Vol. 3, p. 21.

下心目中的一个念头"。① 耶稣会东方视察员范礼安在一封致其总会长的信函中揭露了西班牙人对中国财富的觊觎，"现在值得一写的是，在菲律宾群岛的西班牙人对中国财富垂涎三尺，都几次派僧俗人员来澳。……后来发现菲律宾总督企图插手澳门并设法让国王陛下将澳门置于他的统治之下"。② 舰长迪亚戈·阿提达（Diego de Artieda）写信向国王提议征服中国时谈到，"这个国家很肥沃，而且有充分的粮食，相信是全世界最好的国家"。③ 对征服中国的殖民利益描述最为详尽的莫过于1586年的侵华计划书，该计划书的内容共有十一款九十七条，其中谈收益的有三款三十六条，篇幅占了三分之一强，收益内容主要为：传播天主教和西方文化；掠夺中国巨大的物质财富和人力资源；统治和奴役中国人民；谋求世界霸权，即以中国为中心建立一个庞大的帝国，征服中国沿岸的所有邻国，从东边困扰土耳其，同时堵塞英、法等其他西方国家。④

（二）母国实力的支撑

哈布斯堡时期（1516—1700），西班牙何时迈入其霸权时代，学者们对这一问题审视角度不一，答案各异。笔者认为，从民族国家的角度来看，综合军事实力、经济实力、领土版图等诸多因素，菲利普二世时代（1556—1598）是其最强盛时期，具体界定在1559年至1598年之间似乎更为合适。

1. 经济发展

从1530年至1580年间，卡斯蒂利亚城市和乡村总的人口很可能增长了大约50％。⑤ 人口增长刺激了经济发展，带来了食物和服务需求。在1580年之前，卡斯蒂利亚和安达卢西亚提供的农产品是来自塞维利亚的主要出口商品。⑥ 在哈布斯堡王朝，西班牙超过3/4的劳动人口从事农业，不

---

① BR，Vol.5，pp.25～26.
② 参见约瑟夫·维奇（Joseph Wicki）及约翰·戈麦斯（John Gomes）：《东印度文献（Documenta Indica）》，罗马，1979年，第14卷，第7～8页。转引自金国平著/译的《西力东渐：中葡早期接触追昔》，第131页。
③ BR，Vol.3，p.206.
④ BR，Vol.6，pp.197～226.
⑤ Henry Kamen，*Spain*，1469—1714：*A Society of Conflict*，London，New York：Longman，1991，p.98.
⑥ 莱斯利·贝瑟尔主编，林无畏、吴经训、孙铢、丁兆敏译：《剑桥拉丁美洲史》，北京：经济管理出版社，1995年，第316页。

到 1/5 从事工业,其中大多数从事纺织业。① 所以农业的发展,对西班牙经济具有指标性意义。同一时期,西班牙的工业也得到了发展。在主要羊毛生产地 Segovia 的生产中心,大约至 1580 年有 600 台织布机,年生产 13000 匹布。② 西班牙经济还受惠于对美洲的垄断贸易。该贸易给西班牙大商人创造了巨额利润,有时一个单程,就可获得 300% 的利润。③ 虽然某些年份出现波动,16 世纪下半叶大体上是西印度贸易长时间扩展的时期。④ 从 1559 年至 1598 年,菲利普二世来自固定来源的年总收入翻了三倍多,从大约 300 万达到了 1050 万杜卡特。⑤ 16 世纪 90 年代,王室的美洲税收是 60 年代的 4 倍,在菲利普二世执政末期,占到了其总收入的 20%。

西印度经济的发展同样十分瞩目,并直接推进了西班牙的霸权地位。16 世纪中期以后,美洲对西班牙农产品的需求开始减少,同时向外出口洋红、可可、蔗糖、宝石、烟草、棉花、皮革等货物。矿业的发展对西班牙母国的经济发展和霸权事业贡献最大。16 世纪 50 年代中期和 1570 年左右,以汞提炼白银的汞齐化法先后传入墨西哥和秘鲁,出口欧洲的白银在量与值上都大大超过了黄金,在 16 世纪 90 年代进入了第一个高潮,每年约 1100 万比索。⑥ 16 世纪前半叶,归王室所有的金银平均每年 22 万杜卡特,1560 年代这一数目翻了四倍,1590 年代翻了 12 倍。在整个菲利普二世统治时期,由西班牙政府正式接收的金银总数达到了 6450 万杜卡特,王室还从私商那里没收了总数 800 万杜卡特的金银。⑦ 据统计,1503 年至 1600 年间从美洲运入了西班牙 153500 公斤黄金和 7400000 公斤白银,其中大约 66% 的黄金及 8% 的白银在 1560 年前运至,⑧以此推算,1560 年至 1600 年运进了 52190 公斤黄金和 6808000 公斤白银。到 16 世纪末,世界贵金属开采量中

---

① Henry Kamen, *Spain*, 1469—1714: *A Society of Conflict*, p. 228.

② Henry Kamen, *Spain*, 1469—1714: *A Society of Conflict*, p. 169.

③ 张家哲著:《拉丁美洲:从印第安文明到现代化》,北京:中国青年出版社,1999 年,第 78 页。

④ 莱斯利·贝瑟尔主编,林无畏、吴经训、孙铢、丁兆敏译:《剑桥拉丁美洲史》,第 314 页。

⑤ Henry Kamen, *Spain*, 1469—1714: *A Society of Conflict*, p. 167.

⑥ 莱斯利·贝瑟尔主编,林无畏、吴经训、孙铢、丁兆敏译:《剑桥拉丁美洲史》,第 314、354 页。

⑦ Henry Kamen, *Spain*, 1469—1714: *A Society of Conflict*, p. 166.

⑧ Henry Kamen, *Spain*, 1469—1714: *A Society of Conflict*, pp. 98~99.

将近 83％归西班牙所有。①

2. 版图扩大

通过阿拉贡和卡斯蒂利亚王室的合并,阿拉贡王室自 1409 年起就拥有的撒丁岛和西西里以及那不勒斯都并入西班牙版图,使得西班牙立即成为意大利的主导力量,在海上和陆上都成了南欧的主人。为了北部边境的安全,斐迪南还将塞尔达涅,鲁西荣和纳瓦拉并入了版图。1479 年和 1480 年西班牙和葡萄牙两国最终签订条约,既肯定葡萄牙对非洲贸易的垄断权,又肯定西班牙占有加那利群岛。② 自 1496 年在海地建立起第一个永久性殖民地之后,至 16 世纪上半叶,西班牙已经建立起对美洲殖民地的统治权,其领地包括古巴、佛罗里达半岛、尤卡坦、墨西哥、哥伦比亚、秘鲁和智利,即除巴西外的中美洲和南美洲。③ 最后一位米兰大公斯福尔扎(Sforza)于 1535年去世后,米兰公国领地及时地转入了查理的儿子和继承人菲利普之手。查理退位后,又将以尼德兰为中心的整个勃艮第领地传给了菲利普二世。至 1580 年,除了索诺拉外,墨西哥北部地区的要冲地点都已实行殖民了,西班牙人牢固地控制了拉普拉塔地区。16 世纪末阿根廷全境沦为西班牙的殖民地,北起加利福尼亚湾和密西西比河、南至火地岛的广袤美洲大陆(巴西除外)全部落入西班牙殖民者手中。④ 至 1578 年西班牙人还基本上完成了对菲律宾中、北部地区的殖民征服。1581 年 4 月召开的托马尔(Thomar)议会,菲利普二世被承认为葡萄牙国王,葡萄牙被并入西班牙王室,罗马时代的"Hispania(西班牙)"恢复了。⑤ 菲利普二世不仅统一了伊比利亚半岛,还继承了葡萄牙庞大的海外帝国。

3. 军事外交胜利

查理一世继位后,他的大部分时间都用在同法兰西斯一世的斗争上,但同法国的斗争没有取得最后胜利。查理时期西班牙与土耳其的战争持续不断,但至其统治结束,西班牙在北非的存在只局限于梅利利亚、奥兰、米尔斯克比尔等。查理同德国新教徒的战争最后也以失败告终。

---

① 波梁斯基:《外国经济史·封建主义》,北京:三联书店,1964 年,第 456 页。
② 王加丰:《西班牙、葡萄牙帝国的兴衰》,西安:三秦出版社,2005 年,第 93 页。
③ 王绳祖:《国际关系史:第一卷(1648—1814)》,北京:世界知识出版社,1995 年,第 22 页。
④ 张家哲著:《拉丁美洲:从印第安文明到现代化》,第 65 页。
⑤ Henry Kamen, *Spain*, 1469—1714: *A Society of Conflict*, p.127.

在查理时期,还没有强大的西班牙陆军出现在欧洲,只能在神圣罗马帝国的大军中充当分遣队的角色。1546年在德意志为查理服役的4万大军中,西班牙士兵不到其中的1/6。菲利普二世统治时期,平均每年约9000人被招募入伍,在危机时期总数可能升至2万。在1567年至1574年间,将近有43000人离开西班牙在意大利和尼德兰作战。佛兰德斯的军队,1570年还是一支13000人的防守力量,1572年已提升为一支67000人的攻守全能的军队。在1580年有46000人的军队驻防在佛兰德斯,另有37000人的军队进入了葡萄牙。据估计,1587年在整个菲利普二世的领地有10万多军队要他供养。西班牙国内的军队开支从1578年至1594年翻了三倍,军备开支在1581年至1595年间翻了三倍。16世纪上半叶,西班牙海军的活动仅限于地中海地区,也没有大规模的海军力量存在。1560年至1574年间则大约有300艘战船被建造,总支出超过350万杜卡特,海军舰队的规模大概是查理时期的四倍。1587年菲利普在大西洋保持有106艘战船。1580年至1598年间,每年应募而服务于卡斯蒂利亚王室的海、陆军总数平均由2万上升到了5万。[1]

1557年8月驻在佛兰德斯的西班牙军队由萨伏伊公爵和艾格蒙特伯爵率领,跨过边界进入法国,法国军队在圣昆汀溃败。双方在1559年4月签订《卡托—康布雷齐和约》,西班牙与法国之间长达65年的破坏性战争才告结束。1562年起直至16世纪末法国陷入了内战。自1559年《卡托—康布雷齐和约》签订到1580年代,西班牙与法国基本上保持和平状态。1571年10月勒庞托海战的巨大胜利,虽未为地中海的力量平衡带来根本性调整,却成功阻止了土耳其对西地中海地区西班牙势力范围的威胁,改变了16世纪40年代以后,西班牙及其帝国部队因不断遭受复兴起来的伊斯兰国家的进攻而采取的防守态势。从1580年开始,土耳其人放弃了向西扩张,基督徒—穆斯林全面对峙的状态结束了。[2] 尽管尼德兰早在1566年就开始反叛,但尼德兰的局势在西班牙走向霸权的1570年代及1580年代都是可控的。为了对抗西班牙,英国人侵蚀西属美洲,卷入葡萄牙王位主张者安东尼奥的争夺计划,支持荷兰反叛。但伊丽莎白只是当荷兰人的命运处

① Henry Kamen, *Spain*, 1469—1714: *A Society of Conflict*, pp. 161~163.
② Henry Kamen, *Spain*, 1469—1714: *A Society of Conflict*, p. 133.

于其最低潮的时候，才最后被逼进行干涉，阻止荷兰的反叛者被彻底摧毁。① 1585年8月，通过《农萨奇条约》(Treat of Nonsuch)，她同意派遣大约6千名军人，由莱斯特伯爵率领前往帮助荷兰人，一支由25艘战舰组成的舰队委托给德雷克。② 1588年，西班牙派遣一支包括130艘战船的"无敌舰队"进攻英国。两国海军大战于英吉利海峡。结果西班牙舰队大半葬于海底，68艘大型帆船中大约有40艘被摧毁，或许有15000人死亡。而英方仅损失10艘船，水兵死亡不到100人。③

然而"无敌舰队"的失败远未摧毁西班牙的力量，直到17世纪初，西班牙在欧洲霸权争夺战中都还保持一定的进攻态势。1590年法尔内塞(Farnese)率领佛兰德斯的军队跨过边境进入法国，占领了巴黎，其他的西班牙军队则推进到了布列塔尼和朗格多克。1596年西班牙派出一支舰队进攻爱尔兰，1597年又派出一支由136艘战船组成，装载13000名士兵的舰队进攻英格兰。④ 菲利普三世继位后又于1601年对爱尔兰进行了最后一次袭击。到1598年地中海地区也已基本被平定。

尽管查理五世的帝国至少在其辩护者的眼中曾是个世界性的帝国，但它本质上始终是个欧洲帝国，虽然日益向美洲延伸。相比之下，由他儿子继承的西班牙君主国后来则表现出真正的跨越大西洋帝国的特征。⑤ 在皇帝查理的事业中西班牙所扮演的有限角色与菲利普二世时期西班牙所扮演的全新角色形成了鲜明对比，只是在菲利普二世的统治下西班牙才凭她自身的头衔成为一个大国。

（三）美洲殖民经历的激励

西班牙殖民者征服美洲的经历极具传奇色彩。西属美洲大陆可以说是在1519年至1540年间被征服的，在那21年内西班牙在该大陆大片地区确

---

① Andrew Pettegree, *Europe in the Sixteenth Century*, Oxford, Malden, Mass：Blackwell, 2002, p. 205.

② Henry Kamen, *Spain*, 1469—1714：*A Society of Conflict*, p. 133.

③ 王绳祖：《国际关系史：第一卷(1648—1814)》，第24页。Henry Kamen, *Spain*, 1469—1714：*A Society of Conflict*, p. 134.

④ Henry Kamen, *Spain*, 1469—1714：*A Society of Conflict*, pp. 134 & 163.

⑤ 莱斯利·贝瑟尔主编，林无畏、吴经训、孙铢、丁兆敏译：《剑桥拉丁美洲史》，第312页。

立了自己的存在,且对区域内(不包括巴西)的各民族实行统治。伊比利亚半岛的陆地面积,不包括葡萄牙,不及 50 万平方公里。在那 20 年内落入西班牙之手的美洲面积为 200 万平方公里。西班牙王室在卡斯蒂利亚约有 600 万臣民,在阿拉贡有 100 万;在死亡和破坏造成可怕的伤亡之前,在美洲或许有 5000 万新的臣民。无论在墨西哥北部或南美洲南部的边缘,土著人口最多且大部分定居的地区,即使难以驾驭却在一代人的时间里被置于西班牙的统治之下。[①] 至 1550 年,征服者们已完成了他们的工作,西班牙人继续发展其海外属地的道路已经畅通。伊比利亚人建立起了欧洲的第一个真正的殖民地帝国——一个完全不同于非洲和亚洲的纯粹商业帝国的国家。[②]

而那些征服都是"私人性质的事业,是胸怀大志的征服者同王室签订合同即所谓公约的结果",王室则"授予他们以殖民先遣官头衔"。[③] 通往美洲的运输线同样是由私人团体所开拓的,在 16 世纪早期并没有西班牙王室的船只出现在大西洋航线上。[④] 在征服过程中,最具传奇色彩的当属科尔特斯对阿兹特克帝国的征服以及皮萨罗对印加帝国的征服。1519 年 3 月科尔特斯率领 600 多人的队伍,包括 508 名士兵和 110 名水手,乘坐 11 艘船远征阿兹特克帝国,部下大多数仅以刀剑和长枪武装起来,所有的火器只是 13 支旧式步枪,10 门青铜炮和 4 门轻型火炮,另有 16 匹马。尽管一度遭遇挫折,最终一个有着 2500 万人口的帝国在他们的攻击下土崩瓦解。[⑤] 1531 年皮萨罗和他的四个兄弟一道率领远征军入侵印加帝国,他们只有 180 人,

① 莱斯利·贝瑟尔主编,林无畏、吴经训、孙铢、丁兆敏译:《剑桥拉丁美洲史》,第 165~166 页。
② 斯塔夫里阿诺斯著,吴象婴、梁赤民译:《全球通史:1500 年以后的世界》,上海:上海社会科学院出版社,1999 年,第 145 页。
③ E. 布拉德福德·伯恩斯著,王宁坤译:《简明拉丁美洲史》,长沙:湖南教育出版社,1989 年,第 36 页。
④ Henry Kamen, *Spain*, 1469—1714: *A Society of Conflict*, p.161.
⑤ 莱斯利·贝瑟尔主编,林无畏、吴经训、孙铢、丁兆敏译:《剑桥拉丁美洲史》,第 169、174、176 页;吴于廑、齐世荣:《世界史·近代史编》,北京:高等教育出版社,2001 年,第 14 页。

2 门大炮和 27 匹马。① 最终却征服了有着 900 万人口的帝国。②

葡萄牙和西班牙征服者在 16 世纪上半叶的辉煌成功,在他们众多同胞的心目中催生了这样一个信念,即除了土耳其帝国、苏菲帝国和蒙古帝国,一小股欧洲士兵就可以征服几乎任何一个亚洲王国。③ 正如舒尔茨所言,"西班牙人的征服精神依然存在,并带着对这一事业的热忱,以及对西班牙战士超人威力的自信。这种征服精神甚至要让契丹(中国)拜倒在天主教国王的脚下"。④

(四)对中国错误认知的引导

西班牙殖民者疯狂叫嚣征服中国的一个重要诱因是,他们认为中国容易被征服,之所以认为容易又是由于他们认为中国人民会反叛明室而支持入侵者、中国人缺乏勇武精神、中国国防薄弱等,其中中国人缺乏勇武精神与中国国防薄弱这两点被谈论得最多,在各种侵华计划或提议中,在传教士或其他人的一些著作中都能见到。

1569 年 7 月 8 日,拉达写信给墨西哥总督马克斯·法尔塞斯(Marques de Falces),"中国人根本就不好战,他们完全依赖人数和城墙上的防御工事,攻下任何一个堡垒就可以完全消灭他们。因此,我相信,不用多少军队就能将中国人征服"。⑤ 1573 年迪亚戈·阿提达在给国王的信中也谈到,"跟我交谈过的摩洛人告诉我,中国人不是像我们这样好战的民族,而且是异教徒"。⑥ 菲督桑德(Francisco de Sande)在其 1576 年的侵华计划中谈到,中国人"是一个胆怯的民族——胆怯到没有人骑过马,即使在那个国家有很多的马,因为他们不敢爬上马背。他们不携带武器,也不用马刺,而用马鞭和马勒,那个对马没有多大的作用","所有的武器,包括海上和陆上用的,是燃烧弹,因为他们有大量的块状黑色火药。他们的大炮即使不大,但

---

① 吴于廑、齐世荣:《世界史·近代史编》,第 15 页。

② 莱斯利·贝瑟尔主编,林无畏、吴经训、孙铼、丁兆敏译:《剑桥拉丁美洲史》,第196 页。

③ C. R. Boxer, *Portuguese Conquest and Commerce in Southern Asia*, 1500—1750, Hampshire, Gower Publishing House, 1985, p. 118.

④ William Lytle Schurz, *The Manila Galleon*, p. 69.

⑤ Gregorio F. Zaide, *Documentary Sources of Philippine History*, Vol. 2, p. 53.

⑥ BR, Vol. 3, p. 206.

很差劲。他们也有普通而又差劲的火绳钩枪和 culverins(一种枪)。所以他们主要依赖于长矛。我听说他们不是很怕火绳枪,因为他们自己是差劲的火绳枪射手,看到别人用火绳枪射中了一只鸡或一只鸽子吃惊不已。他们最害怕的还是长矛","人们通常没有武器,也不用武器。一名带着两百人的海盗能够抢劫一座三万人的城市。中国人是非常拙劣的射手,他们的火绳枪也是没有什么用的"。① 罗曼在《中国风物志》中也写道,中国人"这些看起来浩浩荡荡的舰只水师,如果再细看一下,只不过是俗话所说的薄雾浮云而已,因为他们十分脆弱,(中国人)只注意给舰只打扮,吹牛皮,华而不实,他们是不敢驾舰出海三里格之遥的。他们只是在风平浪静之时沿着岸边航行,一觉得起了风,就马上抛锚,不冒任何风险";"他们遇到某个海盗时,通常总是以一百艘舰只将之重重包围,然后趁着风势筛出许多石灰吹向敌人,使之睁不开眼,而由于他们人多势众,最后就能战胜敌人";中国的兵丁"是一些很坏、死气沉沉、没有心肝、耍流氓的人,即使成千上万,也不必害怕他们。归根到底,一个国家的士兵这样乱七八糟,其余的人又全是奴隶,能有什么武力? 当然是毫无武力可言。我们在菲律宾的印第安人就生气勃勃得多"。② 1586 年菲律宾西班牙代表会议请愿书中写道,"如果西班牙人以其惯常的方式进入中国,他们会彻底毁了那个人们曾看到的人口最稠密、最富有的国家"。③ 西班牙人将中国与美洲相提并论,显然是将中国人的作战能力与美洲的印第安人相提并论。

葡萄牙人佩雷拉(Pereira)曾被长期关押在中国的监牢中,正是他制定了第一个以相对较少的兵力征服人口众多却武器拙劣的中华帝国的计划。在 16 世纪 80 年代的马尼拉和马德里,这种说法得到完全的支持。著名的葡萄牙作家和旅行家平托(Fernão Mendes Pinto)所撰的《游记》(**Peregrinação e outras obras**)1614 年在马德里出版,其中写道"中国人并不是战士","除了战争经验很少以外,他们的胆子也很小,武装也较差,炮兵更是极为缺乏"。新西班牙总督胡安·门多萨(Juan de Palafoxy Mendoza)在他的著作《鞑靼人的战争》中,对中国人在满族入侵时的失败进行了解释,认为中国人从天然资质来看,包括体力、勤奋及毅力,本是天生的战士,但是他

① BR,Vol. 4,pp. 51,55 & 58.
② 胡安·包蒂斯塔·罗曼著,陈用仪译:《中国风物志》,第 99~100 页。
③ William Lytle Schurz, *The Manila Galleon*,p. 68.

们内部不团结，并且除边疆省区外，他们的能力已经被长期的和平及生活中的享乐削弱了。[1]

（五）远东殖民战略和国际关系格局的影响

与哥伦布出发时以寻找中国为主要目的不同，到麦哲伦作环球航行时，主要目的转为寻找西行到达香料群岛的新航路。这并非中国的财富对西班牙人失去了吸引力，而是因为香料贸易的丰厚利润更为现实与诱人。正如舒尔茨所言，"尽管马尼拉是大帆船的西部终点站，但西班牙人最初的目标是马鲁古群岛，或者是香料群岛，当时世界上利润最丰厚的贸易来源地"。[2]

在 1492 年哥伦布发现海地和 1521 年科尔特斯征服墨西哥这个时间内，西班牙人从他们美洲殖民地所获的利益，不及葡萄牙人掌握亚洲香料贸易所获的利益那样诱人。当西班牙人最后发觉哥伦布及其直接继承者既没有找到中国，也没有找到真正的印度群岛，这时他们的一个当务之急便是寻找一条绕过美洲壁障而到达令人垂涎的东海香料群岛的道路。麦哲伦远征队环球航行成功后，西班牙又连续派出了三支远征队，目的都是为了香料，但都以失败告终。

16 世纪西班牙和葡萄牙的地理学家对于东半球托德西拉斯界线到底在哪里看法极不相同。葡人坚称马鲁古群岛是在他们的势力范围内，而西班牙人则顽固地强调，不仅马鲁古，乃至中国连带马六甲都在西班牙的范围内。[3] 在《萨拉戈萨条约》中放弃对马鲁古群岛的权利主张后，西班牙将目光转向了菲律宾。事实上，西班牙人最初在菲律宾群岛进行的殖民行动，只是为了下一步的南进殖民行动，即如何占领出产香料的马鲁古群岛做准备而已，菲律宾群岛对西班牙人并无任何价值与吸引力。[4] 1542 年维拉洛博斯奉命避开葡萄牙占领的马鲁古群岛，考察在菲律宾进行贸易、征服和殖民的可能性，但以失败告终。1545 年至 1548 年在墨西哥和秘鲁发现银矿，这一巨大财富的开发足足在两个十年内把西班牙的注意力从香料群岛和菲律

---

① 戴默尔：《欧洲近代初期的日本与中国观：对东亚陌生文化不同理解管道之比较》，第 136 页。

② William Lytle Schurz, *The Manila Galleon*, p.16.

③ C. R. 博克塞编注，何高济译：《十六世纪中国南部行纪》，第 15～16 页。

④ 李毓中：《北向与南进：西班牙东亚殖民拓展政策下的菲律宾和台湾（1565—1642）》，参阅《曹永和先生八十寿秩论文集》，台北：乐学书局，2001 年，第 33 页。

宾引开。然而，西班牙人不是那种可以放弃他们曾插手的事业的人，所以尽管遭受很多挫折，西班牙人仍然希望打破葡人对香料群岛的垄断。黎牙实比远征队依然冲着香料而来，但他在宿务建立殖民据点后，他想在该地发现香料的满腔希望很快便破灭了，尽管从棉兰老找到一些著名的肉桂，在土人那里发现少量黄金，但不足以说明菲律宾的财富可以与墨西哥和秘鲁的财富相匹敌。① 在西班牙人到来之前，菲律宾的本土经济基本上以传统的水稻种植为基础。菲律宾群岛自身没有能力在短期内，在没有深刻结构转变的情况下，产生出西班牙人所期望的经济繁荣。它既没有墨西哥的金矿，也没有智利的银矿，既没有中国的丝绸，也没有马鲁古群岛的香料。②

　　在这种情况下，很自然西班牙人又将目光投向了菲律宾以外的地区。在菲律宾群岛殖民化的头几十年，西班牙征服者和传教士一般都把那个群岛看作是向东亚各地扩张的一个跳板。1565年黎牙实比在给墨西哥王室最高法院院长的报告中写道，"我们已经来到了世界上最遥远、最幸运国家的大门口，这里距中国、渤泥、爪哇、吕宋、苏门答腊、马鲁古、马六甲、帕坦、暹罗、琉求、日本和其他富裕大省，三百里格或略远一点"。③ 黎牙实比在他1569年所写的关于菲律宾群岛的《一览》中，论述了菲律宾的重要性，认为菲律宾由于离日本、中国、爪哇、渤泥、马鲁古和新几内亚近而具有战略意义。④ 他在致墨西哥总督的信函中指出，如果国王仍注视马鲁古群岛，那么宿务是较好的据点。如果国王支持北进的主张，直达中国海岸，那么把大本营移到吕宋是更好的。⑤ 各种有关中国资源和贸易的消息传到西班牙征服者耳朵里后，加上他们对中国繁荣与富裕的历史记忆，必然激发他们征服中国的企图。

二、各种侵华计划与主张

　　早在1564年，新西班牙立法会颁布的王室诏谕在涉及征服事宜时，仅

① C. R. 博克塞编注，何高济译：《十六世纪中国南部行纪》，第16~17页。
② Costa Horacio de la，Church and State in the Philippines during the Administration of Bishop Salazar，1581—1594，*The Hispanic American Historical Review*，Vol. 30，1950，p. 314.
③ Gregorio F. Zaide，*Documentary Sources of Philippine History*，Vol. 2，p. 14.
④ BR，Vol. 3，pp. 58~59.
⑤ C. R. 博克塞编注，何高济译：《十六世纪中国南部行纪》，第19页。

将马鲁古群岛排除在未来可能对亚洲地区进行的扩张之外，因为它是葡萄牙人的保留区域。在王室与菲律宾各位总督之间的通信中和王室采取的决定中曾多次提到，那是在亚洲的扩张中唯一的禁地。① 登陆菲岛后，西班牙殖民者提出了各种探测、征服中国的计划或主张。

（一）黎牙实比时期

1565 年黎牙实比远征菲律宾的时候，就负有征服中国的使命。1567 年 7 月 23 日，他向菲利普二世写信，建议添造六艘舰只借以"探察中国海岸及沿海各岛屿"。② 1570 年 7 月 27 日他再次写信给菲利普二世："陛下的意见，是否愿意我立即到中国去。"③ 1572 年突发心脏病去世的前几天，他给墨西哥总督写信说到他自占领马尼拉以来所能搜集到的有关中国的情报。西班牙水手伊斯拉（Juan de la Isla）拟定的沿中国和鞑靼海岸作探索航行，再从那里取道北美返回墨西哥的计划，得到了墨西哥官方的批准，并被指令要他恰当地和遇到的任何葡萄牙船或船队保持友好，如果发生战斗，西班牙获胜，就应格外小心地取得葡人的地图。这一计划也在马尼拉获得了黎牙实比的首肯。④ 1569 年 6 月 8 日王室驻菲律宾代理人安德鲁斯从宿务写信给菲利普二世，"我们所有这些陛下的臣仆确信，在您的时代，中国将会被征服，基督教将在这些地区传播与践行，陛下的王权将得以大幅提升，这一切将在短时间内实现"。⑤ 黎牙实比一向认为，西班牙要永久地占据菲律宾这块殖民地，不可能单纯地依赖贸易，必须把活动范围扩大到其他国家，进行新的征服。⑥ 他心目中第一目标就是中国。

（二）拉维萨雷斯（Lavezares）和桑德时期

黎牙实比还未来得及做好侵华准备便在菲律宾死去，在他死后，一些西

---

① 罗德里格斯：《菲律宾在东亚的影响（1565—1593）》，《文化杂志》2004 年第 52 期，第 20 页。

② BR，Vol. 2，p. 23.

③ 转引自金应熙的《菲律宾史》，第 209～210 页。

④ C. R. 博克塞编注，何高济译：《十六世纪中国南部行纪》，北京：中华书局，1999 年，第 19～20、43 页。

⑤ BR，Vol. 3，pp. 33～34.

⑥ H. Bernard 著，萧濬华译：《天主教十六世纪在华传教志》，上海：商务印书馆，1936 年，第 141～142 页。

班牙殖民者继续鼓吹侵华。1573 年舰长迪亚戈·阿提达在给国王菲利普二世的信中写道,"如果陛下想探测中国,我为陛下服务。只要给我两艘大约二百五十吨的船,每艘船上配备四十名士兵及所需的大炮、弹药和补给,那就够了。然后在上帝的帮助下,借助外交使节的身份,我将亲自进入那个国家,探测了那里的海岸之后,自新西班牙返回。我将会弄清怎样在那里进行贸易和征服"。① 1573 年 12 月 5 日,墨西哥总督写信告知国王,"我已下令,任何来自那些岛屿(菲岛)的船只应该沿途探测中国海岸,以获得更多中国及其贸易的信息"。② 黎牙实比的另一伙伴赫尔南多·里奎(Hernando Riquel)于 1574 年 1 月 11 日写信给菲利普二世,其中写道,尽管中国地域广袤、人口众多,"不需 60 名优秀的西班牙士兵就能将其征服"。③ 为了使菲利普二世批准他入侵中国的计划,拉维萨雷斯临时总督在 1574 年 7 月将手绘的吕宋与中国沿海地势图与一本中国地图册《广舆图》一并寄给菲利普。④ 1575 年,黎牙实比的又一名伙伴马尔多纳多(Juan Pacheco de Maldonado)舰长向国王吹嘘,他只需 500 名士兵和充足的补给,便能探索和征服"中国、日本、琉求和 Escauchu 各岛"。⑤ 1576 年新西班牙总督下令以马尼拉为基地,派人入华,实施收集中国情报、准备完成自哥伦布以来的"发现"中国的计划。⑥

菲督桑德也是一个极力主张侵华的狂热分子,他在 1576 年 6 月 2 日给菲利普二世的信中,建议国王支持远征中国,"我谦恭地请求陛下支持派出远征队,这项事业容易实现,费用也少","这是留给世界之王的帝国和至高荣誉,是高于一切的利益,对上帝的最大贡献"。⑦ 6 月 7 日,桑德送了另一份报告给国王,重申征服中国的请求,认为侵华计划的实现"需要 4000～6000 人,配备矛、枪、船、炮和所需的弹药","有 2000～3000 人,便足以占领所要占领的省份,而由那里的港口和舰队,组成海上最大的强国,这是十分

① BR,Vol. 3,p. 206.
② BR,Vol. 3,p. 215.
③ BR,Vol. 3,p. 247.
④ 转引自张铠:《中国与西班牙关系史》,第 72 页。
⑤ BR,Vol. 3,p. 302.
⑥ BR,Vol. 3,pp. 295～303.
⑦ BR,Vol. 3,pp. 312～314.

容易的,征服一省之后,便足以征服全国"。① 在该报告中,桑德还自荐在这项远征中为西班牙王室效力,"我自荐愿在这项远征中为陛下服务,我极具热望,因而使我不可能讲得过分。假如是因为这个原因,使陛下不信任我是您忠实的臣属和奴仆,就让您所喜悦的其他人主持这项远征,即使我不同去也可,只要它是在陛下的名义下进行的。只要我能成为陛下意欲的推动者,我就满足了;……如果上帝乐意赐我以巨大的财富,我将随时依陛下的命令,毫不犹豫地将我全部的遗产用于这项远征之上"。② 刚刚被免去总督之职后,桑德又被任命为征服中国计划总监,他认为,"为了控制整个群岛(菲律宾群岛),同时也为了以陛下的名义与那些群岛(日本群岛)的人交往并进行贸易,使他们承认陛下为国王和统治者,必须有许多人来菲律宾,特别是为了效忠于陛下,还应当去暹罗和帕坦王国,以及大爪哇、小爪哇和大中华帝国,将一切都置于陛下的统治之下"。③ 1578 年危地马拉最高法院成员加西亚·帕拉西奥斯(Diego Garcia de Palacios)也酝酿了一个同样的计划。在中美洲有大量躁动者,热心于军事冒险,他考虑在那里招募一支由四千名西班牙人组成的军队,然后将其运往马尼拉,在那里加入由桑德召集的军队,继而前往中国海岸。④ 1579 年 5 月 30 日菲督桑德写信告知国王,他依然渴望出征马鲁古群岛和中国,且正竭尽所能为此目的累积船只和火炮。⑤

(三)龙其虑至维拉(Santiago de Vera)时期

菲律宾王家财库管理人罗曼(Juan Bautista Román)1584 年来到澳门,收回一艘逃到那里的阿卡普尔科的西班牙船。他在那里逗留期间,曾有机会同耶稣会士利玛窦神父通信,同时设法取得有关中国的资料,得以编写出一部长篇的《中国风物志》,随即寄回西班牙,介绍天朝帝国是如何的富饶丰博,怂恿菲利普二世征服中国。其中写道,"陛下只消出动不到 5 千名西班牙人,就可以平定这些王国,成为他们的主人,至少可以占领沿海地区,这些地区在全世界也是最重要的领地。只消派出几艘战船,加上几艘苦役划桨

---

① BR, Vol. 4, pp. 58~59.

② BR, Vol. 4, pp. 60~61.

③ 转引自罗德里格斯:《菲律宾在东亚的影响(1565—1593)》,第 17 页。

④ William Lytle Schurz, *The Manila Galleon*, New York, E. P. Dutton, 1939, p. 68.

⑤ BR, Vol. 4, p. 14.

船,就可以控制中国沿海及附近的省份以及自中国至摩鹿加的整个南海及其群岛,沿途海岸线及诸岛。可以通过(耶稣)会神父们从日本抽调六七千兵员,战斗性特别强的基督徒,中国人害怕他们甚于害怕死神。从菲律宾可以抽调出三四千花脸族也称为米沙鄢族的土著人,他们站在我们一边作战时十分勇猛,是比中国人优良得多的战士,可以由他们来进行消耗战。但是胜利并不取决于军队人数的多少,而首先取决于天意,上天一定会给予我们以力量"。[1]

1586 年所举行的菲律宾西班牙代表会议,拟就了一个很详细的侵华计划,列为该会议请愿书的第十章,逐条列举了侵华的依据与准备工作,进攻的路线,征服的收益,该采取的策略和具体步骤等各个方面。[2] 作为西班牙王室驻菲律宾总代理的耶稣会士桑切斯(Alonso Sánchez)是侵华的主要倡导者,该计划以他的侵华计划为蓝本,获得了菲督维拉,主教萨拉萨尔(Salazar),所有最高法院成员,宗教界人士,以及参加会议的其他西班牙人名流的署名同意。按计划,西班牙将派出 1 万至 1.2 万人的正规军,外加五六千菲律宾土著部队及葡萄牙耶稣会士在日本招募的同等数量的日本部队,全部集结于卡加延,熟练的菲律宾人工匠将建造船只将这些军队运往福建沿岸;在葡属印度和马六甲招募的另一支葡萄牙人的入侵部队,将从澳门和广东进攻中国。[3] 该计划几乎全盘接受了胡安・包蒂斯塔・罗曼在 1584 年提出的关于征服中国的后勤和战略建议。[4] 在计划中,西班牙人还希望借助日本人的力量来对中国进行远征,因为日本人是"中国人可怕的,不共戴天的敌人"。[5] 1586 年日本商人和大名代表组成的一行人来到了菲律宾沿海地区,在他们当中有一位皈依了基督教的大名小西行长(Konishi Yukinaga),他来到马尼拉,表示可以派遣一支 6000 人的队伍配合对马鲁

---

① 胡安・包蒂斯塔・罗曼撰,陈用仪译:《中国风物志》,《文化杂志》1997 年第 30 期,第 99、102 页。

② 陈台民:《中菲关系与菲律宾华侨》,第 163～186 页。

③ G. F. Zaide, *The Pageant of Philippine History：Political，Economic，and Socio-Cultural*, Vol. 1, p. 343.

④ 罗德里格斯:《菲律宾在东亚的影响(1565—1593)》,第 18 页。

⑤ William Lytle Schurz, *The Manila Galleon*, p. 68.

古群岛、渤泥或中国的入侵。[1] 菲律宾最高法院院长维拉在 1587 年 6 月 26 日给菲利普二世的信中这样谈及这次来访，"陛下或菲督任何时候告知这位平户国王及其朋友，另一位基督教国王奥古斯丁，需要军队为您服务，他们会按要求派出士兵和人员。那些兵员装备精良，所需费用少，陛下可用来征服渤泥、暹罗、马鲁古，或者中国（那些国家和他们都是敌对的），他们不求任何回报，只想服务陛下，获得荣誉。……如果陛下下令派遣一支远征队到中国去，或者这个新世界任何其他部分，您可以利用他们"。[2] 1589 年 7 月 15 日，菲岛的王室检察官加斯珀（Gaspar de Ayala）向国王报告，建议国王加大在菲岛的军事和财政投入，以保住那块殖民地，理由是"尽管（维系）这块殖民地代价高，无收益，但它是进入中国的立足点和踏脚石"。[3]

（四）戈麦斯·达斯马里尼亚斯（Gomez Perez Dasmarinas）时期及以后

尽管 1576 年和 1586 年的侵华计划均被菲利普二世搁置起来，但在菲岛殖民当局和宗教界中，试图用武力征服中国进而使中国基督教化的议论不绝于耳。[4] 直到 16 世纪末，马尼拉的西班牙人持续提出类似的侵华建议。[5] 1596 年菲律宾殖民当局派遣舰长加里纳托（Juan de Gallinato）远征柬埔寨失败，但这并没有让菲督路易斯·达斯马里尼亚斯（Luis Perez Dasmarinas）及马尼拉其他头脑发热者泄气，他们继续向马德里投送大量的征服计划，不仅要求征服柬埔寨、占婆和暹罗，也想征服广东和中国南部。[6] 1598 年 5 月 8 日，马尼拉全体西班牙人迎接西班牙国王在马尼拉创设高等法院的诏书，诏书宣布授权这个高等法院审理一切民刑事案件，而刑事案件的范围则包括菲律宾群岛及已知和未知的整个中国大陆。[7] 1598 年 6 月

---

① C. R. Boxer, *Portuguese Conquest and Commerce in Southern Asia*，1500—1750，Hampshire，Gower Publishing House，1985，p. 259.

② BR，Vol. 6，pp. 308~310.

③ BR，Vol. 7，p. 124.

④ 张铠：《中国与西班牙关系史》，第 204~205 页。

⑤ C. R. Boxer, *Portuguese Conquest and Commerce in Southern Asia*，1500—1750，London：Variorum Reprints，1985，p. 132.

⑥ C. R. Boxer, *Portuguese Conquest and Commerce in Southern Asia*，1500—1750，p. 130.

⑦ BR，Vol. 15，p. 135.

17 日,菲督德鲁(Francisco Tello)向国王菲利普二世报告,"我发现这里的华侨发明了一种铸造大炮的技术,铸造很容易。我已经订造了五十尊,能发射一至三磅的炮弹,这里最需要这种炮。等到这批大炮造好后,我将不失时机地前往中国,向中国人发动进攻"。① 1603 年马尼拉华人起义时,离任菲督路易斯・达斯马里尼亚斯坚持进攻优势的华人起义队伍,并宣称 25 个西班牙人就足够征服整个中国。② 迟至 1797 年,总督阿吉拉尔(Aguilar)写信给第一部长戈多伊(Godoy),"一支训练有素的军队,就能够征服许多的中国军队,就像亚历山大所征服的那样多"。③

(五)入侵台湾的企图与行动

对菲律宾的西班牙殖民者而言,台湾的重要性自乌尔达内塔的首次返程就已感知,自宿务至阿卡普尔科的航线经过台湾的东部海域。西班牙人占领吕宋后,台湾成了近邻,对菲律宾殖民地的生存至关重要的菲中贸易以及有利可图的菲日贸易,航线都要经过台湾附近海域。所以西班牙殖民者早就有吞并台湾的企图。早期马尼拉的西班牙征服者们计划征服中国的时候,就意欲吞并台湾。1586 年的请愿书中就含有占领台湾的建议。④ 1596年 7 月 8 日,菲督路易斯・达斯马里尼亚斯写信给西班牙国王,阐述占领台湾的益处,"有关此次军队的远征……我想这将是有益且适当的,也是可为天主和陛下您服务奉献的,因为基于各种有利条件与便利性,陛下若能占领该岛,则任何有关日本、中国等邻近地区的事物皆唾手可得。西班牙人在那里将有相当助益,因为如此一来,既可便于从该地辗转获得来自那个王国(指日本)的各种情报消息,也可减少该地对于其王国的疑惧";"另外一点很重要的是,要使日本无法抢先攻占这座岛屿,对我们造成危害,避免他们慢慢将土地蚕食鲸吞,进而渐渐逼近我们所在的这座岛屿。若有一天该岛真的被日方所据有,恐怕吕宋诸岛所要面临的就不只是些小麻烦与不安,尤其

---

① BR,Vol. 10,p. 173.

② C. R. Boxer, *Portuguese Conquest and Commerce in Southern Asia*,1500—1750,p. 131.

③ William Lytle Schurz, *The Manila Galleon*,p. 68.

④ Gregorio F. Zaide, *Documentary Sources of Philippine History*,Metro Manila:National Book Store,INC.,1990,Vol. 3,p. 51.

是在卡加延这个最接近台湾的地区"。① 大约在 1597 年 5 月,路易斯·达斯马里尼亚斯在一篇支持军事征服台湾的证词中,阐述了所依据的理由与可得的利益,主要为避免日本人占领台湾以保证菲律宾的安全;保障经过台湾海域的航路的安全,保护菲中贸易;训练新招的士兵;为了西班牙人的荣誉。1597 年 5 月 19 日,德鲁在给国王的信中,请求送士兵和银元到马尼拉,以便菲律宾的西班牙人能够在日本人之前占领台湾。② 1597 年,路易斯·达斯马里尼亚斯和科罗内尔(Hernando de los Rios Coronel)认为,完全有必要占领台湾,既为了预防日本人,也为了在亚洲大陆获取一个落脚点采取初步行动。③

菲律宾殖民当局意识到,若台湾被某一敌对势力所控制,将会威胁菲律宾的商贸和军事安全。1593 年,第一支计划占领台湾的西班牙远征队在马尼拉准备就绪,由萨穆迪奥(Don Juan de Zamudio)指挥,由两艘舰船组成,共载有 200 名西班牙和菲律宾船员。结果远征队离开马尼拉湾之后,在巴丹岸外遭遇风暴,被迫返回。④

除了 1626 年至 1642 年短暂占领台湾北部外,西班牙殖民者侵略中国大陆的企图并未实现,各种因素的综合造成了侵华企图的失败。

三、侵华企图失败的原因

从伊斯拉探索中国的切实计划,到翔实的桑德报告,再到西班牙代表会议请愿书,西班牙殖民者的各种侵华计划越来越趋于详尽,但直至 16 世纪末,没有任何一个计划得以实施,诸多因素促成了西班牙侵华企图的失败。

(一)菲律宾殖民当局力量薄弱

1582 年 6 月 16 日,菲督龙其虑写信给菲利普二世,重提征服中国的请

---

① 李毓中:《台湾与西班牙关系史料汇编》第一册,台北:台湾文献馆,2008 年,第287～288 页。

② 李毓中:《台湾与西班牙关系史料汇编》第一册,第 294～296、300 页。

③ C. R. Boxer, *Portuguese Conquest and Commerce in Southern Asia*, 1500—1750, p. 132.

④ G. F. Zaide, *The Pageant of Philippine History：Political, Economic, and Socio-Cultural*, Vol. 1, pp. 372～373.

求,但认为目前菲律宾的西班牙军队不够进行那样的远征。① 16 世纪最后
25 年,在马尼拉能够被征用的强壮的西班牙人,包括墨西哥人和混血儿,从
来不超过几百人。据 1584 年的调查统计,在整个菲律宾群岛总共只有 713
个男性西班牙人,那里的枪炮和其他武器也不足。马尼拉只能召集到 329
位男性,包含所有的年龄层次,当时甲米地 64 名西班牙水手中大多数没有
武器。1589 年菲利普二世确定,菲律宾的军事建制为总数 400 名带薪的西
班牙士兵。每年从墨西哥征集、抵达菲律宾的 100~200 人,通常装备差,数
量几乎还不够填补每年由于死亡、逃亡和疾病而造成的损耗。1588 年 6 月
马尼拉主教报告,那座城市只有 80 位西班牙户主,其中 50 位和欧洲妇女结
婚,其余的和菲律宾妇女结婚。他补充说,通常只有大约 200 名士兵,分配
寄宿在市民家中,或者是附近土著的村落里,他们中的大多数都很穷,不得
不乞讨面包。② 1599 年 7 月 12 日菲督德鲁写信给国王,告知菲岛的"西班
牙人不足两千人,他们中大多数人都赤贫"。③ 皮德罗·季里诺在其著于
1604 年的《菲律宾群岛记》(*Relacion de las Islas Filipinas*)一书中写道,在
1574 年林凤进攻马尼拉时,"那时这座城市没有要塞和城墙,也没有什么石
材建筑,整个群岛有不超过 500 名西班牙人"。④ 1666 年一份未署名的文件
记述,"这里世俗教士最多的时候是在 1624、1628 和 1635 年,那时马尼拉市
有 400 名市民,在宿务、奥顿、新萨戈维亚和阿雷法罗还有将近 200 名。现
在整个群岛代表性市民为数不到 200 位"。⑤ 在西班牙时代,菲律宾总的军
事力量不超过 2000 名常备军,其中 1637 年的军事力量由 1702 名西班牙人
和 140 名菲律宾人构成。迟至 1864 年,西班牙人总数也只达 4050 人,其中
政府官员 3280 人(应该含军队),神职人员 500 人,地主 200 人,商人 70
人。⑥ 中华帝国的威名远在汉代就被西方知晓,仅以西属菲律宾的殖民力
量无法实现征服中国的目的。

---

① BR, Vol. 5, p. 10.
② C. R. Boxer, *Portuguese Conquest and Commerce in Southern Asia*, 1500-1750, pp. 133~134.
③ BR, Vol. 10, p. 256.
④ BR, Vol. 12, p. 182.
⑤ BR, Vol. 36, pp. 264~265.
⑥ BR, Vol. 1, p. 60.

(二)西班牙母国挑战重重

尽管菲利普二世时期是西班牙哈布斯堡王朝最鼎盛的时期,然而这一时期的西班牙却面临着巨大的国内挑战,制约了其对菲律宾殖民当局侵华计划的支持。

尼德兰革命问题。作为对1579年阿拉斯联盟成立的一种反应,尼德兰北方各省在奥伦治的领导下组成了乌德勒支联盟(Union of Utrecht),最终于1581年否认菲利普二世的主权,随后选举安茹公爵作为他们的统治者,宣布独立。虽然尼德兰的局势在西班牙的有效控制之下,但是北方各省追求摆脱西班牙统治的斗争没有停止。1585年之后,一个自由的北方国家出现让荷兰人踏上了更具雄心的海外扩张的大道。西班牙人对南方各省统治的恢复,特别是对安特卫普的恢复,导致大量人口和资金流向北方的荷兰。贸易收益及南方资金流入,无疑会增强荷兰反西班牙斗争的力量。尼德兰革命造成了西班牙国力的巨大消耗。

本土的各种反叛,主要为格拉纳达起义和阿拉贡叛乱。1567年的一份王室敕令,命令对摩尔人采用激进的宗教压制政策,从而激发了武装起义。起义被镇压后,一份敕令于1570年11月1日生效,要求在本月之内将5万多摩尔人永远驱离他们的故土,重新安置在卡斯蒂利亚、西安达卢西亚和埃斯特雷马杜拉。结果可能有1/4的人由于迁移途中的恶劣条件而死亡。在1569年至1573年,可能有8万人被逐出,驱逐持续至1584年都尚未停止。考虑到后续的死亡和逃亡人数,格拉纳达王国可能损失了12万人,成了一个荒省。尽管大约有5万基督徒被迁入,400个被腾空的城镇和乡村有1/3还是空着的,1561年至1591年间那里的总人口数下降了28％。[1]

菲利普二世时期,王室对整个帝国的控制比查理一世时期有所强化,但还是有限。在阿拉贡及纳瓦拉有着活跃的议会系统,国王征税或立法得获得议会的同意。巴斯克省事实上是西班牙国内的自治共和国,王室只有名义上的权威,在比斯卡亚,国王的地位仅仅是一位封建领主。1600年西班牙4600个城镇中大约有2/3,15800个村庄和聚落中有一半,148个城市中的22个都是在贵族的控制下。在司法或财政事务方面,西班牙都缺乏一套权力集中的国家官僚系统,要牢固控制政府几乎不可能。卡斯蒂利亚国王

---

① Henry Kamen, *Spain*, 1469—1714: *A Society of Conflict*, pp. 172~174.

没有文职官员帮其征收税赋,使得这一工作通常只能包租出去;除了马德里之外,国王没有警力来维持法律和秩序;国王没有常备军。要管治他的各个省份,国王得完全依赖地方政治寡头、大领主、神职人员等统治精英的合作。简而言之,西班牙既没有专制主义体系,也没有专制主义的政府结构。[①] 阿拉贡一直有着崇尚自由、反对王权强化的传统。前国务秘书安东尼奥·皮雷斯(Antonio Pérez)1579 年堕落后被下狱,后脱逃,这在阿拉贡激起了冲突,阿拉贡很快就进入了一场准备成熟的叛乱。皮雷斯是一位土生的阿拉贡人,从阿拉贡的自由权利中寻求保护,他在当地的贵族中找到了支持。那些当地贵族对菲利普煽动宗教裁判所以伪造的信仰异教指控追捕皮雷斯,企图践踏当地权限的行为十分愤怒。反叛最终被痛苦而又残酷地镇压,尽管如此,皮雷斯还是先后在法国和英国找到了避难所。[②] 后来皮雷斯在国外不断地怂恿阿拉贡反叛。格拉纳达起义和阿拉贡叛乱造成了西班牙人力、物力的巨大损失,既延缓了西班牙帝国主义的构建,也加快了西班牙霸权的衰落。

经济与财政问题。尽管从 1530 年至 1580 年间,西班牙经济总体上保持了一定程度的增长,然而这并未带来卡斯蒂利亚农业发展结构性的改变,农业产出增长只是因为更多的土地被耕种,不是因为每亩的产量得到了增长。[③] 1560 年代,由于价格上涨、人口增长、新的战争带来的额外需求等因素的结合,工业生产达到了高峰期。约 1560 年前后,工业的发展停止了,随即开始长期的衰落。[④] 西班牙的世界贸易地位也出现了危机。西班牙的对外贸易主要由安特卫普和热那亚商人所控制,安特卫普和热那亚是西班牙所利用的主要外国港口及欧洲最发达的金融资本主义中心,西班牙商人几乎无法与那里的商人竞争。在塞维利亚,往返美洲贸易的大部分掌握在外国人手中,塞维利亚港不是卡斯蒂利亚人的象征,而是外国财富以及西班牙对外来资本依赖的象征。西班牙被其他西欧国家的贸易所淹没,这一趋势早已明了,1580 年代开始的危机则强化了这一趋势。[⑤]

至于财政问题,从 16 世纪中期起,当西班牙的帝国主义构建开始着手

---

① Henry Kamen,*Spain*,1469—1714:*A Society of Conflict*,p151.

② Andrew Pettegree,*Europe in the Sixteenth Century*,p. 225.

③ Henry Kamen,*Spain*,1469—1714:*A Society of Conflict*,p. 169.

④ 斯塔夫里阿诺斯著,吴象婴、梁赤民译:《全球通史》(下),第 152 页。

⑤ Henry Kamen,*Spain*,1469—1714:*A Society of Conflict*,p. 229.

实行的时候，就面临着严重的财政不足，此后财政问题一直恶化。格拉纳达起义后那里开始了一个重要的驻防计划，在这一计划上的开支从 1577 年至 1611 年增长了 4 倍。1566 年之前，卡斯蒂利亚每年在西班牙、地中海和佛兰德斯总的军事开支从未达到 200 万杜卡特，1570 年代则超过了 400 万，到 1598 年估计达到了 1000 万。最昂贵的单一战争行动是"无敌舰队"，消耗了 1000 万杜卡特。但是在长期的竞逐中，对财政消耗最大的是尼德兰战争，导致西班牙财政崩溃。在 1567 年至 1586 年间，西班牙政府平均每年送 150 万杜卡特至佛兰德斯，总数大约 3000 万。到 16 世纪末，总数大约 8000 万。随着每一个新战场的开辟，开支随之攀升。1560 年代，政府每年和银行家谈妥的贷款合同数急剧上升，1566 年达到了 21 笔，1567 年达到了 50 笔。随着帝国支出的增长，债务不断累积，根据财政委员会执行主席胡安·奥万多（Juan de Ovando）计算，1574 年 4 月达到了大约 7400 万杜卡特，而当年的收入仅 560 万杜卡特。由于各种开支需求如此紧迫，使得菲利普二世除了贷款之外，还不得不诉诸各种权宜之计。1582 年城镇领有权的出售达到了高峰，当年收入达 407870 杜卡特。1587 年领主身份的出售达到了巅峰，当年收入达到了 357500 杜卡特。1560 年至 1598 年间司法权的转让让王室获利 665500 杜卡特。此外，还有两个重要的财政权宜之计，即出售贵族身份与政府岗位。贵族特权的出售不成功，只是在 1567 年出售收入达到了 74800 杜卡特。政府岗位的出售则非常成功，1567 年的出售收入达到了 270000 杜卡特。[①] 常年的战争使得国库枯竭，国家财政混乱。长期的资金要求以支持北部的战争，使卡斯蒂利亚各阶层的忍耐度被拉到了极限。尽管做出了很多努力，也做出了很大的财政牺牲，然而菲利普二世从未成功地筹到足够的钱来应付那些开支，政府在 1557、1560、1576 年和 1596 年几度宣布"破产"。

（三）西班牙王室的谨慎态度

菲律宾殖民当局要想征服中国——暂且不去猜测是否能够成功，必须得到母国西班牙的全力支持，所以王室的态度直接影响了其侵华计划的实施。

---

① Henry Kamen, *Spain*, 1469—1714: *A Society of Conflict*, pp. 162~167.

1. 王室态度的变化

以现有的资料难以判断在黎牙实比东来之前,西班牙王室是否怀有侵华的打算。不过金国平先生则认为,"以领土与精神征服为其根本目的海外地理大发现从其开始便是要寻找马可·波罗向欧洲描绘的富甲天下的中国。因此,不可否认的是伊比利亚两国从来就有武力征服中国的计划"。[①]从 1564 年颁给黎牙实比的王室诏谕及随后西班牙殖民者提出的各种侵华计划或提议来看,在黎牙实比登陆菲岛初期菲利普二世就有侵华的企图,尽管他派出的远征队是趁着香料而来。正如陈台民先生所言,"菲利普二世本来就有征服中国的意欲,而这两个臣属(指安德鲁斯和拉达)只是在重申征服中国的可能性"。[②] 1574 年 7 月 30 日,菲督拉维萨雷斯占领中国的设想获得了国王的同意。[③] 对于 1576 年的桑德报告,王室对其中第 71 条至第81 条给予的批示为:"至于征服中国,现在还不是提上日程的时候。相反,他(桑德)必须努力维持好对中国人的友好关系,不得和以中国人为敌的任何海盗结成联盟,也不要给那个国家对我们发怒的任何正当理由。他必须向我们报告一切。当整个问题了解得更清楚了,适合作出政策调整的时候,他就会接到必须遵照执行的命令和计划。同时,他应该努力做好他的工作,以便为上帝服务,为陛下服务。他应该,而且必须严格遵守关于征服和新的探险的命令。"[④]很明显,王室的态度不是拒绝,而是要求准备成熟。1586 年菲利普二世命令维拉不要去考虑那样的帝国主义行动,而是培植与中国、日本以及亚洲其他国家的友谊。[⑤] 耶稣会士胡安·德尔加多(Juan José Delgado)在其 1751 年撰写的《历史》一书中写道,"通过 1586 年 4 月 9 日一份的敕令,陛下命令桑德博士维持(与中国)的友谊,禁止他发动战争;因为,如一些著作者所言,桑德打算征服那个帝国(中国)。对此我不怎么确定,因为那个帝国有大量的人口,数不清的城市、要塞和城墙,以及警惕地守卫着港口的舰队。此外,那时菲岛的(西班牙)士兵不到 500 人,连菲律宾各岛都难以守卫;要从新西班牙和其他地方输送士兵来这里也非常困难。即使那

---

① 金国平著/译:《西力东渐:中葡早期接触追昔》,第 157 页。

② 陈台民:《中菲关系与菲律宾华侨》,第 89 页。

③ H. Bernard 著,潇濬华译:《天主教十六世纪在华传教志》,第 142～143 页。

④ BR, Vol. 4, p. 94.

⑤ G. F. Zaide, *The Pageant of Philippine History: Political, Economic, and Socio-Cultural*, Vol. 1, p. 344.

一想法只是猜测性的,(印度事务)委员会还是禁止,命令他们往后遵照执行"。① 菲律宾西班牙代表会议派出的请愿代表桑切斯于1587年9月抵达塞维利亚,西班牙国王立刻予以接见,并建立一个委员会专门研究该请愿书。② 他在私下接见桑切斯时,听他谈了两个小时,对他谈论的主旨及所做的推理非常满意。③ 但对该请愿书中有关征服中国和台湾的要求分别给予了不同的答复。在1589年8月9日西班牙政府的一份文件《给戈麦斯·达斯马里尼亚斯的指令》(Instructions to Gomez Perez Dasmarinas)中,占领台湾的建议得到了批准,命令戈麦斯·达斯马里尼亚斯"弄清用怎样的方式和方法才能最好、最快地进行征服,你应该去执行,这个最适合你"。④ 同份文件间接地提到了对侵华计划的搁置,其中写道:"无限感激我主……借由他的仁慈和意志,我作为国王统治,通过我这一工具,那些遥远的岛屿被发现;现在,我听说,在那些岛屿有25万居民享受着福音指示,此外还有明显的遍及其他岛屿传播我们圣教信仰知识的巨大倾向,由此,整个那跨纬度900多里格,跨经度500多里格的巨大群岛,播下了福音的种籽,居住着上帝的信仰者。这不包括大陆上的那些巨大王国——中国、交趾支那、占婆、柬埔寨、暹罗、帕坦、柔佛和其他王国——尽管我祈愿开辟一条通向那些王国的道路。为了达到这一目标,直到我主如此安排及指引我们去实现,当前得仔细照看好已经平定和征服的地区,这花费了巨大的人力,王室也付出了巨大的开支。我责令你密切关注此事,注意事态,注意对他们的持续改善和定居可取的措施,给他们一个可靠的依托,以致在众多的敌人中,他们不仅能够被保护好,每天还能持续地提升"。⑤ 此外,日本的丰臣秀吉因为借用日本军队的提议没有与他商量而对1586年的侵华计划不满,日本耶稣会传教团团长范礼安(Alexander Valignano)也愤怒地拒绝了那一计划。⑥

---

① BR,Vol. 17,pp. 319～320.

② 陈台民:《中菲关系与菲律宾华侨》,第194页。

③ Carmen Y. Hsu, 'Writing on Behalf of a Christian Empire: Gifts, Dissimulation, and Politics in the Letters of Philip Ⅱ of Spain to Wanli of China', *Hispanic Review*, summer 2010, University of Pennsylvania Press, 2010, p. 327.

④ BR, Vol. 7, pp. 167～168.

⑤ BR, Vol. 7, p. 142.

⑥ G. F. Zaide, *The Pageant of Philippine History: Political, Economic, and Socio-Cultural*, Vol. 1, p. 343.

2. 王室态度变化的原因

西班牙王室的态度前后变化,即使是在 1565 年至 1588 年这一国力上升期和巅峰期,也未能以实际行动支持侵华计划的实施,主要有以下几点原因。首先,西班牙王室将战略优先点放在了欧洲的霸权争夺上。菲利普二世长期忙于镇压尼德兰革命及与英国人争夺制海权的战争,尽管与土耳其的战争无休无止,同时还必须与所有觊觎西班牙海外利益和西属殖民地的欧洲其他国家斗争。"西班牙人就像浪费财富一样地浪费他们的鲜血,如同唐·吉诃德一样,他们同时向所有的方向出击,在所有的方向上打仗,不论是在陆地上还是在海上。"[①]第二,西葡合并前西班牙人在亚洲立足未稳且面临葡萄牙人的强力对抗。西班牙王室担心侵华行动会与葡萄牙殖民体系的利益发生直接冲突。[②] 第三,1581 年菲利普二世入主葡萄牙王室从而使西葡合并,这意味着必须保持并遵守在伊比利亚联合王国之前划分的边界,东亚地区因此变得更为敏感。[③] 第四,1586 年前后王室态度的转变明显是因为进攻英国的准备到了最后阶段,不希望同时在亚洲挑起一场大规模并可能是长期的战争。第五,1588 年"无敌舰队"惨败后,西班牙盛极而衰,国力开始下滑,但并没有退出欧洲的霸权之争,战争仍在继续,要想同时赢得与中国这样一个享誉欧洲的庞大帝国的战争,几乎不可能了,所以 1589 年的政府文件要求搁置侵华计划也就自然而然了。

需要指出的是,西班牙的衰落并非直线下滑,正在兴起中的英国一时还没有足够的力量取代西班牙的地位,所以直至 16 世纪末,西班牙殖民者还陆续提出了一些征服中国的计划,只是更没有机会去完成而已。

四、16 世纪后期的菲(西)中官方交往

早在黎牙实比时期,菲律宾殖民当局就想和中国建立官方联系。他曾考虑派两名修士随一艘返回的中国商船来中国,希望他们能与中国皇帝结约和保持永久的友谊,但在菲的中国人拒绝接受他们。他们解释说,没有特许证书,修士不得进入中国境内,不过他们答应设法从福建省官员那里取得

---

① W. Woodruff, *The Struggle for World Power* 1500—1980,Macmillan,1981,P43.

② Ausejo Luz, *The Philippines in the Sixteenth Century*,Chicago University,1972,pp. 398~399.

③ 罗德里格斯:《菲律宾在东亚的影响(1565—1593)》,第 20 页。

一份特许证书。结果他打消了派几名西班牙人随他们来中国的念头,以免引起中国地方官员的警惕和不快。① 黎牙实比死后不久,菲中之间就发生了官方往来,直至 16 世纪末,双方多次接触。在企图侵华那一政策背景下,菲律宾殖民当局或西班牙王室在交往中所持的态度总是服务于那一政策。

(一)林凤征菲及菲中第一次交往

1574 年 11 月下旬,林凤率领战船 62 艘,装载陆军 2000 人,水兵 2000人,妇女 1500,很多工匠、农民及其家属,② 离开澎湖航往菲律宾,11 月 23日到达伊洛克海岸继续向南航往马尼拉。11 月 29 日晚林凤派副指挥日本人庄公(Sioco)率 600 人③ 登陆,11 月 30 日凌晨进攻马尼拉,结果被击退。12 月 2 日凌晨,林凤亲自率领 1500 名士兵乘小舟登陆,第二次进攻马尼拉,由于萨尔塞多率领西班牙援军及时从伊洛克赶回,再次被击退。林凤被迫率领船队离开马尼拉湾向北航行,在冯嘉施兰省的渥诺(Agno)河口,也就是中国典籍所称的玳瑁港筑垒据守。这一事件在中国史籍中记载较为翔实。《潮州府志》载,"林凤,饶平人,明隆庆二年戊辰冬十月,陷神泉镇。明年,掠海澄,具令左承芳御之,走广州。航海抵吕宋国。至玳瑁港,修筑战舰,谋胁番人,复图内逞"。④ 西班牙人则在林凤撤退后,一方面在马尼拉加紧筑垒,以防林凤再攻,一方面召集兵力,以图消灭林凤部队。1575 年 3 月23 日,一支由 250 名西班牙人,大约 2500 名菲律宾人和 59 艘配备重炮的

---

① C. R. 博克塞编注,何高济译:《十六世纪中国南部行纪》,第 19～20 页。
② G. F. Zaide, *The Pageant of Philippine History*:*Political*,*Economic*,*and Socio-Cultural*, Vol. 1, p. 427. 对于林凤舰队的船只和人员的数量说法不一,据吴景宏的博士论文《中菲关系之历史与经济面回顾——西人屠杀菲华纪事本末》(菲律宾大学,1975 年)中给出的数据,船只方面门多萨认为有 95 艘,拉维萨雷斯认为有 70 艘,其他的认为有 62 艘;人员方面 Zaide 认为男性 4000 人,女性 1500 人,桑德认为男女各 3000人,Reyes 认为有男性 2200 人,女性 1500 人,Pastells 认为有男性 2000 人,莫加认为有男性 1000 人,拉维萨雷斯和 Galang 认为男女共 3000 人。
③ G. F. Zaide, *The Pageant of Philippine History*:*Political*,*Economic*,*and Socio-Cultural*, Vol. 1, p. 428. 黄滋生、何思兵著:《菲律宾华侨史》(第 32 页)一书中认为是 700 人。陈台民在《中菲关系与菲律宾华侨》(第 100 页)一书中认为是 400 人。
④ 《潮州府志》卷七,(清)李维钰原本,沈定均续修,光绪三年芝山书院刻本。

舰船组成远征队,在萨尔塞多率领下从马尼拉出发,①于 30 日抵达仁牙因湾,焚毁了林凤的船只,但未能夺取他的要塞,只好对其进行围困。

当西菲联军正在围困林凤的时候,潮州把总王望高也奉命率军追击林凤来到了菲律宾,从而开始了菲中之间的第一次官方接触,他成为第一个到菲律宾的中国使节。他在玻璃瑙港附近见到西班牙人,向他们展示了一张中国皇帝的敕谕,称林凤的下属如弃离林凤转隶官军,将获赦无罪;同时允诺予捕获或击杀林凤者以重赏。在被告知林凤已被围困,无处可逃,被捕获或击杀已经是指日可待,他十分欣喜,决定前往冯嘉施兰和西军指挥官商议。西军总指挥很有礼貌地接待了王望高,告诉他林凤处于绝境,不久就会被解决,他的军力足够应付林凤,不需要中国舰队的合作,建议他去马尼拉,并派了一艘小船载他去那里,保证在数日内将林凤送交,不管死活。

王望高到达马尼拉后,受到菲督拉维萨雷斯的盛情款待,但过了数日林凤仍在被围困中,鉴于已获西班牙人保证,林凤不管死活都会被交给他,于是决定先行回国复命,待林凤被捕获后再来。菲督同意他的决定,并重申林若被捕获立即告知。菲督供给了王望高旅途的全部必需品,王在感激之余允诺捎带几位神父和几位西班牙士兵前来中国。这正好与西班牙人派遣传教士前往中国传教并刺探中国国情的愿望相吻合,殖民当局派遣了两名奥斯定会修士拉达和马林(Geronimo Marin)与王望高同行,另加两位军官洛阿卡(Miguel de Loarca)和萨缅托(Pedro Sarmiento),若修士留在中国传教,他们便返菲报告。为表感激之情,菲督特别送了王望高一副金链和一件长袍,还准备了一些礼物送给泉州府同知和福建巡抚,与林凤作战所获的俘虏也全部交给了他。拉维萨雷斯指示使者将赠送中国官员的礼物和信件带到泉州和福州,要他们向中国官员充分保证西班牙人的友谊,请求允许传教士自由地宣讲福音,还要他们尽力了解中国人的性格、习俗和贸易,以及所能得到和获悉的中国一切其他情况和秘密。同时还训诫他们,无论他们还是他们的随从,都不得嘲笑偶像、庙宇或中国人的宗教仪式,因为据说"这是使他们十分恼怒的事"。他们不得对他们看到的事物表示惊奇或爱好,不得对此加以指摘和嘲笑。不许他们和中国妇女交谈,"因为据说男人很嫉妒,

---

① G. F. Zaide, *The Pageant of Philippine History：Political，Economic，and Socio-Cultural*，Vol. 1，p. 430.

这样做是危险的事,由此可导致巨大的损失和麻烦,提供反对我们计划的理由和口实"。① 菲督在1575年6月10日签署的致中国皇帝的信,也是为了让此次遣使成功而精心设计的外交文献:

> 全能的君主:我受卡斯蒂利亚国王堂·菲利普之命,镇守与大明毗邻的这些岛屿。素闻贵国庞大,一睹贵国之广袤与伟大乃卡斯蒂利亚人素有之心愿。因不知您意下如何,所以至今未能成行。卡斯蒂利亚国王已授令于我,一旦遇上与贵国为敌之暴徒或叛逆,务必将其缉拿,以助您的海外臣民。在我们西班牙人到来之前,贵国商船常常遭受这里土著的骚扰,现今无论贵国商船何时到来,我一直恪守王命,保护商船免受骚扰。这一点您的臣民们将会向您报告。随着我们西班牙人的到来,不仅让您的臣民免受土著的骚扰,我们还无偿地解救了他们中的很多人,将其送回国。我回想一下,迄今我们已经帮助了80名。如我前文所述,他们被一视同仁,西班牙人和土著都不得欺负他们。自我们一到达吕宋开始至今已五年了,我们一直在这样帮助您的臣民,让其受益。……我想他(林凤)将在两个月的时间内或被杀,或被俘。若被俘,就将他带到您的跟前,若被杀,则只寄送他卤制的头颅。②

1575年6月12日,王望高搭载拉达一行启程返回中国。为了此次遣使中国能够获得成功,当天早上菲督和所有的公民都聚集在一起,到奥斯定教派的修道院作了一次最庄严的圣灵弥撒,"所有的人都请求上帝,以最高主宰的尊严和荣光,来引导这个旅程,并拯救这个魔鬼所长期控制的巨大帝国中的灵魂"。③

中国史籍对拉达一行的到访,几乎一致称为朝贡。据《明神宗实录》载:"万历四年九月丙申,巡抚福建金都御史刘尧诲奏报:'把总王望高等以吕宋夷兵败贼林凤于海,焚舟斩级,凤溃围遁,复斩多级,并吕宋所赍贡文、方物以进。'下所司……万历四年九月辛亥……礼部议赏吕宋番夷例以闻,报可。"④另据《国榷》记载:"吕宋献俘,请入贡,比暹罗、真腊。泉州知府常熟

---

① C. R. 博克塞编注,何高济译:《十六世纪中国南部行纪》,第22～23页。

② Virginia Benitez Licuanan and Jose Llavador Mira, *The Philippines under Spain*, the Philippines, National Trust for Historic and Cultural Preservation of the Philippines, 1996, Vol. 3, pp. 59～60.

③ 陈台民:《中菲关系与菲律宾华侨》,第124～125页。

④ 《明神宗实录》卷五四,万历四年九月丙申。

陆一凤曰:'不闻职方氏有吕宋也,奈何以小蛮效顺,烦我鸿胪。'遂止。"①

拉达一行到达中国后,得到了很好的接待,但是一无所获。1575 年 10 月,在中国传教的请求被拒绝后,他们只好返菲,王望高也陪同他们再度使菲。而此前菲岛的情势已发生变化,由于西菲联军的粗心大意,林凤已于 8 月 2—3 日晚从河道逃往大海;有学识但很自负的桑德已接替富有智谋和经验的拉维萨雷斯担任菲督。搭送拉达一行返菲的是一支拥有十艘战船的中国舰队,负有与西班牙人合作最后消灭林凤的任务。舰队在澎湖得到林凤逃跑的消息,中国司令对西班牙人承诺的信心动摇了。中国军官携有福建省官员赠送马尼拉长官的厚礼,但他们抵达菲岛后,坚持要把礼物送给拉维萨雷斯,而不愿意交给他的继承人桑德,因此桑德的自尊心明显受到了刺激,他后来一直对中国和中国人持敌对态度。② 不过,礼物最后还是给了桑德。据他在给国王报告书中所述,"他们带来一些薄礼,几匹丝绸和棉质围巾,还有一些信件。有一部分礼物是要送给总督的,一部分送给总指挥,一部分给军官,其他的给士兵。中国人和传教士已把要送给其他人的份额交给了军官们,我接收了本要送给总督的那一份,现将该礼物置于这一包裹中呈给陛下,让您看看他们中国人的办事方式"。③ 在福建巡抚给菲督的信中,也没有对西班牙人自由贸易和传教的请求给予直接回应。

来信收悉,以此回复。致上帝之子。尽管我们彼此相异,但皆为父母所生。所以我们视你们为朋友和兄弟。同样,我们也与异族琉求人保持着友谊,他们以朋友身份每三年来福建一次。为了表示友谊,他们给我们带一些他们国家的特产。我们也提供他们一些他们国家所不知晓的东西。因此,你该知道我们保护且非常尊重来到这里的外国人。我命令给神父和军官们供给所有的必需品,让他们什么都不缺。如果他们缺少任何东西,我们都会难过并感到羞愧。此外,我们给了一些东西,都记备忘录中。这十艘即将前往你们海岸的船只装备了所有的必需品,因此他们不会偶尔向你要求什么东西,给你带去麻烦。舰长、水手和其他的船员都支领了十个月的薪资。我已给皇帝陛下写了信,告知我们的交往,以让他知道什么事情在发生。我们意欲让神父们留在

① 谈迁:《国榷》,万历三年九月,《续修四库全书》第三六二册,史部,编年类,第145 页。

② C. R. 博克塞编注,何高济译:《十六世纪中国南部行纪》,第 23～24 页。

③ BR, Vol. 4, p. 48.

这里，多待一段时间，等待皇上的回复。但因航程遥远，往返需要半载，我想你们会因为他们的远离而悲伤。因此，我们让他们回到你们身边，送给他们一样小礼物。所有的礼物由我的舰长负责和保管。如果其中任意一件遗缺，他将会受罚。万历三年。①

导致双方关系进一步恶化的是中国使者王望高在前后两次访菲时有辱国体的拙劣表现。桑德在报告书的第 38 条提到，"他们窜改拉维萨雷斯交给他们的信件，写上其他内容，意为他们在前线英勇作战，并在西班牙人焚烧战船和摧毁堡垒的时候鼓励他们；因此他们除了升官之外，每人还获赏四百两银，每两银约值 12 里尔"。② 桑德在该报告书的第 79 条又提到，"神父们回来之后告诉我，王望高窜改了他从这里捎去的信件，他甚至偷去了大部分的礼物，他必定会说，在他参加了西班牙人作战之后，通过他的努力海盗林凤的舰队才被焚毁"。③ 第二次赴菲时，王望高他们又"高价出售货物"，并"要求带一些礼物回去，说那样才能得到他们上司的好感，送给他们礼物，将在他们的国家大大有助于西班牙人"。在得知林凤逃脱的消息后，王望高他们又"恳求我（桑德）写一封信到中国去，说林凤已经死了。为了这个目的，他们尽力购买很多人头，这是这里的很多土著人习惯于作为珍品保藏的，他们要用来说他们已获得林凤的人头。他们伪造了一个印章，说是属于林凤的，是他们从他那里夺来的。他们设法要我按这样的方式给中国写信，但无论他们什么时候提出这个问题，我一直告诉他们，卡斯蒂利亚人不知道怎样说谎，我们不可能讨论这样琐碎的问题。……当他们在这里的时候，我待他们很好，但除了送礼之外，没有别的方法能软化他们的心"。④

1576 年 5 月 4 日，菲律宾殖民当局给了他们旅途所需的必需品，但是没有赠送任何礼品，派了两位传教士拉达和奥古斯丁·阿尔布开克（Augustin de Alburquerque）一道前来中国，因为"委员会决定，不给中国人捎带任何礼物，因为他们可能会窃为己有；但要派两位传教士去那个国家，为我捎去信件及传话，同时为了更加成功，送回中国方面的答复"。⑤ 没有林凤的头颅，没有一些打动地方官的珍贵礼物，王望高一行不愿意将传教士

---

① BR，Vol. 23，pp. 237～238.

② BR，Vol. 4，p. 48.

③ BR，Vol. 4，pp. 61～62.

④ BR，Vol. 4，pp. 49～50.

⑤ BR，Vol. 4，p. 62.

带到中国去。几天后,他们将两名传教士丢在了三描礼示岸边。

从表面上来看,菲中第一次交往的不光彩结局主要归因于辱国的使节王望高,两位菲督前后的态度变化也是如此。但王的拙劣行为并非实质性原因,真正实质性的原因乃是前后两任菲督在侵华策略上的分歧。

菲督拉维萨雷斯是一位上了年纪的谨慎老人,他继任总督后,"慎重、勇敢、策略性地对那些岛屿进行驯化和征服,并进行治理",[①]将工作的重点放在菲律宾殖民地的巩固上,放弃了黎牙实比首肯的伊斯拉探测中国的计划,尽管遭受非议。事实上,在龙其虑时期(1580—1583),吕宋的卡加延省才第一次被乔安·卡里翁(Joan Pabols de Carrion)征服,在那里建立一个西班牙城镇,取名新萨戈维亚,当时的菲律宾殖民地远未巩固。但如前文所述,拉维萨雷斯同样是一位侵华主张者,只是他主张缓慢推进侵华计划。在立足未稳的情况下大力发展同中国的贸易,以维系菲律宾这一前进的据点,派传教士进入中国,一面传教,一面刺探中国的情报,为侵华行动做前期准备,这些都需要菲中友好官方关系的支撑。拉维萨雷斯前述的一切友好举动应该在某种程度上是出于这方面的考虑。且不说他向西班牙国王提出的侵华建议,光是他派拉达出使中国一事就耐人寻味,因为拉达是一位老早就主张侵华的传教士。早在 1569 年拉达就写信给墨西哥总督马克斯·德·法尔塞斯,"我们了解,中国是一个广袤、富饶且有着高度文明的国度,它的城市、堡垒、城墙都比欧洲的要大得多。如果国王陛下想征服它,他首先得在这里有一块居留地,因为我们的干舷船无法安全通过中国沿岸那么多的岛屿和沙洲,而必须用有桨的船只;再者,要征服那样一个庞大且人口众多的国度,也需要就近的援助和避难的地方,以防不测"。[②]

新任菲督桑德则是一位比较激进的侵华主张者。事实上福建当局的反应与王望高等人的表现都构不成他态度傲慢的理由。西班牙人热情接待了王望高并赠送礼物,福建当局同样热情接待了拉达一行,回赠的礼物应该更多,因为连士兵都获赠。对于西班牙人的贸易和传教要求,从福建巡抚给菲督的信中可知,福建当局并没有拒绝,只是在等待皇帝的批复。拉达一行在

---

① Antonio De Morga, *The Philippine Islands*, *Moluccas*, *Siam*, *Cambodia*, *Japan*, *and China*, *at the Sixteenth Century*, New York, Burt Franklin Publisher, 1970, p. 21.

② Gregorio F. Zaide, *Documentary Sources of Philippine History*, Vol. 2, p. 52.

返回菲岛的途中,"他们在甲板上被指给看可能划给西班牙人作为贸易点的地方",桑德继任后又派遣传教士去中国便是证明。至于王望高等人的表现,确实有辱中国国体,但并未对西班牙人造成伤害。坚持将礼物赠给前任总督,要不是个误会,顶多也只能是说明中国人重交情这一独特的处事方式而已,更何况礼物最终还是给了桑德。倒是他粗暴对待中国使节。"在1575年11月至1576年5月500多名中国人住在一个小村落里,其中很多人就住在西班牙人自己家里,这些人的涌入因粮食短缺及他们主人的暴躁脾气而变得不能忍受。所以,中国人受苦受难,对长官(桑德)极其不满和愤怒"。而桑德态度粗暴的原因正是他激进的侵华主张,如博克塞所言,"桑德博士对中国人的傲慢态度,可能是因为他深信一支马尼拉的西班牙远征军,在日本人和菲律宾援军的帮助下,能够轻易地征服他们"。[①] 他在王望高一行离开马尼拉一个月后,就在给国王的报告书提出了详细的侵华计划,便足以说明当时他态度傲慢的原因。

(二)1580年代三次流产的遣使计划

对很多伊比利亚传教士和冒险家而言,16世纪的中国是一个最具有吸引力的目的地。西班牙的菲利普二世同样也有开拓中国的热情。像很多西班牙人一样,他相信太平洋群岛会很方便充当进入中国的跳板。与他的帝国视野相一致,这位西班牙君主企图通过与天朝帝国建立外交关系的手段来控制亚洲。他在桑德提出侵华计划之前就早已开始思考向中国直接派出王室代表的可能性。1574年9月14日,他在马德里宫廷接见了菲律宾主教埃雷拉(Diego de Herrera),在听取了后者有关菲律宾和中西两国关系的详尽汇报后,当即表示意欲向中国派遣使团并决定成立一个专门委员会研究具体方案。不久拉达中国之行的报告送至西班牙,他阅后责成印度事务委员会主席安东尼奥·梅内塞斯(Antonio de Padillay Meneses)正式组织派往中国的使团。[②] 此外,虽然拉达1576年5月第二次出使中国未获成功,菲督桑德也反对遣使中国,菲律宾还是有很多人士写信给他,认为出于宗教和贸易方面的原因,遣使中国是必要的。因此,1580年和1581年他两度努力与明朝的万历皇帝建立直接联系。

---

① C. R. 博克塞编注,何高济译:《十六世纪中国南部行纪》,第24~26页。
② 张铠:《中国与西班牙关系史》,第189~190页。

尽管正忙于征服葡萄牙,菲利普二世还是在 1580 年 6 月决定遣使中国,他授权推动者之一的冈萨雷斯·门多萨(Gonzales de Mendoza)修士携带诸多礼物,包括绘画、钟表、武器和盔甲、器用、麋鹿、马匹等,偕同奥尔特加(Francisco de Ortega)修士以及 1575 年曾出使过中国的马林修士出使中国,觐见中国的万历皇帝。1581 年 2 月冈萨雷斯·门多萨和奥尔特加带领一队人,其中包括一名画师和一名钟表匠,离开圣卢卡,6 月抵达墨西哥。

因为太平洋地区由墨西哥管辖,所以菲利普二世将最后放行使团的权力留给了墨西哥总督洛伦佐·门多萨(Lorenzo Suárez de Mendoza)。遣使中国的计划在墨西哥引起了激烈争论。支持者中最热心的是奥斯定会修士奥尔特加,他认为这样的外交关系将有助于西班牙—墨西哥—中国贸易,也有助于亚洲的基督教化;使团不会有任何危险,因为外国使节容易进入中国,特别是携带礼物前来者;没有一个国家或君主如此野蛮,以致拒绝来自像西班牙君主这样力量强大位阶同等的人物派出的使节。然而众多的批评者强烈反对这一派遣,总督洛伦佐·门多萨在使团刚到时很热心,后来因个人怄气而改变了想法,最后决定等桑德博士从菲律宾返回后再确定使团是否派出。桑德在 1582 年 2 月 1 日抵墨西哥,强烈反对遣使中国,他在众多反对者中最持怀疑态度,他说中国皇帝会认为菲利普二世的礼物冒犯了其威严,会对西班牙人采取惩罚措施。修士马林也认为礼物不能满足中国人的贪心,中国的友谊对菲律宾的安全并不重要。此外,遣使中国也被认为威胁了西班牙的荣誉,因为他们认为,中国人不仅将所有的外国使节看成是穆斯林,还会轻视使节所送的礼物,将之当成贡物,那就意味着屈尊于中国皇帝之下,因此使团会降低西班牙天主教国王的身份。以桑德和耶稣会士桑切斯为首,一些有野心的行政官员和传教士继续主张军事征服中国。信奉皈化异教徒剑和十字架缺一不可,他们热心推销对中国开战的主张。因为墨西哥最高法院内部意见分歧很大,墨西哥总督最终决定推迟派出那一王室使团。不知道他的第一个外交使团在墨西哥被阻止了,1581 年菲利普二世又派出了一个使团,由 6 位方济各会修士组成,由布尔戈斯(Jerónimo de Burgos)率领。第二次努力也失败了,因为菲利普二世给万历皇帝的信件直到 1583 年才送到马尼拉。那时那几位托钵修士已经从中国返回了。

菲利普二世用西班牙文给万历皇帝写了两封信。在 1580 年信件的开始部分,他展示自己所有的头衔和职位,在 1581 年的信件中又加上一个葡萄牙国王的头衔,刻意让人正视他作为西班牙君主的排场。信中又全面地勾勒了西班牙的陆地和海洋领土，从伊比利亚半岛、尼德兰、奥地利领土，西属意大利、地中海，穿过西印度到南海（指太平洋）和南亚，以展示他覆盖全球的君主权。他也送出了从其帝国各地收集来的大量礼品，[①]以展示其所拥有的巨大财富，这从下文这份王室敕令中便可窥知一二。

> 一份王室敕令，关于得从新西班牙捎给中国皇帝的物品，以及陛下命令给予那些王国的物品，命令新西班牙总督按照1580年6月3日从Badajos发出的王室敕令执行。物品清单如下：12只麋鹿，要那些省份中最好的；大约同样数量的马及马具，要求是良种马，并要附有王室盾徽；6头驴子，用来运送附有王室盾徽、用同样附有王室盾徽的深红色天鹅绒布包裹的礼物箱。[②]

综上所述，菲利普二世这两次流产的遣使中国的企图，并非真的要寻求中国的友谊，他一改惯例不用拉丁文而用西班牙文写信，竭力展示自己诸多的头衔和荣誉，广袤的领土和巨大的财富，目的就是要展示自己强大的实力，威服中国，不战而屈人之兵，以实现其全球霸权。

桑切斯于1582年3月14日由马尼拉启程，随身携带各种礼品及致广东总督的书信，5月2日到达广州。[③]1584年，菲律宾王家财库管理人胡安·包蒂斯塔·罗曼来到澳门，桑切斯也在1584年5月1日前来澳门，他们在澳门和已进入中国的耶稣会士利玛窦神父通信，打算通过在华传教士获得广东官员准许，派遣外交使团前往中国宫廷。当交涉在肇庆取得一定进展时，澳门的葡萄牙人认为西班牙使团的主要目的是要打通和中国的贸易关系，那将损害他们的利益，使他们的贸易遭到破坏。为此他们发出一份正式通知，告诫传教士不要再推动那项计划，因为那意味着澳门的灾难。通知中提到，让西班牙获得遣使中国皇帝之荣誉是不合时宜的，那一荣誉应属于葡萄牙人，因为当与中国贸易的问题被提出来，在西班牙与葡萄牙国王之间做出决定时，教皇亚历山大六世早就把它判给了葡萄牙人了；尽管这两个王国现在是在同一个国王之下，天主教国王仍然愿意两国各自进行自己的

---

① Carmen Y. Hsu, Writing on Behalf of a Christian Empire: Gifts, Dissimulation, and Politics in the Letters of Philip II of Spain to Wanli of China, pp. 325～330.

② Virginia Benitez Licuanan and Jose Llavador Mira, *The Philippines under Spain*, Vol. 3, p. 329.

③ H. Bernard 著，萧濬华译：《天主教十六世纪在华传教志》，第202页。

事务,禁止一国干涉另一国的权力和过去的特权。这份通知使传教士不再
过问西班牙使团的事。同时,澳门的葡萄牙人也送一份报告给中国海道,说
明促成这次使团的不是他们,接受使节是不合适的,结果明朝海道副使按照
惯例,将非朝贡国的使节拒之门外。①

这一次遣使中国同样不是为了寻求友谊,真正的目的桑切斯自己已明
确说出来了,"现在要说的是,上述神父罗明坚及其同伴(指利玛窦)写信给
我们说可以同总督和中国国王议和。尽管我们没有太大议和的愿望,因为
我们明白这不会有成果,但通过议和可以暗中策划战争,以获得真正和平,
即传教和平"。②

(三)潘和五事件始末

菲(西)中关系史中的潘和五事件中外史籍中均有记载,其中以莫加的
《菲律宾纪事》(撰 于 1609 年),阿根索拉(Bartolome Loenardo de
Argensola)的《马鲁古群岛征服记》(*Conquista de las Islas Malucos*)(撰于
1609 年),《明史》和《东西洋考》记载较为详实,内容上大同小异。

1. 菲督强征华人漕手

菲督戈麦斯·达斯马里尼亚斯自受命为督的那一刻起便怀有率队远征
德那第的心愿,他为此秘密进行准备。但至准备工作的煞尾阶段漕手不够,
他便强征在菲华人充当。

西班牙殖民者强征华人充漕手之事例早在菲督龙其虑时期便已出现,
据菲律宾主教萨拉萨尔在 1583 年提交给国王和印度事务委员会的备忘录
记载,"同样是这些(中国)商人被征集参加开往日本的船队,船队备妥待发;
为了避免前往,他们每人支付了 30～40 比索。……最近的伤害——这是最
让华人烦恼,最容易激怒他们的事情——就是,前述的派遣一艘舰船前往日
本时,20 或 30 名今年到来并待在这里的华人被抓来强迫划船"。③ 1588 年
菲督维拉在给国王的报告中写道,"我挑选了 300 名华人(充当漕手)。他们
(比土人)更强壮,如果不让干别的工作,免纳贡赋,他们会保证在舰船上服

---

① 万明著:《中葡早期关系史》,北京:社会科学文献出版社,2001 年,第 188～189
页。

② 金国平著/译:《西力东渐:中葡早期接触追昔》,第 131～132 页。

③ BR,Vol. 5,pp. 239～240.

务"。^① 很明显,这里所谓的华人愿意充当漕手完全是因为赋役和别的劳役更让他们难以承受。据阿根索拉在《马鲁古群岛征服记》一书中记载,戈麦斯·达斯马里尼亚斯"为了完成准备工作,采取比早先更严厉的政策,下令在赴菲经纪的华人中征集250人充配旗舰。每位被征调者每月从国库支领2比索的薪金。菲督向他们保证,他们不会被链系在船上,可以自由行动,可以如一般军士携带武器服务,仅在无风时或绕行海角时需要漕船。这一决定告知华人后,他们都斥之为难以忍受之重负。但为了执行他的计划,总督坚持他的决定。华人甲必丹召集华人讨论这一问题,谋划如何在他们所有人中挑选这250人,他威胁要从他们的房屋中每十人中带走一位。这一威胁激怒了全体华人,第二天他们的房屋店铺一律关门,经手华商的所有粮食供应也随之停止。菲督获悉后,诬华人谋反,逮捕了大约50名华人,将其拘至旗舰桨位。因此其余华人被慑服被迫而出,凑齐了250名这一数字。由于这批人中无人愿意参加远征队,他们筹出2万比索赠予那些愿意参加远征队的华人,除了国库支给的薪金外,每人可以分到80比索。即使可以分这2万比索——更准确地说,是在华人领队中分,这些华人还是不想答应担任漕手"。^② 戈麦斯·达斯马里尼亚斯这次强征华人漕手,中国史籍《东西洋考》也有所载,"万历二十一年八月,酋郎雷氏敝裹系唠征美洛居,役诸流寓二百五十人,充兵助战。(《政和堂集》曰,高肖为把总,魏惟秀、杨安顿、潘和五、洪亨五为哨官,郑振岳为通事,郭惟太等为兵)"。^③

2. 华人受虐后刺杀菲督

据阿根索拉进一步叙述,1593年10月17日,"戈麦斯·达斯马里尼亚斯指挥旗舰离开马尼拉,该舰由250名华人所驾驶,载有80名西班牙人。……10月25日,他率旗舰准备在卡卡岛(Caca)对面马尼拉岛的阿苏弗雷角(Azufre)过夜,当时海流强劲,海面风浪很大,如同东南季风期,舰船无法前进。旗舰泊于海角荫蔽之处,但受海流拖弄,为将旗舰移回荫蔽点,华人漕手不断地划桨。或者因为是被逼着划桨的新手,或者因为疲劳且受指挥者的虐待,他们划不动了。其他的逆风吹打着他们,更是阻止了这一努力。要绕过那几个海角,需要努力划桨,要用通常在舰船上使用的严苛和惩罚来

---

① BR,Vol.5,p.57.

② BR,Vol.16,pp.251～252.

③ 张燮著,谢方点校:《东西洋考》卷五,《吕宋》,第89～90页。

催促那些漕手。华人认为受到了粗暴对待,这与总督的保证相违背,当时他许诺会仁爱地对待他们。但是他们遭受抽打与恐吓,为了对付海流而四肢布满了汗痕,而令他们最不能忍受、最让他们受伤害的是从总督嘴里说出的苛刻而又严厉的话语,命令他们拼命划桨,否则他会给他们套上链条,剪掉他们的头发。这一凌辱对中国人来说等于是要他们的命,因为头发对他们来说重于一切。……为了不受这一凌辱他们决定反叛"。① 于是 10 月 25 日当晚旗舰上的华人起义。据《东西洋考》所载,"夷人偃息卧船上,使华人日夜操船,稍倦,辄箠之或刺杀,苦毒备尝。潘和五等谋曰:'叛死、箠死、刺死,等死耳,不然亦且战死,不若杀酋以泄吾愤,胜则扬帆故乡;即不胜,死未晚也。'议既定,夜半,入卧内刺酋,持酋首大呼。夷人惊起,不知所为,悉被刃或落水死"。② 起义之后,据阿根索拉记述,"天亮后,他们(其他船只上的西班牙人)见那艘舰船已经张起了大帆,正顺风驶向中国,他们无法追赶。……未能抵达中国,他们(起义华人)在交趾支那登陆,船上的货物,即用于远征马鲁古的两门大炮,王旗和所有的珠宝、饰品和金钱,均为东京王所掠。他让舰船靠岸"。③ 起义后的情形《东西洋考》中也有记载,"和五等悉获金宝、兵器,驾其船以归。失路之广南,为交酋所掠。独郭惟太等三十二人走免,附舟返舍"。④ 船上的货物究竟是为"东京王"所掠还是为"交酋"所掠,陈荆和先生认为"参考当时越南之政局,可知后者较合理"。⑤

3. 菲中事后交涉

菲督被杀后,其子路易斯·达斯马里尼亚斯继任总督。据莫加所载,"这样过了 40 天,最后路易斯·达斯马里尼亚斯出现在了这座城市附近的海湾……他对保存在奥斯定会的文件进行了搜索,找到了王室的命令和让他继任总督职位的提名。……马尼拉城的官员们将他召至市政厅,让他接管了政府"。⑥ 由此推定路易斯·达斯马里尼亚斯继任总督的时间是在 12 月初。据《东西洋考》载,"明年,闽抚遣贾舶招回久住吕宋华人。酋为给粮

---

① BR,Vol. 16,pp. 257~258.

② 张燮著,谢方点校:《东西洋考》卷五,《吕宋》,第 90 页。

③ BR,Vol. 16,pp. 261~262.

④ 张燮著,谢方点校:《东西洋考》卷五,《吕宋》,第 90 页。

⑤ 陈荆和:《潘和五事件始末》,参见吴文焕编《血的教训:纪念一六〇三年大屠杀四百周年》,马尼拉:菲律宾华裔青年联合会,2003 年,第 13 页。

⑥ BR,Vol. 15,pp. 73~74.

以归，致书及辞，重诉父冤。（吕宋嗣王具文一道……付贾舶携来，内称：
'……从兄巴礼于旧年十月驾船往贵省奔诉父冤……从兄巴礼厚遣归国，感
佩图报'"。① "旧年十月"当在公历11月或12月，因为路易斯·达斯马里
尼亚斯12月才继任，所以可以断定他一上任，就遣使来中国"诉父冤"了。
至于派遣的人员及所提的要求，另据莫加所载，"总督派了他的表兄费尔南
多·卡斯特罗（Fernando de Castro）前往广东和泉州，向总督告知事变之发
生并递交信件，因为杀死总督并掳走舰船的中国人中很多被认为来自那里。
猜想那些人驾着舰船到了那里，总督要求中国当局移交犯人让菲方惩处，归
还王旗、大炮和其他被劫掠的东西"。② 这在中国史籍中也有所载。据《明
史》载，"时酋子郎雷猫吝驻宿务，闻之，率众驰至，遣僧陈父冤，乞还其战舰、
金宝，戮仇人以偿父命"。③

第二年（1594）初，菲督路易斯·达斯马里尼亚斯又趁"闽抚遣贾舶招回
久住吕宋华人"，遣使来华进行第二次交涉，"致书及辞，重诉父冤"。他在书
信中要求明廷，"伏望尊慈鉴察，其被害战船，乞追军器、金银、宝贝，并究杀
父之人，偿命以警后人，以正法纪"。他还送上讼词一份，"缘父守国，欲讨美
洛居，时有涧内唐民愿充助敌者二百五十人，自备行粮，立功给赏。时父与
兵同船，开驾到交逸地方。有佛郎人与唐兵言竞，父责番人，弔在船桅惩戒。
原船装载金银莫计，同船番目，各带宝贝银钱数多。船进合万门湾泊，父令
唐人牵罟捕鱼，共烹而食。卧至半夜，唐人心贪财宝，阴谋不轨，将父并番目
四十余命尽行杀死，仅存巴礼、书记二人报息，将本船宝贝驾逃"。④

1595年12月6日菲督路易斯·达斯马里尼亚斯在给其国王的信中谈
到，"关于中国事务，我已写信告知陛下您，我正在考虑派我的表兄费尔南多
·卡斯特罗偕同多明我会神父，捎带礼物和信件给中国皇帝。我认为这样
做合适，因为神父（更准确地说是神）疏忽了该地的工作；在这件事和借口的
掩护下，如果可能的话，我希望他们这次会设法见到中国皇帝，将礼物和信
件一并交给他。……在信件的最后一部分我提到了过去的事情，以便这两
个问题会依次得到讨论"。⑤

---

① 张燮著，谢方点校：《东西洋考》卷五，《吕宋》，第90页。
② BR，Vol. 15，p. 77.
③ 张廷玉等：《明史》卷三二三，列传二一一，《外国四·吕宋》，第8371页。
④ 张燮著，谢方点校：《东西洋考》卷五，《吕宋》，第90页。
⑤ BR，Vol. 19，pp. 203～204.

1596 年 7 月 6 日,莫加从马尼拉写信告知菲利普二世,"同时他(总督)派了一个使节团去中国;但那些人出发后又折了回来,似乎当时上帝不愿意看到那一航行,现在也是如此"。① 同年 7 月新任总督德鲁到任,为潘和五事件遣使赴华之事遂作罢。②

对于吕宋来诉,福建"巡抚许孚远闻于朝,檄两广督抚以礼遣僧,置惟太于理"。但因舰中所载悉"为交酋所掠","和五竟留安南不敢返",③且因"刑杀惨急,遂致激成此变。夫以番夷豺狼之性,轻动干戈,不戢自焚,固其自取",④所以明廷虽有意严办此案,但不可能满足菲律宾殖民当局的要求。正如莫加所载,"这一要求没有达到,因为舰船去了交趾支那,那些中国人四处分散,要求不可能达到"。⑤ "以礼遣僧,致惟太于理"应该是明廷对此事件的最初谕示。另据《明实录》载,万历二十二(1594)年,"福建巡抚许孚远奏:'吕宋酋长之子讼我奸民之隶其部而袭杀其父,夺其宝逃。'兵部复议:'将获犯正法,厚遣酋使,以坚内向之心,且借侦日本夷情。'诏可"。⑥ 鉴于吕宋第二次遣使来诉的时间是在 1594 年初,这恐怕是明廷对路易斯·达斯马里尼亚斯之诉的最后答复。

4. 菲律宾殖民当局的交涉态度

尽管"无敌舰队"覆灭后,母国西班牙盛极而衰,但直至 16 世纪末,西班牙在东亚地区的殖民势力还是处于扩张阶段,其对中国的殖民叫嚣仍在继续。在这一背景下,菲律宾殖民当局在事件交涉过程中采取了较为强势态度,提出了诸多不合理的要求。首先,歪曲事实。至于事情的真相,菲律宾殖民当局早就了然于胸,因为旗舰上跳水生还者及被潘和五等放回的神父弗朗西斯科·蒙蒂拉(Francisco Montilla)和总督秘书奎拉尔(Juan de Cuilar)都知道事件的起因与大致经过。并且在费尔南多·卡斯特罗被派出"几天之后,船长梅内塞斯(Francisco de Silva de Meneses)将其在马六甲抓获的一些起义华人带到了马尼拉。从他们那里得知了关于舰船被掠和总

---

① BR, Vol. 9, pp. 265~266.
② 陈荆和:《潘和五事件始末》,第 16 页。
③ 张廷玉等:《明史》卷三二三,列传二一一,《外国四·吕宋》,第 8371 页。
④ 张燮著,谢方点校:《东西洋考》卷五,《吕宋》,第 91 页。
⑤ BR, Vol. 15, pp. 77~78.
⑥ 《明神宗实录》卷二七八,万历二十二年十月丁未。

督之死的更准确的信息"。① 而路易斯·达斯马里尼亚斯第二次遣使前来递交的讼词却完全歪曲事实。其次,向中方提不合理的要求。事实上,在事件发生后不久,殖民当局就已经知道舰船漂到了交趾支那,华人起义者流散各地。从马六甲带回起义华人后就了解得更详细了,而这本身也是一个明证。但是殖民当局还是前后两次遣使要求中方追回船只和物品,让杀人者偿命。最后,以此事件为借口不断遣使中国,试图捞取其他利益,想让"这两个问题会依次得到讨论"。当时的菲督路易斯·达斯马里尼亚斯正是一个狂热的殖民扩张主义者,任内积极支持卸任后又亲自参加在柬埔寨的殖民冒险行动。如前文所述,也正是他在 1603 年积极向起义华人进攻,并"宣称25 个西班牙人就足够征服整个中国",结果被起义华人杀死。考虑到此次菲中交涉的另一背景,即菲律宾殖民地正处在日本入侵的威胁之下,"当路易斯·达斯马里尼亚斯掌管政府的时候,对日本的怀疑和恐惧还在继续,加上这桩中国人的麻烦事,让这里的人们处于持续的忧虑之中",②不然菲方的态度可能更为强势。

第二节　对华防范与交好

进入 17 世纪后,由于西班牙母国的衰落和东亚地区激烈的殖民竞争,西班牙殖民者在东亚的殖民战略由扩张转为收缩,期望保住既得的殖民利益,因而不得不放弃侵华企图。由于无力实现侵华,同时又担心中国朝廷启疆菲岛,所以菲律宾殖民当局的对华政治态度也由企图侵略转为防范,并出于贸易和传教利益考虑,或为了对付其他敌对势力而交好中国。直至 17 世纪后期,中国一直被其视为防范与交好的对象。

一、对华政治态度转变的原因

菲律宾殖民当局对华政治态度的转变,主要是由于母国西班牙的衰落与东亚地区激烈的殖民竞争使其侵华企图无法实现,从而被迫做出转变。

(一)母国西班牙的衰落

无敌舰队覆灭后,西班牙的霸权开始走向衰落。如同西班牙崛起与走

---

① BR,Vol. 15,p. 78.
② BR,Vol. 15,p. 77.

向霸权的过程经历了一个世纪左右,约自 1480 年代至 1580 年代,西班牙的衰落也经历了一个很长的过程,"概略地说,西班牙伟大的帝国时代持续了一个世纪,从 1560 年至 1660 年"。

1. 经济衰退

从 16 世纪后期起,卡斯蒂利亚开始滑入经济衰退。经常的瘟疫、粮食歉收和战争影响了人口的增长,人口的下降反过来又影响了生产和经济。西班牙人口的下降又由于对摩尔人的驱逐而更加严重。

早在 1582 年菲利普二世的国务委员会接受了摩尔人应被驱出西班牙的建议。1609 年 4 月 4 日驱离敕令在国务委员会通过,9 月法令在瓦伦西亚公布,让摩尔人在三天内离开。1610 年后续的敕令将驱离计划延伸到了西班牙其他地区,驱离行动持续到了 1614 年,本土 32 万多摩尔人中近 30 万被驱离。驱离摩尔人的行动让西班牙损失了总人口的 4%。到 1638 年,大约有 45% 即 453 个摩尔人留下的村庄中仍然有 205 个被废弃。[①] 从 1580 年代起,西班牙的人口出生率开始停滞或下降,1596 年至 1602 年的主要瘟疫又在西班牙夺去了 60 万人的生命,经历一个半世纪之后西班牙人口才恢复到 1580 年的水平。

人口灾难的影响清晰可见,在卡斯蒂利亚,财政委员会被各种关于被遗弃村庄的备忘录所淹没,在一些地区特别是在旧卡斯蒂利亚的中心地带,整个地区都被废弃了。西班牙是一个农业为主的国家,人口下降所带来的萧条恶化了西班牙本来就有着长期结构缺陷的农业经济。

经济衰退来临后,西班牙工业受打击最大的是纺织品生产城市萨戈维亚,1640 年只剩下 300 台织布机。自身的贸易也衰落,西班牙被其他西欧国家的贸易所淹没。同时与西印度的贸易也开始衰落,垄断被打破,从 17 世纪 20 年代起,贸易量与贸易值开始急剧下降,越来越多的外国船只强行驶入西属美洲海域,新的横跨大西洋的贸易模式开始形成。[②]

在菲利普三世统治的前 12 年,即 1598 年至 1609 年,仅尼德兰战争就花了将近 4200 万杜卡特白银。《十二年停战协定》结束引起战争成本直线

---

① Henry Kamen, *Spain, 1469—1714: A Society of Conflict*, pp. 210 & 219～222.

② 莱斯利·贝瑟尔主编,林无畏、吴经训、孙铢、丁兆敏译:《剑桥拉丁美洲史》,第314～315 页。

攀升，每年汇往佛兰德斯的款项由 150 万杜卡特上升为 350 万，海军支出在 1620 年至 1622 年间翻了一倍，超过了 100 万杜卡特。1655 年菲利普四世在议会的演讲中谈到，6680 万杜卡特的白银被花在了 1649 年至 1654 年海外战争上。同时，从 17 世纪的第一个 10 年开始，西班牙王室从美洲获得的金银数量开始下降。在 1596 年至 1600 年这 5 年间，王室获得金银的数量为高峰的每年 1317 万，然后降为 1626 年至 1630 年间的 550 万，1646 年至 1650 年间的 200 万。

收支失衡导致西班牙政府债台高筑。1621 年菲利普三世被告知，"今年开支的钱不是来自现行的岁入，而是来自预期的直至 1625 年的岁入"。1646 年 5 月一份预算报告显示，下一财政年度开支需要 1270 万杜卡特，但有可靠来源的只有 3.2%。长期贷款额由 1598 年的 8500 万杜卡特攀升为 1623 年的 11200 万，1667 年则达到了 22160 万杜卡特。由于无力偿付那些银行家，菲利普三世被迫于 1607 年 11 月宣布破产。1647 年 10 月，受北方战争情势逆转及那不勒斯起义的重压，西班牙政府第二次宣布破产。1652 年 7 月，西班牙政府宣布菲利普四世统治期内的第三次破产，1662 年 8 月宣布第四次破产。每次破产，即停止支付贷款，都增加了长期贷款债务的规模，每年的长期贷款支付达到了 900 多万，将近当时岁入的 3/4。[①]

2. 军事外交失败

"无敌舰队"覆灭后，北欧战略状况恶化、西班牙自身力量衰退、敌对力量上升的趋势难以逆转。法国国王亨利于 1595 年对西班牙宣战，并在 1596 年和英国及荷兰结成同盟。尽管菲利普二世拥有当时世界上最强大的战争机器，但是那一机器无法抗拒那一反西班牙浪潮。1598 年 5 月签订的《韦尔万和约》(Peace of Vervins)结束了法国和西班牙之间的战争，西班牙军队得以撤出法国，但承认了法国为一个崛起中的大国，西班牙原来的依附者和敌人都会被吸引到法国那一边。《韦尔万和约》是西班牙这个自傲民族所作出的对失败最屈辱的承认，完全是对大肆扩张的亨利四世的投降。[②] 如果说"无敌舰队"的覆灭是西班牙霸权兴衰的转折点，那么《韦尔万和约》的签订则是西班牙霸权衰落的重要标志之一。

---

① Henry Kamen, *Spain，1469—1714：A Society of Conflict*, pp. 215，216，218 & 219.

② Andrew Pettegree, *Europe in the Sixteenth Century*, p. 226.

从 1598 年至 1601 年,每年从西班牙送往尼德兰的资金数目急剧下降,1598 年至 1604 年之间进行的每次重要战役都由于兵变而遭遇失败。安布罗西奥担任佛兰德斯军队的指挥官后,由于他的指挥,更多是由于他的贷款,1604 年西班牙军队攻下了一些地区,但 1606 年他指挥的军队也哗变了,钱也花光了。经过了长时间的犹豫之后,1609 年 4 月菲利普三世被迫与荷兰签订《十二年停战协定》,事实上承认了荷兰独立。尼德兰所包括的 17 个省区都是工商业发达和人口稠密之地,16 世纪初已有 300 万人口,200 个城市,6000 个村落。1560 年前后,尼德兰每年的工商业总收入达 3187 万盾。尼德兰革命和荷兰的独立,对于"地理大发现"以来国际关系的发展具有重大意义。西班牙从此更加衰落,虽然它仍保有大西洋上和中南美洲的很多殖民地。[①]

欧洲的"三十年战争"是一场范围极其广泛的武装冲突与较量,其"主要特点是奥地利—西班牙的哈布斯堡政权轴心国同新教国家及法国作战",[②] 在西欧地区,主要是法兰西王国和尼德兰联省共和国反对哈布斯堡家族的两大分支——西班牙和奥地利的斗争。[③] 在战争开始阶段,西班牙取得了一系列胜利,但从 1628 年开始命运不佳。1637 年荷兰人重新夺回了布雷达,1638 年莱茵河地区的主要堡垒布雷萨克被法国的同盟者占领,同年 8 月法国人消灭了戈特利亚港的一支西班牙海军,1639 年 10 月特罗姆普指挥的荷兰舰队在唐斯战役中打败了西班牙舰队,1640 年 1 月另一支荷兰舰队在巴西近海打败了一支庞大得多的西班牙—葡萄牙联合舰队。加泰罗尼亚和葡萄牙的起义似乎预示了这个帝国的分解。1643 年尼德兰总督率军进入法国,结果被法国年轻的昂吉安公爵率领的军队于 5 月 19 日在罗克鲁瓦全歼。罗克鲁瓦战役尚未终结西班牙的力量,但到了 1648 年似乎一切都垮掉了。葡萄牙和加泰罗尼亚的起义没有被平息,阿拉贡有分离图谋,西西里和那不勒斯的革命已经获胜,流行病和反叛正在将伊比利亚半岛撕裂,荷兰革命的胜利让 1648 年的西班牙危机达到了最高点。1648 年 10 月的《蒙斯特条约》(Treaty of Münster)结束了三十年战争,西班牙正式承认荷兰独立。

---

① 王绳祖:《国际关系史:第一卷(1648—1814)》,第 28、32、36 页。
② 保罗·肯尼迪:《大国的兴衰》,北京:求实出版社,1988 年,第 87 页。
③ 王绳祖:《国际关系史:第一卷(1648—1814)》,第 35 页。

三十年战争结束后西班牙仍不肯放弃对欧洲霸权的争夺,拒绝在《威斯特伐利亚和约》上签字。西班牙利用当时法国国内正在兴起的投石党运动和英王查理一世被处死后出现的英法紧张关系,继续对法国进行战争。后因英法联合,西班牙彻底战败,1659 年《比利牛斯条约》签订后,西班牙不得不承认《威斯特伐利亚和约》的条款。《比利牛斯条约》主要包括三个方面的内容:西班牙割让加泰罗尼亚的塞尔达涅和鲁西荣以及尼德兰的阿图瓦和几个要塞给法国;西班牙公主玛利亚·特蕾莎许配给法国的路易十四;法国赦免孔代亲王。《比利牛斯条约》大大削弱了西班牙,昔日欧洲的泱泱强国,一下子变成了二流国家。[①] 该条约标志着西班牙在欧洲霸权的结束,强化了法国的崛起。

由于西法联姻,在 1665 年西班牙国王菲利普四世去世后,路易十四以其妻玛丽·特蕾莎系嫡长女的身份,提出瓜分西王遗产,索取西班牙领地,并为此于 1667 年向西班牙发动战争,最后夺取了南尼德兰的部分西班牙领土。在 1672 年发生的法荷战争中,荷兰和奥地利、西班牙结成同盟,西班牙又为此丢失了弗朗什孔泰和佛兰德斯的康布雷与瓦朗西延。在 1684 年的《累根斯堡条约》中神圣罗马帝国皇帝和西班牙国王都不得不承认法国所兼并的一切土地。

在美洲,从 1620 年到 17 世纪 80 年代是加勒比地区海盗活动、欧洲海军袭击西班牙属地、"边界之外无和平"的鼎盛时期。外国列强并没有让西班牙独享其新帝国。[②]

(二)殖民竞争的影响

进入 17 世纪后,西班牙人在东亚地区主要的殖民竞争对手是荷兰人,近半个世纪的西荷战争对菲律宾殖民地产生了极大的影响。

荷兰人的进攻结束了西班牙人在东亚殖民扩张的"黄金时代",这并非他们的殖民野心有所收敛,而是由于力量不足,他们对荷兰人的袭击已感穷于应付,更无力再向外发动大规模的侵略。西班牙守住了菲律宾,却改变不

---

① 王绳祖:《国际关系史:第一卷(1648—1814)》,第 103～105 页。

② 莱斯利·贝瑟尔主编,林无畏、吴经训、孙铢、丁兆敏译:《剑桥拉丁美洲史》,第 365 页。

了它在东南亚日益衰落的趋势。① 战争耗尽了菲律宾的府库,正如一位编年史家所载,"由于荷兰人的袭击——他们侵扰西班牙人的要塞和堡垒,1619 年王室府库处于一种耗竭状态"。② 巨额军费大大加重了靠津贴和负债度日的菲律宾殖民当局的财政负担,截至 1719 年,殖民当局拖欠菲律宾人的债务已达到 100 万比索。③ 荷兰人对菲律宾的入侵吸引了那个地区半个世纪的注意力,让农业、商业、工业等经济领域的发展被忽视,大量的人员牺牲及大批从事生产的劳动力被强征徭役,许多商用帆船被改装为战舰,这些都对群岛的经济发展产生了消极作用。

1618 年 12 月 20 日,马尼拉耶稣会学院院长写信给西班牙某一高层官员,其中写道,"这个群岛彻底被战争耗竭了,胡安·席尔瓦(Juan de Silva)建造的 6 艘大帆船损失了,还有其他不幸我已经写信详细告诉了陛下。当阿隆索·法克赛多(Alonso de Faxardo)发现这个群岛的状态是如此的虚弱,他本人及王室的荣誉受到如此大的威胁,没有悲痛而死或卧床,倒真是一个奇迹"。④ 1627 年菲岛总检察官马丁·卡斯塔诺(Martin Castaño)在给其国王菲利普四世的信中写道,"他们(荷兰人)将会获得中国的贸易,尽管中国人同他们敌对,因为他们对中国人的劫掠。但正是由于这个原因,这一点很让人担心——看到荷兰人如此强大,在海上占优势,偷窃他们的财产,不给他们留下任何东西去贸易,而陛下您的军队虚弱,不能够防护他们,中国人会放弃我们而与荷兰人交好"。⑤ 1631 年 2 月 8 日,马尼拉的几位多明我会士写信给国王菲利普四世,"这个群岛备受折磨,因为这些海域荷兰人泛滥。与周边国家的贸易是这一地区的支撑,以前很繁荣,现在衰落了。荷兰人的袭击造成的后果是,您在这里的臣仆没有了海军,陆军也很少,并广泛地分散在各个无关紧要的要塞里,漫无目标,大量耗费王室财库的钱财。由于气候恶劣,食物不足且低劣,及自己懒惰且生活堕落,那些要塞里的士兵大量死亡"。⑥ 奥斯定会士路易斯·耶稣(Luis de Jesus)在其 1681

---

① 金应熙:《菲律宾史》,第 225 页。

② Alip, *Political and Cultural History of the Philippines*, p. 199.

③ Leslie E. Bauzon, *Deficit Government*:*Mexico and the Philippine Situado*, 1606—1804, Tokyo, 1981, p. 49.

④ BR, Vol. 18, p. 164.

⑤ BR, Vol. 22, p. 129.

⑥ BR, Vol. 23, p. 26.

年所著的《历史》一书中记述，"在 1646 年和 1647 年，那时荷兰人已成了海上霸主，他们迫使所有的船只躲在港口不敢出海，中国人的商贸几乎全垮了。大家都认为荷兰人气势如虹，充满忧虑地将他们的入侵描绘得形形色色，让整个群岛充满了恐怖的气氛"。[①]

殖民争夺造成的巨大战争损耗及竞争劣势迫使西班牙殖民者的东亚殖民战略由扩张转为收缩。荷兰人将战争引入菲律宾本土，谋求间接赶走马鲁古群岛的西班牙驻军，对此洛佩斯神父认为，除非将马鲁古群岛完全让给荷兰人，否则菲律宾的毁灭无法避免。他写道，"菲律宾群岛正变得日益贫困，那里的生活成本由于征服马鲁古群岛，以及每年往那里补充人员、弹药、补给品而提升。大量的货物被运出菲律宾群岛而在马鲁古群岛消费，代表了一种资源的严重外流。确实，一定的西班牙军队驻扎在那里。但是荷兰人，由于与那里有更紧密、更持续的联系，在那里有更多的殖民据点，驻有更多的军队，夺取的香料份额远大于西班牙人的。此外，荷兰的商人和战舰保证了荷兰人的海上霸权，使得他们能够劫掠或破坏所有其他的船运。因为我们不能一鼓作气将荷兰人全部驱出马鲁古群岛，另一方面也不能与他们达成公正而又持久的和平，所以对这块殖民地来说，最好的办法就是放弃与马鲁古群岛的任何联系，以节省所有已经或正在花费的防御开支，我们在那里维系几个据点，风险大，收益小"。[②]

阿根索拉在《马鲁古群岛征服记》一书中谈到，"葡萄牙人对马鲁古群岛丁香的渴求过于强烈，以致当地土著决定焚毁他们的丁香树，尽管丁香是当地土王的财富，使葡萄牙人离开那里。这一威胁没有付诸行动，葡人和土著之间的战争却长期进行着。这些恶意而又棘手的争斗引起了放弃菲律宾和马鲁古群岛的争论，菲利普二世继位以来首次出现这样的争论。……据说国务委员会已注意到菲律宾群岛不仅没有增加反而减少了王室的收入，是亏本的买卖，并且维系他们需要投入太多，太困难，已经向国王菲利普建议，放弃那些岛屿，撤出在那里维系主权的高等法院和要塞。……提高国王在欧洲的力量才是更明智的，军事力量在那里可以应付紧急情况，而不会遭受海外那样的伤亡。每一个这样的论点都被国库的官员们详细地加以强化，

---

① BR，Vol. 36，p. 115.

② H. de la Costa, S. J., *Readings in Philippine History*，Makati，Bookmark，1973，pp. 51～52.

使得这一提议被纳入了考虑与检视。……在当今的菲利普三世统治时期，这一同样的决议案也多次被讨论过"。① 很明显，王室讨论放弃菲律宾群岛的一个重要的缘由是维系的开支太大，而维系的开支主要用于战争，特别是17世纪西荷在东亚地区开始交战后，这或许就是"菲利普三世统治时期，这一同样的决议案也多次被讨论过"的重要原因。

长期担任菲岛驻王室总代表的科罗内尔于1621年在马德里写了一部《忘录中》，其第二部分第二章《这里回答主张放弃菲岛或将之与葡萄牙王室交换巴西的那些人》中写道，"对菲岛及其所带来的收益缺乏认知，是陛下的很多仆人及其他重要人物对之持错误主张的原因。有人认为丢掉菲岛这个包袱更为有利，有人认为将之与葡萄牙王室交换巴西更划算。他们所给出的所有理由可以归纳为以下五点：一、维系菲岛耗费了王室的祖产，没有收益；二、切断与中国的商业联系，避免通过菲岛的维系让白银从新西班牙流入中国；三、菲岛军力的消耗；四、陛下处境困难，首先得照顾国内事务的迫切之需，您顾及不了所有，不得不放弃那些岛屿；五、陛下的领土广为分散，无法兼顾，除非撤离那些不太重要的领土，因为军力集中才能增强力量"。②

二、对华防范与交好

西班牙殖民者在东亚的殖民扩张行动主要发生在16世纪。进入17世纪后，尽管还发生其入侵台湾、远征马鲁古群岛、侵略暹罗的行动，但这些行动与其说是主动扩张，还不如说是对荷兰人殖民扩张的被动因应。对待中国，尽管还有一些零星的主张侵略的言论，但随着亚欧情势的变化，侵华企图已成为残梦。为了维护菲律宾殖民地的安全与生存，西班牙殖民者又从虚骄变为胆怯，害怕中国进攻菲律宾，并且无中生有地提防菲岛华人作内应。③ 随着1574年林凤征菲事件与1593年潘和五事件的发生，菲律宾殖民当局对中国早备戒心。然而，在防范中国的同时，为了贸易和传教以及菲律宾殖民地的安全，也为了对付其他的竞争对手，菲律宾殖民当局又不得不交好中国。

---

① BR，Vol. 16，pp. 225～227.
② BR，Vol. 19，pp. 237～238.
③ 金应熙：《菲律宾史》，第175页。

(一)防范中国

在 1586 年提交给西班牙王室的请愿书中就有提防中国的言论,"周边有着如此众多的敌人,他们来自日本、中国、暹罗、帕坦、渤泥和马鲁古,以及其他众多的民族"。①

潘和五事件发生后,由于西班牙殖民者迫害及大规模驱逐华人,"闽抚遣贾舶招回久住吕宋华人",结果"招回华人"一事却被菲律宾殖民当局看成是一场侵菲图谋。据《马鲁古群岛征服记》所载,"远征德那第的船队遭到破坏而引返,这对菲律宾群岛实属天佑。因为 1594 年初,一支庞大的中国船队不像往常一样装有货物,而是装载人员和武器来到这个群岛,捎来 7 名中国官员,均为中国的总督或县令之类。此地盛传,后也被证实,中国人知道,因为戈麦斯·达斯马里尼亚斯在进行远征(所有的西班牙人都在跟随他),预料此地武备将大为减少,因而藏有征服或劫掠之意。如果他们见到的此地情形正如他们所料,他们会轻易下手。中国官员两次登岸大阵仗地拜访路易斯·达斯马里尼亚斯总督,他友好地接待他们,并向每人赠送一条金项链。他们告诉他,受皇帝之命前来招回私自流寓此地的华人。但这被认为是掩饰真相的托词,因为接回华人不需要这么多的官员、武装船只和补给品。"②据曾在菲岛担任总检察官的里奥斯(Hernando de los Rios)舰长在其《回忆录》所记,"中国人派了一支庞大的舰队到马尼拉,由几位官员率领,目的是想征服吕宋,因为他们害怕西班牙人,宁愿目送我们远离他们的王国,而不想在同我们的交往中受益……总督接待了那几位官员及其使节,他们假装前来贸易,要求我们的港口不要接待日本人——他们的死敌。总督十分沉着地同他们道别,送他们回国。第二年,其中一个官员又来了,并且改装了,目的是想从事间谍活动。因为我正在巡视船只,我注意到了,就将他逮了起来,但是那些人是如此的狡猾,以至于他能够澄清他自己,让总督和他的司法助理莫加博士认为,允许他回到自己的国家是上策"。③ 这一记载明显也是指"招回华人"一事,因为这一部分记载的标题就是"路易斯·达斯马里尼亚斯接管菲律宾政府和中国人想攫取菲律宾群岛的图谋"。至于"第

---

① BR,Vol. 6,p. 178.
② BR,Vol. 16,pp. 263~264.
③ BR,Vol. 19,pp. 194~195.

二年,其中一个官员又来了"很可能是闽抚派去打听日本消息的,因为1594年明廷对路易斯·达斯马里尼亚斯之诉的最后裁定中兼有"借侦日本夷情"的诏谕。

明朝官员高寀等赴马尼拉察看金矿一事,让西班牙殖民者怀疑明朝官员是去刺探虚实,是明朝出兵攻菲的先兆。据莫加的《菲律宾纪事》所载,"帆船耶稣玛利亚号(Jesus Maria)和埃斯皮里图·桑克托号(Espiritu Sancto)一开往新西班牙,圣地亚哥号(Sanctiago)载着神职人员前往日本,人们就开始花更多的时间来进一步谈论由于中国官员的到来而产生的问题。因为发现他们自己并不在意别的问题,大家都开始害怕中国人,怀疑他们将会突然爆发起义。这一点大主教和一些神职人员进行了证实,并公开或私下地相互告知。……但是一直认为中国人很难引起暴乱,除非有一支强大的舰队从中国开来,他们可以依赖"。[①]

由于西班牙殖民者担心在菲华人会充当内应,便蓄意进行迫害,极力煽动排华情绪,最后导致22000名华人被杀害。屠杀华人之后,殖民者更是担心明朝会因此集结舰队,兴师问罪,因而陷入了更大的恐惧之中。1603年12月11日菲律宾的多位牧师和官员联名写信给国王菲利普三世,"我们也十分害怕中国会派一支庞大的舰队来进攻这座城市(指马尼拉)。愿我主慈悲,防卫并保护这座城市,保护他的事业,不要让这个传播福音的新基地被毁灭了"。[②] 12月12日菲岛最高法院在给国王的信中写道,"这一事件是结束了,但激起了巨大忧虑,不知中国会作出怎么的反应。出于这一原因,大家正在采取预备措施,筹备各种必需品,加固防御设施,煞费苦心而又勤奋地帮助总督和军事长官进行准备工作"。[③] 12月18日,菲督阿古纳(Pedro de Acuña)在给国王的信中谈到,"要搞清楚中国是否在集结舰队进攻这里,自那几位中国官员来了之后,人们就怀疑中国会图取这里,他们在登陆这里之前写给我的信(我送了一份副本给您)也让我们相信他们会这样做。整个这座城市对此非常的忧虑,尤其是大主教和各个修会。尽管我说过了,我准备好了一切,能够防卫和保护这座城市,然而,事先得知确切的消息还是至

---

① BR,Vol. 16,pp. 30~31.
② BR,Vol. 12,p. 139.
③ BR,Vol. 12,p. 145.

关重要"。① 1604年7月15日阿古纳在给国王的信中写道,"对中国人的惩罚完成了,我们还有另一个巨大忧虑,那就是我们怀疑短时间内中国会派一支强大的舰队来占领这个地区"。② 7月19日,阿古纳又在给国王的信中写道,"曾有一个谣言在流传,大意为,距这里不远有人看到700艘中国舰船——在那种时刻,对我来说,最好的就是让一切准备就绪,就像是我得到确切消息,舰队已经到了这个海岸一样"。③ 另据《菲律宾纪事》进一步记述,"最重要的是,人们生活在害怕和疑虑之中,不是商船,而是一支武装舰队会进攻马尼拉,为了死去的中国人报仇。各种情况凑合在一起让西班牙人非常忧心"。④ 这足见殖民者对"中国进攻"已恐惧到杯弓蛇影、草木皆兵的程度。正是由于恐惧中国的进攻,殖民当局甚至对棉兰老摩洛人以大军进袭莱特、萨马两岛的严重局势也无暇顾及,而专注着中国的动静,⑤马尼拉许多富有的西班牙人,对形势悲观失望,纷纷准备离菲,另觅出路。

同时殖民者还故意虚张声势,希望吓阻中国的进攻。据《马鲁古群岛征服记》所载,"几个月之后,从新西班牙开来一些私人船只,之后定期贸易的船只也来了,在圣马太日前夕到达,载来了从西班牙而来参与那一事业的西班牙人,还有新西班牙总督蒙特斯克拉罗斯(Marques de Montesclaros)根据王室命令连同其他军事储备和银两一起送来的200多人。……那些船长和士兵立即被细心地安排住处,快速分配到各个驻防点,以致所有人都相信,交托给他们的唯一任务就是菲岛的安全,它遭受着日本天皇和中国人阴谋的威胁。将充实防御的消息四处寄送,让它在菲岛之外被放大和散布,目的是要将这一消息传递给西班牙人害怕的对象。此外,虽然备战充分的报告让西班牙人坚定信念,信心十足,然而除了名誉外,供给菲岛的援军的力量也就代表了整个菲岛的安全防御力量。在日本,由于知道了马尼拉满是步兵和武装舰船,国王因佩德罗拒绝给他提供造船工匠而产生的怒火消散了。由于敌人得到了这么大的援助,泉州人也忍住了复仇的企图"。⑥

甚至在与明廷就此一事件交涉完成后,殖民者也还是时刻戒备中国。

---

① BR, Vol. 12, pp. 157~158.

② BR, Vol. 13, p. 225.

③ BR, Vol. 13, p. 225.

④ BR, Vol. 16, pp. 43~44.

⑤ BR, Vol. 12, pp. 162~166.

⑥ BR, Vol. 16, pp. 305~306.

据《马鲁古群岛征服记》进一步记述,"(菲律宾)没有一年不受到中国军队的威胁,(中国人)征募士兵,制造战船,在船上举行仪式向他们供奉的雕塑神像、太阳、星星祈祷,祈求战胜占领着那些他们不慎丢失土地的西班牙人"。[1]

关于此次屠杀华人事件,中国史籍也有一些记载。《明史》记载了此次屠杀华人事件的诱因,"守臣以闻,请治嶷妄言罪。事已止矣,而吕宋人终自疑,谓天朝将袭取其国,诸流寓者为内应,潜谋杀之"。[2]《名山藏》则记载了殖民者屠杀华人后的忧虑,"酋犹虑中国兴兵问罪"。[3]

在风雨飘摇的明代末期,一些中国海盗也让西班牙殖民者伤神。一位不知名的作者(很可能是胡安·洛佩斯)于甲米地记下了 1638 年至 1639 年发生在菲岛的各种事情,其中写道,1639 年"3 月中旬……贝穆德斯(Pedro Bermudez)再次率 3 艘舢板船出航进攻中国海盗,后者正在骚扰这个岛屿的沿海一带,并且多次劫掠。他们攻击海盗的旗舰——那是一艘大船,杀死了其中 60 名中国商人,其他的被缚送马尼拉。那些人透露了各种叛逆行为,说中国人正在密谋搅乱这一殖民地"。[4]

西班牙殖民者在第二次屠杀在菲华人之后,尽管明帝国已经摇摇欲坠,但还是提心吊胆。1642 年菲律宾方济各会一位修士记述了 1640 年 6 月至 1641 年 7 月间发生在菲岛及日本的一些事情,并将之送给同会的神父和领导,其中记述,"至于弥漫的恐惧氛围,神父安东尼奥(Antonio de Santa Maria),一位值得信赖的修士和神学讲师,从澳门写下如下一段话:'去年 8 月在澳门,大家传言一位将官,名叫一官,打算前往马尼拉为他死去的同胞报仇。他是一位著名的海盗,现在据说和荷兰人成了朋友,即使以前和荷兰人交战,有时烧毁后者的船只。他身边有很多黑人,都是澳门的逃亡者,善于使用枪炮。……而菲律宾呢,当我离开那里的时候,却缺乏人员和船只。因此,大家会看到这块殖民地受到周边各处不断的威胁,完全有理由感到恐惧。由于中国人起义及与他们的战争,之前在棉兰老和和乐进行的战争,大

---

① 巴托洛梅·来昂纳多·德·阿亨索拉著,范维信译:《征服马鲁古群岛》,《文化杂志》1997 年第 31 期,第 135~136 页。

② 张廷玉等:《明史》卷三二三,列传二一一,《外国四·吕宋》,第 8373 页。

③ 何乔远:《名山藏》下册,卷一〇七,《王享记三·吕宋》,福州:福建人民出版社,2010 年,第 3019 页。

④ BR, Vol. 29, p. 157.

部分也是最精良的军队被消耗掉了，剩下的又分散在很多的防御要塞中。'……如果他和这里的中国人联合行动，那他就更加可怕了。愿上帝尽力不要让这样的情况出现"。①

1661 年郑成功收复台湾，次年他派了神父李科罗（Victorio Riccio）到马尼拉，对殖民当局虐待华侨提出责问，并附带要求殖民当局每年向郑氏朝贡。殖民当局收到郑成功的信后，便全力进行备战，因为郑成功强大的军事力量令其恐惧。1663 年 7 月耶稣会的一份档案资料写道，"追随这位海盗（指郑成功）的作战人员就超过了一百万，大小舰只达到了 15000 艘，很多舰只载有四十门火炮。由于力量强大，这位海盗十分傲慢，以至于渴望从鞑靼国王（他也已经是中国的统治者）手中夺回那个王国（指中国），并在南京登基。……他有勇气包围南京——原中国的王宫所在地，由三道城墙护卫着，城墙间距两里格，第一道城墙环围三十里格，他攻下了第一道城墙，让南京陷入了危机，使得（鞑靼）国王害怕他的坚定决心，讨论逃离他北京的宫廷"。②

殖民者担心在菲华人在紧急时刻充当内应，决议将其驱离，对于无法离开者则进行屠杀。对在菲华人的处理也体现了殖民当局恐惧与矛盾的心理，据前述那份档案资料记载，"会议成员讨论了这样一个问题，即通过驱逐华人以从这个共同体（指菲律宾群岛）的躯体中事先排除有害的体液，因为华人在紧急情况下会危险地分散我们的注意力和武装力量。大多数发言者支持驱逐所有的异教徒华人，只留下基督徒华人，因为部分的基督徒华人会给雇用他的社区提供很多的服务，基督徒华人也很少，容易控制。此外，得益于我们以往的经验，如果在紧急情况下对我们的防务有利，我们能够轻易地消除他们（指基督徒华人）。会议决定，允许商人随身携带他们的财产，带着他们的货物和平地返回中国，这样做不仅是因为那些商人来时满怀信心并享有和平的安全保障，我们的这种慷慨行为也会平息他们坚决的（反抗）态度，国姓爷（指郑成功）看到我们一点都不在乎他会利用我们驱离的人来提升他的力量，看到我们不侵占华人的财产，轻视他的财力，他会感到更加的忧虑。"③

---

① BR，Vol. 35，pp. 117 & 119.
② BR，Vol. 36，pp. 250～251.
③ BR，Vol. 36，pp. 220～221.

郑成功招谕菲律宾的信函让那里的西班牙人陷入长期的恐慌之中,即使后来郑经与西班牙帝国的关系有所改善,这样的恐惧也还是持续到了郑克塽降清,明郑最终灭亡为止。从西班牙王室对 1672—1673 年间菲律宾总督提交的四份报告的回复中,就可看出殖民当局对明郑的戒备,"致菲律宾群岛总督兼总司令及马尼拉市王家法院主席马努埃·莱昂阁下:阁下于 1672 年 6 月 10 日、1673 年 5 月 19 日与 6 月 11 日等四份信函中报告,阁下获知台湾的世藩准备以一支强大的舰队入侵群岛,且阁下已有预防措施,最后还得知该军事行动已经中止。另外,该敌人之武力并非如(马尼拉)所传闻的那么强大,因此汝等并未采取一些军事行动……1675 年 10 月 21 日于马德里"。据另一份信函所记,甚至西班牙本土也对明郑可能的入侵深感忧虑,"我的菲律宾群岛马尼拉王家法院主席及法官们:……有关台湾的世藩打算征服群岛的消息,本人谨此批准群岛总督暨指挥官派遣使节至世藩处,游说其继续保持和平共存,否则可能会导致本国和群岛重大损害。1675 年 12 月 10 日于马德里"。当郑经在大陆一连串的兵败之后,菲律宾的西班牙人也有所担忧,深恐郑经再次发兵南侵为明郑另寻一根据地,以增其进战退守的空间。西班牙国王对菲督报告的回复体现了这一忧虑,"我的菲律宾群岛总督兼总司令及菲律宾法院主席及各位法官:阁下 1681 年 6 月 11 日的信件中提到对台湾世藩打算占领群岛的疑虑及阁下所采取的预防措施。虽然阁下提到该岛(台湾)有四艘船为了进行买卖而抵达马尼拉市,疑虑有所消除,但是阁下仍应采取戒备态度,有鉴于缺乏人员、物力及财力,阁下再三请求本人尽量提供协助……"[1]

(二)交好中国

1605 年 7 月 8 日菲督阿古纳在给其国王的信中写道,"我们正在努力维持同中国国王的友谊,因为他是一位非常强大的君主;我们只能靠名誉来维持我们在这个群岛上的地位"。[2] 该信不仅说明了殖民当局对华政治态度的转变,也间接道出了这一转变的原因。尽管这一态度转变主要发生在 17 世纪,但在 16 世纪的特定时期就已经开始出现一些具体事例。

---

[1] 李毓中:《明郑与西班牙帝国:郑氏家族与菲律宾关系初探》,《汉学研究》第 16 卷第 2 期(1998 年 12 月),第 42、52、53、55 页。

[2] BR,Vol.14,p.71.

1. 希望借力中国对抗日本威胁

在收到丰臣秀吉要求称臣纳贡的信件后，菲督戈麦斯·达斯马里尼亚斯于 1592 年 6 月 11 日给国王的信中写道，"我没有将信的原件寄给您，因为您那里也没有人翻译这些信件，同时这里又偶尔需要这些信件，有些东西需要向日本使节进行确认，通过这些信件我们也或许能够和中国国王讨论一些重要的问题和目标"。[①] 戈麦斯·达斯马里尼亚斯又在 12 日给国王的信中写道，"中国国王是日本的死敌和对立者。让他知道我们接待了日本国王派来的使团，收到了他们携来的信件，他们前来寻求我们的友谊，告知我们他们想同中国交战，只是没人相信与在意，以及其他陛下乐意提供给他们的任何信息，我们会得到他的善意。如果陛下乐意的话，另一选择就是维持与日本的友谊以防意外。由于这一缘故，我正在友好接待日本使团，等待陛下的命令。这两个民族（中国人和日本人）都是异教徒和野蛮人，中国人由于富足而力量更强。我听说中国人（国库）的收入每年有一亿多。（中国）版图广袤，富有，物产丰富，有数不尽的人口，各个省份被治理得更加公正、和平、有序。他们的友谊和贸易对陛下您生活在这里的臣仆来说更加重要，大家对与中国人的商贸期望很大。虽然中国的男人带有女人气、柔弱，但对我们而言他们更令人喜欢、更可靠，由于同我们贸易获利很大，他们也乐意维持与我们的友谊。……日本人是海盗，他们意志坚定而又好战，很多人习惯于死于贫困，倾向于少吃、少工作。万一陛下有什么计划，这些日本人比中国人勇敢，尽管没有中国人那么值得信任，因为他们不知道怎么公开与别人打交道"。[②] 1593 年，一位皈依天主教的华人安东尼奥·洛佩斯（Antonio Lopez）转述，菲律宾殖民当局第一次派往日本的外交使节高母羡（Juan Cobo）神父，曾和他商量西班牙人和中国人协作对抗日本的可行性，即如果日本人进攻中国，西班牙人将援助中国，如果日本人进攻菲律宾群岛，中国人将援助西班牙人。[③] 迟至 1598 年，菲律宾殖民当局派遣萨穆迪奥到中国，告知中国当局一旦日本吞并台湾可能出现的危险。[④] 综合上述三条史

---

① BR，Vol. 8，p. 257.

② Virginia Benitez Licuanan and Jose Llavador Mira, *The Philippines under Spain*，Vol. 5，pp. 364～366.

③ BR，Vol. 9，p. 49.

④ G. F. Zaide, *The Pageant of Philippine History：Political，Economic，and Socio-Cultural*，Vol. 1，pp. 372～373.

料,其中充分显露了菲律宾殖民当局希望借力中国以抗衡日本威胁的企图,同时又抱有侵略中国的幻想。

2. 希望借力中国对抗荷兰人威胁

1620 年代荷兰人在台湾南部成功地建立了一个设防的海军基地,这使他们能够大大地紧缩对马尼拉的封锁。为了生存,马尼拉的西班牙人针锋相对地在台湾的基隆建立了一个基地。1620 年代荷兰驻台湾总督向其上级述职,指出,要想让西班牙人放弃反抗,所要做的一切事情就是摧毁他们的基隆基地。据其所述,"事实上,可以肯定,西班牙人和葡萄牙人的唯一支撑就是中国贸易。我们到处发动的针对他们的战争,加之他们在日本遭遇的耻辱,大大地削弱了他们,也摧毁了他们在别的国家的贸易,以致除了中国之外,没有别的地方他们能够获得值得一提的利润。相应地,如果我们能够成功地剥夺他们的这一贸易,或至少减少他们从这一贸易中所获的利润,如同我们在别的地方所做的一样,他们会被迫放弃他们最好的殖民地,诸如澳门、马尼拉、马六甲和帝汶,同时他们在马鲁古群岛的商站自然就会垮掉"。① 正是因为同中国的贸易成了维系菲律宾殖民地存在的最后保证,所以在荷兰人的猛烈攻击下,维系同中国的友谊显得至关重要。

1626 年 7 月 30 日,菲督费尔南多·席尔瓦(Fernando de Silva)从马尼拉写信给菲利普三世,告知他已经派出远征队到台湾以及远征队在台湾的相关情况,并认为"将这个(侵占台湾的行动)继续进行下去是最有利的,因为那一邻近中国的前哨站会带来巨大的优势"。② 说明侵占台湾的原因之一是它邻近中国,更方便同中国接触。

1627 年 12 月 20 日,一位驻西班牙的马尼拉殖民地官员胡安·塞维科斯(Juan Cevicos)在其备忘录中写道,"因为荷兰人在那里(台湾),人们可能会认为通过武力的手段来阻止荷兰人同中国的贸易是可行的,但是要做到那一点,我们必须攻击中国人或者是荷兰人。因为中国人是我们的朋友,并且没有中国人贸易我们在菲律宾无法生存,所以我并不认为那样做是有道理的。中国人可以自由地同所有的人贸易,哪怕是我们那样尝试一下,他们就会以撤出菲岛的贸易来迫使我们承认他们的贸易自由。"③

---

① H. de la Costa, S. J., *Readings in Philippine History*, pp. 52~53.
② BR, Vol. 22, p. 99.
③ BR, Vol. 22, p. 173.

马尼拉和菲律宾驻西班牙宫廷的总代表蒙法尔康（Juan Grau y Monfalcon）于 1637 年在马德里向国王提交了一份报告（*Memorial informatorio*），其中提到，"与中国及其国王的和平一直被更好地经营着，通过商贸和赠送礼品来维系"。① 1640 年他又向王室派往墨西哥的视察员胡安·门多萨送交了一份备忘录，其中写道"中国皇帝是我们的朋友"，"我们不对中国发起战争，中国人也不援助任何和我们交战的国家"。②

三、17 世纪的菲（西）中官方交往

在西班牙殖民者疯狂叫嚣征服中国的 16 世纪，在菲律宾殖民地并未发生大规模屠杀华人的事件，相反在其殖民战略转向的 17 世纪却多次发生，这看起来似是一个悖论，事实上却与菲律宾殖民当局防范中国的政策相符。与屠杀华人时的残忍相对照的是，事后菲律宾殖民当局在与中国官方打交道时态度却并不强势。此外，对于中国官员到访也予以友好接待。

（一）1603 年大屠杀前后的菲中交涉

1. 屠杀前的菲中接触

奉朝命，1603 年福建税监高寀、海澄县丞王时和及百户干一成三人押着张嶷随行赴菲勘查金山。在到达之前，他们派人照会菲督"此行是奉皇帝之命，前来核实机易是否产金，事毕归国，回报皇上，不拟逗留，请贵督放心，无需疑惧"。③ 菲督阿古纳允许他们带领随从登岸。5 月 23 日他们乘坐官轿直入菲岛最高法院所在的市政厅，菲督在那里等候他们，并安排大批军事将领和士兵分布在他们所经过的房屋和街道两边。他们说明来意后，菲督给予了简单回应，仅对他们的到来表示欢迎，勘查问题日后讨论，并安排他们住在市内已准备好的两栋房子里，下令充分满足他们逗留期间的生活需要。

高寀一行的到来在菲岛引起了怀疑，西班牙人认为高寀他们的真正目的与他们所说的不一样，认为以他们对中国人的了解，高寀他们说是来勘查

---

① BR，Vol. 27，p. 114.

② BR，Vol. 30，pp. 31 & 55.

③ 黄滋生：《一六○三年的华侨起义和菲西当局对华侨的第一次大屠杀》，参见吴文焕编《血的教训：纪念一六○三年大屠杀四百周年》，马尼拉：菲律宾华裔青年联合会，2003 年，第 53 页。

张嶷所说的金山,简直就像是在编故事。在同期乘坐 8 艘商船抵达马尼拉以及已经居住在那里的中国人当中,传说高寀他们是来勘探地形、研究气候的,中国皇帝希望断绝和西班牙人的关系,在年前派一支 10 万人的庞大舰队来夺取马尼拉。

菲督和菲岛最高法院都主张,要小心城市防御,善待中国官员,但是不准他们离开马尼拉,也不准他们执行司法。菲督还警告西班牙人,不要显露他们对中国官员所说情况之外任何情况的理解或怀疑态度。同时菲督要求高寀一行尽快处理他们的事务,返回中国。高寀他们再次和菲督见面,菲督笑话他们的到来,清楚地表示,他对中国皇帝会相信张嶷的话而惊讶,即使真的有那么多的黄金在菲岛,西班牙人也不会让别人运走,因为那个地区属于西班牙国王。高寀他们回应,非常理解菲督所表达的意思,但是皇命在身他们得遵从,要给皇上一个交代,待他们完成使命后便回国。总督为了尽快了结那一事件,便送他们一行人到甲米地。当他们在那里登陆的时候,礼炮突鸣,让他们非常惊恐和害怕。找不到黄金,高寀他们便下令装了一筐泥土带回给皇上,在用过餐并休息过后,于当天回到了马尼拉。菲督派遣一些军官带着秘密的翻译跟随他们,翻译告诉军官们,张嶷在高寀他们的紧逼之下说出了真话,说他是想告诉中国皇帝马尼拉的土人和西班牙人手中有大量的黄金和财富,他提议,他在吕宋呆过,了解那里,如果他们给他一支配备人员的舰队,他将夺取马尼拉,装载黄金和财富回国。连同一些中国人开始时所议论的,情况似乎远不如中国官员所说的那么简单,特别是对马尼拉大主教当选人贝纳维兹(Miguel de Benavides)而言,因为他懂中国语言。因此,大主教和其他神职人员公开及私下里警告总督及其他市民,要注意马尼拉市的防御,因为他们确信进攻马尼拉的中国舰队短期内就会到来。

菲督让高寀一行带着张嶷乘船离开,送给他们一些银子和其他他们所喜欢的东西。尽管马尼拉的大多数人认为中国人没有理由进攻那里,菲督还是开始偷偷地准备船只和适用于防御的东西,加快完成他事先就已经开始的对河边圣地亚哥要塞的全面修复工作,并为了防御那一要塞,他还在里边修建了一道坚实的围墙,要塞的两翼正对着校兵场。①

从上述菲中接触的过程便可得知,菲律宾殖民当局一方面对中国官员的到访严加戒备,甚至武力恐吓,一方面又善待他们,让中国没有进攻的

---

① BR,Vol.15,pp.272~276.

理由。

2. 屠杀后的菲中接触

大量屠杀在菲华人后,菲律宾殖民地在经济和军事上都陷入了危机之中,为了摆脱困境,殖民当局着力修补同中国的关系,以消除可能的中国进攻的威胁。据菲督 1603 年 12 月 23 日给国王的信所载,"将此一事件告知中国是最佳选择,以防一些中国商人的船只可能逃到了那里,通过粉饰他们的罪行和反叛成功地对西班牙人进行谴责……因而我派了一位能干而又谨慎的人乘船去中国,送去了给广东和福建总督及其他官员的信件,以及存活下来的华商写给死者的国内亲戚、族人以及合伙人的信件。所有这些信件都叙述此一事件,告知寄存在西班牙友人那里的华商财产,不管物主是谁,都会附以优厚的利息。西班牙人所欠的和平华商的债务也要返还。中国人也被告知,商人将来可以继续他们的贸易,他们会被热心地接待,但必须同年乘船返回。……这次使者前往的具体地点是澳门……我写信给那里的指挥官,耶稣会的主教和神父们(我听说他们在城市事务中扮演重要角色),其他修会及个人,告知他们这一事件。我给他们每人送了一份给中国总督信件的副本,因为他们对中国的习俗、情境、谈判方法有着更广泛认知和更亲密的接触,因此他们会告知这一使者怎么做才能更好地实现他的任务目标,取得成功"。① 据一位西班牙士兵记载,"12 月 10 日,库尔发(Marcos de la Cueva)船长离开这座城市(马尼拉)作为使节前往中国,带有 140 名西班牙士兵和两位修士随行,目的是告知担任广东总督的那位太监上述事件(华人起义及被屠杀)。……1604 年 2 月 17 日库尔发被风暴吹回了马尼拉……他再度被派出,乘坐另一艘好船率领 150 名精选士兵于星期二,即本月的25 日出发"。②

另据莫加在《菲律宾纪事》一书中所载,"泉州马上就知道了这些西班牙人到了澳门,于是经常从事马尼拉贸易的富有船长 Guansan Sinu 和 Guachan 就前往澳门寻找前者,知道了事件真相,他们便拿走了给中国官员的信件,承诺递交给中国官员"。③

1604 年 5 月有 13 艘中国商船来到菲律宾,菲督开始返还华商存放的

---

① BR,Vol. 12,pp. 156~158.

② BR,Vol. 14,pp. 136~137.

③ BR,Vol. 16,p. 44.

财产。他在当年 7 月 15 日给国王的信中写道,"我将存放的财产归还给他们(华商),这对中国人来说是一个证明我们无辜的强有力的证据。这样一来,在中国他们就不会相信那些返回中国的反叛者的说辞,因为那些反叛者说,我们为了夺取财产而杀害了那些华商。……我和最高法院以及财政委员会下令从华商存放的财产中挪用 36000 多比索,用以援助军队……我们现在无法让中国人满意,因为没有条件这么做,这让我很困扰,因为我希望能够兑现我在信件中对中国的总督们作出的承诺,那就是归还(华商的)财产,这笔财产本该一直存放到返还给物主。……我请求陛下让墨西哥总督送那一数目的钱给我们,以达返还华商财产的目的"。[①]

1605 年菲督收到中国商船捎来的三封分别来自福建 Tuton、Haytao 和巡抚的信件,大意相同,都是关于华人起义及对他们的惩罚问题。[②] 这里所说的信件实为传给菲岛的檄文,其内容中西文献记载较多,其中以徐学聚《报取回吕宋囚商疏》的引文最为详细,也最符合原意。檄文强烈谴责菲律宾殖民当局无故残杀华人,并历数华人商贾对菲岛的贡献,申其无辜,但未进一步严加追究,张以正义,全部要求最后只是放回被禁商民和被劫财物,并以断绝贸易和武力进攻相威吓。

明廷的要求让一直担心会被兴师问罪、断绝贸易的菲律宾殖民当局大感意外,焦虑尽消。明廷的要求本来就符合殖民当局原来的设想,所以菲岛各界都主张满足中国的要求,以消除中国方面的威胁。马尼拉大主教贝纳维兹在一份致最高法院的请愿书中写道,"这一危险可能是最大的,因为强大的中国国王用一支庞大的舰队来威胁我们,说如果我们不答应他两方面的要求,将会派一千艘舰船来。其中一个要求明显是合理的,因为它涉及 1603 年华商带到这里来的一大笔财产,就是在当年华商起义攻击这座城市。……中国国王提出的另一个要求就是,战后存活下来的、战时被下狱的以及现在舰船上服役的华人(其中的人数不多)应被给予自由,让他们回国。……那些华人应该作为罪犯留在舰船上,这一要求即使是公正的,也需要慎重考虑,鉴于圣教信仰和王室领地所处的情境,这一殖民地是否一定要和如此强大的一个敌人,甚至可能是一群敌人断绝关系。……我恳求阁下下令,那些商人的财产立即送往中国,或者派合适的使者前往,或者由当前即将前

---

① BR,Vol. 13,pp. 222～223.
② BR,Vol. 16,p. 46.

往那里的中国船长捎带。最明确的，首先应该被送去的，就是拍卖那些华商的货物所得的已充入王室金库的钱财，即使这需要从市民中借贷，或节省开支，或删除其他开支才能筹到。至于释放舰船上的那些华人，我恳求阁下下令进行仔细调查和研判，特别是，这涉及司法正义，也要核实并弄清殖民政府被赋予的权利（意为是否有权利役使华人）。……我们的经验证明，尽可能多地放了那些华人是合适的，不仅因为我们曾付出了血的代价，也因为要毁了这块殖民地的巨大风险"。① 他在另一份请愿书中写道，"我（原文使用的是第三人称"他"）寻求释放那些在我们掌控之中，即被俘和被判处服劳役的华人，恳求阁下考虑我在另一份请愿书中提出的要求。我想详细地问阁下，您是否会下令特别注意我的请求，即使中国国王真的不向我们开战，就像他所威胁的，那些最友好的中国人告诉我，他们从历史经验可以得知，中国国王至少会切断与这些地区的贸易，对违者处以重罚，那是很有可能的，而这将会是这块殖民地完全的毁灭"。② 对此，菲岛最高法院6月13日作出裁决，"命令财产保管人尽快提出一份他们所保管的财产清单，以便发还；等来自卡斯蒂利亚的（装载财政津贴）船只到了，支付的拖欠款项应纳入王室金库；至于在舰船上服役的华人，问题正在调查，以便采取适当的措施，在中国商船离开前会作出裁决"。③

1605年7月5日菲督回函福建巡抚，或许是已经了解到当时的中国内忧外患，无力对外发动战争，他对明廷给予的谴责和威吓逐一进行了反驳，强调被杀华人并非无辜，认为"这些华人的罪行超过加于他们的惩罚"；至于说中国皇帝"总一方夏"，"日照月临，共成正朔"，他回应"世界上所有的国家都属于他们的国王和领主"，"中国自我封闭，不知有他，妄自尊大"，"若中国皇帝知道我的君主西班牙国王长期与其交战的一些王国的力量，就会发现中国对西班牙国王来说其实是很小的"；至于被杀华人的数量，他回应"没有三万，甚至不到此数的一半"；对于西班牙人残忍和忘恩负义的指控，以及对其进行战争惩罚的威吓，他回应，"西班牙并不残忍，从不无故对任何人发动战争"，以华人为例，"若不是上帝揭露他们的背叛行为，解救我们，他们的背叛目标可能已经实现了"，"我认为中国皇帝会公平对待一切问题，不至于事

---

① BR，Vol. 14，pp. 38～42.

② BR，Vol. 14，pp. 42～43.

③ BR，Vol. 14，pp. 43～44.

先没有弄清我们是否有过错,就对吕宋发动战争,否则我们就不能说他治国英明","我相信中国皇帝和他的大臣是精明、慎重的人,不至于因小事而发动战争。若他们有意开战,西班牙人是善于守卫他们领土的";至于准许商船同吕宋贸易的问题,他认为中国皇帝及其他人不会同意丧失每年从这里运走的大量白银。但是,信中基本答应了明廷提出的要求,并随函于当年遣回若干商民和财产。福建巡抚徐学聚收信后,即书就《报取回吕宋囚商疏》呈报神宗,"看得吕宋原禁商民并劫去财货,遵照传檄悉经放还;详阅来文,词甚恭谨,皆仰借皇上之宠灵,得以保商民之性命,且不至烦兵费饷,坐令怀德畏威,实得柔远固圉一策"。[①] 菲中就此一屠杀事件的交涉至此结束。

(二)福建官员到访基隆

据一位不知名的作者1628年7月在马尼拉的记述,"让我们转向台湾岛,3月13日从那里开来一艘船,带来一条消息,说是一位中国官员到了我们(在台湾)的港口,来弄清最近什么人做了他们的邻居。我将简要地陈述他来的原因。一位受了荷兰人贿赂的中国人递交一份备忘录给中国官员,其中说尽了西班牙人的坏话(即他们是抢劫者),称赞荷兰人,就为一个目标,即与马尼拉的贸易应该禁止,而与荷兰人贸易,这是荷兰人一直极力追求而中国人一直反对的目标。另一位中国人不想看到前一位中国人为了他自己的私利而摆出这一贸易问题,说'荷兰人劫掠那些王国,是他们国王的叛逆者,更确切地说是抢劫者和海盗,西班牙人是好人,不是抢劫者和海盗,我们在马尼拉和他们贸易,他们不强逼我们,除非是一些很好的工作。'鉴于此,沿海省份的总督派了上述官员到那个我们在台湾新占领的港口,核实和调查我们是什么人,我们在离中国那么近的地方建立居留地是什么目的。台湾的指挥官瓦尔德斯(Antonio Carreño de Valdes)热情地接待那位官员,盛情款待他,悉心照顾他,离开时送他厚礼。他告诉那位官员,我们的意图是好的,我们不打算伤害中国,反而想通过惩罚出没于那些海域的海盗来帮助他们。那位官员被送走了,但连续两次被风吹了回来,每次都受到前述指挥官的接纳和善待。他第三次被吹了回来,由于不好意思,拒绝回到我们的港口,而是停靠在港口不远处。在那里,有一天晚上土著人割断了他的系

---

① 陈子龙等辑:《明经世文编》第六册,卷四三三,《徐中丞奏疏·初报红毛番疏》,第4728~4729页。

泊索具,将船拉上岸,进入船中任意抢劫,无礼对待那位官员。第二天早上,当指挥官得知这一消息,他派出了一队士兵,攻击土著,但命令不得杀害他们(士兵们朝天开枪),抓捕了一些土著头目。因此,那些头目将他们所抢的东西归还了那位官员,为了重获自由将他们的儿子交给我们做人质,由我们在港口供养着。由此那位官员被送走了,非常的感激"。① 这一事例充分显示了在西荷对峙的境况下,西班牙殖民者交好中国的政策举措。

(三)明郑与菲律宾的交往

明朝覆亡后,作为南明抗清势力重要一支的明郑集团活跃于东南沿海与台湾,为了筹措战争经费及军需物资,该集团大力发展海外贸易,与周边国家和地区保持着密切的联系,由于地理上的邻近,与菲律宾的关系则更为密切与复杂。

1. 征菲企图

郑成功征讨菲律宾的企图早在攻打台湾之前就有所传言,只是人们一直不确定他的目标究竟是荷兰人的台湾还是西班牙人的菲律宾而已。在1662 年 2 月攻下台湾后,挟其刚获军事胜利的余威,决定要求马尼拉的西班牙人向他纳贡,于同年 4 月任命李科罗为使节,携致菲督拉腊(Manrique de Lara)的信件出使菲律宾。信件内容如下:

> 大明总统使国姓爷寄马尼拉总督曼利克·德拉腊之宣谕:承天命而立之君,万邦咸宜效顺朝贡,此古今不易之理也……汝小国与荷夷无别,凌迫我商船,开争乱之基。予今平定台湾,拥精兵数十万,战舰数千艘,原拟率师亲伐,况自台至汝国,水路近捷,朝发夕至。惟念汝等迩来稍有悔意,遣使前来乞商贸易条款,是则较之荷夷已不可等视,决意姑赦尔等之罪,暂留师台湾,先遣神甫奉致宣谕。倘尔及早悔悟,每年俯首来朝纳贡,则交由神甫复命,予当示恩于尔,赦汝旧罪,保汝王位威严,并命我商民至尔邦贸易,倘或汝仍一味狡诈,则我舰立至……幸望慎思速决,毋迟延而后悔,此谕。

---

① BR,Vol. 22,pp. 199～200.

永历十六年三月七日　　国姓爷①

李科罗于5月5日穿着明朝的官服抵达马尼拉。知道了他此行的目的后,菲律宾殖民当局冷淡地接待了他。随后,菲督拉腊下令在耶稣会教堂举行公开的圣餐礼,目的是让大主教、三位审计官、宗教修会高层、军事首领集合在一起,公开进行虔诚的祈祷。同时下令召集一个委员会(为了少给华商谴责的理由),在会上宣读国姓爷的来信,根据委员会的意见作出决定,然后遵照执行。委员会投票一致通过,决定从德那第、三宝颜、卡拉棉群岛和伊利甘(Yligan)撤回驻军。当时马尼拉只有600名士兵,其中能够胜任作战、守城任务的不足200人。② 菲律宾殖民当局一面积极进行备战,一面大量驱逐和屠杀在菲华人。

称臣纳贡的要求被拒绝后,李科罗又自告奋勇愿前往台湾,将西班牙人拒绝纳贡的消息转告郑成功,带着菲督致郑成功的回函于1662年9月返抵厦门。菲督回函内容如下:

> 西班牙人惟服从其国王……鉴于数年来,中国住民携千金之商品前来,换去宝贵财物而成富,对彼等所示之友情,吾人亦曾给予厚谊与援助,即可验证。战乱以来,阁下既以友谊相待,吾人亦续守信义,保护阁下船只,并充分供粮食及其他必需之物品。鞑靼人曾要求驱逐来自阁下领土之中国移民,吾人亦予以拒绝。与阁下战运攸关之必需物资或友谊亦均供与以示厚谊。阁下对此曾示谢意,并誓将犹如磐石永固友谊。阁下曾遣使者前来,吾人以厚礼相迎,并送之厚礼以归。然今阁下背弃原应遵守之信约,而要求吾人纳贡。此乃因阁下认识不足,未曾想及曾所受至上之福以及如此将引来何等祸害所致。阁下欲征服吾诸岛,实为不可能之事,即若此群岛为阁下所征服,则阁下不啻有如征服自己。盖贸易之利必从此而亡,每年输送至贵国之如许财富,以及自本地所得之各种便利,在附近各处,何处可得……如今阁下理应力事防己之际,反以侵害为借口,旨在邀信释疑也,殊盼善迎之,且赋予君侯间例行使臣之特权。吾等彼此存有邻邦之友谊,敬祈上帝赐阁下智慧,俾悟真理。

---

① 赖永祥:《明郑征菲企图》,《台湾风物》第4卷第1期,转引自林金枝、韩振华:《读郑成功致菲律宾总督书——中国历史上保护华侨正当权益的先驱》,《南洋问题》1982年第3期,第40页。

② BR, Vol. 36,pp. 220～221.

西元一六六二年七月十日于马尼拉……①

菲督还制造假消息,炫耀实力。在打发李科罗和两名随从启程回台的当天,即6月10日,他故意安排一艘报信船驶抵马尼拉,带来新西班牙船只即将抵达的消息,并下令教堂钟声齐鸣,以示庆祝,目的是要让国姓爷的使节和在菲华人相信,西班牙人已经获得了人员和资金援助,让他们压抑内心的强烈欲望,狡猾地遮盖西班牙人力量的不足。②

李科罗返回后,郑成功已经去世。由于明郑意识到与菲律宾殖民地的相互依赖,需要美洲的白银和菲律宾的粮食来支撑其军需,即使已经知悉马尼拉发生了屠杀华人事件,还是于1663年再次派李科罗率使团出使菲律宾与西班牙人修好。据耶稣会的一份档案资料记载,李科罗抵达菲律宾后,"向西班牙人鸣礼炮,菲督则以一个被挑战者的身份以交战的姿态等待这位使节,下令开炮回击。由于他(李科罗)先前以国姓爷的名义宣示了敌对,菲督派出驻防军的军士长到岸边告诉他,我们认为他是以敌人的身份前来,准备以战争惯有的苛严来接待他。他必需告知总督他所传递的消息的性质"。可见菲律宾殖民当局在驱逐、屠杀华人,遣回第一次来使后,由于担心郑成功来攻,一直处在紧张的备战状态中。"使节李科罗最终在4月8日带着和平的消息抵达这里。和平协议达成了,且对我们非常有利,除了退还马尼拉市民手中的(华人)财产以及卡加延和冯嘉施兰省省长扣留的华人财产外,没有强加别的条件。这一殖民地平静了,它所有的人民都摆脱了傲慢而又残酷的中华王国的威胁所激起的痛苦"。③ 其实,除了退还华人财产外,殖民当局还答应了郑氏政权的其他要求,如马尼拉海关重新对中国商船开放登记,确保两地之间贸易自由等。④ 郑氏政权与菲律宾的紧张关系暂告结束。

另据《台湾外记》载,1666年9月菲律宾总督为了加强与台湾郑氏集团

---

① Jose Maria de Gonzalez, *Historia de las Misiones Dominicanas de China* (1632—1700), Madrid: Stvdivm, 1964, pp. 363～364. 转引自李毓中《明郑与西班牙帝国:郑氏家族与菲律宾关系初探》,第41页。如下文所述,耶稣会的档案资料记载李科罗6月10日就离开了马尼拉,与回函的落款时间差了整整一个月,这或许是笔误。

② BR, Vol. 36, p. 242.

③ BR, Vol. 36, pp. 247～250.

④ 李毓中:《明郑与西班牙帝国:郑氏家族与菲律宾关系初探》,第45页。

的关系,再度派遣传教士前来表示友好,"吕宋国王,遣巴礼僧至台贡问"。[①]
1673 年间,菲督为了郑经要攻打马尼拉的消息,而向西班牙国王提出派遣
专使的提议,并获得国王的批准。菲督派出一位神父为专使到台湾对郑经
进行和平游说工作。1674 年 5 月菲督收到郑经的来函,并获知他整顿军备
系针对清廷。[②]

第三节　防范在菲华人

菲律宾殖民当局对于在菲华人的心态总体上来说是矛盾的,即在经济
上依赖,在安全上却严密防范。一方面由于菲岛社会经济发展滞后,本地产
出不多,菲律宾殖民地的生存很大程度上依赖于对外贸易,事实上也就是依
赖于对华贸易,使得殖民当局无法阻止华商入境。同时又由于菲岛的西班
牙人始终不多,当地民族在劳动技能等方面又相对较差,使得菲岛内部经济
发展以及诸多其他非经济领域,都需要甚至是依赖于勤劳而又富有劳动技
能的华人的服务,使得华工对于菲律宾殖民地来说也必不可少,且需求的数
量不小。另一方面,正是因为菲岛西班牙人不多,而华人(包括华商和华工)
的数量相对众多,且后者背后有一个强大的中华帝国,使得前者对安全问题
特别敏感,总是担心后者会威胁菲律宾殖民地的安全,威胁前者在那里的主
权。为了尽力消除所谓的菲岛华人所带来的潜在安全威胁,菲律宾殖民当
局采取了各种政策措施进行防范。

一、对华人的经济依赖

正如魏安国所言,"华人不管在文化上多么不受欢迎,在经济上却继续
被认为是必需的"。[③] 直至 17 世纪末,华人在菲岛经济中的角色都是非常
重要的。

据马尼拉市议会 1586 年 12 月 31 日撰写的情况报告,"有三百多其他
的华人,他们是渔民、园丁、猎人、织工、砖匠、烧石灰者、木匠和铁厂工人,生
活在八连市场外,在城外的河岸或海岸。在八连市场内,有很多的裁缝、修

---

①　江日昇:《台湾外记》,台湾文献丛刊第 60 种,台北:台湾银行经济研究室,1960
年,第 237 页。

②　李毓中:《明郑与西班牙帝国:郑氏家族与菲律宾关系初探》,第 47 页。

③　魏安国著,吴文焕译:《菲律宾生活中的华人,1850—1898》,第 8 页。

鞋匠、面包师、木匠、制烛者、制糖者、画师、银匠，以及其他行业的从事者"。① 莫加则于其撰于 1609 年的著作中写道，"说真的，这座城市（指马尼拉）没有这些生理人无法维持，因为他们是所有行业的能手，是出色的工人，且对工资要求不高"。② 当李科罗第二次被派往马尼拉，代表明郑政权同殖民当局进行交涉时，菲督下令召开会议，"会中也讨论了生理人是否应该被允许留在菲岛的问题，……所有与会者只同意一个不同的声音，即倘若不允许他们扩散到其他省份，也不得超出汤多（Tondo）（地理上属于马尼拉市）所管辖的村庄，即遵守设置这些规定的王室法令，生理人应该被允许留在这里，直至达到国王陛下关于这一问题的敕令所规定的数额，即 6000 人。看到我们现在陷入了一切物品都短缺的困境——都是因为生理人的数量减少了，土著则无力也无能挑起中国人所挑的担子，更多的是因为我们对中国人一切贸易物品的依赖，所有人都认识到了我们对那个民族的需求。不仅我们的一切生活必需品来自中国，诸如麦子、布匹和瓷器，一切手工业也是生理人在从事。通过他们的交易，生理人（用新西班牙经营的那些产业提供的葡萄园和橄榄林的其他产品）同中国商品交换为市民们挣得财富，自从与印度和日本的贸易失败后，他们就将整个菲岛的贸易攥在他们手中"。③ 马尼拉最高法院还抗议 1686 年的驱逐法令，认为菲律宾殖民地无法承受华人经济服务的丧失。④ 17 世纪末马尼拉最高法院在致国王的信中写道，"菲律宾的经济完全依靠中国人，因为他们掌握了这个群岛的供应、贸易和工艺"。⑤

马尼拉几乎在所有的贸易和服务方面都依赖华人，若没有华人，菲岛的西班牙居民就会陷入困境。正是华人的劳动及其贸易的重要性驱使科罗内尔修士 1621 年建议西班牙王室，给予华人以公平对待。⑥ 历史事实也证明，每一次华人被屠杀或驱逐，菲律宾殖民地就得遭受经济萧条之痛。例如 1603 年华人起义，大量华人被杀，马尼拉的经济马上就停滞了。据莫加于 1609 年所述，缺乏从事各种行业且运来供应品的华人，菲岛就商品短缺，连

① BR，Vol. 7，p. 34.
② BR，Vol. 16，p. 195.
③ BR，Vol. 36，pp. 259～260.
④ G. F. Zaide, *The Pageant of Philippine History: Political, Economic, and Socio-Cultural*, Vol. 1, p. 434.
⑤ 转引自金应熙：《菲律宾史》，第 171 页。
⑥ BR，Vol. 18，p. 303.

鞋子都没有,出再高的价格都买不到那些商品。当地的菲律宾人不再从事那些行业,他们几乎完全忘了农业耕作,养猪、鸡、牛,种棉花,织布,这些是他们在信仰异教时期,以及在这一地区被征服后很长一段时间都经常从事的行业。[①]

正是因为华人对菲岛的经济发展必不可少,使得所谓的华人安全威胁不可能通过拒绝华人入境的方式予以消除,只能采取其他措施来进行防范。

二、主要防范措施:限制入境、驱逐与屠杀

因为华人在智力、技能等方面相较于菲岛土著民族更为优越,也丝毫不亚于欧洲民族,更因为华人背后强大的中华帝国就近在咫尺,所以西班牙殖民者对在菲华人很早就怀有防范之心。

(一)自林凤征菲至潘和五事件

应该说,西班牙殖民者对华人的安全防范自林凤征菲时就已开始。受骑士精神和宗教热情驱动的西班牙殖民者从美洲一路征服至菲律宾,可谓战无不胜,然而 1574 年 11 月,一名中国海盗突袭马尼拉,菲律宾殖民政权险些被推翻,此事使得西班牙人对一般华人顿加警戒,前此对华商之信任与优遇也逐渐消失。[②] 在林凤入侵期间及之后,马尼拉的一些华人居民被捕或被迫离开,一些中国商船受到他们的敌视,他们开始从整体上怀疑中国人的诚实与纯朴。他们开始害怕中国或中国人可能再次入侵,会要求马尼拉的华人支持。林凤事件后菲督拉维萨雷斯着手改进马尼拉的防务。经他授权,萨尔塞多从外地运来大量木材,重建马尼拉市。后者同两千菲律宾人盟友一道,着手改进城市防务,加固主要城堡。[③]

然而,尽管在 1580 年代之前菲中贸易持续发展,但总体规模不大,1577

---

① G. F. Zaide, *The Pageant of Philippine History：Political，Economic，and Socio-Cultural*, Vol. 1, p. 434.

② 张其昀等著:《中菲文化论集》,台北:中华文化出版事业社,1960 年,第 174 页。

③ Wu Ching-Hong, *Historico-Economico Aspects of Sino-Philippine Relations*, 1603—1762，submitted to the Graduate School，University of the Philippines for Degree of Doctor of Philosophy in History，1975，p. 281.

年和 1578 年赴菲的中国商船均为 9 艘,1579 年则没有商船赴菲,[①]赴菲的华人数量也应该不多。1580 年代后,菲中贸易规模和赴菲华人数量都大为提升。1584 年 7 月 3 日,最高法院的一位法官写信给国王,"有很多的中国商船在这里,数量为 25 或 30 艘,有 4000 华人前来这里贸易"。[②] 至 1586 年在菲华人达到了 10000 人。[③] 华人数量快速增长让菲岛的西班牙人甚是忧虑。据《马鲁古群岛征服记》所载,早在菲督维拉时期,德那第王叔来信,要求为他从其侄子手中夺取王位,表示愿意全力以赴协助西班牙人夺取德那第港,但是"由于需要谨慎地监视中国人和日本人,使得远征德那第的行动不可能马上进行"。[④] 在 1586 年提交的请愿书中,竟将华人定为五大危险中的第二大。"关于起义或外来入侵,有五大危险令人担心。第一是来自土著,他们人数众多,遭遇严重压迫,不过居住分散。第二是来自中国人,他们有四五千人住在这里,进进出出……"[⑤]

对西班牙殖民者而言,林凤事件只是一次海盗袭击,而潘和五事件则是菲岛华人的直接反叛。后一事件的影响,正如罗德里格斯所言,"从某种程度上说,1593 年意味着一个时代的结束。菲律宾总督在前往马鲁古群岛的船上被中国水手杀死就是一个信号:它预示着因此造成的在整个 17 世纪马尼拉的西班牙人和中国人之间的关系紧张,并为在该地区所做的各种扩张企图的失败做了总结"。[⑥] 所以潘和五事件后,西班牙人对华人的疑虑大为增加,也加大了对华人的压迫,[⑦]对华人的安全防范由忧虑变成了敌视。事件发生后,西班牙人立即采取措施防范华人,也是为了报复华人。主要措施为"移涧"和"驱逐"。

第一个八连在 1583 年 1 月 30 日毁于火灾后,同年 3 月菲督龙其虑在多明我会的圣多明戈教堂附近建立了第二个八连。1591 年菲督戈麦斯·达斯马里尼亚斯修建马尼拉城墙,八连和圣多明戈教堂都在城墙内。获悉

---

① 鲁伊·罗里多:《葡萄牙人与丝绸之路:明朝末年的澳门与马尼拉》,《文化杂志》2002 年第 44 期,第 96～98 页。

② BR,Vol. 6,p. 61.

③ William L. Schurz, *The Manila Galleon*, p. 81.

④ BR,Vol. 16,p. 245.

⑤ BR,Vol. 6,pp. 182～183.

⑥ 罗德里格斯:《菲律宾在东亚的影响(1565—1593)》,第 20 页。

⑦ Wu Ching-Hong, *Historico-Economico Aspects of Sino-Philippine Relations*, 1603—1762, p. 295.

菲督被杀的消息后,西班牙殖民者肆意破坏位于城内的八连市场,全市被毁一空,使华人遭受了很大的损失。继任的临时菲督罗哈斯(Pedro Rojas)将城内的八连拆毁,将其移到了城外的一个沼泽地带,是为第三个八连。4 个月后菲督路易斯·达斯马里尼亚斯接受托钵修士和军事将领的建议,认为第三个八连接近城墙,一旦华人起义会很危险,于是在 1594 年 3 月将八连移至巴石河对面的比农多(Binondo),是为第四个八连。① 除了"移涧"外,殖民当局计划将马尼拉 1 万华人的一半遣回中国,恰逢 1594 年初许孚远派船赴吕宋召回流民,为了让华人尽快离菲,殖民当局则给予途中行粮以遣送,至该年 3 月 24 日,已有 3000 华人离菲。② 这在《明史》中有明确记载,"初酋之被戮也,其部下居吕宋者,尽逐华人于城外,毁其庐。及猫吝归,令城外筑室以居。会有传日本来寇者,猫吝惧交通为患,复议驱逐,而孚远适遣人招还,蛮乃给行粮遣之"。③

此后至 1603 年第一次大屠杀,华人一直处于被严密防范或驱逐的境况之中。

1596 年 7 月 6 日莫加写信给国王,"今年有很多中国人借口贸易来此,我们非常小心,怀疑他们会暴动。因为这些远征使得我们非常缺乏军队,而且有充分的理由使我们害怕和警惕。我着手将中国人逐出,到目前为止有 1.2 万多人登船离去,约有同样数目的人留下,而且受到极谨慎的管顾。他们是一个在生活中必须极小心地加以防备的族人"。④ 1596 年 7 月 17 日菲督德鲁写信给国王,"我发现这块殖民地目前不必对日本人有所顾忌,对成群的中国人则不然,他们习惯性地前来这里,随意而又无序。因为我们极少信任他们的忠诚和交谊,我们得保持警觉并未雨绸缪"。⑤ 他在 1597 年 4 月 29 日又写信给国王,"我已经自这片土地上逐出曾经在此居留的大量华侨,不久我将会再命令许多其他人离去,仅留为这片土地服务所必需的三四

———————————

① G. F. Zaide, *The Pageant of Philippine History: Political, Economic, and Socio-Cultural*, Vol. 1, pp. 436~437.

② 陈荆和:《十六世纪之菲律宾华侨》,新亚研究所东南亚研究室,1963 年,第 123 页。

③ 张廷玉等:《明史》卷三二三,列传二一一,《外国四·吕宋》,第 8371 页。

④ BR, Vol. 9, p. 266.

⑤ BR, Vol. 9, p. 275.

千名"。① 路易斯·达斯马里尼亚斯于 1597 年 6 月 28 日写了一份备忘录给国王，其中写道，"这个群岛所有其他的异教徒生理人都要被集中起来，谨慎、严格而又迅速地将他们送上船，送回他们自己的国家，这项细心的行动要一直持续到这块殖民地廓清那群极为有害的族人为止"；"每年都有一些贸易商船来此……（船只）应载着他们所运来的所有人，以及他们先前运来而留在这里的所有人回去"。② 1597 年 8 月 12 日菲督德鲁写信给国王，"当我接任菲督时，我发现这里满是中国人。我已经驱逐了 8000 人，并正将分散在各地的中国人聚集到马尼拉，目的是让那些这里不需要的中国人回国，因为他们将十分邪恶的习俗教给土著"。③ 在第一次大屠杀前夕，1603 年 7 月 4 日贝纳维兹出任马尼拉大主教，他第二天就向国王报告菲岛状况，认为菲岛的人们充满了焦虑，担心可能会同中国人发生战争。他还抨击王室官员懈怠，允许那么多的中国人居住在菲岛，并认为中国人人数太多，他们的存在是对西班牙人的一大威胁，中国人用他们邪恶的习俗腐化土著。他主张将绝大多数中国人驱离菲岛，对那些行政官员的行为进行调查和惩处。④

尽管 1590 年代华人不断地被驱逐，但华人大量赴菲的势头依然未减。1996 年有 24000 多人赴菲。⑤ 1600 年进攻菲岛的荷兰船长凡努特（Van Noordt）了解到"有 15000 多中国人生活在王城外"。⑥ 至 1602 年，八连的房屋已增至 400 间，人口 8000 余人。⑦ 华人数量的不断增长，使得菲律宾殖民当局对华人的敌视日益加剧，他们认为"官方的反对、严格的措施和重罚远远不够应付那不断加深的冲突和华人不断增长的威胁"。⑧ 对华人的敌视最后演变成血腥的屠杀。

（二）1603 年大屠杀至 17 世纪末

西班牙殖民者对菲岛华人的第一次大屠杀是在利用明朝官员赴菲"勘

---

① 转引自陈台民：《中菲关系与菲律宾华侨》第二册，第 33 页。

② BR，Vol. 9，pp. 322～323.

③ BR，Vol. 10，pp. 49～50.

④ BR，Vol. 12，pp. 14～15.

⑤ BR，Vol. 9，pp. 319～320.

⑥ BR，Vol. 15，p. 305.

⑦ BR，Vol. 16，pp. 196～198.

⑧ Wu Ching-Hong，*Historico-Economico Aspects of Sino-Philippine Relations*，1603—1762，pp. 459～460.

金"一事,蓄意煽起反华情绪,挑动华人自卫起义的情况下进行的。① 本来"勘金"一事随着明朝官员离菲就该结束,但是西班牙殖民者刻意利用那一事件迫害在菲华人。他们制造、散布谣言,刻意渲染,制造这一印象:中国的入侵必定发生,到时华侨会作内应,从而在菲岛社会煽起对华人的敌视与仇恨,使得凌辱、虐待华人的事件不断发生,最后菲岛华人被迫自卫起义,西班牙殖民者则正好抓住华人反叛这一借口大肆屠杀华人,造成几万人丧生。其实,通过传教士的书信往来以及赴菲华人的介绍,西班牙殖民者完全知道当时中国内外交困的境况,根本无力进行大规模的海上远征行动。诸如1603 年 7 月 5 日,马尼拉当选大主教贝纳维兹在给国王的信中就写道,"他(指中国皇帝)往他治下的每一个区域派一名太监,为他搜刮金银,向他的封臣索取大量的贡品。中华帝国由此而不堪重负,就如这里的中国人公开和我们讲的,他们相信或多或少两年之后,中国就会发生叛乱或起义"。② 然而正是这位大主教和其他传教士一起,"公开或私下地警告菲督及那座城市,注意城市的防务,因为他们确信进攻那座城市的中国舰队很快就会到来"。③ 再者,自明朝官员到菲至华人起义爆发有四五个月的时间,殖民当局并未采取之前那样的对华人的驱逐行动,而是任由西班牙市民、士兵、土著和在菲日本人凌辱和迫害华人,很明显是为了逼反华人,然后通过大屠杀企图一劳永逸地去除所谓的华人安全威胁。

尽管大屠杀过后,华人数量锐减,但是菲律宾殖民当局对菲岛华人实行严密防范和驱逐的政策没有变。

1605 年 2 月 3 日,马尼拉大主教贝纳维兹宣称,"为此阻止所有这一切,没有别的办法,除非将所有的异教徒中国人送出城外,仅给他们一个地方在每年的四、五、六月居住两三个月,因为与新西班牙的贸易和货物装载工作在那一时段进行。最好是国王陛下向他们中的一些人颁发居留证,即使他们是陛下及上帝残忍而又公开的敌人"。④

1606 年 7 月菲岛检察官罗德里戈·圭拉尔(Rodrigo Diaz Guiral)写信给国王,"一个生理人都不允许留在这个群岛,这是为了这块殖民地的安全所必需的。我也要求,每年从中国来的船只数量和船只运载的人员数量都

---

① 黄滋生、何思兵:《菲律宾华侨史》,第 73 页。
② BR,Vol. 12,p. 105.
③ BR,Vol. 15,p. 276.
④ BR,Vol. 13,pp. 272~273.

要叙述明确,要尽量减少所载人员的数量,任何人违反那些规则都要予以严厉的惩罚"。①

1606 年 11 月 4 日的一道王室法令规定,"为了吕宋岛及马尼拉城的安全,以及包括该岛的治理等其他所有的因素,华人的数目必须非常适度,不得超过六千人是合适的,因为该数目足以应付该土地上的劳役,依据以往的经验,若不如此可能会造成麻烦的增加,此权力是依第二卷第十五节第五十五条被授予,且(执照)审理的执行到达预定数目时即停止"。② 该规定在 1620 年 5 月 29 日和 1622 年 12 月 31 日的法令中进行了重申。1632 年菲利普四世又敕令菲岛当局再度限制华人总数为 6000 名。③ 前述肇始于 1606 年的这一法令后来又编入《印度法典》,这说明这一政策直至 17 世纪末都在实行。

莫加在其 1609 年撰写的著作中记述,"已经下令,(中国)商船不准捎来那么多的人,违者依法论处。商船返回中国,应该将那些生理人捎回去,只留合适数量的商人在马尼拉的八连内,以及各个行业所需的技工。留居者必须具有书面居留证,违者严惩"。④ 据成书于 1617 年的《东西洋考》所载,"我人往往留彼不返者,利其近且成聚故也。衅隙而后彼亦戒心于我,恐族类既繁,后复为乱,辄下令:每舶至,人只二百为率,毋溢烦;舶归,所载回,必倍四百,毋缩额"。⑤ 1620 年科罗内尔在其给国王的备忘录中写道,"当生理人起义发生时,在城墙附近有很多的房屋,直至被摧毁那些房屋给我们造成了很大的危害。陛下您的总督阿古纳下令,在距离城墙 300 步之内不得有大型建筑"。⑥ 1636 年 6 月 30 日科奎拉(Sebastian Hurtado de Corcuera)写信给国王,"当他们(指华人)带着商品乘船来到这座城市,很多人想留在这里。为了不让他们的人数增加太多,已经下令,像现在这样善待他们之后将他们遣回"。⑦

由于殖民当局出于经济发展所需,改变对待华人的姿态,而中国商民又

---

① BR,Vol. 14,pp. 151~152.
② BR,Vol. 22,pp. 157~158.
③ 张其昀等著:《中菲文化论集》,第 178 页。
④ BR,Vol. 16,p. 195.
⑤ 张燮著,谢方点校:《东西洋考》卷五,《吕宋》,第 95 页。
⑥ BR,Vol. 18,p. 311.
⑦ BR,Vol. 26,p. 140.

为利之所驱,所以留菲华人数量在屠杀后又开始快速增长。1604 年约有 4000 华人赴菲,大多数贸易完毕后回国,[①]有 457 人留下。1605 年留菲华人数目增至 1648 人。[②] 1606 年有 6533 名华人到达马尼拉,其中 1500 名获准居留。[③] 1621 年在马尼拉有 16000 名华人获得了居留证,另外大约有 5000～6000 名没有居留证,[④]总共有 2 万多名。至 1635 年有 30000 名华人在菲支付居留费。[⑤] 当限制政策未能奏效,华人数量高到令殖民者感到害怕的程度时,新一轮的屠杀又不可避免。

发生于 1639 年的第二次华人大屠杀主要归因于菲律宾殖民当局限制政策的失败。由于内部腐败横行,殖民当局未能按照既定政策将华人数量限制在他们认为合适的范围内,将限额之外的大量华人拒绝于菲岛之外,而是对已入境的华人肆意进行勒索与苛待。另一个外部诱因是,自 1635 年开始大帆船贸易的限制法令被严格执行,而且直至 1639 年执行的苛严程度超过了法令许可的范围,这使得该贸易大为萎缩,由于其在菲岛经济中的重要地位,因而从整体上引起了菲岛经济状况的恶化。由于殖民当局将经济恶化所带来的困难转嫁到菲岛华人身上,从而进一步激化了两个族群之间的矛盾。当华人起来抗暴时,殖民者则以血腥的大屠杀来进行应对,结果又使得 2.2 万名华人惨遭杀戮。[⑥]

大屠杀过后,西班牙殖民当局于 1640 年重建了八连,着意吸引华商赴菲贸易,在菲华人数量又快速增多。至 1644 年,留菲华人支付给王室财库的居留费达 120000 比索,每人支付 8 比索 5 里尔,所以留菲华人约为 14000 名。[⑦] 1645 年八连市场内的华人商铺增至 1200 间。[⑧] 据方济各会士 Bartholomé de Letona 于 1662 年在墨西哥所记,"通常有 15000 名华人住在八连"。[⑨] 就这一数据,黄滋生则认为,"如果按通常帕利安(即八连)华侨

---

① 陈荆和:《十六世纪之菲律宾华侨》,第 141 页。
② BR,Vol. 14,p. 150.
③ BR,Vol. 14,pp. 151～152.
④ BR,Vol. 20,p. 96.
⑤ BR,Vol. 25,p. 50.
⑥ 黄滋生、何思兵:《菲律宾华侨史》,第 136 页。
⑦ BR,Vol. 35,p. 190.
⑧ 陈荆和:《十六世纪之菲律宾华侨》,第 146 页。
⑨ BR,Vol. 36,p. 204.

占菲律宾华侨总数 1/2 左右这个比例计算，全菲华侨人数当在 2 万～3 万之间"。① 华人数量多到了令殖民者不安的程度，他们又要寻找借口进行屠杀了。

郑成功派出的使节李科罗到达马尼拉后，西班牙殖民当局立即着手驱逐和屠杀华人。"总督阁下要求将从事各种不同手艺的生理人列出名单，留下马尼拉市及服务所需的足够人数。他下令将所有其他的华人，根据船只的空间最大量地运回中国，强迫船长运送。一艘舢板船装载 1300 人，船上的人挤得连坐都坐不下……舢板船一艘接一艘的离开；最后三艘于 6 月 10 日开航，搭载着使节（李科罗）及其两名护卫者"。② 在驱离的同时，殖民当局又编造谣言，说郑成功写信给菲岛华人，要他们为攻菲做内应，从而在西班牙人和菲律宾人中制造危机感，煽起新一轮的排华浪潮。那些受谣言蒙骗的人，包括土著士兵，则在大街上向华人耀武扬威，威胁他们，说所有男性华人都已被判死刑，即将被斩首，5 月 25 日就是他们灭亡的日子；并对华侨肆意凌辱，任意伤害，对八连的华人财货任意抢掠。殖民当局则在毫无缘由的情况下炮轰八连，并对受惊逃到山区的华人进行追杀，前后共约 4000 华人惨遭杀戮。③

第三次大屠杀之后，在菲华人数量相较大为减少，直至 17 世纪末都未能恢复盛时的规模。1680 年代在八连"通常五到六千中国人住在里面"。④ 1693 年八连内的华人数目为 3000 人。⑤ 然而，即使是在这样的情况下，西班牙殖民者也没有放松对华人的安全警惕。1686 年 6 月，因为马尼拉的一则谣传，说经营面包的华人将碎玻璃和碎金属片置于面包中，以便将西班牙人弄死，结果殖民当局未经调查就草率地将华人逐出面包经营那一行业。同年 8 月华人丁哥等 300 人起事，立即遭到当局残酷杀害。⑥ 同年 11 月 14 日西班牙国王查理二世下令在两个月内驱逐所有的非基督徒华人。⑦

---

① 黄滋生、何思兵：《菲律宾华侨史》，第 145 页。
② BR，Vol. 36，pp. 241～242.
③ 黄滋生、何思兵：《菲律宾华侨史》，第 150～152、156 页。
④ BR，Vol. 39，p. 123.
⑤ 陈荆和：《十六世纪之菲律宾华侨》，第 147 页。
⑥ BR，Vol. 42，pp. 247～252.
⑦ William L. Schurz, The Chinese in the Philippines, Stephens and Bolton (editors), *The Pacific Ocean in History*, p. 219, note.

三、辅助性防范措施：压榨、限制与同化

直接限制华人入境，紧急时对华人进行驱逐与屠杀，目的是希望通过减少华人数量来降低所谓的华人安全威胁。对华人征收重税、限制华人自由以及同化华人，目的是希望通过降低华人留菲的意愿以达减少华人数量的目的，以及通过改变华人的信仰和效忠对象来消除所谓的华人安全威胁。

（一）征以重税

除了与菲中贸易相关的税课外，为了限制中国人入境，同时也是为了开辟财源，西班牙殖民当局对入境居留的华人征收各种繁重的税课。

贡税是以各纳贡团为单位，每年所课之税，即为了服务政府所缴纳的税课。从 1570 年左右开征，不仅中国人，土著人也要征收，但是土著人以四人为一单位，相对的中国人却要一人为一单位，据说后来变为二人为一单位。① 1591 年中国人开始支付 5 里尔的贡税。② 1637 年时比农多地区基督徒华人的纳贡单位为 580，每一单位为 10 里尔，其纳贡额为每人 5 里尔。

居留税是以入境菲岛居住于八连乃至其他各地的华人为对象，作为特别许可税而征收的税课。1603 年大主教贝纳维兹在给国王的信中告知，对于获准居留菲岛的华人，除贡税外每人加征 2 里尔。③ 1636 年 6 月 30 日菲督科奎拉在给国王的信中，要求国王准许他将"所有这些剩余的居留证以每个 10 比索 2 里尔的价格发出，陛下的收入将提高 1.8 万至 2 万比索，这笔额外收入将存入王室财库中"。④

据 1644 年菲岛检察官卡瓦列罗（Sebastian Cavallero）在其报告中所记，"为了兜售他们的商品或者在这一社区所需的所有行业中工作，从中国来菲岛的所有生理人，自 1610 年以来得以贡税的形式支付 8 比索 5 里尔（陛下颁布敕令予以批准）换取居留证，这种称为'普通居留证'，以便在这一地区居留。1635 年国王陛下的战争委员会成员科奎拉统治菲岛，他一到达

---

① 杨建成主编：《菲律宾的华侨》，台北：中华学术院南洋研究所，1986 年，第 37～38 页。

② Wu Ching-Hong, *Historico-Economico Aspects of Sino-Philippine Relations*, 1603—1762, p. 421.

③ 杨建成主编：《菲律宾的华侨》，第 38 页。

④ BR, Vol. 26, p. 140.

便立即(他开始统治不久)强迫那些希望离开马尼拉市前往其他地区或省份的生理人接受一种所谓的虚华居留证(Specious License),他们得为那一行动权利每年支付 10 比索,即使必须支付的数额只是 8 比索 5 里尔,因此他给他们增加了 11 里尔的负担。那一税额的提高,每年是一个庞大的数目,因为离开马尼拉从事买卖、经营和耕种土地、从事这一地区最具奴役性的工作的那些人数量庞大。1639 年那些生理人起义后,科奎拉下令向所有的生理人征收,不是他们每年支付的 8 比索 5 里尔,而是 10 比索(在国王陛下批准征收的贡税的基础上增加了 11 里尔),目的是为了惩罚他们,对他们进行监视,也是为了获得一笔防御资金;那些希望离开八连前往其他地方的生理人,除了居留证和一般税课所需的 10 比索外,还得再付 10 比索。结果每个离开八连的生理人开始每年支付 20 比索……去年,即 1643 年,又向每个生理人征收 6 里尔的税(称为'小'居留证),修建 Bagunbaya 正在施工的防御工事。那些税收由发放居留证的法官、治安总长(constable-in-chief)以及为了那一目的而任命或委派的官员,极为准确而又准时地予以执行和征收"。① 由此可知,自 1610 年开始居留税和贡税被合在一起征收,事实上成了人头税。

殖民当局还向华人征收房租税。至于八连市场内的店铺租金,在 1593 年以前都缴纳给那里的华人管理官,然而 1593 年 1 月 17 日菲利普二世致信菲督,要求"华人的店铺租金应该用作马尼拉市的公有财产,生理人法官(也即管理官)的薪酬另行给予",实则要求后者让华人另行承担八连管理官的薪酬。② 但是这一指令未能实施,因为菲利普二世在 1596 年 5 月 25 日给新任命菲督德鲁的指令中写道,"至于那些(八连)店铺的问题,你应该用温和的手段设法让生理人自愿支付他们法官的工资。如果做到了,你就可以将那些店铺租金充作马尼拉市的公共财产"。③ 至于税额的前后变化,以笔者现有的资料,还难以勾勒,仅知自 1620 年起华人每人每年缴纳 12 里尔的房租税,八连官员的酬金涵盖在内。据莫加在 1596 年 7 月 6 日给国王的信中所记,马尼拉市每年仅八连店铺的租金收入就高达 4000 多比索,足以维

---

① BR,Vol. 35,pp. 185～186.

② BR,Vol. 8,p. 307.

③ BR,Vol. 9,p. 231.

持该市必要开支,并可供今后公共建筑之用。① 此外,1628 年 6 月 8 日的一份王室敕令记述,"还有 12 里尔付给财库,用于为王室的服务"。② 这里所说的 12 里尔应该就是指被充作公共财产的房租税。

此外,殖民当局还设置诸多其他的税收名目来压榨华人。菲督法哈多(Diego Fajardo)在 1621 年 7 月 21 日给国王的信中写道,"起草好的文件要求,目前受洗而未剪发的生理人要付特别许可费"。③ 前述 1628 年 6 月 8 日的王室敕令还记述,"几年前,市镇长们开始引入一个惯例,没有他们的允许(即使他们获得了你〈指菲督〉的允许),任何中国人不得进入或生活在他们的辖区。市镇长们给予的允许时间很短,目的是通过给予允许经常从中国人那里收取费用"。④ 刘芝田还提到,1621 年殖民当局为挽救破产的财政,征收杂费 5 里尔。⑤

这些课税对于意欲留菲的华人而言是沉重的负担,应该会在某种程度上降低他们留菲的意愿,但对殖民当局的官员来说,却是一笔庞大的收入。从 1634 年 1 月 7 日到 1635 年 1 月 6 日一年之间内,马尼拉财库的总收入为 715849 比索 6 兜缩(tomin)11 格拉诺(grano),其中非基督徒华人所缴纳的居留费就占了 162941 比索 7 兜缩 5 格拉诺。⑥ 事实上,由于腐败横行,这些税课的征收在某种程度上反而起到了鼓励入境的反效果。1603 年 7 月 5 日马尼拉当选大主教写信给国王,"每年由一位法官负责驱逐中国人,而这除了该法官给予他的某个亲戚或朋友一个谋生或致富的渠道外,并未达到目标。因为对发出的每一个居留证,他们除了为陛下收取贡税外,还从中国人那里收取 2 里尔,这是一个很大的数目,因为这里通常有 8000～10000 中国人"。⑦ 1603 年 12 月 15 日多明我会省会长伯纳多(Bernardo de Santa Catalina)写信给国王,"过去某年我听说,这些居留证花费了 6 万比索,当时我觉得难以置信。今年发生在我身上的一件事证明了它的可能性。最近几个从中国来的生理人来找我,求我为他们办留在这里的居留证,我告

---

① BR,Vol. 9,pp. 268～269.
② BR,Vol. 22,p. 287.
③ BR,Vol. 20,p. 64.
④ BR,Vol. 22,p. 287.
⑤ 刘芝田:《中菲关系史》,第 473 页。
⑥ BR,Vol. 25,pp. 85～86.
⑦ BR,Vol. 12,pp. 107～108.

诉他们我不能这么做。但是几天之后,他们回到我这里,给我看他们的居留证,每个居留证被强征了 5 托斯敦(toston)。当我向一位虔诚的人士讲述这件事的时候,他告诉我,有些居留证索价高达七八比索,其他的卖五六比索"。①

(二)限 制 自 由

菲律宾殖民当局对在菲华人的自由限制主要为居住和行动自由限制以及择业自由限制。

在西班牙人统治初期,华人可以在马尼拉市及郊区城镇的任何地方居住,包括比农多、汤多、奎艾波和圣克鲁斯,也可以在各个省份和其他岛屿居住。但是华人居民的快速增长很快让西班牙人感到恐慌,他们视前者为西班牙主权的一大威胁,因而采取了将其与西班牙人和菲律宾人相隔离的政策。② 殖民当局于 1580 年强迫华人从马尼拉迁出城外,限制他们在指定的地区集中居住和经商,地点在巴石河南岸,与其他地区隔离。当时只准与菲律宾妇女结婚的华人在城内居住。1581 年又在那个地区建立了第一个八连,在八连四周筑有很高的围墙,设哨监视,并不时派兵检查。华人只能在八连内经商,晚上必须回到那里歇宿,行动没有自由。③ 值得注意的是,自1581 年第一个八连建立以来,不管怎样迁移、重建,其地址始终是在马尼拉城东北,或在与马尼拉城相对的巴石河北岸;不是处在圣地亚哥堡就是处在圣加夫列尔堡的枪炮射程之内;始终同巴石河有小河道相通,有着从船上起货之便。④ 殖民当局建立八连的目的既是为了要将华人置于严格的管理和监视之下,也为了便于敲诈勒索。⑤

通过限制居住和行动来防范在菲华人是殖民当局长期的政策。1596 年 5 月 25 日菲利普二世在给新任命菲督德鲁的指令中写道,"我听说生理

① BR,Vol. 12,pp. 148～149.
② Fr. Alberto Santamaria, O. P., The Chinese Parian, Alfonso Felix, Jr. (editor), The Chinese in the Philippines,Manila,1966,p. 84.
③ 李永锡:《西班牙殖民者对菲律宾华侨压迫的政策与罪行》,《中山大学学报》1959 年第 4 期,第 103～104 页。
④ 黄滋生、何思兵:《菲律宾华侨史》,第 109 页。
⑤ 陈台民:《中菲关系与菲律宾华侨》第一册,第 143 页。

人以前住在城内,但戈麦斯·达斯马里尼亚斯将其移至市外,①最近他们离开指定给他们的区域,再回到市内,在该地的私人房屋中进行贸易。允许这么做似乎不可取,因为我获悉,他们中没有一个基督徒。因此,最好是在该市附近划一个分开的居住区给他们。这个问题需要加以认真考虑,你到了菲岛之后,便要立即和大主教和最高法院审察和决定,市外有哪一个地方可以划给他们居住,同时对这个在目前只能给予极小信任的种族,能在他们作乱时有最大的安全保证"。② 路易斯·达斯马里尼亚斯在其前述 1597 年 6 月 28 日所写的备忘录中写道,"任何非基督徒生理人都不得到离市区两里格的内陆去,或在土著的居住区中停留或贸易,如果这样做,便要被处以重罚,特别当这些土著是基督徒时,对这事件加以允许的长官,应被课以更重的处罚。应令传教士不要在他们的修道院和教区中,收留或援助异教徒生理人,给他们以利益和职业……生理人白天不得生活或待着,晚上也不准睡在城内、修道院内或任何层级的公民的家里,违者予以重罚。对于同意或隐瞒这种行为的公民,应该施以更大的处罚"。③

1608 年 5 月 6 日一道王室法令规定,"我们命令总督及总司令,不允许马尼拉附近村落的居民有生理人在其家中,并禁止他们在城里过夜,并命令如有需要时,将这些外国人处以严厉的惩罚,但是不得施以重刑"。④ 1609 年莫加在其前述著作中写道,"任何生理人都不能生活或拥有房子在八连、岷伦洛和比农多这些居留地之外。土著的居留地不得位于生理人的居留地之间,甚至不能在其附近。未经特别允许,任何生理人都不得在岛屿间穿梭,或者离城超过两里格。更不用说城门关闭后在城内过夜,否则判处死刑"。⑤

1621 年获准居留者 1.6 万人,未经准许者 5000～6000 人,共计 2 万余人。殖民当局下令后者回国,然而效果不彰,于是不得已将其移住于巴石河对岸的比农多而致力于教化,并严禁居住于八连及比农多教区以外。⑥

---

① 这里有误,将华人移至城外的应该是戈麦斯·达斯马里尼亚斯之后的罗哈斯和路易斯·达斯马里尼亚斯。

② BR，Vol. 9，p. 231.

③ BR，Vol. 9，pp. 324～325.

④ BR，Vol. 22，p. 154.

⑤ BR，Vol. 16，p. 198.

⑥ 杨建成主编:《菲律宾的华侨》,第 33 页。

1628 年 8 月 17 日的一份王室敕令记述，"已经下令，为了群岛的安全中国人应该住在城外的八连。但是几年过去了，中国人已经分散在八连外不同的居留地内。……任何起义都有可能发生，因为他们在那些居留地能够很安全地谋划一场起义，他们可以在那里偷偷地集合和开会……如果那些中国人住在八连，人们可以通过那一方式防守城墙，阻止破坏和损失。如果他们住在八连外，就缺乏防守手段，那座城市的安全就处于危险中。有人请求我下令：不得允许任何中国人在八连外拥有住所，那些现在八连外的应该回到那里，已婚的基督徒华人则可以住在指派给他们的比农多。在印度事务委员会讨论了这个问题之后，我认为将它交给你（指菲岛最高法院院长）（来落实）比较合适"。①

1633 年菲督萨拉曼卡（Juan Cerezo de Salamanca）上任，才不得不准许华人在八连以外地区居住，但以必须缴纳特别居留税作为条件。至此华人才获准迁出八连及汤多地区，于是纷纷移住菲岛各地。② 1636 年菲督科奎拉下令所有未获许可而在八连以外的农牧场和园圃居住的华人，一律返回马尼拉。随后他同意那些华人购买 10 比索 2 里尔的特别居留证以留居八连之外。自此华人可以在购买特别居留证之后，在八连以外的地方进行有限制的停留，比如华商一般能在外地停留 12 天，且只限于汤多、布拉干、庞邦加、内湖等省及卡维特港辖区之内。

殖民当局对华人择业自由的限制主要体现在限制华人经营零售业。1586 年马尼拉西班牙人代表会议提交的请愿书中提出了两条相关的请求。第一条与整批交易制度相关，也是整批交易制度的要求，即"从今往后，中国和其他外国商船都不得像现行的惯例一样零售商品，不准马尼拉居民公开或私下购买，违者严惩"。第二条为，"所有的中国商人和小贩都不得待在这里积聚和零售商品……他们所拥有的为零售商品所必需的店铺，应在一年内由西班牙人取代，以让我方获利，让西班牙公民和西班牙人社区获得机会……居住在城外的中国人应该只是基督徒和其他的老居民，他们不来来往往，也不是专门的贩卖者，而是工人——技工、木匠、园丁和农夫——和其他粮食经营者，他们从土著的村落中收集粮食，在运到城里来"。③

---

① BR，Vol. 22，p. 290.

② 张其昀等著：《中菲文化论集》，第 178 页。

③ BR，Vol. 6，pp. 167～168.

针对马尼拉西班牙人代表会议提出的请求,菲利普二世在 1589 年 8 月 9 日给新任命的菲督戈麦斯·达斯马里尼亚斯(他当时正在准备到马尼拉赴任)的指令中给予了回复,"通过前述行动(指实行整批交易),那些潜伏在那里售卖他们商品的中国零售商,就不会再待在那里了。……零售贸易所必需的他们的那些店铺可以在一年之内交与西班牙人,使他们获得利润,这样也就会有更多的人成为那里的公民。基督徒中国人和其他不是短期居留的老市民,他们不是完全的小贩,而是工人——诸如技工、木匠、园丁、农夫,或那些粮食贸易者——可以允许留在那里。因为这是一个非常重要的问题,劝告你不要让一些异教徒小贩待在那个群岛;或者让太多人成为那里的居民,他们会带来麻烦"。① 应该说菲督戈麦斯·达斯马里尼亚斯忠实地执行了菲利普二世的指令,他在 1592 年 6 月 20 日给后者的信中写道,"为了避免其他不合意的结果出现,我已下令,中国商贩不得以批发商的身份留在这里;只有那些技工可以居留,其余的卖完他们的货物后就得回国"。②

菲律宾殖民当局对在菲华人的择业自由还有其他诸多的限制。据 1597 年 6 月 28 日路易斯·达斯马里尼亚斯所写的备忘录记载,"无论在何种情形下,都不得发执照和许可证给异教徒生理人,让其任意与土著在这些岛屿上交易、签合同、售卖和经商。然而,基督徒将被容许留在对他们方便和有较大安全之职位上,以便避免许多不信任、危险和困难。……不要发给异教徒生理人以制造米酒的执照。如果要发执照,应发给一些贫穷的基督徒,以援助和解决他们的需求。在八连之外,以及为了殖民地服务而指定给他们的公共场所之外,不允许任何生理人从事任何职业,这是非常重要的"。③ 1598 年 6 月 8 日莫加在其报告中写道,"已成为基督徒的中国人最好不要穿得像西班牙人一样。后者应该继续他们习惯的工作,这样就不需要很多的生理人留在这一地区从事必要的服务。他们应该耕种土地,他们现在没有这么干,是因为那样会带来很多不良后果"。④

从周而复始的人数增长、驱逐和屠杀这样的过程来看,殖民当局希望通过限制自由的方式来降低华人留菲意愿的企图并未收到预期效果。

---

① BR,Vol. 7,pp. 154～155.
② BR,Vol. 8,pp. 273～274.
③ BR,Vol. 9,pp. 323～324.
④ BR,Vol. 10,pp. 81～83.

（三）宗教同化

从安全的角度来看，对在菲华人进行宗教同化，主要着眼于从思想上消除所谓的华人安全威胁，即通过改变华人的宗教信仰以及鼓励华人天主教徒与土著教徒结婚来造就一个信仰天主教、忠诚于西班牙当局的特殊阶层，[①]以致不战而屈人之兵。西班牙人认为这一方法相较于征税、限制自由、驱逐和屠杀更为有效，因此殖民当局采取了各种政策措施来引诱在菲华人皈依天主教。那些政策措施主要有两大类，一类是通过文化适应、慈善等方式来吸引华人皈教，诸如用华语传教、专为华人修建医院等；一类是将基督徒华人与非基督徒华人区别对待，给予基督徒华人在税收、居留权、迁移、居住、婚姻、择业等方面各种优惠待遇，从而达到吸引华人皈教的目的。

1. 竭力皈化在菲华人

西班牙殖民者一占领马尼拉，便将那里的华人作为皈化对象。据一位不知名的作者 1572 年 4 月 20 日所记，"这些中国人混居于土著之中，他们因为自己国家发生了一些事变而携眷属逃离至此，男女共约 150 人，来到这里后成了基督徒"。[②] 据史料记载，菲岛第一个学习华语的西班牙人是奥斯定会修士阿隆索·阿尔瓦拉多（Alonso de Alvarado），他在那里的华人教徒中传道，于 1576 年死于马尼拉。[③] 1581 年奥斯定会在汤多开设教堂，开始向那里的华人传教。1581 年 3 月到任的菲岛第一位主教萨拉萨尔，到任当年便和菲督龙其虑商量，要求划定一区域专为华人传教之用，其后又敦请各个修会推出一名传教士学习华语以专门对华人传教。1587 年多明我会到菲后，菲岛总督和主教在八连附近建置该会的修道院，并嘱咐该会的 4 名会士专门对华人传教。[④] 负责对八连华人传教的多明我会修士，还于 1588 年在华人住宅区旁边修建了一所医院，即圣嘉布里尔（San Gabriel）医院，专门用来照顾生病的华人，仅以传教士所募的慈善金和非基督徒华人的捐赠来维持。为了医院的经费，萨拉萨尔主教在 1590 年 6 月 24 日给国王的信中，"请求陛下乐意地下令对这所医院进行资助，以让那些病人得到照料。此

---

① 施雪琴：《西班牙天主教在菲律宾：殖民扩张与宗教调适》，厦门大学南洋研究院博士学位论文，2004 年。

② BR, Vol. 3, pp. 167～168.

③ BR, Vol. 6, p. 115.

④ 陈荆和：《十六世纪之菲律宾华侨》，第 70～71 页。

外,如果陛下您个人关顾这个问题,那么您的这一善举在中国会大受欢迎,会比您下令送给中国国王的那些礼物更为有用"。①

对于华人教徒是否应被强制剪发的问题,在很长一段时间存在争执。早在 1581 年 3 月 5 日,西班牙王室的一道法令规定,"这些定居在我们菲律宾群岛马尼拉市的华商,被称为生理人,必须要求他们受洗及向他们传授教义,一些高阶神职人员命令他们剪去头发,如此做将造成他们很大的冲击,因为回到他们的家乡,名声将遭到羞辱,并且那里的一些华人天主教徒发现被判处死刑……由于他们所感受到的不便,将导致他们继续不愿信奉我们伟大的上帝并危及他们的灵魂,我们嘱咐这些高级神职人员,对于那些受洗的华人及印第安人不需剪去头发,或让他继续留发,并谨慎地安慰、鼓励及爱护他们使其成为天主教徒"。② 这一规定又在 1587 年 6 月 23 的法令中进行了重申。然而,鉴于很多华人受洗者"皈依天主教并不是为了灵魂的救赎,而是为了获得成为基督徒后能得到的种种优惠",③一离开菲岛就放弃基督教而回归原来的信仰,在多明我会刚于华人中传教不久,菲岛主教萨拉萨尔就下令,华人受洗皈教者一律强制剪发并禁止重返中国。

结果剪发令在菲督和主教之间引起了分歧。菲督维拉在 1587 年 6 月 26 日给国王的信中写道,"我已告知陛下,来菲之若干生理人已改宗为基督徒,并成为马尼拉市民。主教下令根据我们的习惯让他们剪发;但是依据他们的习惯,他们留长发,并以某种方式将头发编扎。他们非常不愿意剪发,为了避免这一点,很多人不敢领洗,因为在他们国家,剪发是一种莫大的侮辱,并被认为是一种重大犯罪。没有头发他们不敢回国以携其妻子及财产来菲岛定居。……恳请陛下对此事予以考虑并指示"。④ 1589 年 7 月 13 日菲督维拉在给国王的信中又重提此事,"如果受洗时他们的长发不用被剪,那么这里的中国人都会受洗,这里的皈化工作已告完成。我谨将此事向陛下报告,恭候指示"。对于菲督的这一请示,菲利普二世在信件空白处批示,"就中国人剪发问题给主教写信,这种做法不妥,因为延缓了皈化工作。此

<hr>

① BR,Vol.7,p.237.
② 李毓中:《〈印地亚法典〉中的生理人:试论西班牙统治菲律宾初期有关华人的法律规范》,载朱德兰主编:《中国海洋发展史论文集》第八辑,台北:"中央研究院"中山人文社会科学研究所,2002 年,第 369 页。
③ BR,Vol.16,p.196.
④ BR,Vol.6,p.306.

外他们也不敢回到他们自己的国家去教导和皈化别人。他知道，中国人这种留长发的习惯在西印度的其他地方更为常见，迄今这种习惯也没有被认为不体面。让主教召集各修会的高阶神职人员和其他热情而又有学识的人士，协商并就关于皈化中国人的合适措施给出有利的指令"。① 但是主教萨拉萨尔并未遵循国王的指示，他在 1590 年 6 月 24 日的报告中称，"当他们（指在菲华人）获悉，因为基督信仰在一个人民都是偶像崇拜者的国度所遭遇的危险，成为基督徒他们将不准返回他们的祖国，他们说我们的宗教过于严格，因为接受它就得放弃他们的祖国，放弃父母、妻子和亲人。他们提出这样的言论似乎是想说服我们，不用剪发以及不用禁止他们返回自己的国家就给他们施洗，我们认为如其所愿不可行"。②

及至 1621 年，规定受洗者缴纳特别许可费可以不剪发，主教萨拉萨尔于 1587 年颁布的剪发令持续了近 40 年后最后失去了意义。而在这一争执过程之中，菲岛民事当局与宗教当局之间的分歧，正好折射了民事当局皈化在菲华人的迫切愿望及其背后的世俗目的，即通过皈化让华人效忠于殖民当局。

2. 区别对待在菲华人

殖民当局在诸多领域将基督徒华人和非基督徒华人进行区别对待，给予前者以优遇，间接诱使华人皈依天主教。

第一，在居留权方面。在殖民当局对在菲华人进行大规模驱逐的时候，基督徒华人由于人数相对较少，对殖民当局构成不了大的威胁，更主要的是他们在某种程度上效忠于殖民当局，平时与之合作，能够获得某种程度上的信任，往往可以留在菲岛，不被列入被驱逐者的行列。殖民当局在大驱逐时期对待基督徒华人的这一态度，充分体现在前文所述的 1662 年的会议决议中。

第二，在税收方面。1594 年 6 月 11 日的一道王室法令规定，"那些在菲律宾群岛皈依我们圣教信仰的华人天主教徒，主教们为他们返回中国将与异教徒居住在一起及有所往来而感到忧心，为了不让他们陷入背教的危险，而不准许他们返回自己的国家；总督知道，除了在邻近地区贸易，购买供应品以供给那一地区，他们没有别的谋生门路，却未经允许不准他们离开马

---

① BR, Vol. 7, pp. 91～92.

② BR, Vol. 7, p. 232.

尼拉,这对于其他想要皈依的人而言,是一个非常大的阻碍和麻烦。我们命令,不得征收许可费;总督必须多加考虑及注意,他们在那个群岛自由穿行,不要让其有所麻烦"。① 1627 年 6 月 14 日的一道王室法令规定,"这些皈依我们圣教信仰的生理人,自其皈依起的十年内不需纳税,之后则比照菲律宾土著征税"。②

第三,在居住与行动方面。在菲基督徒华人在居住和行动方面所享受的自由比非基督徒多得多。在八连建立之初,所有基督徒华人被规定得住在八连附近。但不久,那些基督徒华人已有可能获准住在远离首府马尼拉的地方,除了 17 世纪 80 年代一次召回他们的流产行动,他们几乎是被允许随他们之意在群岛游荡。非基督徒华人有时也被允许到邻近马尼拉的地方去,但通常只限于八连。17 世纪 20—40 年代,殖民当局想把华人移居到邻近马尼拉的农村地区,以支持中吕宋的农业发展。由于西班牙人认为,通过洗礼能多少使那些接受洗礼的人更容易控制,所以已受洗的基督徒华人更能得到往马尼拉以外各省发展的机会。到 18 世纪中期,已发现有少数华人分布在菲律宾的很多地区,诸如中吕宋地区、班乃岛、宿务、那卡、三宝颜等地,都出现了华人聚居区。③ 基督徒华人若娶菲女为妻,还可以在菲人村落定居,主要是巴石河北岸比农多及汤多两个村落。④

第四,在婚姻方面。在西班牙统治时期,为了同化在菲华人,西班牙王室支持前者与菲律宾人通婚。1620 年 8 月 25 日的一道王室法令规定,"在菲律宾群岛有许多皈依我们圣教教信仰的生理人与该群岛的土著妇女结婚,居住在城市(马尼拉)的周围。如果给予他们一块未开垦的土地,让他们聚集并建立一个村落以开垦和耕种那块土地,加上他们对那一行相当熟练,他们将会对于那一地区非常有帮助,不再从事零售业、兜售食品;并且会变得更加本土化,更平和,从而那座城市也就更加安全,即使生理人的数目会有所增加。我们命令总督及总司令照此付诸施行,设法保护他们并适度小心地加以照料"。⑤ 但并非所有在菲华人都可以任意地和菲律宾人通婚,因

---

① BR,Vol. 22,p. 115.

② BR,Vol. 22,p. 158.

③ 魏安国著,吴文焕译:《菲律宾生活中的华人,1850—1898》,第 8~9 页。

④ 李毓中著:《菲律宾简史》,南投:暨南国际大学东南亚研究中心,2003 年,第 33 页。

⑤ BR,Vol. 22,p. 156.

为"任何菲律宾人、西班牙人或混血儿都不得与华人结婚，除非后者受洗为基督教徒，并且保证成为一位守法的好公民"。①

第五，在择业方面。殖民当局在华人就业方面往往优先照顾受洗华人。路易斯·达斯马里尼亚斯在其前述 1597 年 6 月 28 日所写的备忘录中写道，"这样做是合适的，即总督非常谨慎而又正确地下令，调查并准确而不夸大地计算，在马尼拉、卡加延和宿务，为服务这块殖民地，在普通而又必需的职业上，所需的生理人的数量。之后即下令并实现，将基督徒置于他们所懂得和先前所执的职业和服务上。……在减除懂得并可被用于这些职业上的基督徒的数量，根据这块殖民地的服务所需留下必要数量的异教徒，……每年都有一些生理人叛教而为基督徒，应该留意使他们取得职业，而使此前据着此等职位的异教徒有同等的数量被驱逐"。②

然而，对在菲华人进行宗教同化的努力，并未取得理想的效果。因为中华文化自身的博大精深，在整个西班牙统治时期叛依天主教的在菲华人始终不多。在 18 世纪中叶以前，总数 2 万～3 万的在菲华人中叛依天主教的人数不超过 4000 名。并且叛依者中尚有不少只是为了获得优遇，而非真心叛教，一旦归舟远离菲岛海岸，他们就把念珠抛落海中，同给自己带来过许多好处的圣母作别。③

---

① Alip，*Political and Cultural History of the Philippines*，p. 299.
② BR，Vol. 9，pp. 322～323.
③ 金应熙：《菲律宾史》，第 179 页。

第四章

对华贸易政策

对华贸易对西属菲律宾殖民地而言至关重要,所以自殖民政权确立直至 17 世纪后期,菲律宾殖民当局的对华贸易政策基本上可以概括为一句话,即充分利用该贸易以维护殖民地的生存。自隆庆开海后,明朝廷对中菲贸易的态度基本上为禁止西班牙人前来,①不限制中国商人前往。明亡后一定程度上掌控海外贸易的郑氏集团则基本秉持中菲自由贸易。双方的官方政策比较恒定,所以菲中就贸易问题所进行的交涉不多。由于影响菲中贸易的他方因素众多,所以有意思的是,菲律宾殖民当局对华贸易政策目标的确定更多的不是着眼于同中方的交涉,而是与他方的竞夺。

第一节　对华贸易的重要性

对华贸易对西属菲律宾殖民地而言至关重要,攸关殖民地的存亡。在香料贸易的争夺中先后败给了葡萄牙和荷兰,菲岛本土产出无几,与其他地区的贸易又受挫或受限,使得菲律宾殖民地高度依赖对华贸易。而对华贸易的主要目的就是为了获取中国的出口商品。菲律宾殖民地所依赖的中国

---

① 后文将会提到的西班牙文献的记载,即 1598 年广东地方官员曾将皮奈尔给予菲律宾的西班牙人,作为在中国贸易的基地,在中方文献中未见记载,或者说所载完全不同。据万历年间的《广东通志》卷六九《番夷》所载:"吕宋国例由福建贡市,万历二十六年八月初五日,径抵濠镜澳住舶,索请开贡。两台司道咸谓其越境违例,议逐之。诸澳番亦谨守澳门不得入。九月移泊虎跳门,言候丈量。越十月,又使人言已至甲子门,舟破趋还,遂就虎跳径结屋群居不去。海道副使章邦翰饬兵严谕,焚其聚。次年九月,始还东洋。"

出口商品大约有三类，即粮食及其他生活必需品，军需品以及丝货，都与西班牙人保存菲岛有密切关系，[1]粮食及其他生活必需品被用来满足日常生活所需，军需品被用来满足长期的战争所需，丝货则被用于转口贸易以挣取高额利润。

一、依赖中国的消费品和军需品出口

西班牙人入主菲岛后，菲律宾殖民地长期依赖中国的消费品和军需品供应。这一依赖主要由两个因素所促成，一是菲岛自身产出少，二是距离墨西哥或西班牙过于遥远，补给输送困难。

（一）菲岛产出少

西班牙人到达之初，菲岛生产力非常低下，无法满足他们对消费品的需求。黎牙实比登陆宿务后，很快就面临粮食不足的问题，1569年他选择将所有西班牙人迁往班乃，其中的原因之一就是"该岛向来被称为鱼米之乡"。然而，西班牙人到了班乃后，如一位不知名的作者1572年4月20日所记，"人们由于这个岛屿粮食缺乏而备受煎熬，因为这里遭受了两三年严重的蝗灾。因此在公开的布道或者私下的谈话中，神父（埃雷拉）每天告诫我们，强力催促总督离开这里，不要让人们这样受煎熬"。[2] 班乃及后来被征服的民都洛岛，土著部落规模都不大，粮食生产仅能自给自足，他们有限的纳贡物资不足以满足西班牙人的需求，因此黎牙实比仍四处探察更合适的殖民地点，最后才选择前往马尼拉。[3]

初来时菲岛的贫穷，从安德鲁斯的书信中可见一斑。他1569年6月8日从宿务写信给国王，"我谦恭地恳请陛下，考虑到这个地区的贫穷以及我们维持生活之所需都要由西班牙及陛下其他的领地来供应这一事实，予我以支持，将我的工资增加到三千杜卡特"。[4] 船长迪亚戈·阿提达的描述则更为详细。1573年他在其《西方群岛记》(*Relation of the West Islands*)中写道，"这里各种食物的短缺到了这样一个境况：用三艘轻帆船、一艘小型递

---

① 全汉昇：《中国经济史论丛》，台北：稻禾出版社，1996年，第425页。
② BR，Vol. 3，p. 152.
③ 李毓中：《北向与南进：西班牙东亚殖民拓展政策下的菲律宾和台湾（1565—1642）》，第34页。
④ BR，Vol. 3，p. 43.

送船和所有能征用的当地划船,从所有这些岛屿持续不断运来的东西,每一个士兵或将官每一周的份额只能分到两 almude(容量等于八加仑)稻谷,除壳成米后只有 3 品脱(pint)。除了这一份额外再无其他,无肉也无鱼。……当地人的衣料也不足,他们使用一种用香蕉叶制成的布,像羊皮纸一样僵硬,不耐用。吕宋和班乃的土著生产一种有彩色条纹的棉布,质量更好一些。如能找到,西班牙人也用这种布,否则就用前述那种。这两种布都极为稀缺,我们正遭受衣服缺乏之苦。这里的人很穷。据说这里很少有岛屿没有黄金,但是数量太少,平常雇佣一个土著挖矿或炼金,任你指挥,一个月只需 3 里尔。50 里尔能买一个奴隶,有时更多一点。因此很明显,想从金矿中攒下很多黄金是不可能的。任何热情地想为陛下服务、痛惜这里巨大人力和财力开支的人,都看到了这一点"。[1]

1571 年一份菲律宾殖民地所需补给品清单,显示了文明的欧洲人与处于半野蛮状态的菲律宾部落民之间在需求上的差异,[2]也显示了菲岛的贫乏,很多的日常生活用品和器具都要求由墨西哥或西班牙寄送。西班牙人到达之初,菲岛的军需品供应更是无法满足他们的需求,否则他们也征服不了菲岛。

(二)美洲补给输送困难

美洲的补给输送非常困难,也不及时,这从黎牙实比在占领马尼拉之前所遭遇的各种困境中可见一斑。他在 1569 年 7 月 7 日给墨西哥总督的信中写道,"因为我们非常穷苦,又多年没有见到陛下或任何其他人以陛下的名义发来的信件或命令,告知我们该怎么做,我们中的一些人非常心灰意冷";"我们目前最需要、最缺乏的是火药、弹药、火绳枪和长矛。这些东西是如此短缺,以致我们三分之一的人战斗时没有武器。我谦恭地恳请阁下支持我们,用这艘小型递送船将我们要求的东西送来,或用任何其他更快的船只送。即使没有人员或其他补给品送来,这些援助加上往后会给予支持的消息,会给我们的人带来勇气,会让他们坚守阵地,战斗到其他补给品到达为止。否则要让他们这么做是极端困难的。如果阁下得到了陛下的授命,供给我们这里所需的东西,但愿阁下乐意看到这一点,即照情势要求,要急

---

① BR, Vol. 3, pp. 201～203.
② BR, Vol. 3, p. 18.

速采取行动，我们也乞求这样。否则，但愿阁下帮助我们，送船只来让我们离开这里，别让我们在这里白白送死"。[①]

（三）依赖中国供应

当地供应不足，美洲的补给又输送困难，使得西班牙人只好依赖于中国商品，正如陈荆和所言，西班牙人刚占领菲岛的时候，"当时之菲岛经济虽已脱离原始粗笨之产业阶段而进入相当程度集团的进步的状态，但其生产仍未足以应付西班牙之殖民地经营所需要之消费。于是远离本国之西人，不得不将所需物资之供应仰赖于菲岛近邻之地。此实为我国商贾之菲岛贸易突飞猛进之客观原因"。[②]

西班牙人在菲岛确立殖民统治后，随着对菲岛开发，粮食生产能够自足并可供出口，如前文所述，菲岛的粮食是明郑军粮的来源之一，但是很多其他的生活必需品还是仰赖中国的供应；很多的武器弹药菲岛自行生产，但诸多制造原料需要从中国进口。

1．对生活消费品的依赖

1575年马尔多纳多写信给菲利普二世，"每年有12或15艘商船从中国大陆开来马尼拉，装载商品：各种华丽的丝货；小麦、面粉和糖；很多种水果；铁、钢铁、锡、黄铜、铜、铅和其他金属；以及与西班牙和印度殖民地一样丰富的各种东西，因此中国人什么都有"。[③] 据马尼拉市议会1586年12月31日整理的一份文件所记，"通常每年从中国开来20艘商船……他们带来价值25万比索的货物，（其中）仅1万比索的货物是粮食供应品——诸如面粉、糖、饼干、黄油、桔子、胡桃、凤梨、无花果、李子、石榴、梨，其他水果、卤猪肉和火腿——如此丰富，以致这座城市及其周边地区由此而常年得到供应，舰队和贸易船只也由此而得到补给。他们也载来很多的马和牛，那些在他们国家非常多"。[④] 另据莫加的记述，华商输入菲岛的商品有生丝、精制及粗制丝织品、各种天鹅绒、缎子、绫、光亮细滑之绸缎、亚麻布、各种棉布；麝香、安息香、象牙、各种床饰、悬物、桌子布、垫子、地毯、真珠、红玉、青玉、水

---

① BR，Vol.16，pp.50～51.
② 陈荆和:《十六世纪之菲律宾华侨》，第4页。
③ BR，Vol.3，p.299.
④ BR，Vol.7，pp.34～35.

晶;金属制之盘、铜壶、各种钉类、铅、锡、火药、硝石;麦粉、柑、桃、梨、豆蔻、姜及其他中国产水果之蜜饯;咸猪肉及其他蜡制品、家禽、鸡子、青果、果子、针、箱子、床、桌椅、美术品;水牛、鹅、鸭、马、骡、驴、会讲话唱歌之小鸟,其他各种玩物。① 1640年耶稣会士博瓦迪利亚(Diego de Bobadilla, S. J.)在其所撰的《菲律宾群岛记》(*Relation of the Filipinas Islands*)中记载,"中国人每年前来这里……他们运来小桔子、坚果、栗子、李子、葡萄干、柿子。他们也带来各种布料,其中有些同来自法国和尼德兰的一样精制;很多的黑色衣料被菲律宾人用来制衣。他们带来各色丝绸,包括平滑的和绞线的;缎子、天鹅绒、波纹绢、双纹线绢、金银线衣料、金银丝带、花边、被单、坐垫、瓷器——最好的品种被禁止贸易。他们带来珍珠、黄金、小块铁、线、麝香、漂亮的女阳伞、人造宝石、硝、面粉、白纸、彩色纸,很多以一种独特的方式制成、涂有清漆、闪闪发光的精制的小物品。中国人带来的所有丝料中最受青睐的是白丝——比雪还白,欧洲没有丝料能与其相匹敌"。② 1718年奥斯定会士迪亚士在其撰于马尼拉的《菲律宾的奥斯定会士,1670—1694》一书中写道,"从精织衬衫到针线,着装必需的材料均来自中国"。③

上述记载说明了以下两点:中国商人运往菲岛的生活消费品品种齐全;菲律宾殖民地对中国消费品出口的依赖是较为全面的。

2. 对军需品的依赖

西班牙人占领菲岛后,一方面必须经常防御外来敌人的侵袭,另一方面又须镇压菲人的反叛,因此对于各种军需品的需求非常大。在西班牙母国与墨西哥距离很远,接济不易的情况下,军需品的需求就有赖于中国来满足。从上文所列举的商品中,就可看出有铜、铁、铅、锡、硝石、火药、铜炮及其他军需品被从中国输入菲岛。

隆庆元年(1567)明廷开海禁,准贩东、西二洋,但规定"禁不得以硝、磺、铜、铁违禁之物,夹带出海"。④ 然而此项禁令似乎没有被切实执行,如沈铁的《上南抚台暨巡海公祖请建澎湖城堡置将屯兵永为重镇书》中所述,"一伙豪右奸民,倚藉势官,结纳游总官兵,或假给东粤高州、闽省福州及苏、杭买

---

① BR, Vol. 16, pp. 178~180.
② BR, Vol. 29, pp. 306~307.
③ BR, Vol. 42, p. 149.
④ 陈子龙等辑:《明经世文编》第五册,卷四〇〇,《敬和堂集・疏通海禁疏》,第4333页。

卖文引,载货物出外海,径往交趾、日本、吕宋等夷买卖觅利,中以硝、磺、器械等违禁接济更多,不但米粮饮食也"。① 根据 1591 年所作的一份关于与澳门贸易的调查,菲督戈麦斯·达斯马里尼亚斯对这一贸易的观点为,"我们将能够从澳门获得弹药、补给品和其他东西。就弹药而言,与中国的贸易已经终止,因为没有中国人敢将之带来"。② 这至少说明之前中国商人曾直接给他们供应弹药。澳门的商船也在马尼拉当局的要求下运载军火到马尼拉。1603 年华人起义后,应马尼拉当局军火贸易的要求,接连几年澳门派遣了多艘商船和马尼拉进行贸易。③ 西班牙殖民者还企图采取强迫手段让华商从中国将军需物资运往菲律宾。莫加在其 1598 年 6 月 8 日提交的报告中主张,"应该命令中国船长和商人（从中国）捎带硝石、铁和其他金属来,否则就将他们下狱并进行罚款。近年来他们拒绝捎那些东西来,而这里又极端需要"。④

除了中国商船输入外,马尼拉的西班牙殖民当局也经常派遣船只前来中国（主要是澳门）购买。1587 年 6 月 26 日维拉从马尼拉写信给国王,"在葡萄牙人居住的中国澳门市以及 Sian 市,有大量的硝石。如果陛下您乐意从那里购买——因为非常近,航行方便——那么陛下您每年从墨西哥送来所造成的巨大开支就会缩小,因为那个国家也有硫磺,中国人带到这里来卖,而菲岛这里又有很好的木炭"。⑤ 1588 年 6 月 26 日维拉又写信给国王,"我已写信告知您关于这座城市的那场大火,火药和军需品都被烧掉了,大炮也被烧坏了。尽管我利用剩下的那些金属进行了重铸,也仅有 25 门重炮和几门轻型火炮,这完全不够满足这个群岛的防务以及远征的需求。这里发现了一些铜矿,但开始时似乎是富矿,当着手进行开采时,发现劳动力成本太高,金属产出很少。如果陛下您愿意从墨西哥的王室金库中送钱来的话,所需的各种东西在澳门都能买到。……如果陛下愿意每年从墨西哥送来 6000～8000 比索,从中国澳门购买金属材料,这种金属材料在那里非常

① 顾炎武:《天下郡国利病书》卷九,广雅书局,光绪二十六年刊本。

② BR,Vol. 8,p. 195.

③ 罗里多（Rui D'Avila Lourido）:《葡萄牙人和西班牙人在澳门和马尼拉看中国》,《文化杂志》,2004 年,157 页。

④ BR,Vol. 10,p. 84.

⑤ BR,Vol. 6,p. 302.

丰富且便宜,这种火炮可以铸造更多,供给陛下在美洲和这个群岛其他的据点"。① 1598 年菲督德鲁派遣萨穆迪奥船长"率一艘装备很好的船前往中国,购买铁、硝石、铅、锡和其他马尼拉军营急需的军事补给品,因为中国人已有三四年时间没有载来这一类的任何东西"。② 1608 年 2 月 4 日的一份王室敕令规定,允许菲督每年派一艘船到澳门购买军需品,但不得购买其他东西。③

二、依赖中国的丝货出口

由于菲岛自身可供出口的有价值的产品少,为了维系菲律宾殖民地的生存,殖民当局将目光投向了转口贸易,主要为马尼拉与美洲之间的大帆船贸易,转口贸易的主要商品则为中国的丝货。

(一)菲岛可供出口的产品少

黎牙实比在 1569 年 7 月 7 日给墨西哥总督的信中写道,"之前我在信中写到了,如果陛下只是着眼于菲律宾群岛,那这些岛屿就会被认为无关紧要,因为目前我们能从这里得到的能获利的唯一东西就是肉桂"。④ 事实上肉桂体积太大,远洋运送利润也不大。大帆船贸易开通近乎一个世纪后,马尼拉在一份提交给国王的备忘录中,为了维护既有的秩序做出了如下呼吁,"这些岛屿刚一发现,人们就意识到,要使之得以维系和提升,与其他地区的贸易是必需的,因为这些岛屿没有有利可图的矿产,土产又无法作为支撑这些岛屿贸易的基础"。⑤ 舒尔茨认为,"在大帆船贸易的货物中,菲律宾产品从来就是无足轻重。西班牙人也从未弄清菲岛黄金的真实储量。菲岛既不产丝绸,也不产香料——除了肉桂——这东方贸易的两大主要商品。如我们所见,西班牙人早就对通过开发群岛资源来获取财富不抱幻想。黎牙实比对他自己建立的殖民地的工业前景也不抱什么激情。他的舰队司令胡安·卡利恩(Juan Pablo Carrión)说:'除非与中国和其他地区建立贸易联系,否则从这个群岛无利可图。'正是有利可图的中国丝货贸易的开始,让对

① BR,Vol. 7,pp. 55~56 & 63.
② BR,Vol. 10,p. 231.
③ BR,Vol. 27,pp. 111~112.
④ BR,Vol. 16,p. 50.
⑤ William L. Schurz,*The Manila Galleon*,p. 40.

当地各种可能产出的系统调查一开始就失去了动力。第三任总督桑德博士称菲岛为'贫瘠得像一个靠救济过日子的人',后来一个半世纪他的那些继任者都接受他的这一判断,很少去质疑该判断的准确性"。[①]

(二)依赖中国丝货

从菲律宾殖民地建立之后数年直至 1815 年大帆船贸易废止,每年有 1 至 4 艘(一般为 1 至 2 艘)大帆船,从马尼拉满载亚洲地区的商品航行至阿卡普尔科,数月后再从阿卡普尔科运墨西哥银元、军队、传教士、欧洲产品以及来自国王或新西班牙总督的命令返回马尼拉。[②] 大帆船贸易的主要商品来自中国,所以这一贸易也被认为是中菲贸易中输菲华货最后的流向,"马尼拉不过是中国与墨西哥之间的中间站,此项贸易最巨额的主要商品丝绸在该地堆积,以便越过太平洋"。[③] 自马尼拉开往阿卡普尔科的大帆船,除了某些年份外,都可说是丝船,因为船中载运货物中最有价值的部分就是各式各样的中国生丝和丝织品。[④] 全汉昇先生认为,"由中国商人或澳门葡人运往菲律宾的丝货,在到达马尼拉后,除一小部分在当地消费,或向日本输出以外,绝大部分或几乎全部都由大帆船转运往西属美洲出售"。[⑤] 正因为中国商品一直是大帆船船货的主要内容,所以墨西哥人往往称大帆船为"中国之船"(Nao de China)。[⑥]

1. 转贩美洲的中国丝货数量

至于由马尼拉运往阿卡普尔科的中国丝货的具体数量,据 1636 年 7 月 11 日菲督科奎拉从甲米地写给国王的信件所载,"这两艘大帆船今年将要运载的注册货物的数量比过去 5 年 10 艘大帆船运载的还要多。通常注册货物的数量为 300 箱或 400~500 箱(chest)丝货、衣料和布匹;但现在我已

---

① William L. Schurz, *The Manila Galleon*, p. 45.

② 萧轩竹:《西属初期菲律宾土著的华货消费市场(1571—1620)》,台湾政治大学历史学系研究所硕士学位论文,2009 年。

③ 转引自郑永常:《来自海洋的挑战——明代海贸政策演变研究》,台北:稻香出版社,2004 年,第 226~227 页。

④ William L. Schurz, *The Manila Galleon*, p. 32.

⑤ 全汉昇:《中国经济史论丛》,第 465 页。

⑥ 沙丁等著:《中国与拉丁美洲关系史》,郑州:河南人民出版社,1986 年,第 54 页。

装好了卡皮塔纳号(*Capitana*),注册货物数量超过了 1000 箱,而阿尔米拉号(*Almiranta*)货舱更大,很可能会装到 1200 箱"。[①] 由于空间受限,每个箱子的容量得到了充分利用。在 1774 年的康塞普西翁(*Concepción*)号上,一个箱子内装有广州珠色塔夫绸 250 匹,深红色纱 72 匹,总重约 250 磅;一个箱子装有 1140 双长袜,重约 230 磅。[②]

除了丝织品外,经大帆船输往墨西哥的还有大量中国生丝。西班牙议会于 1727 年开会时宣称:大帆船自菲运美的货物(以生丝为主),虽然以四千包为最高限额,但通常都多至一万或一万二千包。[③] 运抵墨西哥的中国生丝多半在那里加工织造,然后运往秘鲁出售。根据 1637 年马尼拉和菲岛驻西班牙王室总代表蒙法尔康提交的报告,"这一贸易(菲墨贸易)的主体慢慢缩减为丝货和棉织品,因为很少有其他珍稀或优雅,或输出额大的东西。那些成捆的丝和丝线在新西班牙被生产成天鹅绒、面纱、头巾、金银丝镶边和很多的塔夫绸,当有船只开往卡亚俄的时候,这些织物就被运往秘鲁,也运往西属美洲其他的地区。……由于这一贸易和生产,在墨西哥、拉普埃夫拉和安特克拉,14000 多人依靠他们的织机得以谋生"。[④] 输往墨西哥的中国丝货数量从其销售值中也可见一斑。1701 年马尼拉大主教说,圣沙勿略号(*San Francisco Xavier*)在 1698 年带来了 2070000 比索,第二年罗萨里奥号(*Rosario*)带来了同一数量,他进一步宣称,"丝货类(在墨西哥销售后)通常能带回二百万比索"。丝货类的总值平均约 200 万比索,在贸易更旺盛的时期,总值 300 万甚至更多也是很有可能的,尽管不是常见。[⑤]

2. 中国丝货转口美洲所获的利润

运销于美洲各地市场上的中国丝货,在拥有大量银子的西班牙人看来,售价虽然低廉但远高于成本。再加上需求增大,销路扩展,丝货贸易的利润非常大。[⑥] 以 1587 年为英国人卡文迪什所掠的圣安娜号(*Santa Anna*)为例,当时的菲岛王室财库管理人罗曼和菲岛最高法院院长兼临时总督维拉宣称,该船装载的货物在墨西哥的总销售价值会超过 200 万比索,并指出马

---

① BR,Vol. 26,p. 269.

② William L. Schurz, *The Manila Galleon*, p. 182.

③ 转引自全汉昇:《中国经济史论丛》,第 465 页。

④ BR,Vol. 27,p. 199.

⑤ William L. Schurz, *The Manila Galleon*, pp. 189~190.

⑥ 全汉昇:《中国经济史论丛》,第 467 页。

尼拉在那些货物上的投资超过 100 万比索。① 1599 年 7 月 21 日王室驻菲岛财务官萨尔塞多（Hieronimo de Salazar y Salcedo）写信给国王，"陛下应该像过去一样让您的臣民自由地与中国进行各种商品贸易，但要垄断和禁止生丝贸易，要求从中国开来的每艘商船载 5 担生丝来——这个数量很小，支付那些商船合理的价格，再将那些生丝送往墨西哥去零售，将会获得 400％的利润，这样中国商船载来生丝就能（为王室府库）生利"。② 1602 年里奥主教罗耀拉（Martin Ignacio de Loyola）写道，"在过去二十年，（中国丝货）贸易仅由菲岛西班牙居民经营，他们往往赚取 1000％的利润"。③ 菲岛总检察官马丁·卡斯塔诺曾于 1620 年至 1621 年间搜集马尼拉及利马的丝货价格资料，加以比较后发现，派遣一艘载重二百吨的大帆船，自马尼拉载运各种生丝及丝织品至利马出售，可获净利 200 万比索。④ 1640 年耶稣会士博瓦迪利亚撰写了《菲律宾群岛记》一文，其中谈到，"所有那些货物（以中国丝货为主）被出口到墨西哥，在那里当场销售，获利丰厚，我不相信世界上还有比那更有利可图的贸易"。⑤ 中国输出的货物并不以生丝及丝织品为限，但这些丝货因为价值大而体积、重量小，宜于远道运输，故以马尼拉为转运口岸，每年都由大帆船大量运往出售。经营大帆船贸易的西班牙人，因为将中国丝货运销美洲，给他们带来巨额的利润，故在 1565 年以后的二百余年内，自菲运美的商品，中国货的价值最大。⑥ 大体上说，菲墨间经营丝货贸易的净利润，约为投资额的 100％～300％，因时而异。⑦

3. 转贩美洲的其他中国商品

经马尼拉转口输入墨西哥的中国商品主要是丝货，不过根据陈国栋教授近年来对 16—17 世纪东亚棉布的研究看来，可能这些丝织品中包含了相当数量的中国棉布。运往美洲大陆的中国瓷器价值虽不高，但在数量上仍是相当可观的，因此至今在墨西哥境内的许多博物馆内，仍藏有许多明清时期的中国瓷器。美洲大陆的银矿需使用大量的水银，使得美洲大陆对水银

---

① William L. Schurz, *The Manila Galleon*, p. 308.

② BR, Vol. 11, p. 111.

③ BR, Vol. 12, p. 60.

④ BR, Vol. 19, pp. 304～306.

⑤ BR, Vol. 29, p. 308.

⑥ 全汉昇：《中国经济史论丛》，第 472～473 页。

⑦ William L. Schurz, *The Manila Galleon*, p. 190.

的需求极大,所以中国云贵一带价廉物美的水银吸引了墨西哥殖民地西班牙矿主的注意,由于水银这项商品牵涉太多殖民母国的水银专卖利益,因此贸易一直没有获得太大的突破。①

4. 中国丝货转贩日本

中国商品除了转口墨西哥外,有些还被转口日本,特别是中国的丝货。据徐光启的《海防迂说》载,"自时厥后,倭自知衅重,无由得言贡、市。我边海亦真实戒严,无敢通倭者;即有之,亦渺小商贩,不足给其国用。于是有西洋番舶者,市我湖丝诸物,走诸国贸易;若吕宋者,其大都会也。而我闽、浙、直商人,乃皆走吕宋诸国;倭所欲得于我者,悉转市之吕宋诸国矣(吕宋诸国,遂擅利薮)。倭去我浙,直路最近,走闽稍倍之。吕宋者,在闽之南,路迂回远矣;而市物又少,价时时腾贵,湖丝有每斤价至五两者,其人未能一日忘我贡、市也"。② 据舒尔茨所述,"日本人(从马尼拉)带回中国生丝、黄金、鹿皮、作染料的巴西木、蜂蜜、蜡、棕榈、卡斯蒂利亚酒、储茶罐、玻璃、布和其他西班牙珍玩。他们特别重视获得中国生丝,因为中国当局禁止所有的中国人与日本贸易"。③ 莫加在其1598年的报告中也提到,"离开时,日本人惯于带走的船货是丝货和黄金,这些商品是要供给日本的。这要等到西班牙人购买完了之后,才能允许他们购买,因为他们的购买提高了丝货的价格"。④

① 李毓中著:《菲律宾简史》,第24~25页。
② 陈子龙等辑:《明经世文编》第六册,卷四九一,《徐文定公集四·海防迂说》,第5438页。
③ William L. Schurz, *The Manila Galleon*, p. 115.
④ BR, Vol. 10, p. 84.

表 4-1 1570—1760 年中国输往吕宋贸易商品种类一览表

生活用品					奢侈品	军需品
纺织品	食品	日用品	农产品等	禽畜类		
细丝、粗丝、面纱、丝缞、花缎、锦缎、白绸、印花绢、线绢、刺绣品、素色与绣有各种图案的天鹅绒、浮花锦缎、线缎、男女丝袜、花边绸、彩绸、金银线、波纹绢、双线绢、丝麻混纺品、绣花天鹅绒被单和挂毡、丝织床帷、花边、嵌金银线的丝料、绫、丝织台布和椅垫、各色花缎阳伞、丝麻混纺阳伞、丝织马饰物与衣上饰品、各色棉布、夏布、头巾、长袍、披肩、手绢、棉被单、坐垫、麻手绢、白色与藏青及黑色亚麻布衣料、毛毯、薄毛呢、地毯布、长袜布等。	面粉、饼干、糖、冰糖、牛油、咸猪肉、火腿、米粉及其他咸肉、甜橙、梨子、花生、荔枝、桂圆干、葡萄干、栗子、枣子、桔子、胡桃、凤梨、无花果、石榴、蜜饯、小麦、茶叶、白酒、生姜、桃子、柿子、西瓜、香蕉、普通米酒等。	瓷杯、瓷盘等各色瓷器；陶缸、瓦器、写桌、锡壶、釉陶、雨伞、白色及各色犯张、墨水、脸盆、铁锅、平底锅、铜壶、各种针线、纸伞、渔网、绳索、明矾、屏风、报料、小箱子、盆子床、椅子、各式漆好的凳子、石磨、铜盆、铁盘、套盘等。	雄黄、桂皮、青石器、石条、白羯仔方砖、花砖、台阶石料、大石板、麝香、安息香等。	马、母牛、水牛、鸡、鹅、骡、驴、猪、鸭子等。	镶有玻璃珠和珍珠的马饰、珍珠、红蓝宝石、青玉、水晶、笼装能言唱的小鸟、精美陶瓷、珠子串、宝石串、各色石髓串、各色玩具饰品、黄金、人造宝石、极为精美的木雕漆器、象牙等。	生铁、铜、锡、水银、火药、钢、铅、炮、青铜、硝石、铁钉等。

资料来源:BR，Vol.3～8，10～12，16，18～19，25，27，29，35，38，44．参阅钱江:《1570—1760 中国和吕宋贸易的发展及贸易额的估算》,《中国社会经济史研究》1986年第 3 期,第 71 页。

表 4-2　明后期马尼拉输往墨西哥的货物

年份	商品	资料来源	备注
1573	136 马克黄金,一些金饰,280 公担肉桂,以及其他一些东西;各色丝织品(包括花缎、缎);布料;一些黄金;大量白色和彩色的棉披风;大量的蜂蜡和釉陶;诸如扇、女阳伞、桌子之类的小摆设;大量其他的小工艺品	BR,Vol.3,pp. 213~214.	
1574	448 马克不同纯度的黄金、712 匹丝织品、312 公担肉桂、22300 件饰花瓷和其他瓷器、11300 匹棉布、930 阿罗瓦蜡、334 阿罗瓦棉线、很多其他的小商品	BR,Vol.3,pp. 247~249.	
1586	缎、花缎、其他丝货、瓷器、写字桌、首饰盒、扇子、女阳伞	BR,Vol.6,pp. 279~280.	
	生丝、丝织品、棉布、铁、铜、陶器、其他价值不大的东西	BR,Vol.6,pp. 282&286.	
1587	2000 马克黄金、22.5 阿罗瓦麝香、大量的麝猫香、很多珍珠、大量的丝和锦缎;12 万比索的黄金、丝、花缎、缎子、麝香和其他商品	BR,Vol.7,p.53. BR,Vol.15,p.293.	Santa Anna 号所载
1601—1602 以前	丝、缎子、塔夫绸、刺绣、手磨、棉料、陶器、蜡、钉子和其他商品	BR,Vol.12,p.50.	
1603	黄金、棉布、mendriñaque、黄白蜂蜡	BR,Vol.16,p.186.	
1635 以前	很多的黄金;钻石;红宝石和其他宝石;大量的珍珠;很多各色丝织品如花缎、锦缎、缎子、丝毛织物、天鹅绒;生丝;大量的黑白棉布;琥珀、麝猫香、麝香和苏合香	BR,Vol.25,p.49.	
1637 以前	素的和有花的天鹅绒,缎子,锦缎;丝毛织物,塔夫绸和花边小圈;头巾和长袜;成束的丝(包括纺织用的经纬丝);线;织丝,长毛绒,其他丝料和纺织品;原色棉布,光滑的硬布,光滑的亚麻布,细棉布和 semianas;棉质和丝质的帐子、床单、被子和其他物件;麝猫香、麝香和琥珀;黄金和珍珠;陶器、橱柜、木制品和其他东西;菲岛自身的产品:黄白蜡、天鹅绒、棉织品;来自依洛戈、摩洛和 Bemben 的几种毯子	BR,Vol.27,pp. 177 & 199~200.	

资料来源:*The Philippine Islands.*

表 4-3　1570—1700 年马尼拉入港船只数量表

单位:艘

年代	来自中国大陆船数	来自澳门船数	来自台湾船数	中国船数合计
1570—1579	75			75
1580—1589	228	6		234
1590—1599	185			185
1600—1609	266	8		274
1610—1619	272	1		273
1620—1629	210	23	4	237
1630—1639	314	30	24	368
1640—1649	171	6	4	181
1650—1659	67			67
1660—1669	45		15	60
1670—1679	29	1	22	52
1680—1689	69	8	6	83
1690—1699	161	7		168
总计				
	2092	90	75	2257

资料来源:BR,Vol.3～42. 钱江:《1570—1760 年中国和吕宋贸易的发展及贸易额的估算》,第 74 页。

三、西班牙人对菲中贸易重要性的认知

舒尔茨曾写道,"殖民政府所在地由宿务转往马尼拉,以及与中国直接贸易联系的开启是同时发生的"。[1] 对于菲中贸易的重要性,西班牙人早有认知,并留下很多的相关评述。

1582 年新到任的主教萨拉萨尔写了一份备忘录,其中谈到了同中国人贸易的重要性。"同中国人的贸易一直被认为很重要,不仅是对这座城市的物品供应和贸易来说重要,对那些来此地投资的人来说也很重要,也影响人们对贸易的未来期待"。[2] 面对禁止进口中国商品的禁令,墨西哥总督在

---

[1]　William L. Schurz, *The Manila Galleon*, pp. 26～27.

[2]　BR,Vol. 5,p. 236.

1586 年 11 月 15 日的信函中表明,希望继续同中国的贸易,因为国王陛下
在这些殖民地的臣民因该贸易而获益,而更重要的考虑是,可以为基督信仰
传入中国打开一扇方便之门。如果切断同中国的贸易,菲律宾的西班牙人
口将无法维持,当地土著也会起来反对他们的征服者。菲律宾的那些西班
牙封主(encomendero)依靠中国人提供粮食和衣物,也利用同中国人贸易
机会处理那些从土著那里作为贡物收来的物品。① 1597 年 6 月 28 日菲督
路易斯·达斯马里尼亚斯写信给菲利普二世,"所有的钱都流到或转手到了
中国,年复一年,事实上永远留在了那里。虽然这是事实,即这一有利可图
的贸易和商品销售是这个殖民地的支撑和力量源泉,是非常需要的,不可能
也不应该被阻止"。② 他在 1604 年 7 月 15 日给国王的信中又写道,"看到中
国人选择了继续(同我们)贸易,这个群岛十分的欢欣。原本我们对此十分
怀疑,而事实是他们已经来了"。③ 莫加在其前述著作中写道,"不要运送任
何其他的农产品,只要从马尼拉将主要从中国购买的商品运到新西班牙,马
尼拉就能达到人们所期待的繁荣"。④ 他曾发出感慨:倘无中菲间之贸易,
菲岛则无法维持。⑤ 1628 年 8 月 4 日,菲督塔沃拉(Juan Niño de Tavora)
写信给菲利普四世,"关于中国丝货和其他商品的商业与贸易,那是这一社
区居民财富的来源"。⑥ 1630 年 8 月 4 日他又从甲米地写信给菲利普四世,
"没有异教的华商,这一地区(菲岛)无法维持,因为他们是给我们从中国带
来食物的人"。⑦ 1638 年 7 月一位不知名的作者记述,"5 或 6 艘来自中国
的商船到达了这里,装载着这个群岛需要的货物,并捎来消息,另外 11 艘更
大的商船也拿到了(前来这里的)执照。这是一个最大的安慰,因为过去两
年那些商船很少光顾这里,因为墨西哥送来这里的白银很少,所以人们担心
今年中国人又不会来"。⑧ 一位不知名的作者记述了 1662—1663 年发生在
马尼拉的事件,其中写道,"中国人恳求和平以及继续贸易。这是一大幸事,

① BR, Vol. 6, p. 28.
② BR, Vol. 9, p. 316.
③ BR, Vol. 13, p. 223.
④ BR, Vol. 15, p. 175.
⑤ 转引自陈荆和:《十六世纪之菲律宾华侨》,第 5 页。
⑥ BR, Vol. 22, pp. 270~271.
⑦ BR, Vol. 23, p. 108.
⑧ BR, Vol. 29, p. 39.

（来得）如此及时,使得我们今年能够派出一艘船前往新西班牙以取得惯常的援助。这艘船的建造由于缺少铁已被停止。自从用王室账户支付购买了三艘中国商船运来的铁块之后,就得从各个宗教修会和市民那里乞讨铁块,取掉这座城市中这样的紧急情况（指华人起义）之后留下的为数不多的铁栅栏。这不可避免地会让中国人明白,我们是多么的依赖他们,因为我们的支撑手段需要他们提供"。[1] 迪亚士在其《菲律宾的奥斯定会士,1670—1694》中也谈到,"中国贸易是维系菲律宾群岛的主要支撑,来自新西班牙的白银是赋予这块殖民地以生命的血液,通过美洲白银中国贸易才得以进行"。[2]

菲墨贸易在某种程度上可以说是菲中贸易的延伸。对于这一贸易的重要性,麦蒂那在其撰于 1630 年的《菲律宾奥斯定会史》一书中写道,"因为中国人有葡萄牙人住在他们国家,他们可以将布匹运到葡萄牙人那里并卖给后者,不会有那么多的危险。后者将那些布匹从澳门带至马尼拉,在那里以他们所要的价格出售,因为西班牙人依赖于转口贸易,否则无法生存"。[3] 1637 年蒙法尔康宣称,没有这一贸易,西班牙人无法生存,因为所有的农业都在土著人的手中,零售贸易和手工行业被华人垄断。他补充说,驱使西班牙人来到这一群岛的主要动机就是与新西班牙贸易的利润,在漫长而又痛苦的航行中,他们冒着丢失生命和财产的危险去追逐那一利润。[4]

第二节　对华贸易的影响因素

虽然菲中贸易及其延伸菲墨贸易不仅在某种程度上维系了菲律宾殖民地的生存,还让菲岛的西班牙商人获利丰厚,但这一贸易的维系面临诸多影响因素。首先是这一贸易带来的巨大逆差,与当时欧洲盛行的重商主义相悖,造成了菲律宾殖民地与西班牙（或联合）王国之间的利益分歧,也造成了菲律宾殖民当局与西班牙王室之间的政策分歧。其次,由于对华贸易有利可图,菲岛的西班牙商人又面临西班牙（或联合）王国内部的贸易竞争。主要表现为亚洲地区的葡萄牙商人和美洲的西班牙商人在货源上的争夺,美

---

[1]　BR，Vol. 36，p. 249.

[2]　BR，Vol. 42，p. 149.

[3]　BR，Vol. 24，p. 150.

[4]　William L. Schurz, *The Manila Galleon*, p. 40.

洲的西班牙商人对菲墨贸易控制权的挑战,以及母国西班牙的塞维利亚商
人①对美洲市场的争夺。参与竞争的各方均从自身利益出发,对西班牙王
室或联合王室施加影响,左右其对华贸易决策。最后,菲律宾殖民地所具有
的战略地位以及西班牙海外殖民的宗教目的,决定了西班牙王室不可能出
于贸易因素而放弃菲岛,从而也决定了维系菲律宾殖民地生存的菲中贸易
不可能被完全禁止。上述各因素不仅影响了对华贸易的进行,也影响了菲
律宾殖民当局对对华贸易政策目标的制定。

一、重商主义

重商主义萌芽于14—15世纪,盛行于16—17世纪,衰落于18世纪,出
现于西欧各国,是一种重要的经济思想。其理论要点为:重视货币,发展商
业,把货币即金银的多寡看作是衡量一个国家富裕程度的重要标志,提倡尽
可能多地增加货币,主张国家应该保护商人的地位,发展商品经济;重视对
外贸易,谋求贸易顺差,认为国内贸易虽然重要,但不能增加财富,国际贸易
才是财富最主要的来源,要求在对外贸易中必须做到出超,实现贸易顺差;
重视发展本国制造业,培育和保护本国幼稚产业;认为要增加货币,实现贸
易顺差,一方面必须反对资金外流,重视利用本国资源,另一方面则出口本
国制成品,进口外国原料,利用制成品和原材料的价格剪刀差获利。② 西葡
两国的统治者根据当时盛行的重商主义理论,把殖民地的商业和贸易都视
为是为宗主国利益服务的,因此一切与宗主国利益不符的贸易往来,都是不
允许的、非法的。西葡王室规定,殖民地只能与宗主国贸易,不能与其他国
家往来,即使是各殖民地之间的贸易往来也受到严格控制。为此,西班牙还
设立了专门管理宗主国与殖民地间贸易往来的机构"贸易总署"。一切往来
于宗主国和殖民地之间的船只、货物、乘客及船员都要经过它的严格审查和
批准。外国货物更是如此,不但要经过贸易总署批准,而且只能用西班牙的
船只运输;外国船只进入西属殖民地港口,都需经当地殖民当局批准,否则,
货物或船只一律被扣押和没收,船员被判刑。此外,西班牙王室还把对殖民

---

① 塞维利亚是西班牙对美洲贸易的始发港,经营美洲贸易的西班牙商人多聚集
在那里,形成一个商人集团,被称为塞维利亚商人。

② 张国昀:《论重商主义》,《西北师大学报》(社会科学版)2004年第5期,第103~
104页。

地的贸易指定给一小撮贵族和大商人垄断经营,不许其他中小商人染指。[1]
在菲律宾殖民地,"限制贸易的倾向直至 19 世纪初依然盛行。当地商人都
认为,外国人挣了一元,就是从西班牙人的口袋里拿走了一元"。[2]

　　与西班牙王室奉行的重商主义相悖的现实情况是,对华贸易造成大量
美洲金银流入中国。中国物产丰富,在对华贸易中西班牙人拿不出别的商
品来交易,美洲银元不仅作为偿付中国丝绸等商品价值的支付手段,而且以
贵金属的形式构成了流向中国的特殊商品。1573 年 12 月 5 日,新西班牙
总督恩里克斯向菲利普二世报告,"这一(指与中国商人的)贸易与交往的困
难之一为,据目前所知,菲岛和西班牙均无任何他们(指中国人)所没有的东
西可供出口到那里(指中国)。……简言之,与那一地区(指中国)的贸易必
须用白银来进行,他们视白银的价值高于一切"。[3] 1574 年 1 月 9 日,他又
在给国王的信中写道,"为了偿付这些(中国商品),他们(中国商人)带走了
金银;他们非常精明,其余的东西都不接受"。[4] 1586 年 6 月 26 日,马尼拉
最高法院写信给国王,"我们根据观察判断,因为众多的船只从中国海岸前
来这里,在这里享有诸多便利,受到友好对待,这些船只又将销售货物换取
的金银捎回中国,中国人应该不会因为我们出现在他们国家而恼怒"。[5]
1597 年 6 月 28 日,菲督路易斯·达斯马里尼亚斯在给国王的信中写道,
"所有的银币都流到了中国,并且年复一年地滞留在那儿,事实上是永远留
在了那儿"。[6] 1602 年罗耀拉在给国王的信中说,"菲岛每年得到的两百万
比索的白银,都流到了中国人的手中,而没有带入西班牙"。[7] 1605 年菲督
阿古纳在给福建巡抚的回函中写道,"至于准许中国船只同吕宋贸易的问
题,相信中国皇帝和其他人不会同意失去每年从这里运走的大量白银。那
些通过交易得来的白银全都留在中国,没有一个里尔流出那里"。[8] 1628 年
10 月 7 日,马科(Juan Velazquez Madrco)在提交给印度事务委员会的文件

---

　　① 张家哲:《拉丁美洲:从印第安文明到现代化》,第 77～78 页。
　　② Leandro H. Fernandez, *A Brief History of the Philippines*, Boston, Ginn and Company, 1932, p. 115.
　　③ BR, Vol. 3, p. 212.
　　④ BR, Vol. 3, p. 226.
　　⑤ BR, Vol. 6, p. 262.
　　⑥ BR, Vol. 9, p. 316.
　　⑦ BR, Vol. 12, p. 59.
　　⑧ BR, Vol. 14, p. 50.

中写道,"尽管每年由新西班牙运往菲岛的法定银币数量为二十五万比索,
然而除此之外却有无以数计的巨额银币流入了菲岛。因为没有其他的东西
能够用来购买或者交换中国的丝绸,中国人也不会用其丝绸来交换其他的
商品,结果中国人就设法运走绝大部分的美洲银元"。① 1633 年 8 月 14 日,
菲临时总督萨拉曼卡写信给菲利普四世,"我的意见是,既然无法阻止每年
从新西班牙向这个群岛运送钱币(我怀疑运送了 200 万,并且大量白银引起
的高物价只会对中国有利,钱币都留在那里,陛下您连赋税都没有收到),为
了补助这一航线上大帆船的巨大开支,陛下您该考虑这么做,即让那些要运
往这些岛屿的钱币在阿卡普尔科公开登记,征税 5‰"。② 1718 年奥斯定会
士迪亚士在其撰于马尼拉的《菲律宾的奥斯定会士,1670—1694》一书中写
道,"中国贸易是维系菲律宾群岛生存的支柱,而这一贸易又靠来自新西班
牙的白银来维持,美洲白银是给予这个群岛生命的血液"。③ 这在中国典籍
中也有所记载。成书于 1617 年的《东西洋考》载,"东洋吕宋,地无他产,夷
人悉用银钱易货,故归船自银钱外无他携来,即有货亦无几"。④ 成书于清
康熙年间的《广东新语》载,"闽、粤银多从番舶而来。番有吕宋者,在闽海
南,产银……故闽、粤人多贾吕宋银至广州"。⑤

至于流入中国白银的具体数量,据钱江教授的研究,自 1570 年至 1760
年,西属菲律宾流向中国的美洲白银共约 243372000 比索,折合库平银两为
175227840 库平两。⑥ 庄国土教授认为,仅明代从菲律宾输入中国的白银就
在 7500 万元以上。⑦ 严中平则引用珀塞尔(Victor Purcell)的观点,"在
1565 年至 1820 年间,墨西哥向马尼拉输送了白银四亿比索,绝大部分流入
中国了"。⑧ 另据全汉昇的研究,在 1586 年以前约有 30 万比索白银输入中

① BR,Vol. 22,p. 279.
② BR,Vol. 24,p. 292.
③ BR,Vol. 42,p. 149.
④ 张燮著,谢方点校:《东西洋考》卷七,《饷税考》,第 132 页。
⑤ 屈大均:《广东新语》下册,北京:中华书局,1984 年,第 406 页。
⑥ 钱江:《1570—1760 年西属菲律宾流入中国的美洲白银》,《南洋问题研究》1985
年第 3 期,第 101 页。
⑦ 庄国土:《16—18 世纪白银流入中国数量估算》,《中国钱币》1995 年第 3 期,第
3 页。
⑧ 严中平:《丝绸流向菲律宾,白银流向中国》,《近代史研究》1981 年第 1 期,第
155 页。

国，至 1729 年可说是大帆船贸易活动的鼎盛时期，约有 300 万比索的白银输入中国，这期间输进中国的白银价值数，大约成长了 10 倍之多，就算是在 1815 年大帆船贸易结束时，也有 150 万比索的白银输入中国，和大帆船贸易活动初期相比，也成长了 5 倍。[①]

重商主义盛行与对华贸易逆差成为影响对华贸易的一个重要因素，也被反对对华贸易的利益集团援引为反对的重要理由之一。

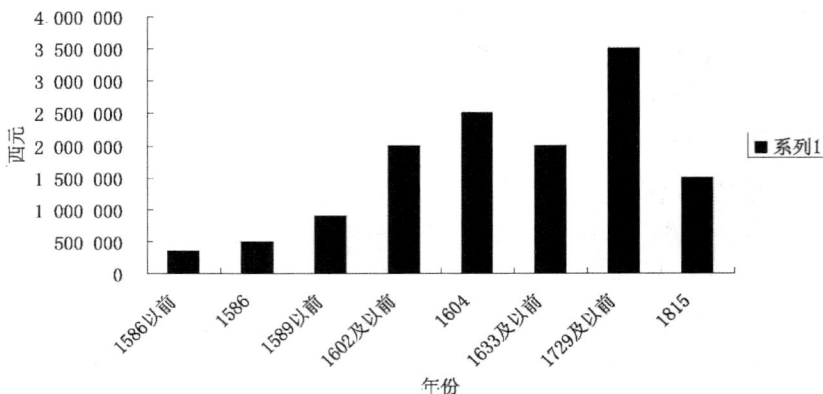

图 4-1　流入中国的美洲白银

资料来源：据全汉昇《明清间美洲白银的输入中国》（参阅《中国经济史论丛》）一文的第 444 页之所述绘制而成。

二、西班牙海外殖民的宗教目的

对香料群岛争夺失败，菲岛自身产出有限，对华贸易又承受巨大逆差，西班牙殖民菲律宾"是一场赔本买卖，因为它在那里的殖民活动并没有收回物质利益"。[②] 并且西班牙王室每年还要给菲律宾殖民政府输送大量津贴。菲律宾殖民政府用征收的贡品和赋税来支付官员的工资，军事开支，修建防御工事，以及其他公共开支，但是不够，需要王室津贴来补充。据皮埃尔（Pierre Chaunu）的研究，王室津贴的价值在整个大帆船船货中所占的百分比，在 17 世纪的大部分时间为 25％～50％之间，在 18 世纪的上半叶降至

---

① 全汉昇：《中国经济史论丛》，第 444 页。
② 格雷戈里奥·F·赛义德著，吴世昌、温锡增译：《菲律宾共和国：历史、政府与文明》上册，第 151 页。

20％以下,在18世纪中期又达到了25％。在1687年之前,王室津贴的数量逐年变化,取决于特定年份菲律宾财政赤字的具体数量和墨西哥总督区所能提供的资金数量。1687年一份王室敕令将津贴数量确定为25万比索。① 从菲利普二世时期开始就有一股势力主张放弃菲律宾。事实上,在黎牙实比抵达宿务仅一年之后,放弃菲岛的提议就在西班牙讨论过。那些提议是出于财政和商业上的考虑,因为菲岛这块殖民地不能自给,对转口到新西班牙的大帆船上的进口货物所征的税收,很少达到它每年从墨西哥副摄政区财库获得的津贴数额。② 1586、1619和1621年放弃菲岛的提议曾引起西班牙宫廷比较激烈的争论。③ 西班牙王室之所以最终没有放弃菲岛,主要是着眼于经济以外的其他殖民目的。菲律宾历史学家赛义德认为,西班牙把菲律宾殖民化有三个目的,即:传播基督教,取得经济上的财富,造成政治上的荣誉;其殖民政策受三个"G"指导,即上帝(God)、黄金(Gold)和荣誉(Glory)。④

(一)西班牙的宗教情结

西班牙的宗教情结主要形塑于其民族国家的构建过程,几乎在完成领土统一的过程中完成了信仰统一。

公元5世纪初,日耳曼人的一支西哥特人在法国南部和西班牙建立了西哥特王国。西哥特王国建立后,西哥特人与当地居民慢慢融合,并接受了罗马天主教,这奠定了西班牙的民族文化基础。公元8世纪初阿拉伯人征服西班牙后,虽然采取了较为宽容的宗教政策,并形成了共存(Convivencia)传统,即中世纪西班牙基督徒、穆斯林与犹太人社区共存的传统,呈现了一定的文化多样性,但是作为外来民族代表伊斯兰文化的阿拉伯人建立的政权,对当地哥特人的民族和文化压迫必然存在,冲突在所

---

① Katharine Bjork, The Link That Kept the Philippines Spanish: Mexican Merchant Interests and the Manila Trade, *Journal of Word History*, Vol. 9, No. 1, 1998, pp. 41~42.

② William L. Schurz, *The Manila Galleon*, p. 43.

③ Gregorio F. Zaide, *Philippine Political and Cultural History*, Manila, 1950, Vol. 1, p. 14.

④ 格雷戈里奥·F·赛义德著,吴世昌、温锡增译:《菲律宾共和国:历史、政府与文明》上册,第150页。

难免。

因为西班牙人的收复失地运动是基督教徒从穆斯林手中收复故土的运动，因此运动本身不仅具有民族解放战争的性质，还具有宗教战争的浓厚色彩。长期的收复失地运动使伊比利亚半岛一直成为中世纪基督教和伊斯兰教两大对立宗教冲突的焦点，这种冲突又与政治、经济、阶级、民族等多种矛盾交织在一起。在收复失地运动中，宗教信仰就像是一面旗帜，一种向心力，鼓舞、号召和团结半岛上的基督教徒，共同对付伊斯兰教徒。[①] 长期的宗教冲突使得伊比利亚半岛形成了强烈的宗教热情和十字军精神，"向异教徒作战"的气氛弥漫，所以从一开始伊斯兰文化和犹太文化都受到了残酷的破坏，凡是与基督教文化相对抗的其他文化一律被毁。同时在当时的西欧，西班牙人反抗阿拉伯人统治的斗争被视为基督教反击伊斯兰教侵犯的一部分，所以反抗阿拉伯人统治的武装也被看成是罗马教皇号召组织的十字军的一部分，欧洲其他的基督教国家也派出了"十字军"，主要由法国贵族教士和骑士团组成，帮助进攻那里的穆斯林。

在收复失地运动的尾期及其后的政权巩固阶段，在强烈宗教热情的驱动下，为了统一天主教信仰，西班牙王室采取了一系列宗教排斥和迫害政策。1480年9月，在梅迪纳德尔坎波（Medina del Campo）女王伊莎贝拉签发了第一批委任状以让宗教裁判所得以开始运作。她利用宗教裁判所来镇压"异端"，制造了大量的冤案。仅1498年前的17年中，被处以火刑的就有8800人，被判有罪的达10万人以上。那些所谓的"异端"，就是指信仰其他宗教的居民，如犹太教徒和穆斯林，以及那些对基督教信仰的解释与罗马天主教的官方规定有出入的人。[②] 1492年1月2日，格拉纳达向伊莎贝拉和斐迪南投降后，中世纪的共存传统得到保留，穆斯林得以保证他们的习惯、财产、法律和宗教；保留他们自己的官员，但要接受卡斯蒂利亚政府的监督；允许那些愿意移居者移居国外。在格拉纳达领域内最初的50万摩尔人中，有10万死亡或转为奴隶，20万移居国外，剩余的20万留了下来。很多摩尔人精英，包括被给予阿普哈拉（Alpujarra）山区作为他自己公国的布阿卜

---

① 潘树林：《试论收复失地运动对葡萄牙和西班牙海外扩张的影响》，《四川师范大学学报》1996年第1期，第101页。

② 王加丰：《西班牙、葡萄牙帝国的兴衰》，第12~13页。

迪勒(Boabdil),在宽容的基督教徒的统治下谋生,后转入北非地区。[①] 1492年3月30日,斐迪南和伊莎贝拉在格拉纳达签署了一项法令,将犹太人从整个西班牙驱离。[②]

在镇压格拉纳达摩尔人起义之后,1502年斐迪南公布一项法令,让摩尔人在受洗为基督徒与流亡国外二者之间选择,所以1502年之后卡斯蒂利亚的穆斯林被政府强迫基督教化成为摩尔人。1525年11月查理发布敕令,命令阿拉贡王国内的所有穆斯林皈依天主教,瓦伦西亚的要在该年底完成皈依,其他地区的要在1526年1月底完成。从1526年起,伊斯兰信仰在西班牙不再存在,所有的穆斯林变成了皈依的摩尔人。1526年12月,查理在写给教皇信中承认,"他们很多人当中,皈依不是完全自愿的。因为当时他们并没有被引入我们神圣的信仰"。[③] 1526年,查理颁布了一项法令,命令摩尔人放弃他们的民族习俗、民族服装、民族语言,授命宗教裁判所执行这一法令。[④] 也正是由于伊莎贝拉和斐迪南为了净化西班牙的天主教信仰而采取了一系列激进措施,他们在1494年被罗马教皇授予"天主教君主"(Catholic Majesty)的称号,自那时起西班牙国王便开始使用"天主教君主"的头衔。

(二)西班牙海外殖民的宗教目的

在最终完成领土统一的同一年,西班牙开始了其海外殖民征服。完成民族国家构建后,后续的西班牙国王不只是继承了"天主教君主"的头衔,也继承了宗教狂热。西班牙王室不仅在西班牙本土继续净化天主教信仰,还将传播天主教作为海外殖民的重要目的之一,让西班牙传教士与殖民者在海外相伴相随。

菲利普二世继位后,对境内的摩尔人采用激进的宗教压制政策,并大量驱逐。他于1566写信给他驻罗马的大使,"你可以使教皇陛下确信,我宁肯丧失我的全部国家和一百次生命(如果我有一百次生命的话),也不愿让宗

---

① Henry Kamen, *Spain*, 1469—1714: *A Society of Conflict*, pp. 35～36.

② Henry Kamen, *Spain*, 1469—1714: *A Society of Conflict*, p. 3.

③ Henry Kamen, *Spain*, 1469—1714: *A Society of Conflict*, p. 172.

④ A. H. Johnson, *Europe in the Sixteenth Century*: 1494—1598, London, 1905, p. 284.

教和上帝的利益遭到丝毫的损害，因为我既不打算也不希望做异端的君主"。① 西班牙王室同时又大力推动基督教的对外传播，训导其海外征服者"继续从事于新地的寻求，即使在那里只能出产一些无用的废石，也不要顾虑，藉赖这种远征，可以自动地使福音广播"。伯纳德认为菲利普二世向墨西哥总督下令，要求他向菲律宾派出远征队的动因"远远在满足领土欲与黄金欲的迷梦之上，而是预备用东印度群岛的受益，救济菲律宾的穷苦民众，并且预备用全西班牙的受益，维持菲律宾的传教事业"。② 黎牙实比占领菲岛不久，当时的一位作家向菲利普二世报告：菲律宾缺乏黄金和珍珠，占领菲律宾很可能意味着庞大的开支而无任何实际利益。菲利普二世则回复，"朕是上帝的工具，重要问题是吕宋王国的皈依，而上帝已预先指定朕来实现这个目标。既然上帝把这个殊荣交给朕和朕的王国，朕将竭尽全力来完成这个光荣的使命"。③

菲利普三世继位后，他向海外传播基督福音的热情不亚于他的父亲。据阿根索拉记述，面对放弃菲岛的建议，"他重申了他父亲的回复，拒绝接受那一有害的建议。因而那位谨慎的君主回复，菲岛会保持现状，（那里的）最高法院会被授予足够的权力，让司法得以更全面地执行。为了全面有力地（执行）司法，国王以国家的能量和耐力来作后盾。为了同一原因，那里的军事力量也会得到强化，新西班牙的王室收入，或他王国内其他地方的王室收入，将会用来为那一目的作支出，因为所有现有的财富，以及那些在矿藏中尚待发现的财富，都应该被用来传播基督福音。他问道，如果基督福音的敌人看到菲岛传播福音的教职人员被撤走了，那里被剥夺了上帝的光芒，因为那里不像亚洲和美洲的其他富裕岛屿那样出产金属和财富，他们会说什么呢？他说，作为基督教的子孙，使徒声音传播的协助者，君主必须用全部力量来照料这一更崇高的目标"。④ 科罗内尔在其《备忘录》中向国王阐述了保有菲岛的重要性，他所给出的第一条理由就是，"福音和上帝荣誉的传播

---

① R. B. 沃纳姆：《新编剑桥世界近代史》第三卷，北京：中国社会科学出版社，1999年，第316页。

② H. Bernard 著，萧濬华译：《天主教十六世纪在华传教志》，第139页。

③ John R. M. Tarlor, *The Philippine Insurrection against the United States*, Pasay City，1971，p. 9. 转引自施雪琴：《西班牙天主教在菲律宾：殖民扩张与宗教调适》，厦门大学南洋研究院博士学位论文，2004年，第26页。

④ BR，Vol. 16，pp. 227～228.

与扩展是陛下您义不容辞的责任:首先,因为您从您尊敬的父亲及光荣的先祖那里继承了传播圣教信仰的热忱,由此您也享有印度殖民地的财富;其次,保有菲岛也与陛下您伟大的君主权和荣誉相符"。①

正是由于西班牙王室对在海外传播基督福音的重视,作为帝国东方前哨站的菲律宾群岛,不仅是西班牙传教士传教的目的地,还被视为谋建"东方天主教王国"的前进基地。桑切斯认为,菲律宾是一个必不可少的桥头堡,通过这个桥头堡,伊比利亚的基督事业在东亚的切实传播才有可能,而他放在第一位加以强调的目标就是中国:"如果应当在大中国、交趾支那、占婆、柬埔寨、暹罗和帕坦、爪哇和其他陆地和岛屿做些事情的话,不论是通过布道还是遵从上帝指示的途径,那里的一切都应当是为了菲律宾,因此陛下必须考虑的是,如果在那个如此广阔而人烟稀少的地区有什么东西是必须繁衍的,那就是上帝在那里播下的那粒种籽;在所有那些彼此距离遥远和广阔的世界上,菲律宾就是上帝提供给他们的一个要塞和堡垒"。② 1637 年蒙法尔康在给国王备忘录中强调了保有菲岛的重要性,并认为,"保有的第一效用就是保有天主教信仰,并持续传播。这一信仰经由卡斯蒂利亚和葡萄牙两王室的运作已经进入了东方各个富裕而又广泛的地区。信仰传播取得了如此惊人的进展,使得西班牙的国王们未能给这些进展予以可能的保护,好像是他们忽略了这一他们高度重视的责任。……就像印度是进入海峡这一边所有王国的大门一样,菲岛也是进入它周边那些王国的大门,诸如中国、日本、爪哇、新几内亚和所罗门群岛"。③ 爱德华·盖洛德·伯恩(Edward Gaylord Bourne)在《菲律宾群岛》的"历史介绍"部分也谈到,"从一开始,菲岛的西班牙人居留地是一个宗教社团,准确地说不是一块殖民地,被建立和治理是出于宗教利益,而不是商业或工业利益。那些居留地是基督教前哨基地,传教力量由此可以部署到中国、日本等伟大帝国。当一些传教士急着冒险由菲岛前往中国,在日本发现殉教者的时候,菲岛的土著还没有开始皈化"。④

---

① BR,Vol. 19,p. 235.
② 罗德里格斯:《菲律宾在东亚的影响(1565—1593)》,第 20 页。
③ BR,Vol. 27,pp. 115~116.
④ BR,Vol. 1,pp. 48~49.

三、菲律宾的战略地位

　　除了经济利益和信仰传播外,西班牙的海外殖民还为了王室荣誉,即海外领土的征服与扩张。菲岛在海外殖民征服中的战略重要性是西班牙王室最终没有将之放弃的重要原因之一。

　　阿根索拉在其前述著作中说,"如果上帝让国王陛下将菲律宾群岛排除在其王国之外,谁先占领,就将那些岛屿给谁,那么马鲁古群岛的状况就会大为改观而使之变得坚不可摧"。① 科罗内尔在其《忘录中》中还阐述了不应放弃菲岛的其他原因,"第三是为了国家事业。因为这(指放弃菲岛)等于是给予陛下的敌人以武器和力量来反对陛下您,鼓励嫉妒陛下伟大的其他人也采取同样的仇视行动。因为敌人正在花费巨大的人力、物力来实现这一企图(占领菲岛),完全可以推断,他们已深深知道这个群岛对他们的重要性……第四是因为整个葡属印度必定会丢失。如果没有丢失,那就是因为我们从菲律宾群岛困住了敌人,使得他们得用全力来保住他们已拥有的东西不会丢失"。② 蒙法尔康在其1637年提交的报告中,一直强调菲律宾群岛对西班牙王室的重要性,不仅是作为东方传教的中心,还能够保护马鲁古群岛及香料贸易,维系东印度殖民地的存在,让荷兰敌人从东印度和美洲海岸转移——菲律宾殖民地一直持续而又有效地阻挡着荷兰敌人。③ 七年战争期间英国人短暂占领马尼拉后,佩德罗(Pedro Calderón Enríquez)称菲律宾为"从西部防卫整个美洲的一堵墙"。甚至在马尼拉被归还西班牙之后,西班牙人还是对流传的英国人将夺取和乐与三宝颜的计划十分担心,因为"从那里他们将自由进入新西班牙"。④ 作为西班牙殖民帝国最遥远的前哨,在西班牙殖民帝国全盛时期,菲律宾是西班牙在东方的桥头堡,是它在亚洲进行殖民战争的根据地;在西班牙殖民帝国衰落的时候,菲律宾成为保卫美洲西属殖民地的前哨,西班牙认为必须保住这个前哨,以防来自印度和东印度群岛的进攻,菲律宾在当时构成了太平洋上西班牙整个战略地位的

①　BR,Vol.16,p.227.

②　BR,Vol.19,pp.235~236.

③　BR,Vol.30,p.10.

④　William L. Schurz, *The Manila Galleon*, p.301.

重要一环。①

西班牙王室对海外福音传播、海外领土开拓或保留的重视,在很大程度上决定了菲岛不可能被放弃,也间接决定了维系菲律宾殖民地生存的菲中贸易不可能被彻底中断。

四、葡萄牙人的贸易竞争

由于有利可图,对华贸易牵动多方利益,围绕该贸易而展开的利益之争不仅发生于西班牙人与葡萄牙人之间,也发生于不同葡萄牙人利益集团之间。

(一)西葡合并后的制度安排

1581 年 4 月托马尔议会召开,菲利普二世顺利继任葡萄牙王位。他之所以能够顺利继位,除了葡萄牙贵族势力下降外,还有一个重要原因,即他郑重承诺要建立一个政权以维护葡萄牙人在整个联合王国范围内的特权,而卡斯蒂利亚王国却不在特权范围内。托马尔议会同意将行政内阁移交给新建立的葡萄牙参议会,无论国王身处何处,内阁都要直接对国王负责。当国王离开王国时,内阁只能由具有王家血统的总督或议会代管。议会规定君主制政体必须服从于神圣的葡萄牙王国,没有一个外国人可以在司法和财政部门任职。这种排外性还表现在神职人员的任用上,包括主教、修道士、领圣俸者和私人神父。在军队人员的任命上也是如此,军权完全被集中在国王手中。至于葡萄牙的海外领土扩张,托马尔议会于 1581 年 4 月设立机构管理不同地域,这一机构完全脱离于各殖民政权之外。② 托马尔议会保证了在欧洲本土及海外领地西葡完全分治,同意西班牙人继任王位,这一议会决定直至“六十年囚禁”后期都被遵守。③

另一方面,菲利普二世为了笼络葡萄牙人,也主动限制西班牙人,不得插手葡萄牙人的既得利益。这一制度安排在东亚地区所产生的影响是,西

① 李永锡:《菲律宾与墨西哥之间早期的大帆船贸易》,《中山大学学报》1964 年第 3 期,第 86~87 页。

② 索萨:《西葡国王菲利普二世以及菲律宾群岛与帝汶的关系》,《文化杂志》2004 年第 51 期,第 18 页。

③ O. H. K. Spate, *The Spanish lake*, Minneapolis:University of Minnesota Press,1979, p.161.

班牙和葡萄牙虽然由同一个国王统治,但是两国在东亚的殖民地之间却很少有正式的官方合作,联合王室既没有促成任何共同体制,也没有建立任何沟通模式。1581 年的托马尔议会确定,在欧洲本土及海外领地西、葡完全分治,西、葡海外领地之间的直接贸易非法。菲利普二世继位葡萄牙王位后,经由果阿和马尼拉下达明确的命令,禁止他在东亚的臣民进入专为当地人保留的区域。①

与托马尔议会的要求相一致,在海外贸易方面,联合王室要求,为了保护双方的利益,竭力维护塞维利亚—美洲—菲律宾航线以及经由好望角的里斯本—果阿—澳门航线,避免开辟新航线,以免与之形成竞争,努力维护塞维利亚、里斯本、果阿和马六甲的收入,因为控制广袤的欧洲和殖民帝国,需要日益增大投资。然而,王室的命令没有得到切实执行,东亚地区西、葡领地间的直接贸易或明或暗地存在,该地区葡萄牙人的既得利益也没有得到有效的保护,从而牵动上述两大航线上各方的利益,引发各自不同的利益诉求与主张。

(二)反对菲中贸易

葡萄牙人一直将中国视为他们的势力范围,中国贸易属于他们在西葡王室合并前的既得利益,所以他们企图垄断该贸易,竭力反对菲中贸易。为了达到这一目的,他们主要采取三种措施:阻止中国人前往菲律宾贸易;阻止西班牙人前来中国贸易;通过联合王室施压,要求遵守西葡合并协议。

1. 阻止中国人前往菲律宾贸易

中国人出洋贸易直接与葡萄牙人形成竞争,不利于后者对中国贸易的垄断。但是隆庆元年(1567)开海后,菲律宾并非禁航之地,葡萄牙人不可能也无法武力阻止中国人航往那里,只能是通过散布虚假消息或恐吓的方式予以阻止。早在西葡合并之前,澳门的葡萄牙人就竭力阻挠中国商人赴菲贸易。1573 年 6 月 29 日菲督拉维萨雷斯在给国王的报告中写道,"陛下知道,葡萄牙人在这里样样都和我们作对。当他们自己不能伤害到我们的时候,就尽力通过别人来伤害我们。去年中国商船前来这里贸易,告诉我们葡萄牙人是如何要求他们不要和我们贸易,因为我们是抢劫者,是来偷盗和劫

---

① 索萨:《西葡国王菲利普二世以及菲律宾群岛与帝汶的关系》,第 18 页。

掠的,因此那些中国人非常怀疑,这是否是真的"。① 西葡合并后,澳门的葡萄牙人一度为了垄断马尼拉的中国商品贸易而阻挠中国商人前往那里贸易。1632 年马尼拉市政委员会成员约瑟夫(Joseph de Navada Alvarado)向市政委员会提交了一份备忘录,其中写道,"随着澳门葡萄牙人及其船只来到马尼拉,中国商人每年和这座城市进行的商业和贸易停止了,因为葡萄牙人利用计谋阻止这一商业和贸易。他们通过一个很狡猾的计划成功地做到了这一点,即大量投资广州每年举行的集市,并如前面所说,携中国商品前来这座城市。以那种方式,中国人以 25%～30% 的利润卖给他们所需的任何东西。这一安排对中国商人来说非常满意,在他们自己国家有着那样的利润,并且没有风险,因此他们停止像以前一样来这座城市,冒险携带资本来这里。葡萄牙人还告诉中国商人,这座城市居民的财富几乎耗尽了,他们捎来的货物甚至找不到销路,因此,他们贸易的大部分商品都是赊卖的,这更使得中国商人不愿意来这里。其实这根本就没有发生过,他们也没有赊卖过,因为他们出售货物一直接收现金。此外,上述葡萄牙人惯常于恐吓中国贸易商,告诉他们,因为荷兰海盗和沿中国海岸四处劫掠的中国海盗船队的存在,他们来这里会遭遇危险。同时他们还向中国人描述,他们在这里要支付重税,这座城市还给他们施加很多的伤害,然而他们不知道,中国人对这些毫无怨言。一切都是为了要让中国人放弃他们携带商品前来这里的计划,因为他们害怕,如果中国人确实来了,会削弱他们的贸易,让他们现有的信任破产"。对于那些不愿意将货物卖给他们,而愿意自己冒险前来马尼拉贸易的华商,"为了让这些人放弃他们已有的目的和决心,出于和平,前述葡萄牙人主动提出为前述华商运货物来这里,甘愿承担运输成本与风险,目的就为了在这里销售那些货物——如果他们这么做,他们能做到。同时签订协议,他们(代为)管理这一贸易,收取 5%"。②

2. 阻止西班牙人前来中国贸易

葡萄牙人首先使用假的资讯恐吓西班牙人,让其不敢前来中国,同时封锁中国的相关信息。1589 年 6 月 24 日菲律宾主教萨拉萨尔在给国王的信中写道,"葡萄牙人反对我们获得任何有关他们(华人)的知识"。③ 1590 年

---

① BR,Vol. 3,p. 182.
② BR,Vol. 25,pp. 117～119.
③ BR,Vol. 7,p. 230.

6 月 24 日他又在给国王的信中写道，"在抵达这个群岛之前，我听说任何外国人踏入中国都有死亡的危险，除非得到中国皇帝或其重臣的特别允许。中国人没有获得准许就携带外国人入境或被处死，外国人则被终身监禁。……从这一次我开始醒悟，了解到中国并不像葡萄牙人所描述的那样不可进入，然后我就给陛下您写了前述那封信，告知陛下，关于中国官员的错误报告是葡萄牙人的一项发明，而不是一个真实的报告"。① 澳门的民事当局和宗教当局都对资讯进行了有选择的处理，要求在传递信件和有关资讯时有所选择和保守秘密。1585 年克里斯蒂翁·德·卡斯神父在给阿克夸维法神父的信中披露，信件要求对关键事宜保守秘密：对于发生在中国的不愉快的事情和经常接触的事情，信中不便透露，最好不要提及。②

　　同时用虚假信息中伤西班牙人，让他们在中国不受欢迎。1586 年菲律宾西班牙代表会议提交给王室的请愿书中写道，"看到葡萄牙人在他们（中国人）国家，我们在这里，他们很害怕，特别是听了葡萄牙人对我们的描述之后。葡萄牙人告诉他们，我们如何征服外国人的领土，推翻当地人的国王，扶立我们的国王，并说这是迄今为止我们前来的唯一目标"。③ 1605 年 7 月 5 日菲督在给福建巡抚的回函中谈到，"葡萄牙人对我们没有好感，就因他们认为，中国人就是出于与我们之间的大量贸易才会和我们保持良好关系，而这正是他们不能以很低的价格购买中国商品的原因，如果来自这里的贸易结束，他们肯定能够以低价购买。因此他们没有转交那些信件，因而中国不可能知道这一问题的真相，也不了解华人该为他们所带来的损失而被谴责这一事实"。④ 据莫加记载，西班牙船长萨穆迪奥抵达广州后，"住在广州城附近澳门的葡萄牙人，千方百计阻止总督、conchifu（知府？）和其他官员同意马尼拉的卡斯蒂利亚人进入他们的国家，宣称后者是海盗、作恶者，攫取到访的任何一个王国和省份。他们告诉前者很多事情，要不是总督和官员冷静地看待那一问题，那足够毁了后者。因为前者知道，他们的宣称是出于敌对和憎恨，那些情感驱使他们从自己的利益出发，希望后者和中国没有贸易关系发生"。⑤ 葡萄牙人的这一伎俩开始时确实取得了一定的成功。

---

① 　BR，Vol. 7，pp. 213～214.

② 　罗里多：《葡萄牙人和西班牙人在澳门和马尼拉看中国》，第 151 页。

③ 　BR，Vol. 6，p. 199.

④ 　BR，Vol. 14，p. 45.

⑤ 　BR，Vol. 15，p. 162.

1590 年 6 月 24 日萨拉萨尔在给国王的信中也写到,"从上文我们推断,中华王国及其统治者拒绝外国人进入,是由于葡萄牙人干涉和诽谤的缘故,他们这么做是出于他们的私利,害怕如果卡斯蒂利亚人进入中国,他们与中国人的贸易会终止"。[①]

主动排斥与西班牙殖民地间的交往。在从属于西班牙时期(1580—1640),印度完全通过里斯本的"印度之家"(Casa da India)进行治理,出于葡萄牙及葡萄牙官员的利益,(那里)猜疑地排斥西班牙的干预。[②] 澳门还于 1583 年成立地方自治机构议事会,并于 1586 年 4 月 10 日获得印度总督的批准。澳门葡人努力组织起来的目的,一方面是为了阻止菲律宾西班牙当局的吞并,另一方面是为了得到中国当局的某些承认(1584 年中国当局授予澳门首领二品官衔),以保护澳门免受西班牙的渗透,避免西班牙人撇开葡萄牙人与中国直接做生意。[③] 1586 年 6 月 26 日菲岛最高法院在给国王的信中写道,"(陛下)您的印度总督通过严格限制和严厉惩罚,关闭了葡萄牙人和这些岛屿维持商贸和联系的大门,他命令,我们不得前往(葡属)印度(辖区),葡萄牙人也不能前来这里。随着前往澳门航线的开辟,中国海岸的开放,他说中国人被冒犯了,可能会出于害怕而摧毁澳门。但是我们知道,之所以这么做,是因为葡萄牙人对我们没有好感,他们认为卡斯蒂利亚人会伤害他们在中国的商业和贸易,提高那里的商品价格"。[④] 信中还写到,西班牙人参与有利可图的中国贸易激起了印度(辖区内)葡萄牙人的妒忌,他们竭力将前者排除在中国之外,他们还要求国王在这个问题上采取他们认为最有效的措施。[⑤]

采用武力对抗。1584 年 8 月 11 日葡萄牙人在澳门的一座教堂内杀害了几名他们认为是前来与中国当局商谈通商事宜的西班牙传教士,并不时地高呼"滚!卡斯蒂利亚,从这里滚出去"。[⑥] 1591 年马尼拉作了一份关于澳门贸易的调查,其中谈到,"1590 年 7 月,菲岛总督和军事长官戈麦斯·达斯马里尼亚斯派了一艘船到澳门,携带王室的款项为这个城市和这个群

---

① BR,Vol. 7,p. 218.

② BR,Vol. 12,p. 29.

③ 罗里多:《葡萄牙人和西班牙人在澳门和马尼拉看中国》,第 150~151 页。

④ BR,Vol. 6,pp. 261~262.

⑤ BR,Vol. 6,p. 26.

⑥ 安田朴:《中国文化西传欧洲史》,北京:商务印书馆,2000 年,第 250 页。

岛的要塞和防御工事购买弹药,并向澳门的军事指挥官许诺,作为同一个国王和主人的臣仆,将支持和照顾他所有的需求。这个城市的一些居民,通过这艘船送去了一大笔钱,目的是想用来购买货物。结果澳门的葡萄牙人登船夺走了那条船和那些钱"。[①]调查报告还附有公证人托雷斯(Alonso de Torres)的证词,"在总督派出的那艘船上,马尼拉市民置放的资金达12万比索,见证人自己也托付了4000比索给前述索伯里诺(Francisco Sobrino),所有那些钱都被澳门总督夺走"。[②]1598年萨穆迪奥到达中国后,"他遭到澳门葡萄牙人的强烈对抗,不让他进入中国。他们听到他到达的消息,四处寻找他,很多次想击沉或焚烧他的船,粗暴地对待他。他们意图阻止西班牙人来到中国,或了解任何有关中国及其贸易的情况,他们顽固而又充满敌意地力求达到这一目标"。[③]萨穆迪奥一行受到广东当局的礼遇,并在广东海岸离广州城12里格的地方获得一个港口皮奈尔(El Pinal)作为贸易据点,"这激起了葡萄牙人巨大的惊愕与嫉妒(他们没有获得那样的对待),他们竭尽全力加以阻止,甚至晚上从澳门划小船到皮奈尔,去烧卡斯蒂利亚人的船。但是,由于(卡斯蒂利亚人)事先知晓,进行必要的抵抗,这一行动没有成功"。[④]果阿的葡萄牙当局得知这一情况后,给菲律宾总督施加压力,让他们放弃和中国直接进行贸易的企图。[⑤]1599年5月22日贝纳维兹写信给国王的秘书伊瓦拉(Joan de Ibarra),"我要写的是,从这个群岛派船只去中国贸易,派到葡萄牙人的居住地附近,甚至到中国所有的地方,无论如何在目前都是一种罪恶。如果这一罪恶不进行补救,这个群岛必定被毁,葡萄牙人也将毁灭,天主教信仰必定大衰,并且我确信,这将会在我们和葡萄牙人之间爆发战争,因为没有这个理由,他们都一直在寻求武力对抗,甚至拿起了武器在澳门对付那里的卡斯蒂利亚人"。[⑥]

3. 通过联合王室施压

1590年葡萄牙应国王菲利普二世的要求,提交的那份关于西班牙殖民地同印度和东印度群岛的葡萄牙殖民地以及中国之间贸易性质和结果的报

---

① BR, Vol. 8, p. 177.

② BR, Vol. 8, pp. 182~183.

③ BR, Vol. 10, p. 231.

④ BR, Vol. 15, pp. 162~163.

⑤ 罗里多:《葡萄牙人和西班牙人在澳门和马尼拉看中国》,第153页。

⑥ BR, Vol. 10, pp. 199~200.

告,比较详细地阐述了要求禁止菲中贸易的理由。首先,损害了葡萄牙人在亚洲利益。"东印度王室领地很大,它的城市和要塞彼此相隔很远,位于一些势力强大的国王的领土范围内。因此这些城市和要塞需要靠长期的驻军以及大小舰只组成的强大舰队来守护。那些地方的所有葡萄牙居民,以及陛下其他的基督徒臣仆,肩负着过多的开支。那些开支源自那些城市和据点的收入。那些收入即使超过了一百万,但还是不够应付开支所需,需要从葡萄牙送援助款来填补。印度的那些收入主要源自从那些城市征收的税款,即进出港税。这些税款征自来自中国、马鲁古、安汶、班达和其他南部地区的商品。……葡萄牙人赖以为生的主要贸易是来自中国和其他南部地区的贸易……如果我们通过西印度继续这一与中国和其他南部地区的贸易,印度赖以支撑的关税收入必定会失去,陛下也不会有钱和力量来组建很多庞大舰队以保留和防卫印度,或支付那里驻军的薪资,或担负公共治理所需的所有其他的政府开支,或购置教廷敕令授命陛下征服的那些地方教会财产的开支。与服务陛下相关的其他理由,陛下财库的盈亏,印度居民的福利之计,应该在这一事例中细心考虑。因为除了商贸印度居民没有其他的生计来源,而主要的贸易又是同中国及前述其他地方进行的。出于这一原因,他们强烈地感觉到卡斯蒂利亚人夺走了这一贸易,说他们、他们的父辈及先祖付出了鲜血和生命才为王室获得这一贸易"。其次,从重商主义角度看,损害了西班牙母国的利益。"这一新的贸易对卡斯蒂利亚王室带来的伤害也是非常巨大的,所以单从国家和财政两方面来看,这一新的贸易就应该被严格禁止。如果从西印度到中国的航行被允许,那里所有的钱币就会流到中国,一点都不会流向西班牙,因为中国是如此之大,有着如此多的东西被用来交换和出售,所以不管多少钱被送到那里,都被她吸收了。西印度将不再需要西班牙,因为除了酒和橄榄之外,从那里得到的所有产品都能从中国得到,并且丰富得多,价格更便宜,且很容易就能运送到西印度……最重要的是,当中国商品流向西印度,金钱流向中国的时候,和西班牙的商贸必定会跌落,塞维利亚的海关收入也会下降,塞维利亚和整个西班牙都会出现货币短缺"。最后,王室应该遵守合并协议,照顾葡萄牙人的既得利益。"在国王陛下对葡萄牙王国所作的承诺中,其中有一条说,与印度、几内亚和其他属于葡萄牙王国的地区的贸易,包括已发现和有待于发现的地区,不会被夺走,或在现行条件下作出任何改变,即将出发寻求上述贸易,或为了那一目的已在船上的官员应该是葡萄牙人。根据这一条,与中国、马鲁古、安汶、班达和东印度其他地区的贸易不能作出任何改变。卡斯蒂利亚人不应该去那里,葡萄牙人也不应该由那里去西属印度"。信件最后以葡萄牙总督的口吻"建议陛下下令,任何人都不应该继续从上述地区前往中国贸易,从中国前往上述地区的贸易也不应该继续,否则施以重罚。因为众所周知,如不施以补救,我们将失去印度这一王室领地的关税收入,也会失去那些商人的贸易"。① 佩德罗(Pedro de Castilho)在致国王的信中谈到,澳门居民的利益就是要"禁止菲律宾的西班牙人直接同中国开展贸易"。② 1609 年,葡萄牙利益集团向马德里王室投诉,说他们在澳门的生存受到了西班牙对华及对日贸易竞争的威胁。③ 1596 年 5 月 25 日菲利普二世在给菲督德鲁的指令中也写道,"据报告,菲岛与中国之间的贸易出现了很多不利因素。葡萄牙人也抱怨那一贸易,宣称该贸易对他们进行的贸易非常有害。为了说服我禁止那一贸易,列出了很多原因"。④

　　除了反对菲中贸易,葡萄牙人也极力反对美洲与中国之间的贸易。1586 年一艘墨西哥商船到达澳门,船员被葡人逮捕,货物被扣留,这点后文还会述及。墨西哥商船圣马丁号的船长帕拉西奥斯(Lope de Palacios)曾从澳门秘密托人捎信到马尼拉,"希望获准离开那里,因为他害怕他们(指澳门葡人)会为了他的财产而杀害他"。⑤ 1589 年印度总督在给国王的信中说道,他极力反对已经开始的墨西哥和中国之间的贸易,认为应该采取强力措施来进行应对。⑥ 1593 年奥纳特(Francisco de Loadi de Oñate)宣称,"他认识索利斯(Juan de Solis),后者是国王陛下的一位船长,奉巴拿马最高法院的命令前往澳门购买铜和其他物品,但是葡萄牙人夺走了他所有的钱和他的船,并贱卖了他的船,将船员作为囚犯送往了果阿"。⑦

---

① 　BR,Vol. 7,pp. 199～204.
② 　鲁伊·罗里多:《葡萄牙人与丝绸之路:明朝末年的澳门与马尼拉》,第 92 页。
③ 　查理·博克塞:《阿妈港来的大船》,澳门:东方基金会—海事研究中心博物馆,1989 年,第 66 页。
④ 　BR,Vol. 9,p. 254.
⑤ 　BR,Vol. 7,pp. 73～74.
⑥ 　BR,Vol. 7,p. 12.
⑦ 　BR,Vol. 9,p. 42.

（三）澳门葡萄牙人的贸易主张

将中国商品运往马尼拉或西属美洲所获的高额利润,驱使澳门的葡萄牙人一方面竭力阻挠西班牙人前往中国贸易,甚至阻挠中国人赴菲贸易,一方面又竭力开拓马尼拉市场,甚至想开展同西属美洲的直接贸易。他们宣称,这样做的理由是,"葡萄牙人来到马尼拉不会造成损失,而西班牙人来到中国则不然,因为他们一旦带来现金(黄金和白银),(广州和澳门)的货物价格就会发生变化"。① 为了实现这一目标,澳门葡人竭力游说,力求将澳门—马尼拉贸易合法化。

由于消费和转口贸易所需,从自身利益出发,马尼拉的西班牙人对澳门葡萄牙人运载中国商品前往马尼拉贸易大体上不持异议,这切合了后者开拓马尼拉市场的欲望,所以双方在大多数情况下以非法的地下贸易形式展开了商贸合作。但是澳门—马尼拉间的贸易触及了其他葡萄牙人的利益,招致了他们的反对。

马尼拉和澳门的私人非法贸易,对葡萄牙在马六甲、果阿和里斯本的商业和财政利益构成严重威胁,因为它不仅与好望角的海路、港口和税收竞争,而且还利用秘鲁白银、墨西哥白银和其他通货(无论是当地的主要通货,还是葡萄牙和欧洲的次要通货)的差价进行价格竞争。更有甚者,里斯本在传统的贵金属买卖过程中,为了自己的储备之需,把墨西哥和秘鲁的官银囤积在塞维利亚,但是秘鲁白银随后就被葡萄牙王室的船只经好望角运往东方的科钦和果阿,再转到中国。这些白银被用来购买当地的丝绸,然后再转销日本,换取数量更加可观的银条。这些在当时被称作"中国大帆船"的商船,在返航的时候,带回丝绸、绸布、瓷器、家具和奢侈品。在整个东亚航运中,所有的货物都要分别在果阿和马六甲纳税。这不仅使当地的行政和官僚机构、商人和冒险家得以中饱私囊,同时也使上述两座城市在一定程度上成为葡萄牙官商及私商组织在东方市场的一个不可或缺的依托。当利润最丰厚的东亚产品在葡控印度港口纳完税后,它们便沿着好望角海路,前往里斯本,并在那里重新向印度公局(India House)纳税,后者在确保货物在欧洲市场有经销的前提下,将大部分丝绸发往西班牙,其中的绝大部分又被再次转口美洲,用以偿付里斯本在塞维利亚获取的墨西哥或秘鲁的白银,整

---

① 罗里多:《葡萄牙人和西班牙人在澳门和马尼拉看中国》,第 154 页。

个白银的正式流通过程至此结束。新航线的开辟,会危及这种错综复杂的东亚商品和大量货币的贸易体制,吸引更多的欧洲和东方集团参与走私,造成美洲白银流入东亚和东南亚市场,急速改变几十年来服务于官方殖民航线的经济和金融结构。[①]

虽然葡属印度(包括马六甲和果阿)和里斯本的葡萄牙人都反对澳门葡萄牙人违反王室禁令,开辟新的澳门—马尼拉贸易航线,触犯他们的利益,但这一贸易在澳门葡萄牙人的努力下,最终被合法化。事实上,从1623年任命第一位澳门总司令起,迫于各位总司令的压力,葡萄牙王室就决定打破王室垄断,将澳门和马尼拉的贸易合法化,从而对其征税。1629年财政部决定推行专门的贸易特许权制度,并且全面禁止私人贸易。到了1637年,该地区的贸易垄断得以重新建立,经营澳门和马尼拉贸易的公司利润,又重新回到了王室的国库。[②]

澳门葡萄牙人甚至还想直接开通前往美洲的贸易。1590年曾任葡萄牙澳门总督的若奥·达·伽马(Joao da Gama)亲率一艘大船自澳门横越太平洋,抵达墨西哥。他本人立即被西班牙人逮捕,船上的货物也被作为违禁品没收。[③]

表4-4　1580—1642年澳门至马尼拉的商船数

年期	船数	年期	船数	年期	船数
1580	2	1601	1	1622	0
1581	0	1602	0	1623	0
1582	1	1603	0	1624	0
1583	1	1604	5	1625	0
1584	2	1605	2	1626	0
1585	0	1606	1	1627	6
1586	0	1607	0	1628	2

[①]　塞亚布拉:《强权、社会及贸易:菲律宾和澳门的历史关系(16—18世纪)》,《文化杂志》2004年第51期,第26～27页。

[②]　潘日明:《16—19世纪澳门与马尼拉的商业航运》,澳门海事研究中心,1987年,第15页。

[③]　万明:《中葡早期关系史》,第190页。

续表

年期	船数	年期	船数	年期	船数
1587	0	1608	0	1629	2
1588	2	1609	1	1630	6
1589	0	1610	1	1631	3
1590	0	1611	0	1632	4
1591	0	1612	6~7	1633	3
1592	0	1613	0	1634	0
1593	0	1614	0	1635	4
1594	0	1615	0	1636	1
1595	0	1616	0	1637	3
1596	0	1617	0	1638	3
1597	0	1618	0	1639	3
1598	0	1619	0	1640	3
1599	0	1620	5	1641	2
1600	0	1621	1	1642	1

资料来源:鲁伊·罗里多:《葡萄牙人与丝绸之路:明朝末年的澳门与马尼拉》,《文化杂志》2002 年第 44 期,第 96~98 页。

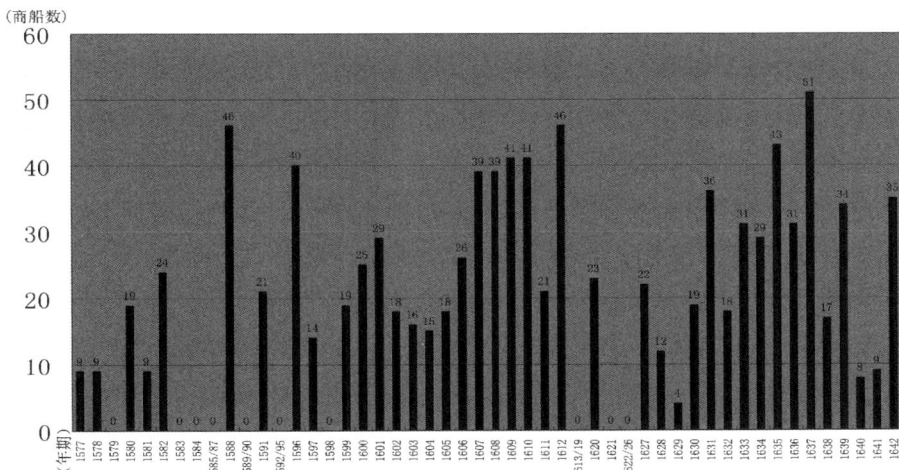

图 4-2　从中国抵达马尼拉的商船数

资料来源:鲁伊·罗里多:《葡萄牙人与丝绸之路:明朝末年的澳门与马尼拉》,《文化杂志》2002 年第 44 期,第 96~98 页。

五、美洲西班牙商人①及塞维利亚商人的贸易竞争

菲律宾的西班牙商人在对华贸易方面不仅遭遇葡萄牙商人的竞争，还遭遇美洲的西班牙商人和塞维利亚商人的竞争。美洲的西班牙商人和他们争夺菲墨贸易的控制权，甚至直航中国，企图剥夺他们作为贸易中间商的地位，塞维利亚商人则和他们争夺美洲市场。

（一）美洲西班牙商人的竞争

正是因为马尼拉—阿卡普尔科大帆船贸易的高额利润，使得该航线两端的西班牙商人都想控制这一贸易。菲律宾的西班牙商人利用他们在中国和美洲之间优越的地理位置，想利用这一贸易谋求利润。而美洲的西班牙商人，开始只是从到达阿卡普尔科的大帆船上购买商品，而后为了减少中间商的盘剥而亲自前往马尼拉购买，甚至直航中国。

在马尼拉市场上，由于墨西哥和秘鲁西班牙商人的到来，带来大量白银，与菲律宾西班牙商人争相竞购，结果导致中国丝货价格急剧上涨，菲、美间丝货贸易的利润锐减。美洲西班牙商人的竞争让菲律宾西班牙商人非常痛恨。1586 年提交给西班牙王室请愿书的第三章第一条就要求不要从墨西哥向菲律宾托运白银。"首先应该告知陛下，摧毁这个殖民地的因素之一就是居住在墨西哥的富人托运到这里的大量白银。这带来了两大害处：一是推升了所有中国商品的价格，使得这里的穷人和一般人买不了那些商品，或者只能是高价购买；二是……市民和普通人不能出口任何商品。我们要求陛下授权并批准王室最高法院对这里所作的规定，即不得从墨西哥向这里运送白银，墨西哥贸易代理人或贸易公司不得前来这里，只有这个群岛的公民被允许购买这里和外国的商品并出口到墨西哥。如果任何其他人想这么做，就应该成为这里的公民，在这里至少居住三年，只能用自己的财产从事贸易，否则重罚。惩罚手段应该包括没收货物及个人财产，此外不得将任何财富运往墨西哥，也不得从墨西哥捎带白银来这里，让中国人拿走，使得中国人的货物可以更便宜地买到，并用这里的产品交换"。②

1598 年 6 月 24 日，马尼拉大主教伊格纳西奥（Ygnacio de Santibanez）

---

① 后文有时简称为"美洲商人"。

② BR，Vol. 6，pp. 166～167.

写信给国王,"违反陛下的法令,秘鲁人和墨西哥商人的船货从这里装运,没有给这里的商人留下(舱位)空间,特别是没留给那些除了贩运一小包商品到美洲就不能获取任何其他收益的穷人"。①

菲督德鲁于 1599 年 7 月 12 日写信向国王报告,"陛下已命令新西班牙总督每年给菲岛公民运送 50 万比索的执照,这笔钱作为他们从这里出口商品的利润被运到这里。然而发生了这样的事件,去年堆积下来的货物今年销售利润很好;前述总督即使有义务执行那一命令,但没执行。他只给了菲岛公民运送 20 万比索的执照,其余的他将之增至 50 万,给了秘鲁人,条件是他们要在这里做一段时间的公民,因此这里的公民被剥走了 30 万比索,这带来了灾难性的伤害,不仅是因为他们没能利用他们自己的财产,且因为拿走了他们执照的秘鲁人富裕,带来了太多的钱币……他们到来后,发现中国人握有大量的布匹,不考虑价格就买。当这里的公民到来时,他们都无法装载分给他们的份额,因为没钱支付,秘鲁人装满了那些船只;蒙陛下恩赐,那些本该由这里公民赚取的利润被秘鲁人享有了"。②

殖民地官员阿隆索·卡斯特罗(Alonso Fernandez de Castro)于 1602年记述,"据新西班牙总督和阿韦亚内达(Bernardino de Avellaneda)先生告知,通常有 2 百万里尔从西印度运往菲律宾";"在执行任务的借口下,秘鲁和新西班牙的公民参与这一贸易(指菲、墨贸易),他们通过从新西班牙开来的船只运送钱币,有些登记了,有些则秘密运送";"这个群岛的公民,除了个别情况外,都很穷,他们想放弃这个群岛,因为除了商贸外没有别的谋利手段。墨西哥和秘鲁的公民从他们处夺走了这一贸易,他们带来大量的钱,毫不犹豫地以过高的价格购买商品,然后为了运送这些商品,赶紧高价购买舱位,因而成功地占领了属于菲律宾公民的舱位,当后者运送他们商品的时候,所剩空间太小而不够用"。③

一些美洲商人在菲岛住几年累积了一定的财富,并通过可靠的代理人仍然维持他们在马尼拉的贸易联系,后者则代表他们进行贸易。那些代理人是登记了的公民,因此在法律上有资格获取"特许证"(boleta)或运输执照,在大帆船上托运货物。因为他们握有大量的资金,使得真正的(马尼拉)

---

① BR,Vol. 10,p. 145.
② BR,Vol. 10,pp. 265~266.
③ BR,Vol. 12,pp. 47 & 51.

商人无法和他们竞争，因为当中国人知道那座城市有大量墨西哥和秘鲁白银的时候，给西班牙人的货物价格有时就会翻倍。有时美洲商人亲自前往马尼拉购买，然后乘下一班大帆船返回。据 1604 年颁布的一部法律所述，"每年从新西班牙前往菲岛的大部分人并不待在那里，而是投下了他们的钱财之后当即返回"。①

虽然有种种限制，事实上墨西哥人仍然可以与在马尼拉的代理商密切联系以贩运丝货，故在这种贸易中仍然占有重要地位。② 蒙法尔康宣称，这一贸易中的大多数不幸都是因为墨西哥人的妨碍，马尼拉人总是成为他们过度行为的替罪羊。1683 年马尼拉又向国王投诉，墨西哥公民送来了 40 万比索的投资。几年之后，安达卢西亚人指控，1686 年新西班牙总督加尔韦(Galve)派了 2 艘船到马尼拉，其中载有墨西哥和秘鲁两地的商人，携有大量现金，据说这些商人继续去了中国，在那里建立了直接的贸易联系，给中国的丝绸纺织者留下了货物样本作为模板。③

美洲商人还企图直接前往中国贸易，绕开马尼拉的中间商。1588 年 6 月 27 日菲律宾主教萨拉萨尔在给国王的信中抱怨，新西班牙总督将圣马丁号商船卖给一位墨西哥商人用来从事中国贸易。④ 信中还谈到，"他们说圣安娜号也被以 3 万比索的价格卖掉了，受命航往澳门"。⑤ 1589 年 7 月 15 日菲岛王室检察官加斯珀写信给国王，"听说一艘巴拿马或秘鲁的商船，准备了要投下一大笔钱，已经到了广东河岸的澳门"。⑥ 蒙特雷伯爵 1602 年 5 月 15 日在给国王的信中写道，"秘鲁商人宣称，应该开通与中国的贸易，他们应该被允许每年派两艘商船，投资 100 万杜卡特，运载（中国）商品回卡亚俄港。这些商品售后将会换回 600 万杜卡特，付给陛下的 10% 将达 60 万杜卡特。如果投资 100 万杜卡特的执照给不了，也该给 50 万的执照，关税也将达 30 万杜卡特"。⑦

可见，除了偶尔前往中国贸易外，直至 17 世纪末，美洲商人一直都在

---

① William L. Schurz, *The Manila Galleon*, pp. 363～364.

② 全汉昇：《中国经济史论丛》，第 469 页。

③ William L. Schurz, *The Manila Galleon*, p. 364.

④ BR，Vol. 7，p. 12.

⑤ BR，Vol. 7，p. 75.

⑥ BR，Vol. 7，p. 120.

⑦ BR，Vol. 12，pp. 64～66.

菲、墨贸易中扮演着一定的角色,这无疑助推了该贸易的规模,从而间接地影响了大西洋贸易的规模,也间接地影响了王室对菲中及菲墨贸易的政策抉择。

(二)塞维利亚商人的竞争

塞维利亚商人与菲律宾的西班牙商人之间的竞争表现为对美洲市场的争夺。菲律宾西班牙商人经营的主要是中国商品的转口贸易,而塞维利亚商人经营的从某种程度上说也是转口贸易,因为在16世纪80年代左右,装载的货物中外国货超过了卡斯蒂利亚货,[①]到了17世纪末西班牙商品所占的份额则降到了5%。[②] 所以两地商人的竞争一方面表现为双方经销商品的竞争。另一方面由于当时重商主义盛行,西班牙王室对其海外殖民地贸易实行严格控制,不允许自由贸易,所以双方的竞争又表现在争夺王室的政策倾斜。

1. 中国商品在美洲的竞争优势

在西班牙独霸美洲的时候,从美洲取得了大量的黄金和白银,使西班牙成为全欧洲最富强的国家。但是西班牙本国的生产力并没有随着财富的增加而发展,作为流通货币的黄金和白银大量涌入,造成西班牙经济恶性的通货膨胀,国内的物价比欧洲任何其他地方都要贵上数倍。所以,经由大帆船贸易运往美洲的廉价的中国商品,尽管是在远隔重洋之下,仍旧能够与那里的西班牙和欧洲商品竞争,并进而对西班牙的手工业和轻工业造成打击。[③]直到18世纪末衣物和丝绸等商品在墨西哥的进口总值中占63%,[④]所以中国丝货造成的打击最大。

1582年马尼拉开往秘鲁的大帆船载去了100公担中国铁,因售价便宜,1590年秘鲁总督卡涅特专门派船到菲律宾采购中国的铁和铜,中国产

---

① 莱斯利·贝瑟尔主编,林无畏、吴经训、孙铼、丁兆敏译:《剑桥拉丁美洲史》,第316页。

② 比维斯:《西班牙与美洲社会经济史》,西班牙,1974年,第3卷,第282～283页。转引自张铠:《中国与西班牙关系史》,第159页。

③ 陈台民:《中菲关系与菲律宾华侨》,第151页。

④ 迭戈·G. 洛佩斯·罗萨达:《墨西哥经济史教程》,墨西哥,1963年,第99～100、127页。转引自张铠:《明清时代中国丝绸在拉丁美洲的传播》,《世界历史》1981年第6期,第65页。

品不仅比西班牙的价格低,就是与墨西哥本地的相比,价格也要低。至于中国的衣物,卡涅特在同年致菲利普二世的呈文中叙及,在秘鲁中国纺织品的售价或许只及西班牙产品的 1/9。因此,"没有一个男人在打扮他的妻子时,会不用价值 200 雷亚尔的中国绸缎,而偏偏花 200 个比索去买西班牙丝料"。①

1586 年 6 月 17 日印度事务委员会一名成员写信给国王菲利普二世,其中描述了菲中贸易对西班牙母国和墨西哥的伤害。"虽然(来自中国的)缎、花缎和其他的丝绸商品,甚至是其中最精美的,都只含有少量的丝,而且还有和草混织的(都是没有什么价值的),但人们都依赖这个廉价的市场,由西班牙输入的丝绸的价格降低了,后者的塔夫绸变得值不到八个里尔,缎和花缎也变得很廉价。他(新西班牙总督恩里克斯)怕长此以往,便不再需要自西班牙输入丝绸。新西班牙舰队司令致陛下的信也受到审阅,他说由于菲律宾群岛的贸易,该地(墨西哥)自本王国(西班牙)输入的薄织物在逐渐减少中"。②

1586 年 11 月 15 日,新西班牙总督在给国王菲利普二世的信中提到,中国织锦的质量优于西班牙的线缎,但售价却低一半。③ 1602 年阿隆索·卡斯特罗写道,"被伪装成卡斯蒂利亚商品,这些(从菲律宾运往新西班牙的)商品被运至秘鲁,由此产生了很多的困难,西班牙和秘鲁及南美洲北部沿海大陆(Tierra Firme)之间的贸易正在终结,来自西班牙的商品不再送往秘鲁。如果这一情况不在数年内制止,人们都会认为西班牙与南美洲北部沿海大陆、秘鲁和新西班牙之间的商品贸易将会终止"。④ 到 17 世纪初,甚至整个西班牙商船队的销售额还抵不上一艘马尼拉大帆船的销售额。⑤

法国人皮拉尔·德拉瓦尔(Pyrard de Laval)曾在东印度旅行,他于 1608 年写到马尼拉大帆船所进行的中国丝货贸易,"这让这个群岛出奇的富有,但同时也减少了西班牙与西印度的贸易,因为西班牙的布匹和丝织品

---

① W. Borah, *Early Colonial Trade and Navigation: between Mexico and Peru*, California, 1954, pp. 117, 121~122. 转引自张铠著:《中国与西班牙关系史》,第 88 页。
② BR, Vol. 6, pp. 279~280.
③ BR, Vol. 6, pp. 286~287.
④ BR, Vol. 12, pp. 47~48.
⑤ 《澳门日报》,1839 年第 4 号,第 8 卷,第 172 页。转引自张铠:《明清时代中国丝绸在拉丁美洲的传播》,第 66 页。

不再像这一贸易建立之前所惯常的那样运往那里"。①

1628 年 10 月 7 日马科呈交给印度事务委员会的一份文件中写道,"西印度不依赖西班牙——这是那些王室领地应该依赖的,那里和西班牙都消费着中国商品,用标准的比索购买,大量的钱币被输往中国用以交换,而不是送往西班牙在这里投资,将这里的商品送往西印度……过去两年格拉纳达生产的丝货很少,因为销量少,价值低,成本高,所以从丝货收入中征收的税收比过去的年份每年减少了 3 万杜卡特。由此带来了两大损失,并且那些损失会日益严重,更加不可修复。第一,因为丝货生产太少,生产者让桑叶留在树上,那些桑树进入了困境,因为没人修剪和照看,很快就会被毁弃——以致当有人尽力来补救的时候都会无能为力。第二,已生产的少量丝货生产者利润极低,因为这时候丝货的价值下降了,导因于进口了大量外国丝货,且其售价低销量很好,因此前述生产者也即年金支付者无法支付年金,过去两年他们拖欠了国王陛下 20 万杜卡特。如果外国丝货的进口和销售不被禁止,接下来的年份要支付那一数额的年金及所拖欠的年金是不可能的"。②

蒙法尔康在其 1637 年提交给国王的备忘录中,谈到了中国丝货对西班牙丝货在美洲销售造成的损害,"因为后者更贵而前者更便宜,同时人口日益增长,财富减少,他们必定想得到价格更适中的货物,即使货物的质量有差别……印第安人和黑人只喜欢来自中国和菲律宾的亚麻织物,如果他们买不到,就宁可衣衫褴褛,因为他们没钱去花 8 里尔买 1 里尔半就能买到的东西……由于质量和价格问题,那些矿主们不会也不可能用来自卡斯蒂利亚的布料,而是用中国的,因为更便宜、耐用且好用。他们购买 1000 比索的(中国)布料能让他们的矿场运转比购买 5000 比索的西班牙布料时间更长"。③ 该备忘录中同时还讲到,"西班牙在美洲的贸易从原有状态大幅下降,似乎不到以前贸易量的一半"。④ 他在 1640 年送交给王室巡视员胡安·门多萨的备忘录中又写道,"秘鲁各省获益很大,因为中国商品非常便宜,西班牙商品的价格估计是前者的三倍"。⑤

---

① William L. Schurz, *The Manila Galleon*, p. 405.
② BR, Vol. 22, pp. 281~285.
③ BR, Vol. 27, pp. 201~202.
④ BR, Vol. 27, p. 152.
⑤ BR, Vol. 30, p. 77.

艾伯茹在其于 1736 年撰写:《菲律宾与新西班牙的贸易:1640—1736》(*Commerce of the Philippines with Nueva España*,1640—1736)一书中写道,"(新西班牙)除了用中国丝货之外就不用别的了。这带来的结果是,西班牙所有的丝织场(曾给王室财库支付了大量税赋)纷纷破产、倒闭了,在西印度贸易的那些商人的财产由于遭遇了巨大亏损而丧失了,因为西班牙贸易商被从各类商品中最重要、最贵重的类别丝货中排挤出来了。这一损失也延伸到了(大西洋)贸易船队运往那里的皮科特(picote)和巴拉坎(barracan)之类及其他的毛织品。因为整个新西班牙那些穿着中国丝绸的人现在瞧不起毛织品,意识到他们只要花买一件毛料衣一半的钱就能买到另一件中国丝料衣,很明显,穿着一样的漂亮"。[1]

除了丝织品外,中国生丝在美洲市场上同样具有竞争力。1611 年墨西哥总督蒙特斯克拉罗斯主张取缔阿卡普尔科贸易,说墨西哥可以从本地的米斯特卡(Misteca)及其他来源地满足自身对丝货的需求。但当时墨西哥的丝织业已经开始衰落,本地产品在原材料方面开始依赖于中国的生丝。蒙法尔康也声称,东方丝货在质量上比米斯特卡区生产的要好,米斯特卡生产的丝货也不够满足墨西哥的需求。1712 年罗杰斯(Woodes Rogers)写道,"从中国带来大量生丝,近年来被织成锦缎,质量可与任何欧洲产品媲美"。[2]

2. 塞维利亚商人的抗议

很明显,在经销商品方面的竞争,昂贵的西班牙(欧洲)商品总是处于劣势,这让经销这一商品的塞维利亚商人的利益不可避免地受到了损害,也在某种程度上损害了西班牙商品生产者,特别是丝织业者及相关业者的利益,[3]从而驱使他们为了不让利益受损而长期对西班牙王室进行游说,力求取缔,至少是限制菲、墨间的大帆船贸易。为此他们援引当时流行的重商主义思潮,相应地提出了两个论点,即:马尼拉与墨西哥之间自由贸易的结果是新世界的市场泛滥着廉价的东方货物,从而毁坏了西班牙的商业与制造

---

① BR,Vol. 44,pp. 255~256.

② William L. Schurz,*The Manila Galleon*,p. 365.

③ 其实对西班牙丝织业及相关行业冲击最大的是当时泛滥的欧洲商品。Henry Kamen 在其 *Spain*,1469—1714:*A Society of Conflict*(p. 229.)记述,"西班牙被其他西欧国家的贸易所淹没,这一趋势早已明了,1580 年代开始的危机则强化了这一趋势"。

工业；为了支付东方出口商品的货款，大量银子流入亚洲而不是流入西班牙。① 由于塞维利亚对西班牙乃至整个欧洲的经济有着举足轻重的影响，因此该城市大垄断商人集团利益的体现者——商会在西班牙王室面前有很大的发言权。② 同时该商人集团又充当为丝织业者代言的角色，将丝织行业的受损援引为限制或取缔马尼拉大帆船贸易的理由。所以，争夺王室政策倾斜的竞争主要在该商人集团与菲律宾西班牙商人集团之间进行。

出面为塞维利亚商人集团展开利益争夺的是塞维利亚商会。该商会是根据 1543 年 8 月 23 日的一项法令建立的，该法令授权塞尔维亚市的出口商每年举行会议，选举会长和理事，管理、调节和保卫那些商人的商业利益。③

几乎从一开始，即中国织品进口到墨西哥和秘鲁一开始影响到塞维利亚的贸易，对马尼拉西班牙商人集团的敌对行为就开始了。1589 年塞维利亚商会向菲利普二世抱怨，"当从塞维利亚开出的船队抵达时，货物销售量下降，因为市场有了来自中国和菲律宾更便宜的货物供应。这对王室的收入带来了极大损害，也是对商业的沉重打击，因为很明显，船队不再像以前那样重载货物前往，回程带回的金银也不如以前多"。

为了垄断美洲市场，塞维利亚商会就菲、美贸易向西班牙王室提出了很多要求，其中最激进的就是要求取缔那一贸易，放弃菲律宾群岛。因为为控制马尼拉大帆船贸易而实行的贸易特许制度，除了在几个短暂的间隔期外，都未能实现其目的，半岛的利益集团提出了放弃菲岛的主张。还有几份请愿书呼吁取缔大帆船贸易航线，第一份是在 1586 年的，大帆船贸易仅进行了 20 年，再就是 1604 年的，并长期呼吁取消（其中的）丝货贸易。④

在放弃菲岛是不可能实现的情况下，塞维利亚商人集团提出了将菲、墨贸易转移的主张。1612 年 4 月 12 日秘鲁总督蒙特斯克拉罗斯在给菲利普三世的信中写道，"为了塞维利亚商人团体和商会的利益，有人恳求陛下取缔新西班牙与菲律宾之间的贸易，并下令那一贸易只能通过西班牙和葡萄

---

① 格雷戈里奥·F. 赛义德著，吴世昌、温锡增译：《菲律宾共和国：历史、政府与文明》上册，第 271 页。
② 张铠著：《中国与西班牙关系史》，第 83 页。
③ BR，Vol. 17，p. 213.
④ William L. Schurz, *The Manila Galleon*, pp. 404～406.

牙进行"。① 1621 年科罗内尔在其《忘录中》还写道,"这个问题处在争论中,即,即使保有菲律宾群岛是有利的,贸易也应该由新西班牙转到西班牙母国,船只应该由塞维利亚开往菲律宾,就像从葡萄牙开往东印度一样;为这一贸易,船只应该装上西班牙的商品用以交换,带回中国和那些地区的财富"。②

再者就是长期的投诉与抗议。蒙特雷伯爵 1602 年 5 月 15 日在给国王的信中写道,"利马的商人以前很富有,非常守信,现在成了欠债户,这是塞维利亚商人获利不如以前的原因。因此有人大声反对中国商品,因为他们想象那是他们利益受损的根源……让在墨西哥购买的中国商品(在秘鲁)支付 7‰ 的关税,那就说明塞维利亚向陛下支付的 400 万至 600 万杜卡特对王室金库而言无关紧要,因为塞维利亚并不同意中国商品进入秘鲁"。③ 1602 年菲律宾提交的请愿书记述,"法令允许(亚洲)商品经拉普拉塔河输送,这遭到了塞维利亚商人的强力反对"。④ 1604 年 12 月 31 日的王室敕令规定,"因为塞维利亚商会(在这里的)会长及各位理事都向我请愿,以及热心于为我服务其他人的请求,为了阻止那一伤害,我命令前述新西班牙与菲律宾群岛之间的贸易也完全禁止"。⑤ 1621 年科罗内尔在其《忘录中》还写道,"塞维利亚商人抱怨,同中国的贸易摧毁了西印度,其实他们并不知道这一毁灭的真正原因"。⑥ 艾伯茹在其 1736 年撰写的前述著作中还写道,"塞维利亚商会坚定地认为,这(指菲、墨非法贸易所造成的损失)是最大的损失,是导致大西洋贸易船队被摧毁的最重要的因素,因此最为急切地呼吁采取最迅速、最有力的措施来进行补救,他们乞求国王陛下,认为陛下该颁布敕谕,命令给予菲律宾群岛的贸易许可要严格遵守,否则给予最严厉的惩罚"。⑦

此外,塞维利亚垄断商人集团还利用西班牙养蚕业和丝织业的兴衰与王室利益紧密相连这一点,极力争取王室支持他们限制中国丝和丝织品进

---

① BR, Vol. 17, pp. 213 & 220.
② BR, Vol. 19, pp. 237~238.
③ BR, Vol. 12, pp. 63 & 65.
④ BR, Vol. 12, p. 74.
⑤ BR, Vol. 13, p. 258.
⑥ BR, Vol. 19, p. 241.
⑦ BR, Vol. 44, pp. 256~257.

入美洲和西班牙市场数量的要求。在一些年间,比如 1718 年,在塞维利亚商会的一再要求和坚持下,西班牙王室终于颁发了禁止中国丝和丝织品进入美洲市场的谕令并于 1720 年再次重申此令。[①]

第三节　对华贸易的政策目标

因为菲中贸易攸关菲律宾殖民地的生存,所以菲律宾殖民当局对该贸易非常重视,采取各种政策措施以保证贸易顺利进行。菲律宾殖民当局的对华贸易政策目标可以归纳为三点,即巩固货源,保证市场,追求贸易利益最大化。

一、巩固货源

因为菲岛的消费品供应和转口贸易都依赖中国商品,所以巩固中国商品的供应对菲律宾殖民地的生存与繁荣至关重要。为了达此目的,菲律宾殖民当局主要采取了三个方面的措施,即积极招徕华商前往菲岛贸易;力图让西班牙商人前来中国贸易;努力排除其他竞争。

(一)招徕华商前往菲岛贸易

1565 年 5 月 28 日,即西班牙殖民者占领宿务一个月之后,西班牙远征队的财务官吉多(Guido de Labecares)等三人写信给墨西哥最高法院院长,在信中所要求迅速补给的项目中有"用于中国沿海的大镀金货币一箱","用于同中国进行贸易的纯银硬币和小金条"。[②] 这说明西班牙殖民者一到菲岛后,就着手准备同中国进行贸易。

为了吸引华商前往菲岛贸易,西班牙殖民者初到菲岛时努力善待那里的中国人。1570 年 5 月中旬,西班牙殖民军将领戈第派出的侦察船在民都洛攻击了中国商船,戈第闻悉后非常生气,立即前往出事地点,向华商表示歉意,然后采取了一连串补偿及友好的举措,包括释放生还的中国人,安排修理损坏的中国船只,要求华人派人前往班乃,在吕宋南部巴拉扬释放两名被土著关禁的华商,在马尼拉战争中小心保护中国商船,把被菲律宾人抢走

---

① 张铠著:《中国与西班牙关系史》,第 158 页。
② BR,Vol. 2,p. 191.

的帆、舵还给中国人，为中国商船提供回航的必需品，释放马尼拉战争中俘虏的华人妇女等。1571 年 4 月黎牙实比在赴马尼拉途中在民都洛从菲律宾人手里赎出 50 名船只失事的中国人，把他们送回中国，以履行他善待一切中国商人的政策。① 1572 年又给予西班牙人手中的华人奴隶以自由，并将其遣送回国。那些华人奴隶回国后，向自己的同胞传播有关菲律宾的消息，说华人可以安全到那里并自由地进行贸易。②

同时善待前往那里的华商。1573 年 6 月 29 日菲督拉维萨雷斯在给国王的报告中写道，"自我们到达（这里）以来，中国人一直前来这里贸易，因为我们一直尽力善待他们"。在谈到葡萄牙人如何散布虚假消息阻挠华商前往菲岛贸易时又写道，"因为给予华人的待遇戳破了那些（不实）之言，今年来的商船比去年更多，并且会逐年增多"。③ 他在 1574 年 7 月 17 日给国王的信中说，"中国人由于一直受到我们的善待，继续每年扩大他们（在这里）的贸易"。④ 他还在给墨西哥总督的信中写道，"在这次航行中，我们的人抓了两艘中国货船，抢了所有的货物，并将其中一艘货船和四名中国人带到了这里。后来，这几名中国人连同留在他们被抓的那些岛上的其他中国人一起被送回去了，让他们回国。将这一伤害施加于既没有冒犯我们，也让我们找不到伤害理由的人身上，我非常抱歉。在这件事情上最让我难过的是，这些中国人会将与我们相关的消息带到他们自己国家，为了我们在中国的声誉，讲述我们对他们以及他们看到的我们对别人的友好行为"。⑤ 很明显，西班牙殖民者将这一本是加害华人的事件虚弄出反效果，肯定费了不少心血，目的就是为了在中国博得善待华人的声誉，招徕华商前往贸易。

1588 年 6 月 25 日菲岛最高法院在给国王的信中写道，"超过 30 艘船从那里（中国）前来这里，带来了很多人，连同那些住在这里的，这座城市现有 1 万华人。我们一直根据陛下的命令非常友善地接待他们"。⑥

1590 年 6 月 24 日菲律宾主教萨拉萨尔在给国王的信中也谈到，"因为中国人在这里所经历的与他们所听说的相反，从这里回去的中国人告知其

---

① C. R. 博克塞编注，何高济译：《十六世纪中国南部行纪》，第 19 页。
② 黄滋生、何思兵：《菲律宾华侨史》，第 29 页。
③ BR，Vol. 4，pp. 181～182.
④ BR，Vol. 3，p. 276.
⑤ BR，Vol. 3，p. 291.
⑥ BR，Vol. 6，p. 316.

国内同胞,他们在这里受到了我们公平的对待,他们在我们当中享受着自由,中国人重拾信心,看到我们(前往)他们国家不再恼怒"。①

菲律宾殖民当局善待华人的情况不仅在其立足菲岛初期出现,在第一次大规模屠杀华人之后也程度不同地出现过。1603年大屠杀之后,为了吸引更多的华商今后继续前往菲岛,恢复正常贸易,殖民当局一反常态,对屠杀后第一批赴菲的华商作出一些让步:华商鉴于西班牙人过去常赊欠不还,令其损失很大,这次要求现金交易,殖民当局默许这种做法;昔日华商只能在涧内停留和出售其货物,不准进城住宿和销货,现由于涧内被毁,准许华人进城居留,在城内出售货物,并破例准许他们自由进出马尼拉;往日西班牙人对华商予取予夺,现则申明,未经华商准许,不得擅自拿走。②

为了打破某个时期澳门葡萄牙人对马尼拉中国商品贸易的垄断,菲律宾殖民当局还特意善待华商,招徕他们前往。1636年7月11日菲督科奎拉写信给菲利普四世,"随着对前述中国人展示欢迎态度并善待他们,今年来了33艘他们的小船,载来了大量商品,陛下您(在这里)的臣民已在过去很多年没有见过这么便宜的织品了。能达此目的是因为殷勤地接待他们,善待他们,和蔼而又快速地处理他们的事务,不允许司法和财务官员妨碍他们或拿走他们的任何东西"。③

为了促进同中国的贸易,招徕中国商人前往,在菲中贸易建立初期还免征关税。1576年6月7日,菲督桑德送往西班牙政府的第一份官方报告中,讲到了对中菲贸易的扶持。"到目前为止,还没有任何进出口关税,或任何其他税收。我在如此困难的时刻来到这里,且这里的人既贫又少,我不敢向他们征收任何赋税。我认为现在收关税为时太早,无利可图。要征收也只是一个小数目,从中国用船只运来的商品数量也不多,如果我们不优待他们(中国商人),他们就不会再来,如果剥夺他们运来的东西,我们就要受苦了。"④他在1577年6月8日给国王的信中又写道,"考虑到去年那些船只遭受的损失,我认为向中国船只征收关税似乎太早了。我已经告知了陛下这一点,还有这个群岛已被免除了30年的关税和其他税收"。⑤

---

① BR, Vol. 7, p. 217.
② 黄滋生、何思兵:《菲律宾华侨史》,第96页。
③ BR, Vol. 26, pp. 276~277.
④ BR, Vol. 4, p. 88.
⑤ BR, Vol. 4, p. 107.

（二）力图前来中国贸易

为了在货源问题上不受制于赴菲华人，也为了省去华人中间商剥去的利润，将利益最大化，菲律宾的西班牙商人力图直接前往货源地中国购买。只是出于各种原因，他们的多次努力最终都以失败告终。

黎牙实比一立足马尼拉就曾想遣使中国，后因中国禁止非朝贡的外国人入境，且"中国人会随意到来，自由地在菲律宾人中进行交易"，所以取消了遣使的念头，遣使的主要目的明显是为了打开前来中国贸易的大门。

继任总督拉维萨雷斯派遣拉达一行前来中国，主要目的之一也是为了打开中国的贸易之门。菲督在行前训诫拉达一行，"如果总督和官员们同意，一国和另一国之间可以进行贸易，因为他们说他们拥有权力，或者不管怎样，得到总督的同意，那你们要求他们指定一个港口给我们，我们的商船可以安全进出，一如葡人得到的港口"，"你们要努力了解该国人民的品质，知道他们的风俗习惯，及他们做什么生意买卖；并要知道他们是否言而有信，说话诚实否，从这可运什么商品到那里，从那里又能运什么来，以致对双方贸易都有利，尚有能够发现和打听到的有关该国的其他事物和秘密"。[①]

狂热主张侵华的菲督桑德继任后，也想直接前来中国贸易。他在王望高第二次使菲时告诉后者，"我想派一艘船前往中国贸易"。[②]

在第一次中菲交往中，实现前来中国贸易的企图失败后，如前文所述，菲律宾殖民当局中的很多人还是希望出于贸易和传教原因，继续遣使中国，所以 1580 年代前期三次遣使中国的计划都带有打开对华贸易之门的目的。

1587 年 6 月 26 日，菲督维拉在给国王的信中，谈到在菲华人建议那里的西班牙人直接前往泉州贸易，他给予了回应，"我衷心地感谢了他们的建议，并回答说，明年他们应该从泉州知府那里捎个执照来，让卡斯蒂利亚人能够去那里；如同广东人出租澳门，让葡萄牙人在那里定居，泉州人应该租个泉州附近的岛给我们，让我们可以在上面居住并建筑防御工事"。[③] 1590 年 6 月 24 日菲律宾主教萨拉萨尔在写给国王的信中也提到，"去年维拉博士告诉我，他打算和泉州的官员联络，让他们在泉州海岸不远处给我们一个

---

① C. R. 博克塞编注，何高济译：《十六世纪中国南部行纪》，第 20、45 页。

② BR，Vol. 4，p. 60.

③ BR，Vol. 6，p. 303.

岛,让卡斯蒂利亚人可以在那里居住和经商"。①

1594 年奥尔特加建议国王向中国皇帝写信,为了表示爱和友谊,向后者赠送一些那里没有的产品,要求后者同意"西班牙人和中国人进行(直接)贸易,给予前者某个海港,就像将澳门给予葡萄牙人一样"。②

前文已有述及,菲律宾的西班牙人想在中国获取一个贸易据点的梦想在 1598 年萨穆迪奥的中国之行中已初步实现。菲督德鲁于 1599 年 7 月 12 日给国王的信中谈到了此事,"去年我决定颁发许可证给萨穆迪奥前往广东省,以尽可能好的方式建立他自己的事业,带回一些我们缺少的金属和其他物品,作为这里的王室储备。他进行了这次航行并完成了任务。此外,尽管遭到了澳门葡萄牙人的强烈反对,他在中国广东为西班牙人获得了一个名为皮奈尔的海港,西班牙人可以以那里为基地前往广东进行贸易。他们还在广州市内获得了一栋房子以及执照,可以随时随意地返回并在那里居住。……今年,为了继续萨穆迪奥在中国所取得的这一良好开端,我同意了最高法院的意见,最好是再派一艘船过去,配足火炮和武器。这艘船很快就会出航"。③ 尽管菲督的这一行为违反了 1593 年颁布的王室法令,有人送谴责信函到最高法院,但是 1603 年 10 月 15 日的一封秘密信函却授权菲督召集一个委员会,研究继续这一事业的可行性。④ 只是在葡萄牙人的强烈抗议及其他因素的影响下,西班牙人最后放弃了那个港口。

1626 年菲督费尔南多·席尔瓦派出了一支远征队,由 2 艘舰船和 12 艘舢板组成,装载 3 个连的军队,由舰长瓦尔德斯指挥,马丁内斯(Bartolome Martinez)则率领 6 名多明我会士随行。远征队 1626 年 5 月 7 日在基隆登陆,立即占领台湾的北部。西班牙人殖民台湾的目的:一则获取一个马尼拉—中国—日本贸易的基地,二则传播基督教,⑤三则想将荷兰人逐出台湾。1628 年船只罗萨里奥号从基隆带回中国官员的信,信中提到福建巡抚可能会发贸易执照给西班牙人,这让马尼拉的西班牙人对基隆的贸易相当期待。1628 年以后西班牙人持续通过基隆驻军与福州官方联系,菲

---

① BR,Vol.7,p.217.

② BR,Vol.9,p.113.

③ BR,Vol.10,pp.267~268.

④ BR,Vol.27,p.111.

⑤ G. F. Zaide,*The Pageant of Philippine History*:*Political*,*Economic*,*and Socio-Cultural*,Vol.1,p.373.

183

律宾总督表示希望开启与福建的贸易关系,福建巡抚也答应协助西班牙人发展贸易。1629 年基隆新任军事长官得到福建巡抚的允许,乘船到福州,受到福建官方的接待,但福州官员仍拒绝西班牙人前往中国贸易。1631 年底,基隆军事长官又派了两名多明我会士去福州,但是福建地方当局仍不愿意在没有请示皇帝的情况下与外国人进行贸易或交往。①

(三)努力排除其他竞争

在对华贸易中,中国商品即货源的获得存在着诸多的竞争,主要来自于葡萄牙人、荷兰人以及美洲的西班牙人。面对这些竞争,菲律宾的西班牙人则努力采取各种手段来进行应对。

1. 应对葡萄牙人的竞争

对于葡萄牙人阻挠中国人前往菲律宾贸易的行为,菲律宾的西班牙人一方面善待华人,极力招徕中国商人前往贸易,一方面则要求西班牙王室通过其他方式进行应对。菲督拉维萨雷斯在 1573 年 6 月 29 日给国王的报告建议,"最好是与葡萄牙人保持某种和平或开战,不要处于这种不确定状态,不要让他们在远处极力伤害我们"。② 16 世纪 20 年代后,澳门的葡萄牙人企图垄断马尼拉的中国商品销售,谋取垄断利润。对此,菲律宾的西班牙人一方面占领台湾北部,其目的之一就是要摆脱澳门葡萄牙人对马尼拉中国商品销售的垄断,谋求直接前往中国贸易,既减少菲律宾的贸易损失,也分散风险。另一方面则寻求禁止葡萄牙人前往马尼拉贸易。1632 年约瑟夫提交的备忘录,马尼拉市政委员会进行了讨论,一致同意采纳他禁止葡萄牙人前往马尼拉贸易的建议,并将这一问题提交给总督和市民们(进行讨论)。总督也同意剥夺葡萄牙人的马尼拉贸易,他于 1633 年 8 月 14 日向国王写信,"葡萄牙人距离中国近,又获准前来这里,他们控制了中国贸易,加上他们违反管理规定,零售中国人以前直接运来这里的那些产品,导致中国贸易下滑。结果造成这里货物十分短缺,给我们造成了很大的损失……我认为可以采取补救措施……即陛下禁止澳门与马尼拉的贸易,命令葡萄牙人不

---

① 陈宗仁:《西班牙文献中的福建当局(1626—1642)——官员、海盗与海外敌国的对抗与合作》,参见吕理政主编:《帝国相接之界:西班牙时期台湾相关文献及图像论文集》,台北:南天书局,2006 年,第 330~331 页。

② BR, Vol. 3, p. 182.

得进入这一区域"。① 结果 1634 年 9 月 9 日王室授命菲督阻止葡萄牙人在菲岛贸易。② 1635 年 5 月 4 日的王室法令重申了这一命令。③ 王室还授权总督和其他官员在这一问题上采取最佳措施。④

对于葡萄牙人阻止其前来中国贸易,并通过联合王室施压,菲律宾的西班牙人则一方面寻求各种机会同中国政府沟通,希望获得前来贸易的准许,这在前文已经述及,另一方面则经常向西班牙王室奏请,寻求将这一贸易合法化,与葡萄牙人进行拉锯战。1586 年菲律宾西班牙代表会议提交的请愿书中要求,"我们要求这个群岛的居民可以航往日本、澳门及所有其他王国和据点,不管是葡萄牙人的还是异教徒的,只要那些地方愿意和我们进行贸易"。⑤ 应该是作为这一要求回应,1589 年 8 月 9 日菲利普二世在给新任命总督戈麦斯·达斯马里尼亚斯的指令中规定,"为期 6 年,只有菲律宾居民可以在中国和新西班牙贸易。你应该遵守这一命令,不要让与该命令主旨相悖的事情发生"。⑥ 1590 年的法令重申了这一规定,这在后文会详述。指令还规定,"任何时候你认为为了贸易,最好是允许菲岛居民前往日本、澳门和其他王国或葡萄牙人的居留地或野蛮人居住的地方,在事先仔细调查了旅程中是否有障碍或危险之后,你可以那么做"。⑦

然而为了王室的联合,菲利普二世还是倾向于保护葡萄牙人的既得利益,加上葡萄牙人的抗议与反对,所以 1593 年 1 月 11 日王室颁布的法令又规定,"任何人,现在和今后,不得在中国的任何地方贸易或交易,任何商品不得因为菲岛居民而被从中国运来或允许运来菲岛"。⑧ 菲利普二世下令将该法令于 1593 年 1 月 11 日送出,命令菲督戈麦斯·达斯马里尼亚斯不得允许任何菲岛居民前往中国,从中国人那里购买商品,但让后者前来马尼拉销售,风险自己承担。这一法令一直执行到 1606 年。⑨ 同一天的另一道法令也规定,"我们命令,任何船只不得出于任何考虑,以任何方式,从秘鲁、

---

① BR,Vol. 25,p. 130.
② BR,Vol. 25,p. 11.
③ BR,Vol. 26,p. 274.
④ BR,Vol. 25,p. 15.
⑤ BR,Vol. 6,p. 169.
⑥ BR,Vol. 7,p. 153.
⑦ BR,Vol. 8,pp. 190~191.
⑧ BR,Vol. 25,p. 141.
⑨ BR,Vol. 25,pp. 137~138.

南美洲北部沿海的大陆、瓜地马拉、新西班牙或西印度的任何其他地方,开往中国贸易或为了别的目的,除了新西班牙外,任何船只也不得开往菲岛,违者将船只没收,船上的钱币、商品及其他船货送往西班牙"。① 该法令的规定在 1595 年 7 月 5 日及 1604 年 12 月 31 日的法令中得以重申。菲利普二世又于 1595 年给印度总督下达法令,让他对不服从裁决的澳门葡萄牙人予以关注,并说:"通过去年开出的船只,我已就防务写信给你,下令取消菲律宾和新西班牙同中国的贸易,因为我认为它对这个国家的收益极为有害。获悉有一位名叫科尔多瓦(Rodrigo de Cordova)的舰长指挥的西班牙船,运载商人的大量钱财到达澳门贸易,我很不高兴。为此,我严令你们严肃处理,运用一切可能的手段彻底阻止该等贸易,并只允许我的葡萄牙臣民在那里为我效劳。"②1604 年的王室敕命重申,不允许任何西班牙臣民在中国贸易或同中国贸易,中国贸易仅限于由中国人来进行。③ 西班牙人直接前来中国贸易又被禁止了。

似乎是作为 1603 年菲督召集的委员会研究的结果,1609 年 7 月 25 日王室颁布法令,允许马尼拉市民从事中国和日本贸易。④

进入 17 世纪后,由于荷兰人的猛烈进攻,迫使东亚地区的西班牙人和葡萄牙人加强合作,但西、葡殖民地之间的直接贸易大体上还是非法的。1632 年约瑟夫在其提交的备忘录中还写道,"众所周知,从 1619 年到现在即 1632 年,澳门的葡萄牙居民开来了很多船只,在上述年份从未间断过,载来中国商品在这里销售。随着他们的到来,他们似乎掌控了这一贸易,而这一贸易却是各种王室法令所禁止的"。⑤ 1634 年 8 月 20 日一名耶稣会士在其写于马尼拉的信件中记述,"陛下已经禁止任何人送钱往澳门,总督们以法令的形式也下了同样的命令,违者没收财产"。⑥

葡萄牙独立后,约在 1672 年澳门与马尼拉的贸易得以重开。⑦ 据迪亚

---

① BR,Vol. 17,p. 34.

② 施白蒂:《澳门编年史》,第 27 页,转引自万明著:《中葡早期关系史》,第 191～192 页。

③ BR,Vol. 1,p. 62.

④ BR,Vol. 27,p. 111.

⑤ BR,Vol. 25,pp. 111～112.

⑥ BR,Vol. 24,p. 312.

⑦ BR,Vol. 54,p. 271.

士所撰《菲律宾的奥斯定会士：1670—1694》(*The Augustinians in the Phil-ippines*，1670—1694)一书所记，与澳门葡萄牙人的贸易自1640年起，由于与葡萄牙的战争而被禁止。但是通过该教省代理人白乐望(Alvaro de Benavente)在马德里宫廷进行的谈判——他认为，这是即将前往菲律宾的传教士进入中国最好也是最安全的方式——与澳门的贸易得以开通与授权，相应地一道(授权该贸易的)王室法令在马尼拉被公示，葡萄牙国王佩德罗二世则也发了一道法令告知澳门的葡萄牙人。[①]

2. 应对荷兰人的竞争

对中国贸易的争夺是西、荷在东亚殖民争夺的一个重要组成部分，由于菲中贸易攸关菲律宾殖民地的存亡，荷兰人也将破坏该贸易作为打击西班牙人的主要手段之一，后者则几乎将保护菲中贸易与保护菲律宾殖民地等同起来，全力应战。

1600年11月8日荷兰舰队司令凡努特率领着旗舰"莫里斯"号和僚舰"协和"号，到达马尼拉湾，泊于马里韦莱斯(Mariveles)附近，没有攻击马尼拉，而是捕捉来往的中国舢板船，日本船只和菲律宾船只，通过这一方式他获得了大量的稻米、家禽和其他急需的补给品。荷兰人到来的消息让马尼拉的西班牙人大为震惊。马尼拉当局匆忙地装备了两艘大帆船，即圣地亚哥号(旗舰)和圣巴托洛梅号，装载300多战斗人员，由莫加率领迎战荷兰人。荷兰人战败。

1609年荷兰舰队司令弗朗索瓦(Francois Wittert)率领一支5艘舰船组成的分遣队从马鲁古群岛航向菲律宾。他航至埃尔弗莱尔(El Frayle)，在那里拦截所有进出的船只，封锁马尼拉湾达五个月之久，使马尼拉对外商业贸易受到严重的阻碍。在一番匆促的准备之后，菲律宾总督费尔南多·席尔瓦装备了6艘小型战舰，前往迎击入侵者。一场恐怖的遭遇战发生在1610年4月25日，荷兰人被彻底击溃。[②]

1619年7月17日《英荷条约》签订，英荷结成同盟，分享马鲁古群岛的香料贸易，采取联合行动对付西班牙人。根据条约，英荷组成一支10艘战舰的联合舰队，该舰队于1621年1月24日抵达马尼拉湾的入口处，并立即

---

① BR，Vol. 42，pp. 150～151.

② Eufronio M. Alip, *Philippine History：Political，Social，Economic*，Manila：Alip，1958，pp. 159～160.

封锁那里，捕捉所有进出那海湾的贸易商船，包括中国的舢板船。此时的马尼拉城无力同入侵者进行战斗，因为大多数西班牙战舰在 1617 年的第二次杭达滩战役后被拆除了，其余的被用于马尼拉—阿卡普尔科贸易，又被台风给摧毁了。总督法哈多只能强化马尼拉城的陆上防御，召集菲律宾军队抵抗敌人的任何陆上进攻。

1624 年 7 月 11 日，一支 7 艘舰船组成的荷兰舰队泊于杭达滩，抓捕所有进出马尼拉湾的船只，包括中国的舢板船，劫夺货物，骚扰或屠杀船员。王室最高法院紧急装备了一支由 5 艘大帆船和 2 艘大型划船组成的舰队，任命杰罗尼莫·席尔瓦（Geronimo de Silva）为指挥官前往迎战，荷兰人再一次被打败。[①]

荷兰人认为，马尼拉的生存，甚至作为西班牙殖民地的菲律宾的生存，取决于马尼拉—阿卡普尔科贸易和华南—马尼拉贸易。如果通过严密封锁，前往马尼拉的中国舢板商船队能够被阻断，西班牙人就会最终屈服。[②]几乎每年总有一支荷兰人的分遣队出现在澳门岸外水域或者是马尼拉湾入口处，阻断至关重要的中国贸易。1624 年荷兰人在台湾南部成功地建立了一个设防的海军基地，这使他们能够大大地紧缩对马尼拉的封锁，并不断地派出舰队至台湾海峡拦劫前往马尼拉贸易的中国船只。1626 年菲律宾总督费尔南多·席尔瓦宣称，荷兰人已经将丝绸转口贸易的大部分转移到了台南。他写道，"这种损害从这样一个事实中可以清楚地看出来，即 50 艘已经来到菲律宾的中国商船只带来 40 担生丝，而敌人（荷兰人）除了纺织品之外收购了 900 担，要不是澳门运来的商品，新西班牙开来的商船将无货可装"。[③]为了生存，马尼拉的西班牙人于 1626 年派出了舰队，针锋相对地在台湾北部的和平岛建立了一块殖民地，并计划以基隆为据点将台南的荷兰人逐出台湾。1627 年 8 月 17 日，新任菲督塔沃拉率领一支 8 艘大帆船组成的远征队离开甲米地，计划联合基隆的驻军共同将荷兰人逐出台湾，后因遇上了暴风雨只得折回马尼拉。此外，1628 年至 1637 年间，西班牙国王还多次要求葡萄牙人配合西班牙人一起将台湾岛上的荷兰人逐走，不过都因

① G. F. Zaide, *The Pageant of Philippine History: Political, Economic, and Socio-Cultural*, Vol. 1, pp. 406~408.

② H. de la Costa, S. J., *Readings in Philippine History*, p. 52.

③ C. R. Boxer, The Great Ship from Amacon, *Annals of Macao and the Old Japan Trade* 1555—1640, Lisbon, 1963, p. 144.

天气原因而作罢。[①] 占领台湾也是为了与荷兰人抢夺同中国的贸易。1626年7月25日,马尼拉大主教米格尔·塞拉诺(Miguel García Serrano)在给国王菲利普四世的信中,写到了菲督费尔南多·席尔瓦在台湾占领了一个港口,并认为"这似乎是一件很合意的事情,至少目前如此,荷兰人将没有机会从中国购买丝绸并将之运到欧洲和日本"。[②]

1645年初,在台湾的荷兰人战舰不足,派出了一支由3艘武装舢板船组成小型舰队在冯嘉施兰、三描礼示、伊洛克海岸巡逻,目标就是抓捕前往马尼拉的中国贸易商船。这些荷兰舢板船抓捕了很多中国贸易商船,造成厦门和马尼拉之间的贸易量下降。获悉荷兰武装舢板船出现在菲律宾水域,总督法哈多决定驱逐。缺少战舰,法哈多将可用的3艘舢板船改装成战舰,装上轻型火炮,由塞巴斯蒂安·洛佩斯(Sebastian Lopez)率领离开甲米地去寻找敌人。1645年4月中旬,两支舰队相遇,西班牙人获胜,受到重创的荷兰舢板船逃回了台湾。几天之后,当洛佩兹上尉正在伊洛克海岸巡逻的时候,又遇到了另一支由3艘舢板船组成的荷兰小型舰队,与之交战又取得了胜利。[③]

1646年荷兰人决定,不仅要断绝马尼拉同中国的联系,还要断绝其与美洲的联系。荷兰人派了18艘战舰,分成几支分遣队,在几个地方攻击菲律宾。一支由5艘舰船组成的分遣队泊于伊洛克岸外拦截舢板商船队,同时另一支由7艘舰船组成的分遣队在圣伯纳迪奥海峡的入口处巡游,伏击开进的阿卡普尔科大帆船。一支西班牙舰队在陆军司令奥雷利亚纳和海军上尉洛佩斯的率领下,前去迎击荷兰人。荷兰舰队被击退。此后双方又多次交战,荷兰人均被击退。自从1647年舰队司令杰森(Gertzen)流产的攻击之后,巴达维亚的荷兰当局再也没有对菲律宾发起任何上规模的入侵行动。

3. 应对美洲商人的竞争

对中国商品的争夺,不仅面临葡萄牙人与荷兰人的竞争,还时时面临美洲商人的竞争,因为他们想摆脱菲律宾中间商的盘剥。对此,菲律宾的西班

---

① 李毓中:《北向与南进:西班牙东亚殖民拓展政策下的菲律宾和台湾(1565—1642)》,第41页。

② BR,Vol. 22,p. 88.

③ Father Francisco Combes,S. J.,*Historia de las Isles de Mindanao*,*Jolo*,*y sus adyacentes*,Madrid,1667,pp. 382~384.

牙商人通过各种手段加以阻止。

　　1586年佩德罗(Pedro de Unamuno)不遵指令,强行前往澳门,"菲督兼菲岛最高法院院长知道后,迅速命令他们遵守大主教的秘密指令,不要前往澳门,否则处以死刑"。[1] 其实,菲督以死刑相威吓的主要目的是为了菲律宾的利益不会因此而受损。

　　再则向王室投诉,寻求王室阻止此类贸易行为。1588年萨拉萨尔写信给国王,敦促新西班牙总督停止派船从墨西哥前往中国进行贸易。[2] 并强调"从墨西哥派遣商船前往澳门是在摧毁这些王室领地,因为中国人抬高他们商品的价格,高到葡萄牙人和卡斯蒂利亚人都无法生活"。[3] 1589年7月15日加斯珀在给国王的信中还抱怨,"我在以前的信件中已经讲过,如果允许秘鲁或新西班牙与中国之间进行直接贸易,这个殖民地将会人口大减,会被毁掉。这里的主要支撑就是来自中国的商品,以及将那些商品送往新西班牙销售所获的利润。如果新西班牙或秘鲁的商船开往中国,这块殖民地将会被彻底摧毁,因为很明显,如果那些商船买到了他们所需的商品,从这里运去的商品就没有了市场。中国人也不会开着商船前来这里出售货物了,至少不会这么大批的来。除了这块殖民地全面受损外,(王室)也会失去进出口关税"。[4]

　　最后则直接与美洲交涉。1588年萨拉萨尔在写给国王的信中还提到,"我正在写信给新西班牙总督,关于他派遣圣马丁号商船到中国,给这些王国带来的伤害。我告诉他,如果那艘商船被派到这座城市(指马尼拉)来,航行的收获会比投资者期待的更大,因为今年有很多的中国商人前来这座城市,中国商品的价格很便宜。如果圣马丁号来了这里,会买到便宜而又称心的船货,数量可能比在澳门(买的)还多。(这样)既不会伤害这座城市,那些商人还会(因此)致富。(不过)那些人因为贪婪,是看不到给我们所有这些人带来的伤害的。因此上帝惩罚他们那些人,剥夺了他们的利益,因为获利的欲望使他们看不到他们的责任"。[5]

---

① BR,Vol.6,p.263.
② BR,Vol.7,p.12.
③ BR,Vol.7,p.75.
④ BR,Vol.7,p.120.
⑤ BR,Vol.7,pp.74~75.

二、保证市场

正因为"菲岛的西班牙定居者唯一的职业和收入来源就是阿卡普尔科贸易",所以一个稳定的美洲市场至关重要。对美洲市场的争夺,菲律宾的西班牙商人力求实现两大目标,一则维持对美洲中国商品的垄断经营,二则争取菲、美自由贸易或扩大中国商品在美洲的销售量。

(一)维持对美洲中国商品的垄断经营

美洲商人不管在货源方面,还是在市场方面,都对菲律宾西班牙商人美洲中国商品的垄断经营构成竞争。面对这一竞争,菲律宾西班牙商人所采取的措施只能是请求王室授予菲、墨贸易的垄断经营权,据此对违令经营者进行打击。菲律宾西班牙商人的这一努力是长期的,因为直至17世纪末,这一竞争并未消除。

不同于直接前来中国贸易的努力最后以失败告终,菲律宾西班牙商人争取菲、墨贸易垄断经营权的努力,从西班牙王室的政策层面来说是成功的,尽管存在着一些非法竞争。

如前文所述,1589年菲利普二世给新任命菲督的指令中规定,"为期6年,只有菲律宾居民可以在中国和新西班牙贸易"。① 1590年7月23日的王室法令重申了前述规定,并进行了详细阐述,"不得从新西班牙运送钱币到菲岛,也不允许他们在那里拥有代理人或合作伙伴,只许菲岛公民购买其区域内外产品并出口到新西班牙。如果任何其他人想在那里从事贸易,他得成为菲岛公民,在那里至少居住十年,或获得我的特许。因为我的意愿是要支持菲岛,以持续改善那里的条件,让那里的居民获益。现在我命令,只有他们,没有其他人——不管是新西班牙的,还是西印度任何其他地方的——可以在中国贸易,可以出口、捎带、销售在那些王国及中国大陆贸易而来的商品及物品到新西班牙,期限为6年,以装载商品到新西班牙的第一艘商船的离岸日为开端。我禁止所有其他人,无论是谁,不管什么级别,不管有多卓越,在前述的6年时间内在菲岛和中国贸易,违者没收在那里贸易而来的商品"。② 1591年2月6日王室法令的大意与前述的相同,但进行了

---

① BR,Vol. 7,p. 153.
② BR,Vol. 7,pp. 262～264.

补充："我们命令，不准秘鲁、南美洲北部沿海大陆、瓜地马拉或西印度的任何其他地方同中国或菲岛进行贸易，即使拥有副王、最高法院、总督、地方官员颁发的执照也不行，违者船货没收"。①

需要强调的是，虽然王室颁布了一系列法令规定菲律宾西班牙居民对菲、墨贸易的垄断权，但这些法令都没有被严格执行。这在1593年2月11日的王室法令中写得非常清楚，"不管什么时候我们发布法令，禁止西印度与中国之间的贸易，控制菲律宾的贸易，我总是被告知，法令被疏于执行；在卡斯蒂利亚与西印度贸易的北海商人及其他人在过去的年份损失惨重，那些从事中国贸易的人获得厚利，中国贸易快速增长，而西班牙的贸易却下降了"。② 所以王室在1593年几乎同时颁布多份法令，禁止美洲商人前往菲岛及中国贸易。

1593年1月11日的一道王室法令规定，"我们命令，任何船只不得出于任何考虑，以任何方式，从秘鲁、南美洲北部沿海的大陆、瓜地马拉、新西班牙或西印度的任何其他地方，开往中国贸易或为了别的目的，除了新西班牙外，任何船只也不得开往菲岛，违者将船只没收，船上的钱币、商品及其他船货送往西班牙"。③ 该法令规定在1595年7月5日及1604年12月31日的法令中得以重申。同一天的另一道法令规定，"我们禁止新西班牙或西印度任何其他地方的任何土著或居民在菲岛贸易或获准贸易，倘若违反，商品没收，三分之一没入王室财库，三分之一给举报者，三分之一给审判法官。为了支持菲岛公民与居民，该贸易予以充分保留，我们认为，仅让他们与新西班牙贸易是最好的，以其他法律规定的方式进行"。④

然而，如前文所述，菲律宾的西班牙人还是抗议不断，因为这些法令既没有得到严格执行，也没有得到有效执行。很多秘鲁和墨西哥商人在执行任务或想成为菲岛公民的借口下，继续前往那里投资中国商品，以致到1602年，菲律宾的西班牙人威胁要放弃菲岛。为了杜绝美洲商人的非法竞争，1602年菲岛向王室提交一份请愿书，其中要求：往返于这一航线的商船上的指挥官、船长和军官应该是菲岛居民，而不是新西班牙居民，停止他们

① BR，Vol. 17，p. 29.
② BR，Vol. 8，p. 316.
③ BR，Vol. 17，p. 34.
④ BR，Vol. 17，pp. 29～30.

在装货、运输(别人)信托的大量金钱时进行的欺骗,以及所带来的损失和伤害;命令新西班牙总督不要允许任何秘鲁商人,借口要成为这里的公民,从秘鲁前来这里,因为菲岛因此而受害,因为那些商人运来大笔属于他们自己、别人以及伙伴的金钱,因为他们总是来这里投资同样的商品然后返回。[1]

针对这一弊端,1604 年 12 月 31 日的王室法令规定,"因为每年从新西班牙前往菲岛的大多数人并不待在那里,而是在完成投资后立即返回,因此我们命令新西班牙总督不要允许任何人前往菲岛,除非有人出面担保,保证他将成为那里的公民,并在那里生活八年以上,或作为士兵送往菲督"。[2] 这一法令应该是得到了比较严格的执行,因为莫加在其前述著作中写道,"新西班牙和秘鲁所有的人被禁止在菲岛从事商业和贸易,禁止捎带中国商品到那些地区。只允许菲岛居民从事上述商品的贸易和出口"。[3] 1635 年 3 月 25 日的一道王室法令,同意了菲岛派遣代表到新西班牙管理货物及其收益的主张,1635 年 2 月 16 日的另一道法令还将期限在 1593 年法令规定的 6 年的基础上延长了 4 年。[4] 1639 年王室又重申了那些禁令,同时西班牙国王也拒绝了墨西哥市关于允许每年在菲律宾投资 25 万比索的请求。有法可依,菲律宾方面也对美洲商人的非法竞争予以惩处。1640 年代,马尼拉最高法院阻止了几位墨西哥人在菲岛贸易,没收了他们的货物,罚了他们 273113 比索。[5]

(二)扩大中国商品在美洲的销售量

在美洲商人的竞争基本得到遏制的情况下,对美洲市场的争夺主要在菲律宾西班牙商人与塞维利亚商人之间进行,前者努力争取自由贸易,后者则竭力维护其既得的垄断地位。

由于塞维利亚商人集团对西班牙王室的强大影响力及其近乎持续不断的抗议与投诉,直至 17 世纪末,菲律宾的西班牙商人争取菲、墨自由贸易或扩大美洲中国商品销售的努力总体上是失败的,因为在征服菲岛之后不到

---

①　BR,Vol. 12,pp. 70~71.

②　BR,Vol. 17,p. 39.

③　BR,Vol. 16,pp. 176~177.

④　BR,Vol. 27,p. 160.

⑤　William L. Schurz, *The Manila Galleon*, p. 364.

30 年,西班牙就针对菲、墨贸易颁布了一系列的限制措施与法令。西班牙王室对塞维利亚商人集团偏袒的主要原因,也是塞维利亚商人引以为自身诉求辩护的主要论据,就是当时流行于欧洲的重商主义思想。菲律宾西班牙商人对于美洲市场的争夺也是长期的,并未因王室限制措施的出台而终止。面对王室的限制政策,菲律宾西班牙商人的主要应对措施一则"遵守,但不执行",二则据理力争,寻求王室去除限制政策,至少增大贸易限额。由于王室的限制政策同时也影响到了美洲商人的利益,所以美洲商人基本上都支持菲律宾西班牙商人的主张。

1. 王室的限制政策

菲律宾是西班牙殖民帝国最遥远的前哨,要派遣殖民官吏、军队和移民是有困难的,只有大帆船贸易带来的高额利润才能吸引足够数量的西班牙人到菲律宾维持这块在东方的殖民地。如果完全禁止大帆船贸易,其结果非放弃菲律宾不可。因此,西班牙政府面临两种抉择:禁止菲律宾同墨西哥之间的贸易,并最终导致放弃菲律宾;或者继续保有菲律宾而对菲律宾同墨西哥之间的贸易采取限制措施。[①] 西班牙王室选择了后者,并为控制大帆船贸易而设计了贸易特许制度,将贸易量控制在一定的数额上,并且禁止阿卡普尔科和南部秘鲁总督区之间的支线贸易,由此切去中国丝货一个最富裕的市场,最后还对这一航线的两端实行检查制度,以执行特许制度的条款,并借助于不时的巡视来强化这一制度的执行。然而,除了采取特别严厉措施的几个短暂的间隔期外,如 1635 年基罗加(Pedro Quiroga)和 1766 年格尔菲斯(Gélvez)的巡视,所有那些限制措施未能实现其目的。[②]

菲岛的贸易自 1565 年就已开始建立。但直至拉维萨雷斯政府时期,那一贸易都还是零碎的,无足轻重。1576 年中国贸易被引入,获利甚厚,1579 年 4 月 13 日的一道王室法令允许将中国贸易自由地延伸至新西班牙、瓜地马拉、南美洲北部沿海的大陆和秘鲁。[③] 然而,1582 年的一道王室命令禁止了处于起始阶段的马尼拉—秘鲁贸易,使得两地间的直接航行停止了。因为那一新的贸易航线与从西班牙向那里供应商品的波托贝洛(Porto Bello)

---

① 李永锡:《菲律宾与墨西哥之间早期的大帆船贸易》,第 86 页。

② William L. Schurz, *The Manila Galleon*, p.405.

③ BR,Vol.27,p.158.

大帆船形成激烈竞争。① 1586 年 6 月 19 日菲利普二世谕令墨西哥总督马克斯·维拉曼里克（Marques de Villamanrrique），命令他"中断同菲岛及中国的贸易，停止为销售目的进口中国丝货与器皿"。② 1587 年 11 月 11 日的一道王室法令规定，从菲岛运入的中国织物不得再从新西班牙运往秘鲁和南美洲北部沿海的大陆。这一规定在后来 1599 年 2 月 13 日和 6 月 13 日的法令中得以重申。③ 为了防止法令被以各种方式所规避，（王室）于 1591 年 12 月 18 日和 2 月 6 日发出法令，完全禁止菲岛和秘鲁之间的贸易。④ 前述法令虽然明确要求限制菲墨贸易，但由于要求不严，加上各方抵制，限制作用不大。

然而 1593 年，西班牙王室为了严格限制菲墨贸易，连续颁发一系列法令，明确限制要求，并制定了严厉的惩罚措施。

1593 年 1 月 11 日西班牙王室连续颁发了四道法令。第一道规定，"每年从新西班牙开往菲岛的船只仅能是两艘，载量上限 300 吨，持通行证运送援助人员和物资。为这一目的应有 3 艘船，其他 2 艘在航行时，其中 1 艘停在阿卡普尔科港备用。……任何一年间不得超过 25 万比索从新西班牙用船只带走。超出那一数额的应被没收，分成三份转入王室财库及法官和举报者手中。我们命令菲督在船只到港时进行检查，并执行惩罚"。⑤ 该规定在 1604 年 12 月 31 日的法令进行了重申。第二份规定，"希望菲岛与新西班牙之间的贸易目前按规定进行，每年从菲岛运往新西班牙的商品（价值）量决不许超过规定的 25 万比索，运回的成本和利润折合钱币不得超过 50 万比索，决不许以任何借口、托词及理由来增加数量，这一点这一法律没有提到；法律规定，贸易者必须是菲岛公民"。⑥ 该规定在 1604 年 12 月 31 日、1619 年 5 月 4 日及 1619 年 9 月 14 日的法令中进行了重申。第三份规定，"已经及即将从菲岛运往新西班牙的中国商品及物品，只能在当地消费，或缴纳关税后运往西班牙，不允许运入秘鲁、南美洲北部沿海的大陆或西印度的任何其他地方，无论任何人持有，一旦发现和缴获即予以没收，转给王室

---

① William L. Schurz, *The Manila Galleon*, p.366.
② BR, Vol.6, p.283.
③ BR, Vol.27, p.158.
④ BR, Vol.27, p.158.
⑤ BR, Vol.17, pp.31～32.
⑥ BR, Vol.17, pp.30～31.

财库及审判法官和举报者"。^① 该规定在 1635 年 2 月 10 日的法令中进行了重申。第四份规定,"禁止从菲岛运往新西班牙的任何商品继而从那里运往秘鲁和南美洲北部沿海的大陆,即使依法缴纳关税也不行;我(指国王)的意愿和目的就是,从中国和菲岛运来的任何货物都不能在秘鲁和南美洲北部沿海的大陆消费。任何人持有任何前述货物,一旦发现,我们依法下令予以没收、瓜分和管制"。^② 该规定在 1595 年 7 月 5 日和 1604 年 12 月 31 日的法令中进行了重申。

这些限制法令不仅给马尼拉商人,还给负责执行这些法令的官员,带来了很多的困难,因此这些法令很少得到严格执行,违法行为通常都被容忍。马尼拉商人送出的货物比法律允许的多得多,直到 1604 年货运量并未受到限制。^③ 1604 年 12 月 31 日,为了规范菲墨贸易,王室派出了该贸易船队的指挥官,并送出了各种指令和政策公告。^④

1604 年 12 月 31 日王室送出了八道法令。第一道规定,"在阿卡普尔科港要用最大的努力来确认和发现运往菲岛的银币、白银和其他东西,我们那个港口的官员要对一切进行记录,并将情况告知菲岛的总督和王室官员,将记录簿寄给他们,给予他们可行的建议,菲律宾的王室官员也要那么做"。^⑤ 第二道规定,"来自菲岛的所有船货的记录,在阿卡普尔科港要由新西班牙总督派遣的人以及该港的王室财库官员进行核实,他们要一起查阅那些包裹和货箱,进行仔细而又必要的检查,以发现那些运来的没有登记且违禁的货物。他们要派一个完全可信的人或前述的其中一位官员,将记录簿连同在阿卡普尔科港所作调查的结果送到墨西哥,这是惯例。在墨西哥,每一样东西都要重新进行检查,并估价和征收属于我们的关税;为了确认和发现那些未登记的物品,还必须做其他所有的调查。所有违反禁令未经登记而运去的东西要予以没收"。^⑥ 该规定在 1608 年 4 月 22 日的法令中进行了重申。第三道规定,"在我们允许的从秘鲁开往新西班牙和阿卡普尔科港

---

① BR,Vol. 17,p. 33.

② BR,Vol. 17,p. 34.

③ Alip, *Political and Cultural History of Philippines*,Manila,Alip and Sons Inc.,1954,p. 248.

④ BR,Vol. 27,p. 159.

⑤ BR,Vol. 17,pp. 37~38.

⑥ BR,Vol. 17,p. 41.

或从新西班牙开往秘鲁及其港口的船只中,不得装载、售卖、购买或交换任何数量的中国织物,即使报告那是无偿赠送的礼物或施舍品,是为宗教服务所需,或是出于其他性质或形式的服务,也不可以,目的就是不让禁令被以那样的借口或骗局所规避。任何人一旦作为主要代理人、合谋者或参与者而被宣判犯有欺诈罪,协助或建议欺诈罪,除了没收他们的货物和船只外,他们本人还将承受对买卖违禁品者施以的民事和刑事处罚,永远流放,剥夺他们在西印度获取的职位"。[①] 该规定在 1608 年 4 月 22 日的法令中进行了重申。第四道规定,"如果任何数量的中国织物在从新西班牙航往秘鲁或相反航向的任何船只上发现,检查员、王室官员和其他参与登记和检查的人员将被作为犯者看待;所以,以他们为鉴,其他人就会避免犯相似的错误。船长、船主、水手长和职责涉及船只管理的其他官员,也会被当成共犯看待"。[②] 该规定在 1608 年 4 月 22 日的法令中进行了重申。第五道规定,"我们命令新西班牙总督要持续谨慎地遵守和执行菲律宾航线的贸易法令,除了那里该有的王室官员外,在阿卡普尔科港保有一位诚实可信者,授予市长头衔,让一切得以谨慎进行,正义得以维持。他不得允许超过法律规定的白银运往菲岛,不管有无执照"。[③] 第六道规定,"新西班牙总督,菲律宾总督,所有其他的法官和行政官员,私人个体,每一位相关者,应该遵守关于这一贸易的法令,或让这些法令得到遵守和实施,应该准确地执行,不得予以宽恕。在对他们进行终任审查时,要特别注意他们的遗漏和疏忽。我们命令马尼拉大主教对特别托付给他的事情要同样的仔细"。[④] 第七道规定,"我们命令秘鲁总督,务必让所有关于禁止中国织物的法令得以实施和准确执行。为此,他们应该任命王室最高法院的一名审计官,给予他完全的信任,务必让他行动彻底,按规定的要求执行惩罚措施,不容许任何宽恕。该审计官应该秘密审理那座城市及其辖区的案件,使他有理由援引这一法律;他们辖区内的所有其他的法官也应该那么做"。[⑤] 第八道规定,"每年允许 2 艘船从秘鲁开往新西班牙从事贸易,贸易额 20 万杜卡特;后来在特定的条件下减为 1 艘船。尽管有这么多对王室服务、公共事业的繁荣和效用以及那

---

① BR,Vol. 17,pp. 41~42.

② BR,Vol. 17,p. 42.

③ BR,Vol. 17,p. 43.

④ BR,Vol. 17,p. 43.

⑤ BR,Vol. 17,p. 44.

两个总督辖区的贸易有利的禁令，秘鲁的中国织物贸易还是上升过度……
我们命令秘鲁和新西班牙总督，尽可能采取所有的方式和手段禁止和取缔
两总督辖区间的贸易，不得有误"。① 这一规定在 1609 年 6 月 20 日、1620
年 3 月 28 日、1634 年 11 月 25 日和 1636 年 3 月 29 日的王室法令中进行了
重申。

　　虽然 1604 年的多道王室法令，详细规定了菲墨贸易法令的执行要求，
制定的惩罚措施也更为严厉，但是从塞维利亚商人的投诉中就可以得知，官
员徇私枉法及商人逃避法律制裁的现象普遍存在。② 对此，王室一方面又
陆续颁发多道法令，对以前的限制法令进行补充或强调其执行，一方面派出
王室特使直接予以执行。

　　1608 年 4 月 22 日一道王室法令规定，"在菲岛船只上出现了非常大的
混乱，水手们被允许携带两三个很大的箱子，借口那些装的是衣服，用来压
仓。我们命令，不得允许这样的混乱存在，要非常谨慎地应对这一情况，不
要允许那些水手在船上携带超出航行所必需的箱子或衣物"。③ 1617 年 4
月 18 日的一道法令规定，"所有法官将中国布匹判为违禁品，不要将之没
收，而是送往西班牙，存入塞维利亚贸易局（House of Trade of Sevilla）的独
立账户，再从那里送往印度事务委员会的财库"。④ 该规定在 1629 年 3 月 3
日的法令中进行了重申。1621 年 10 月 20 日的一道王室法令规定，"一些
船只从卡亚俄港和瓜亚基尔港航往尼加拉瓜和瓜地马拉，借口购买沥青和
其他东西，常常从那里前往阿卡普尔科港装载中国布匹，用他们携带的大笔
白银交换，习惯于进行欺骗。我们命令，来自前述港口或秘鲁其他省份的任
何船只不得以任何借口前往阿卡普尔科港，总督应该下令并采取必要的措
施使这一命令得以遵守和执行"。⑤ 1633 年 3 月 25 日发给菲岛的一道王室
谕令则要求强化执行 1593 年的法令。⑥ 1633 年 3 月 31 日的一道王室法令
规定，"在秘鲁，走私的中国商品应该被没收，在关于没收的法庭审判中，属

---

① BR，Vol. 17，pp. 44～45.
② Alip，*Political and Cultural History of Philippines*，p. 248.
③ BR，Vol. 17，pp. 48～49.
④ BR，Vol. 25，p. 32.
⑤ BR，Vol. 25，p. 29.
⑥ BR，Vol. 24，pp. 195～196.

于举报者的那一份即货物的 1/3,应该立即用现金支付"。① 1635 年 1 月 30 日的一道王室法令规定,"从新西班牙送往菲岛的钱币不得超过规定的数量,所有在途中发现的来自阿卡普尔科而没有书面许可,超出规定的 50 万比索这一限额的,予以没收,充入府库"。②

1635 年在塞维利亚商人的怂恿下,西班牙国王派遣基罗加作为特使前往马尼拉,严格执行贸易法令。基罗加不仅严格执行限制法令,还对货物称重量、量体积,并进行登记,过高估计货物的价值。有一次他估价 400 万比索的货物,后来在墨西哥发现只值 80 万比索。这一严格执行的后果是非常明显的。1637 年只有 1 艘船离开马尼拉,所载货物的价值量远低于法律允许的限额。马尼拉商人非常不满,他们向国王提交了一份简报,抗议基罗加的做法,并于 1639 年 9 月 30 日获得国王的命令,停止对马尼拉—阿卡普尔科大帆船装运的货物进行称重量、量体积和登记,除非是得到确切的消息,货物超过了法律规定的价值量。③

直至 17 世纪末,马尼拉的西班牙商人仍和塞维利亚商人竞争着,无数的请愿书送到了王室。由于限制政策的实行,在 17 世纪末,马尼拉都市一片凋零,人人都变穷了,西班牙人的人口渐渐增加,而商业范围只限制在与阿卡普尔科之间狭小的圈子里,甚至于连军队都变穷了,他们连鞋子都没有,军纪也坏了,时常抢劫华商的店铺。④

2."服从,但不执行"

西班牙母国政府考虑到其本土距离殖民地太远,无法了解与体察各殖民地当地的民俗风情,发布可能造成该地长官管理不便或导致殖民地人民不满的法令,所以特别在西班牙海外殖民地体系内赋予殖民地最高长官一项特别的权力,称之为"服从,但不执行"(Obedezco, pero no cumplo)的权宜措施。⑤ 这一权力正好被菲督用来应付王室对塞维利亚商人的偏袒立场,也解释了为什么在基罗加到达之前,王室的限制法令总是得不到有效执行。需要补充的是,王室的限制法令不仅菲律宾方面予以抵触,墨西哥和秘鲁方面也予以抵触,因为限制政策同样影响了他们的利益。所以,对法令的

---

① BR,Vol. 25,p. 33.

② BR,Vol. 25,p. 35.

③ Alip,*Political and Cultural History of Philippines*,pp. 248~249.

④ 何晓东:《菲律宾古近代史》,台北:三民书局,1976 年,第 102~103 页。

⑤ 李毓中著:《菲律宾简史》,第 15 页。

不执行是多方抵触，甚至是他们一定程度上合作的结果。

对于国王要求禁止从中国进口商品的命令，墨西哥总督在 1586 年 11 月 15 日的一封信中却表明，希求继续同中国的贸易，通过同中国的贸易不仅可以让皇室获利，还可以为进入中国传教打开一扇方便之门。相反，如果切断同中国的贸易，菲律宾的西班牙人口将无法维持，当地土著也会起来反对他们的征服者，那些西班牙封主依靠中国人提供粮食和衣物，也利用同中国人贸易的机会处理那些从土著那里作为贡赋收来的物品。考虑到这些，总督暂时废除了皇室法令，此外还命令对所有从西班牙进口到墨西哥的衣料征以重税。[①]

在秘鲁，总督府各个层级的贪污和腐败似乎是无所不在。就像当时的一位犹太人所记，"从总督到大主教，人人从事贸易，尽管是秘密进行或通过别的代理人进行"。尽管总督通常来自贵族家庭，贵族阶级的传统以及总督训示都禁止他们从事贸易，神职人员也被法律明确禁止从事贸易，官员们相互怀疑，终任审查制度也管辖到那一方面，但是如同罗杰斯所言，"那些行政官员充分利用手中的权力，自己偷偷地从事贸易……西班牙人说——我相信是有道理的，一位总督在用他所有的财产购买了他的官职之后，像一头饥饿的狮子般离开西班牙，吞噬他所能吞噬的一切，使得他手下所有省份的每一个官员都成了为他获取猎物的走狗（这些人比他所需的还多十倍），他们自己也能获得其中的一份"。拒绝与官员联合的私人贸易商被苛刻对待，而且以国王的名义没收那些私商的货物，没收后却被海关的官员们瓜分。[②]因为经营从马尼拉来的商品利润比经营从伊比利亚半岛进口的商品丰厚得多，为了持续进行与阿卡普尔科的贸易，收买官员的现象几乎无所不在，尽管有那么多一再重申的法令存在。在 1604 年及随后一系列的禁令颁布之后，利马船只的航程还是不同程度地继续着。利马船只的活动甚至挨过了铁面无私的基罗加的调查，虽然他决心一劳永逸地取缔那一公然违法的贸易，至少暂时终止那些活动。17 世纪末，秘鲁船只每年来到阿卡普尔科北面几英里的地方。正如 1706 年的法令所述，"对法律的松弛到了这样的地步，东方商品出口到秘鲁成了一种经常且习惯性的贸易"。[③]

---

① BR，Vol. 6，pp. 28～29.

② William L. Schurz，*The Manila Galleon*，p. 369.

③ William L. Schurz，*The Manila Galleon*，p. 370.

对于菲律宾而言,对大帆船吨位的限制从未得到执行。即使 1593 年的法律将吨位限制在 300 吨,但菲律宾的公民们拒绝让他们的贸易量受限于那些小船。到 1589 年已有 700 吨的船只,在 1614 年之前有 1000 吨的船只被用来进行菲墨贸易。为了对付荷兰人和葡萄牙人,一些大帆船的吨位超过了 2000 吨。[①] 至于船只的数量,也不完全局限于 2 艘,全汉昇先生认为,在 16 世纪和 17 世纪以 2 艘或 3 艘的时候为最多。[②]

1628 年 10 月 7 日马科呈交给印度事务委员会的一份文件中写道,"虽然设下了禁令,禁止捎带任何中国商品到那里(新西班牙以外的地方),但是大量的中国商品从新西班牙被捎往前述各省,在那里使用——总督、军官和法官出于他们自己的私利和利益隐瞒并支持中国商品"。[③]

西班牙帝国殖民法典中任何一个系列的法令都很少被持之以恒地执行。国王要求"他的臣仆拿出良心和细心",信任他们"完全的忠诚"。而事实上,一个铁面无私的巡视员或总督可能会在短期内让法律要求变为现实,就像总督格尔菲斯和基罗加在阿卡普尔科及蒙克洛瓦在利马所做的那样,但是那些异常热情的官员临时性的强力行动,尽管一度产生一定的威慑效果,最终只会使对法律的习惯性忽视变得更加明显。即使受命于国王,以法律赋予的可怕惩罚做武器,极少数异常热情官员的决心,还是会长期面对公民以及同僚们对讨厌的禁令近乎一致的敌对。[④]

3. 据理力争

塞维利亚商人主张限制甚至取缔菲墨贸易的理由就是大量的白银由于该贸易而从西印度经由菲律宾流向了中国。那些主张放弃菲岛者给出的理由之一也是维系菲岛导致白银流失过多。对此菲律宾方面给予一定的反驳,其中以菲岛驻王室总代表科罗内尔的《备忘录》和蒙法尔康提交的报告和备忘录比较具有代表性。

科罗内尔在其《备忘录》中对保有菲岛而导致白银流失过多这一观点进行了反驳。首先是流入菲岛的白银事实上根本没有报告的那么多。"要在账目后面加上零是很简单的一件事,以这种方式他们将账目(数值)提高了

---

① William L. Schurz, *The Manila Galleon*, p. 194.
② 全汉昇:《中国经济史论丛》,第 465 页。
③ BR,Vol. 22,p. 280.
④ William L. Schurz, *The Manila Galleon*, p. 368.

两三倍"。其次,流入菲岛的白银确实有所增加,但事出有因,一则是菲岛居民所需,"因为仅凭那么小的一个数目他们无法维持,也不能从贸易中获利,如果只有 50 万比索,那只够他们用来维持生活";二则是墨西哥商人的贪婪,因为流入菲岛的白银大部分流入了他们手中。再次,"流入菲岛的白银对王室财库的价值不低于流入西班牙的,因为白银投资所付的税收不仅不少,反而更多;至少这些白银最后流入了我们朋友的手中,不像是流入西班牙的白银,大部分被陛下的敌人所享用;(开往美洲)的船队装载的更多的是敌人的财产,而不是陛下臣民的财产"。最后,"如果将那一(菲墨)贸易转入西班牙,主张将西班牙商品运入菲律宾以交换那里产品的那些人,并不知道那里除了西班牙人之外没人使用西班牙商品,就是那些西班牙人,供给他们三桶酒以及其他一些不重要的器皿就够了;即便如此,葡萄牙人和荷兰人也会夺走这一贸易,没有任何东西能逃脱他们的注意"。①

蒙法尔康在其 1637 年提交的报告中,对菲岛贸易造成白银流失一说进行了回答。首先,"关于白银流出并留在了中国,我的回答是,来自新西班牙的白银在马尼拉付了 9％的关税,在阿卡普尔科付了 14％,总共付了 23％,因此对西班牙而言,白银运输的关税并未丢失,而是进行了大额度的支付"。其次,"尽管白银确实是从马尼拉流向了中国,并且一直留在那里,但是这不会带来害处。让白银流入西班牙却是一种更大的伤害,因为它最终都流向了荷兰、热那亚和威尼斯,从那里再流向土耳其,一部分经葡萄牙流向印度,荷兰人、波斯人、阿拉伯人以及莫卧儿人分享这些白银;即使这些白银最终还是流向并留在了中国,却是在让这些王室最大的敌人致富了之后"。最后,"白银通过马尼拉流向中国却不是这样,因为从那里流出,是通过陛下臣仆之手,不会经过敌人之手"。②

蒙法尔康在其 1640 年送交给王室巡视员胡安・门多萨的备忘录中再次就白银流失问题进行了阐述。"不可否认,菲岛商船运载的未登记的白银流失了,但是没有王室的敌人因此获益,因为白银留在了中国,永远窖藏在那里。在那里不会产生任何害处,不管是多少,因为我们既不同中国发动战争,中国人也不援助同我们交战的任何其他民族。至于那些未登记而通过商船流向西班牙的白银,那些对这一问题有深刻理解的人认为,将之留在西

---

① BR,Vol. 19,pp. 239～242.

② BR,Vol. 27,p. 150.

印度带来的伤害可能更小一些,因为在秘密运输的借口下,那些白银或者没有运到塞维利亚,或者是没有进港很快又流出去了。在那两种情况下,白银落入了法国人、英国人、佛兰德人和葡萄牙人手中,其中的大部分装入他们的船只,运入了英国、法国和荷兰。而流入葡萄牙的部分则又被运到了印度,在那里由荷兰人、波斯人、阿拉伯人、莫卧儿人和其他敌对民族所共享,直到最后流入中国,那是它的中心"。①

另一方面,菲岛又努力说服王室,企图让其改变限制政策。菲督路易斯·达斯马里尼亚斯在1596年及法哈多在1620年企图或计划每年派一艘船到巴拿马,在那里与秘鲁商人建立联系,但是没有得到王室的同意。②

1602的一份备忘录强调,"第一,让这一贸易(指菲墨贸易)取道印度进行不可取;第二,禁止秘鲁和新西班牙之间的所有贸易是不利的"。③ 这是对塞维利亚商人主张的直接反驳。

蒙法尔康在其1637年提交的报告中就菲岛贸易问题阐述了他的主张。首先,"不可否认,如果菲岛贸易自由、开放、不受限制,它会带来前述(有害)影响"。其次,"尽管西班牙(的塞维利亚商人)请求将菲岛贸易完全取缔,认为由此会保证他们贸易的提升,但也要考虑到,如果那样的话那个群岛必定会丢失,而为荷兰人所占领,他们会成为东方的主人。……因此,西班牙商人的贸易一方面会得到提升,另一方面却要支付更大的风险和成本;所有葡萄牙的贸易也会被摧毁"。最后,"这样做是合适的,菲岛不要再扩大贸易,但要给予足够维持其存在的贸易;西班牙在美洲的贸易也不要提升,而是以一种尽可能减少阻挡的方式来限制菲岛贸易。两地各让一步,大家都得以维系和保留"。④

蒙法尔康在其1640年提交的备忘录中,对于菲岛贸易违反王室法令的指控,他一面不予否认,一面则强调菲岛贸易的违法行为并不如印度贸易那么广泛和严重,并不需要对其采取那么严厉的惩罚措施。代表菲岛,他请求增大贸易许可数量,因为对菲岛贸易的限制措施极大地缩减了那里的财富,而防御众多强大敌人对菲岛的进攻是一项长期而又沉重的负担,那一负担

---

① BR,Vol.30,pp.55~56.
② William L. Schurz, *The Manila Galleon*, p.367.
③ BR,Vol.12,pp.72~73.
④ BR,Vol.27,pp.151~152.

需要那些财富来承受；马尼拉的人口也比那一贸易刚开始被限制时要多得多，需要更多的财富来支撑；此外，许可数量的大部分给了修道院和其他机构以及一些特权人士，还要从总数中减去其他的很多份额，因此缩减了这一数量实际价值。他还主张，充分提升菲岛贸易量能够消除货物的非法运输；除非出口商能够享受更多的自由，否则他们难以获得合理的利润。他建议让菲岛的出口商自由地出口货物，只限制他们作为利润换回的白银数量；他引用了各种有力的论据，力促菲岛本土产品不受任何法令限制，不包括在许可的数量内，往后的限额应该只限于中国商品。接着他又谈到了墨西哥与秘鲁之间的贸易，他指出，出于各种原因，1635年至1640年期间那一贸易的终止对菲岛伤害很大；也伤害到了秘鲁和墨西哥，特别是限制了以秘鲁为市场的墨西哥丝织业的发展。对秘鲁商人违反给予他们的贸易许可的指控，他也为他们辩护，极力主张，为了所有西印度的殖民地，应该恢复秘鲁与墨西哥之间的贸易许可。①

但是，直至17世纪末，菲律宾方面所做的这些努力都没有取得任何成果，直到1702年，大帆船贸易的管理条例才出现变化，即允许从马尼拉运往阿卡普尔科的货物价值量确定为30万比索，回程装载的货物价值量确定为60万比索。②

三、追求贸易利益最大化

菲律宾的西班牙商人力求在菲中贸易及其延伸菲墨贸易中实现贸易利益最大化。受限于王室及美洲贸易政策，对菲墨贸易利益最大化的追求缺乏自主性，所以贸易利益最大化的努力主要着眼于菲中贸易，体现在菲律宾殖民当局针对该贸易的各项政策与措施中。

（一）整批交易制度（Pancada）

要追求贸易利益最大化，就需要在菲中贸易中尽量压缩中国商人的利润空间，阻止菲律宾的财富外流，整批交易制度正是实现这些目的的政策措施之一。

中国商人的竞争优势。1576年胡安·迪亚斯（Juan Sánchez Díaz）在

---

① BR, Vol. 30, pp. 11~12.
② Alip, *Political and Cultural History of Philippines*, p. 249.

给新西班牙总督(Viceroy)的信中称中国人为"最精明的商人",并且说一位知名的中国人告诉他,西班牙人非常勇敢,但是"非常懒惰"。马尼拉主教萨拉萨尔于 1590 年向国王抱怨,西班牙人在贸易方面不受管制,因此"一切都在走向毁灭"。历史学家 Medina 写道,"出乎意料,西班牙人对自己的管制如此糟糕,无论他们在哪里驻足,物价立即升高"。1729 年佩德罗(Pedro Gonzalez de Ribera)和其他六位马尼拉市民向国王写信,告知中国人的情况,"确保能够获得或利用认为是属于自己的利益和优势,他们在这方面的精明和技能是显著的"。① 不仅在商业技能方面占优势,中国商人往往还利用很多购买者的激烈竞争而提高价格,这在前文已多次述及。此外,中国商人是销售者,他们要求用白银交换他们的货物,结果导致大量白银长期流向中国,这一直让西班牙人感到恐慌。

为了消除竞争劣势,阻止中国商人任意抬高物价,减少白银流失,菲律宾殖民当局决意采用整批交易制度,这一制度也获得了西班牙王室的批准与推动。

在西班牙人统治之初,马尼拉的西班牙人与中国商人之间的贸易是不受限制的。到了 1586 年,马尼拉西班牙人代表会议向印度事务委员会提出请求,当时习惯性的西班牙商人私自从中国和其他外国商船购买货物的行为应该被禁止,代之以某种形式的整批交易。这一请求被桑切斯带到了西班牙后,菲利普二世在 1589 年 8 月 9 日给戈麦斯·达斯马里尼亚斯的指令中规定,"为了整批购买前述商品,按照这一问题的要求,在马尼拉尽可能多地委派有能力的人为代表,让他们,也只有他们,可以整批购买外国运来的所有货物,然后将那些货物按购买价公平公正地在西班牙人、中国人和菲律宾人之间进行分配。……因为你将要接手这一问题,我命令你在那里颁布你认为最合适的法令,并向我报告,按要求,除了委派的那些人不要允许任何人登船。你务必要让菲岛的其他产品来交换外国商人的商品,使目前这种银币大量外流的现象得以避免"。② 于是这一制度 1589 年便在马尼拉得以实施。

四年之后,即 1593 年 1 月 11 日的一道王室法令规定,"中国人自己应该承担运输成本和风险,将商品运到菲岛,在那里整批销售。菲督和马尼拉

① William L. Schurz, *The Manila Galleon*, p.76.
② BR, Vol.7, p.154.

市政委员会每年应该任命两或三名他们认为最合适的代表，评估商品的价值和价格，从中国人那里整批购买，按价格支付。然后他们应该将购买的货物在菲岛所有的公民及本地人中，根据他们的资本额分发，让他们都可以分享这种交易方式带来的利益和好处。被任命的代表应该持有一本笔记簿，在其中载明每一次投资的数额，每一类商品的估价，商品在什么人之中分配，分到的每一份数额是多少。总督还要特别耐心查明及发现前述代表是如何对待他们的使命的，不得允许他们在第二年又被选中，每年送一份由他们签署的关于前述一切情况的报告到印度事务委员会，另送一份给新西班牙总督"。①

很明显，王室想通过整批交易制度的实施来掌控菲岛贸易，以助菲墨贸易限制政策的实施，结果又引起了菲岛殖民当局的抵触。菲律宾最高法院和菲督的法律顾问罗哈斯反对实行整批交易制度，就如菲督路易斯·达斯马里尼亚斯所言，"目的是不让知道他们为了购买货物而运往中国的钱币的数量"。他命令前者列出反对那一制度的神职人员对他们的支持意见，并补充道，"如果按陛下的要求下令，中国商品统一按一个价格购买，神职人员认为，不能就这样的事情下命令"。②

然而，西班牙王室于 1596 年 1 月 25 日颁布法令，命令菲督建立整批交易制度。为了执行这一制度，菲督和马尼拉市政委员会每年任命一个由三位知名西班牙人组成的委员会，授权与前来的中国商人会面，严格检查他们的船货，谈论船货的价格，价格议妥后，将船货分配给马尼拉商人。任何西班牙商人和中国商人议价都要依法论处。③

然而，不仅菲岛殖民当局对整批交易制度有所抵触，法律与现实之间的矛盾也妨碍了那一制度的严格执行。殖民政府官员或一些有影响力的人士往往在该制度启动之前抢先行动，按事先议好的价格，从中国运来货物。那些货物或者在商船抵达马尼拉湾之前就已经交到了受托人手上，或者被偷偷运上岸储存起来，而受命负责监视商船到达的那些人则对此视而不见。中国商品常常在大帆船驶出菲岛时被装上。西班牙商人在官方价格确定之

---

① BR，Vol. 17，p. 32.

② William L. Schurz, *The Manila Galleon*, p. 76.

③ G. F. Zaide, *The Pageant of Philippine History*: *Political*, *Economic*, *and Socio-Cultural*, Vol. 1, p. 424.

前就已买好了货物,因为官方定价是一个缓慢的过程,涉及货物或货物样品的全面检查,并进行分类和定等级。一些更富有的商人,希望谈一个更合适的价钱,在整批交易结束和大帆船的年度船货备齐后才投入资金,将那些丝货储在私人的储藏室里等待来年的大帆船出航。连各个修会也进行了类似规避法律的行动。1615 年 8 月 20 日的一道王室法令规定,"各修会的高级教士要小心监视,并向他们修会的所有修道院和教团下达严格的命令,绝不允许中国商品隐藏在那里,对这一规定的任何违反都会被处罚"。①

若要严格执行整批交易制度,那就会使得数量庞大的整个交易变成一个仅由为此目的而任命的小小委员会来解决的问题,这被证明是不可行的。随着西班牙人对业务熟悉程度的增长,他们对自己同中国人打交道的能力更为自信。双方都有太多的人更愿意依赖自由交易。个体商人开始反对官方管制的羁绊。在 17 世纪初莫加就谈到,货物在涧内自由出售。1594 年的一道王室法令,事实上将整批交易制度局限在精致商品。1599 年没有实行整批交易,但总督德鲁告知国王,交易以另一种方式进行,双方都满意。

整批交易制度慢慢让位于集市(feria)。1677 年修士安古洛(Plácido de Angulo)告知国王,中国人通常可以随意将他们的货物运往任何地方,以他们自己定下的价格出售。1696 年的一道王室法令宣称,实施整批交易制度的原始动机已不存在,1703 年的一道王室法令认可了以集市取代整批交易。集市在中国商人每年向王室财库一次性捐纳了 8000 比索之后,于 6 月 4 日开始举行。

整批交易制度虽未得到严格执行,却实行了 100 多年,针对的对象不是整个菲岛的对外贸易,而只是针对中国商人,尽管曾想对葡萄牙商人实行,却未能成功。前述 1589 年和 1593 年的指令与法令都只在中国人中执行,这一制度并未应用到与日本人的贸易,他们通常以实物交换的形式进行贸易。其中的主要缘由是中国贸易是菲律宾对外贸易的主体,其他那些枝节贸易相对来说并不怎么重要。虽然这一制度的理论设计是,认为通过官员对交易的密切监督,可将与交易密不可分的各种弊端降至最小,②而核心目的是要压缩中国商人的利润空间,减少菲岛的财富流失。

---

① BR,Vol. 25,p. 24.
② William L. Schurz, *The Manila Galleon*, pp. 74～75 & 77～78.

（二）征税

在贸易的各个环节予以征税，让部分利润以税收的形式流入菲律宾殖民政府，从而间接地压缩了中国商人的利润空间。

菲律宾殖民当局对外国商船最早征收的是停泊税，陈荆和先生则称之为系船费。据他所载，"前此，来菲之华舶向西政府所缴之税只有系船费一项而已。此税开征之时期在桑德总督之任期内（1575 年 8 月至 1580 年 4 月）；起初，按照船只之大小而征收 25 比索、30 比索、50 比索不等"。① 该税至菲督维拉时期（1584 年至 1590 年）已大为提升。据 1586 年 6 月 17 日印度事务委员会成员在给国王的信中所述，"菲岛只是这一贸易的装货地，因为所有的或者大部分的商品来自中国。西班牙人仅停泊税就能收取 2000，3000 或 4000 杜卡特，这是为获准停船而缴纳的费用"。② 至 16 世纪末，如 1598 年 6 月 19 日菲督德鲁在给国王的信中所写，则要求"每艘开出的船只支付 500 比索的停泊税"。③

至菲督龙其虑时期开始征收关税。1582 年 6 月 16 日菲督龙其虑写信给国王，"通过其他信件，我已告知对中国人和西班牙人的进出口商品征收 3% 的关税。每吨征收 12 比索的运费（freight charge）。考虑到他们获得的高利润，这些关税是非常适中的"。④ 据菲律宾主教萨拉萨尔于 1583 年所记，"去年和今年（中国商人的）反感上升了，因为起初他们不需要支付任何税赋，但后来他们要支付停泊税——更多的是借此让他们给予答谢，而不是着眼于该税收本身；同时，去年（即 1582 年）和今年（即 1583 年）他们被要求支付 3%（的关税），这给他们带来了很多的伤害"。⑤ 根据这两段记载，关税最早开征的时间则可确定在 1582 年。⑥

尚有疑问的是，前述记载中所提到的"每吨征收 12 比索的运费"如何理

---

① 陈荆和：《十六世纪之菲律宾华侨》，第 57 页。
② BR，Vol. 6，p. 281.
③ BR，Vol. 10，p. 179.
④ BR，Vol. 5，p. 29.
⑤ BR，Vol. 5，pp. 236～237.
⑥ 鉴于陈荆和、严中平、黄滋生等多位专家在他们的著作中均将这一时间定在 1581 年，却未给出明确的史料佐证，而 Salazar 的记载原本没有标明时间，只是《菲岛史料》的编者将其确定在 1583 年，所以尚需新的史料佐证。

解。陈荆和、黄滋生等先生均将 freight charge 译为"停泊税"或"系船税"，但按英文释义，freight charge 非 anchorage，乃指"货运费"。若按英文释义"货运费"来解，西班牙商人倒是有可能，因为大帆船是官营的，而中国商人则无须支付运费。另据莫加在其前述著作中记述，"（中国）商船一抵达马尼拉湾，驻在米拉韦勒斯（Miraveles）岛的看守就会划小船靠过去，在确认了船只之后，留下两三名士兵在船上守住船只，让其在城市附近的沙洲抛锚，确保没人会离船登岸或任何人从外面进入船中，直至船只接受检查。……船只抵达及抛锚后，王室官员即登船检查并登记船上的商品，同时依法对商品进行估价，评估在马尼拉价值多少，立即就船上的任何商品为国王陛下征收 3％ 的关税。在检视了船货记录，完成了估价之后，另一位官员就立即将货物卸入舢板船内，运入洞内，或城外的其他房舍和仓库，货物在那里自由出售。西班牙人、（菲岛的）中国商人和其他人都不允许登船购买或贸易商品、食物和任何其他东西"。① 这一记载不仅描述了菲律宾殖民当局征收关税的程序，及为了防止逃税所采取的严格措施，也附带说明了船只到达后，殖民当局不仅立即对船上的货物征收关税（以实物征收），货物由船只至销售地的运输也由他们来完成，所以笔者认为，这里的 freight charge 或许是针对这一运输所征的费用。如真的如此，那么这又是一笔重税。

其实 3％ 关税的开征起始并未得到王室的授权，开征后却被长期执行。据莫加所载，"对中国商人进口到菲岛的商品征收 3％ 的关税。尽管他（菲督龙其虑）没有得到国王陛下的命令就这么做而被公开谴责，但那些关税仍在征收，往后还继续在征收"。② 然而这一关税的征收引起了中菲贸易的空前不景气，还引发了很多问题，所以 1586 年菲律宾西班牙代表会议提交的请愿书在谈到马尼拉市面临的问题时，第二点就要求"国王陛下命令，龙其虑征收的 3％ 的关税在这座城市免征"。③ 结果这个请求被王室部分否决。1589 年 8 月 9 日的一道王室法令规定，"神父（桑切斯）也代表马尼拉市恳求我下令，让从境外进入菲岛港口的任何人都不要支付关税，不管是中国人、葡萄牙人、日本人、暹罗人、渤泥人还是任何其他人，特别是当他们携带供给品、弹药和这些物品原材料前来的时候。这些税收对中国人来说是一

---

① BR，Vol. 16，pp. 181～182.
② BR，Vol. 15，p. 56.
③ BR，Vol. 6，p. 162.

种痛苦,贸易也因此受阻,还有其他一些随之而来的不利情况,就如前述桑切斯冗长地告知我的一样。依此,我认为目前最好是不要再对供给品和弹药征税。除非另有命令和法令规定,否则你不要允许再征任何税收"。①

菲律宾殖民当局为了缓解财政困难,还不满足于3%的关税,寻求对中国商人加征。1598年6月19日菲督德鲁在给国王的信中写道,"陛下的财库非常拮据,这个我已经在那封关于王室财政的信中说过了。我想在这里说出关于这一点可以采取的措施,如果这些措施对陛下您最为有利的话。中国人每年带着80万比索(的货物),有时超过100万,前来这里贸易,在这里待上10天就获得100%的利润;今年人们普遍认为,足足达200%。向陛下仅支付3%的关税,跟龙其虑征收的(数额)一样。如果陛下您将关税提高,再征3%,支付这一数额不会伤害到他们,而陛下财库的拮据情况将由此而大大缓解"。② 结果1606年11月20日一道王室法令规定,"我们命令,在菲岛对商品征收3%的关税,对于中国人载往那里的货物,则另外加征3%"。③ 并且1611年11月12日西班牙国王菲利普三世写信给菲督费尔南多·席尔瓦,"在对中国商品(另外)征收3%关税这一问题上你做得很好,这一税收的征收要继续"。④ 中国商品6%的进口关税一直征收到1815年大帆船贸易结束。

对中国商品进口关税的征收不仅十分严格,并且派往船上检查的官员还苛待中国商人,乘机勒索。1620年8月25日的一道王室法令规定,"当中国商船载着商品抵达马尼拉时,菲督通常要派人前往检查。被派往者往往是他家族的成员,由此带来一定的害处,没人敢要求得到满意的对待。我命令菲督和菲岛最高法院见面讨论这一问题,挑选一个适合这一岗位的人。他们要尽力挑选适合这一工作,为外国人和菲律宾本地人所接受的人。他们要在这一点上采取有力措施,通过印度事务委员会向我们报告他们所挑的人选,并报告为那一社区福利所需而采取的其他措施"。⑤ 该规定在1634年的法令中进行了重申。

---

① BR,Vol. 7,p. 138.

② BR,Vol. 10,p. 179.

③ 转引自李毓中:《〈印地亚法典〉中的生理人:试论西班牙统治菲律宾初期有关华人的法律规范》,第377~378页。

④ BR,Vol. 17,p. 175.

⑤ BR,Vol. 25,p. 35.

此外,菲律宾殖民当局还打着为公共建设集资的名义向中国商人征税。莫加在其前述著作中写道,"马尼拉市有着充足的公共资金,够用好多年。这些资金来自法官征收的罚款;该市自身在内、外部拥有的特定财产;重估中国商品、重定所有商店的店租、重定涧内商人的场地(所获的收益);扑克牌专营赢利"。① 菲律宾殖民当局还想根据所需任意地对中国商品征税。1591 年 6 月 20 日菲督戈麦斯·达斯马里尼亚斯写信给国王,"我以陛下您的名义同意了对中国商品征收为期两年的商人税(peso merchante),数目还不知道,因为迄今还未确定"。② 这一要求获得了国王的同意,他于 1593 年 1 月 17 日回信菲督,"对扑克牌专营税及商人税的征收继续至前述防御工事修建完成"。③ 1593 年 6 月 20 日菲督戈麦斯·达斯马里尼亚斯写信给国王,"因为修建这道城墙和这个堡垒从陛下的财库中支出极少,或者说没有支出,开支来自于征收的 2% 的税款,以及扑克牌的专营赢利,所以我手头资金极为短缺,只得让这一小段海岸剩着没有围起来"。④

以税收形式分流走的菲中贸易利润还不止于此,作为菲中贸易的延伸菲墨贸易,殖民当局对出口到美洲的商品征收 3% 的出口关税,这在前述 1582 年 6 月 16 日菲督龙其虑给国王的信中已经提到。需要补充说明的是,莫加对这一税率的记载是 2%。据他所载,"后者(菲督龙其虑)对出口到新西班牙的商品征收 2% 的关税";⑤"对西班牙人出口到新西班牙的商品征收的 2% 的关税每年达 20000 比索"。⑥ 后来,西班牙王室还命令提高那一税率。1604 年 12 月 31 日的一道王室法令命令菲督,"目前对商品征收的关税应该提高 2%,对运往的白银则再提高 2%"。⑦ 不过这是作为运费征收的。1634 年 8 月 10 日菲督萨拉曼卡在给国王的年度报告中写道,"我从这些船只中收到一道来自陛下的王室法令,落款日期为去年的 8 月 26 日,陛下在法令中命令我,除了已经开始征收的 3% 外,对出口到新西班牙

---

① BR, Vol. 16, p. 167.
② BR, Vol. 8, p. 169.
③ BR, Vol. 8, p. 309.
④ BR, Vol. 9, p. 62.
⑤ BR, Vol. 15, p. 56.
⑥ BR, Vol. 16, p. 191.
⑦ BR, Vol. 13, p. 264.

的商品征收2％的关税"。结果这一政策遭到了菲岛市民的坚决抵制。① 菲岛驻王室总代表蒙法尔康在其1635年向国王提交的备忘录中，也督促王室取消那2％的出口关税。②

此外，需要特别注意的是墨西哥对菲岛出口商品所征的关税，在对菲墨贸易实行限制的时期，"由中国和所有其他亚洲国家出口到美洲新西班牙的商品，一律征收10％的关税"。③ 这一关税虽不为菲律宾殖民当局所征收，却与之密切相关，因为墨西哥每年送往菲岛的王室津贴大体上由这笔关税来支付。据莫加在其前述著作中所载，"新西班牙王室财库每年向菲岛王室财库运送援助资金，数额或大或小，根据需求来定。国王陛下用新西班牙阿卡普尔科港征收的中国商品10％的关税收入来供给这一援助资金"。④ 1599年8月7日菲督德鲁写信给国王，其中还提到，"他（指新西班牙总督）应该将在阿卡普尔科征收的中国商品关税和运费送来，因为陛下已经下令，这笔钱应该归还给我们，但一直未予以执行"。⑤ 蒙法尔康也在1637年提交给国王的备忘录中谈到，"每年在新西班牙征收的菲岛出口商品关税、运费及其他税收价值300000比索，这被认为是菲岛的收入，因为是菲岛（贸易）带来的。相应地，1606年2月19日的王室法令规定，来自这一部分的收益汇往马尼拉"。⑥

由此看来，经营菲墨贸易的商人所要缴纳的税收也是繁重的。1606年7月6日菲律宾最高法院写信给国王，"支付送出一船货物所需的各项开支后——包括在这里和新西班牙所付的各项费用，这总共达到了30％，再加上这一新的法令所要求征收的——这50万比索就够不上这一法令所准许的25万比索的投资成本及其利润"。⑦

综上所述，可以推断中国商品在菲中、菲墨贸易流通过程中所要缴纳的税收总额是非常庞大的。1603年12月18日菲督阿古纳写信给国王，"如果（中国）不知道事情的真相，这至少会搅乱贸易，让那些（中国）商人对今年

---

① BR，Vol.24，pp.304~305.
② BR，Vol.25，p.13.
③ 何晓东编著：《菲律宾古近代史》，第109页。
④ BR，Vol.16，pp.191~192.
⑤ BR，Vol.11，p.127.
⑥ BR，Vol.27，p.136.
⑦ BR，Vol.14，p.141.

表 4-5　中国商品在中、菲、墨多边贸易中所占的比重

单位:比索

年代	中国商品在马尼拉港所缴进口关税	马尼拉港商品进口关税总和	中国商品所缴进口关税在总和中所占的比例	马尼拉与阿卡普尔科两港商品进口关税总和	中国商品在马尼拉所缴进口关税在两港进口关税总和中所占的比例
1591—1595	22065	36155	61.0%	58515	37.7%
1596—1600	24155.5	43037	56.1%	60220	40.1%
1601—1605	30304.2	42982	70.6%	60686.8	49.9%
1606—1610	46390.6	59066	78.5%	77433	59.9%
1611—1615	64482	70356	91.7%	84973	75.9%
1616—1620	37843	51437	73.6%	65113.5	58.1%
1626—1630	18623.5	25720	72.4%	42064	44.3%
1631—1635	34284	42194	81.3%	55561	61.7%
1636—1640	27484	31037	88.6%	40743	67.5%
1641—1645	18599.4	22075	84.3%	78256	23.8%
1646—1650	9991.4			34445	29%
1651—1655	4905			14045	34.9%
1656—1660	2786.2			11214	24.8%
1661—1665	2501.8			15140	16.5%
1666—1670	1561			9980.6	15.6%
1671—1675	850.25			12561.2	6.8%
1676—1680	3449.4			28680	12%
1681—1685	6049.75			38621.2	15.7%

注:统计数字为每 5 年的平均数。

资料来源:据张铠《中国与西班牙关系史》(郑州:大象出版社,2003 年)第 90～101 页的相关数据编制。

是否来这里下不了决心,(如果不来)那对整个殖民地来说是一个无法挽回的损失,陛下的财库会因此损失 52000 多比索——这只是对中国商品征收的正常关税,更别说中国丝货被运往阿卡普尔科、墨西哥和其他地区所要支付的关税和所赚取的利润……如果同中国的贸易失败,这块殖民地将无法

维持，陛下要维持这里的庞大开支将面临巨大困难，因为中国人在这里支付的关税，加上贩运（中国）织物的商人在新西班牙所付的关税，数量远超这里的开支"。① 另据1608年8月18日佩德罗·马里亚卡（Pedro de Caldierva de Mariaca）所列的菲律宾政府的年度收支状况表，其中王室在菲岛的年度收入及其来源为：陛下封地缴纳的贡赋，折合黄金总计为33905比索5兜缊；菲岛所有封地奉缴的津贴，总计为31298比索7兜缊；黄金什一税，总计为800比索；教会什一税，总计为1000比索；进出口关税，中国商品的进口关税38288比索4兜缊2格拉诺，新西班牙商品的进口税和运费500比索，运往新西班牙的商品出口关税14000比索；没入王室财库的罚款708比索。② 各项相加合计为120500比索6兜缊，其中中国商品的进口关税以及以中国商品为主的运往新西班牙商品的出口关税合计为52288比索4兜缊，约占总数的43％。此外，还可以根据"运往新西班牙的商品出口关税14000比索"（税率3％）推算出墨西哥征收的10％的进口关税，数额约为46666.7比索。因为这笔关税最终以王室津贴的形式运往菲岛，也可以算作王室在菲岛的年度收入。那么对中国商品征收的三次关税收入（这里忽略了菲岛出口的其他商品）大约占到了菲岛年度收入的59.2％。

（三）禁止土著穿用中国织物

禁止土著穿用中国织物是菲律宾殖民当局对在菲中贸易中长期处于逆差这一现实做出的非理性反应。禁穿令的出台涉及诸多的因素，但是其中的经济因素无疑是最重要的，主要着眼于减少菲岛财富的流失，改变菲中贸易长期所处的逆差状态。

禁穿令的出台。1591年3月30日马尼拉市颁布一道法令，禁止土著穿用中国丝、织物。马尼拉市政府和市政委员会为了将该法令提交给印度事务委员会批准，并最终获得西班牙国王的认可，恳请菲督根据附上的质询书收集证词，并将一份签署的证词副本送还，以便连同法令一并呈交给国王。4月9日菲督下令邦板牙省长收集证词，"菲岛总督和将军戈麦斯·达斯马里尼亚斯致书邦板牙省及其外所属地区的省长胡安·阿尔塞加（Juan de Alcega），或你的代表：告知你，几天前马尼拉市颁布了一道经我批准的

---

① BR，Vol. 12，pp. 156～159.
② BR，Vol. 14，pp. 243～250.

法令,出于该禁令中所述的很多原因,禁止菲岛土著穿用中国的丝、织物。为了弄清土著是否会因该法令而受益,是否能避免对上帝的某些冒犯及其他的滥越行为,是否有任何阻止该法令执行的不利因素,因此我现在通过这法令文本,由于前述的那些理由,授权并命令你,从西班牙人和土著人那里搜集信息,根据附上的质询书来检视该法令,以便让陛下知悉所了解的事实,并照其意愿发布命令"。①

　　至于禁穿令出台的理由,基本上体现在事先设计的质询书中,概括起来,主要有如下几个方面。第一,当西班牙人最初发现菲岛时,所有的土著除了本群岛所制造的之外,不穿任何其他的衣物,种植棉花并织布供他们自己使用,甚至在西班牙人定居菲岛很多年后还是如此。每年从中国来一至两艘商船,所装载的都是陶器、角类、草药及其他琐碎物品。西班牙人定居菲岛后,中国人开始扩大与菲岛的贸易,开来菲岛很多装满布匹的船只,土著开始穿用中国布匹做的衣服,抛弃了他们自己原来所用的布匹。这种使用已经达到了这样一种境况,菲岛的土著每年都要买二十多万件棉袍和丝袍用于衣着,这些衣物目前价值二十多万比索,未来数年内价值可能会翻倍,除非这一亏损的贸易被反对并加以阻止。因为这些土著并不是一个努力获取财富并将之留给子孙的民族,而是将他们所有的一切都花在吃、喝和穿上。因为一两匹布就够他们用一年,他们不在乎那些衣物贵还是便宜,而是照着要求的价格付款。这样一来价格就升得很高,一匹以前 2 里尔能买到的布,现在卖到了 10 里尔,很快就会涨到 20 里尔。第二,作为销售衣物的货款,中国人之前从菲岛运走 3 万比索的钱币,而目前由于土著的粗放和铺张,他们要运走 20 万比索。这些钱离开陛下的王国,流向外国,有违王室法令。如果那些土著不穿那些中国织物,这一钱币外流的状况就可以被阻止。第三,自从西班牙人在菲岛与中国人进行贸易以来,那些土著就放弃了对土地的耕作,而且不单是指棉花的耕种,也指米、酒及其他本地的产品,沉迷于恶习和懒惰,不愿工作。因为西班牙人将钱币带到了菲岛,其中一部分以购买服务及其他方式流入了土著的手中,因此当那些土著发现中国人运来的织物直接可用,而自己又有钱支付时,便放弃工作与土地耕种,变得游手好闲,男女都讨西班牙人的欢心,犯下并激起了无数冒犯上帝的行为。第四,遵守这一法令,土著就会工作,菲岛就会有丰富的果子和供应品,并且像

---

①　BR，Vol. 8，pp. 78~79.

从前一样价格低廉,而这块殖民地就能得以维持,中国人现在由销售供应品——诸如面粉、糖、猪油和其他东西——而带走的大笔钱,就不会被带走。况且,土著会穿着自己的织物,比中国来的织得更好且更经济。生产的布匹除了自己用,他们还会卖一些给西班牙人用于贸易,另一大笔钱也就留在了菲岛。土著也不再卖原棉给中国人,后者带回国,织成布后又返回卖给土著,用这些布匹剥走他们的钱币。第五,遵守前述法令可能会导致土著和中国人像他们从前一样进行贸易,不用货币。因为如果土著愿意在岛上进行贸易(这对他们不禁止),他们可以像以前一样,以 siguey(一种白色的小蜗牛)、染木、水牛角之类的物品来换取货物,中国人会适应这种贸易模式,钱币的外流也会停止。① 菲督 1592 年 6 月 20 日给国王的信,也道出了禁穿令出台的理由,"在陛下的允准下,我得表达我对这些中国人贸易的遗憾,因为在我看来它似乎是有害的。基于他们从菲岛运走大量钱币这一理由这一贸易可以被禁止。贸易中最大量的是棉织品——他们首先从这里运走原料,然后运回织成品。这里的土著如果愿意,他们也能用他们自己的棉花织造,甚至织得比那些从中国运来的好,将之输往墨西哥能换回 40 万比索,这又会引起对棉花种植和生产更大的重视,因为他们不需要中国人充当中间人。中国人所运来的其他商品是丝货,除了一些载来的生丝或丝线,其余的质地差且薄轻。中国丝货在数量上可能超过了从西班牙运入的,我担心会妨害陛下来自格拉纳达、穆尔西亚和瓦伦西亚丝货的王室收入,那将是最不适宜的"。②

禁穿令颁布后不久,却立即遭到萨拉萨尔主教为首的宗教当局和以贝拉为院长的最高法院官员的激烈抨击。正如菲督在 1592 年 6 月 20 日给国王的信中所言,"如果为了让土著种植和纺织他们的棉花,因为棉花在菲岛极为丰富,就下令他们不得穿丝绸和中国织物,那么他们就会说没有什么比这更糟糕的了"。③ 禁穿中国织物的法令本身不切实际,又遭到殖民当局内部的强烈反对,所以很快就形同虚设,无法执行了。④

---

① BR,Vol. 8,pp. 79~82.

② BR,Vol. 8,p. 273.

③ BR,Vol. 8,p. 279.

④ 黄滋生、何思兵:《菲律宾华侨史》,第 61 页。

第五章

对华传教政策

　　随着对中国了解的加深，那些在菲甚至尚在欧洲或美洲的西班牙传教士，早就将中国当成了最理想的传教地之一。明朝后期，东来的西班牙各托钵修会传教士争相尝试前来中国。以传教为目的最早进入中国内地的是1579年到达的西班牙方济各会士，到达时间比葡萄牙耶稣会士还要早一年。然而，在17世纪30年代以前，西班牙各托钵修会的传教士都未能在中国内陆成功立足，除了明朝廷禁止非朝贡的外国人入境外，各修会间和西葡两国间的争斗，耶稣会和葡澳当局的阻挠，菲律宾殖民当局对传教士的离境限制等，也是其中的重要原因。尽管困难重重，西班牙各托钵修会却并未放弃，17世纪30年代后，西班牙多明我会、方济各会和奥斯定会传教士先后立足中国传教，至17世纪末，传教工作都取得了一定的成就。进入中国内地后，西班牙托钵修会和葡萄牙耶稣会在传教策略上出现分歧，并由此引发了中国礼仪之争。还有一点值得注意的是，尽管未能实现，菲岛很多宗教界人士主张借用世俗政权力量，通过武力对华进行传教。

第一节　热心皈化中国

　　在西班牙传教士眼中，中国不仅是一个有着古老而又发达文明的庞大帝国，更是一块理想的传教地，这充分体现在他们留下的有关中国的各种记载中。为了达到传教中国的目的，他们不断地尝试着前来中国，甚至愿意充当奴隶被捎来，表现出了惊人的执着，也充分表现了他们皈化中国的热忱。

一、视中国为最理想的传教地

西班牙王室热衷于海外基督教的传播,将之作为海外殖民的主要目的之一,保有菲岛的原因之一就是其在远东福音传播事业中所具有的战略地位。作为东亚地区最大、最古老、最发达的帝国,中国自然成为菲岛传教士急欲前往的地区。

(一)中国诱惑

中国对菲岛传教士的吸引力,充分体现在西班牙传教士通过著作、书简、笔记、日记等形式留下的对中国的正面描述中。

方济各·沙毋略笔下的中国。1552年1月29日他写给罗耀拉的信中提到:"中国幅员广大,人民爱好和平,政治清明,全国统于一尊,臣民对皇上非常顺服。中国是一个富庶的国家,各种物产非常富饶。中国和日本相距不远。中国人民都很勤奋,聪明好学,长于政治、重视伦理道德。中国人肤色白皙、不蓄须、忠厚温良、不好私斗、境内无战争。……日本现行各教派,无一不来自中国。如果日本知道中国业已接受了救主的福音,自必起而追随,放弃现有各教……"同日在给欧洲耶稣会的信中也提到:"……中国是一个疆域广大,国势强盛的国家,境内没有战争。据曾经到过中国的葡人记载:中国是正义之邦,一切讲公义公道,甚至超过信仰基督的国家。迄今我在日本及其他地方所见到的中国人,智慧极高,远胜日本人,且善于思考,重视学术。中国物产丰富,人口繁盛,大城林立,建筑精美,部分采用雕石。人人都说中国盛产绸缎。境内有许多风俗不同的民族,有的信仰伊斯兰教或犹太教;是否有人信奉基督,却没有人确定。"①

拉达所见的中国。拉达出使中国返回菲岛后,据其在中国的所见所闻,并参考从中国带回的百余种图书典籍,写出了《中国纪行》一书,其中描述了当时中国闪光的一面,诸如广袤的领土、众多的人口、丰富的矿产等等,并指出"契丹"实际上是中国或中华的另一个称谓,按朝代当时为"大明",第一次解决"契丹"与中国的关系问题,等于告知当时的欧洲人马可·波罗所述的梦幻般的契丹汗国原来就是中国。

门多萨眼中的中国。1585年门多萨的旷世杰作《中华大帝国史》问世,

---

① 顾卫民:《中国天主教编年史》,第58~59页。

该书是16世纪有关中国自然环境、历史、文化、风俗、礼仪、宗教信仰以及政治、经济等情况最全面、最详尽的一部著作,其第一部分综述中国国情,16世纪末的欧洲人主要通过这一部分来认识中国。通过《中华大帝国史》,门多萨基本上把16世纪的中国形象——一个具有悠久文明和历史的强大帝国,较为客观、真实地介绍给了欧洲。[①]

庞迪我笔下的中国。他对中国的认知体现在他给古斯曼主教的一封长信中,该信向欧洲较为全面地介绍了中国的情况,对中国国情作了较为客观的叙述和评价。在他眼中,中国领土广袤,城市雄伟,人口众多,物产丰富,崇文重教、人民勤劳、重孝道、重礼节,奉行睦邻政策。庞迪我自1600年到南京至1617年被逐回澳门,前后在北京生活了17年,成功融入中国社会,被中国知识界以"西儒"相待。由于庞迪我在华生活时间长,又精通中华文化,并且生活在首都北京,所以庞迪我对当时中国社会的了解较一般人更为深刻、全面。

麦蒂那笔下的中国对外贸易状况。在撰于1630年的《历史》一书中,除了提到中国富庶与人口众多,他还重点描述了中国的海外贸易情况。据他所载,中国的海外贸易商船"多得数不清",单独到马尼拉的每年就有四十艘以上;中国商船每年满载粮食和商品航行到周边各国贸易,甚至是要冒很大风险的日本;中国商船向周边各国输出数不清的商品,但不会造成自己任何短缺;中国人运走世界上所有的白银,而没有一里尔的白银流出中国,都被永远的窖藏在那里;中国人从其他地方拿走的白银比从墨西哥拿走的更多;中国人是最珍爱白银的种族,并会为此抢劫;除了贪财外,中国人是出色的商人。[②] 此外,还提到中国是已知最和平的王国,没有绞刑和死刑。[③]

1640年刊印于马尼拉的新萨戈维亚主教阿杜阿特的《多明我会圣玫瑰省传教史》一书,第二十七章叙述了中国人对天主教的态度,"中国人在数量上无可匹敌,品质更高,更智慧,更文明。因此这是一种更大的痛苦——看到他们对与自己最攸关的东西一无所知,并且专注于他们的无知,目空一切,以致于心灵之门紧闭,拒光于心门之外,因为他们认为,没有他们不懂的

---

① 张铠:《中国与西班牙关系史》,第185、198页。
② BR,Vol. 23,pp. 192~194.
③ BR,Vol. 23,pp. 269~270.

真理,也没有一个比他们更开化的种族"。①

　　闵明我印象中的中国。闵明我在中国生活了 11 年,于 1674 年回到阔别了 30 年的西班牙,昔日的"日不落"帝国此时却无论是城市还是乡村,满目凋敝。而他印象中的中国,尽管他到达时正值明、清更迭之际,却很快从战争中复苏,所到之处社会安定、经济繁荣,较欧洲国家先进,更像人间的"伊甸园"。所以他认为,儒家治国的方略完全值得西班牙仿效,应当从中国的历史中寻找值得借鉴的东西。他于 1676 年撰写了《中华帝国历史、政治、伦理及宗教论集》一书,目的之一就是试图把中国作为西班牙的一个榜样,以中国政治上的"清明"促进西班牙的政治革新,以中国繁荣富强的景象来唤起西班牙民族重振往日辉煌的激情,并最终使西班牙摆脱当时内忧外患的困境。②

　　奥斯定会士迪亚士笔下的中国。在 1718 年撰于马尼拉的《征服》一书中,在《1670—1694 年菲律宾的奥斯定会》这一部分,他叙述了明清鼎革后中国人弃武从商的心理转变,中菲贸易对菲律宾殖民地生存的重要性,并谈到中国商品质量上乘且产量巨大,中国海外贸易的范围广阔且贸易量大,中国领土广袤且人口众多。③

(二)入华尝试

　　在中国古代历史上,基督教曾三次传入中国。第一次为公元 7 世纪唐太宗时"景教"的传入,约 200 年后就消失了。第二次是在 13 世纪的元朝,当时除了景教随着蒙古人重新进入中国本部外,还有从欧洲前来中国的天主教方济各会传教士。蒙古人统称这两派基督教为"也里可温"。元明更替后,基督教再次消失。第三次是 16 世纪后期,即明朝万历年间,欧洲的耶稣会士又纷纷来华,④而揭开基督教第三次传入中国序幕的正是原籍西班牙的耶稣会士沙勿略,他早在 1552 年就来到了上川岛,尽管没能成功进入中国内地传教。

　　西班牙殖民者立足菲岛后,他们"在起初时,即将这里看作传教工作的根据地。从这里将真主的福音一步一步地传播到那些更广大更有希望的附

---

　　①　BR,Vol. 30,p. 216.

　　②　张铠:《中国与西班牙关系史》,第 252～254 页。

　　③　BR,Vol. 42,pp. 149～150.

　　④　江文汉:《明清间在华的天主教耶稣会士》,北京:知识出版社,1987 年,第 1 页。

近区域,中国以及通常所称的亚洲大陆,在他们各阶层的人眼中,是一个金黄色的美梦。他们相信中国已经在卡斯蒂利亚的势力范围之内。并且在他们和中国商人接触时,这些中古时代的旅客,对于古中国(Cathay)所出现的'文明''伟大''富饶'认识更确切,更坚实。中国既然具有庞大的人口,无尽的利源,统一而又重要的文化,哪能不被看作是上乘的传教区域呢"。① 1586年菲律宾西班牙代表会议提交的请愿书,在谈到传教士离开菲岛造成的伤害时写道,"对菲岛的伤害是,陛下花了那么高的代价从西班牙派来的传教士,一到达这里就宣称,他们不是为菲岛而来,而是为中国而来"。② 正如谢特拉所言,对在远东立足的宗教机构,尤其是对方济各会和耶稣会会士来说,中国永远是他们渴望抵达的最高目标,是他们传教使命的最高荣耀。③

　　奥斯定会修士的入华尝试。奥斯定会为天主教托钵修会之一,原为根据奥斯定所倡导的隐修会会规而成立的各个隐修会的总称,1256年教皇亚历山大四世将各个修会联合组成统一的奥斯定会;不久奥斯定会宣布放弃隐修制度,成为当时的四大托钵修会之一。④ 奥斯定会修士最早来到菲岛,也最早尝试进入中国。

　　早在1533年,西班牙籍的奥斯定会士创立墨西哥各传教省,他们的目的仅为向"东鞑靼国、中国以及那些我们还不能确定福音是否已经传到的别的国内"去服务。⑤ 1565年5名奥斯定会士随西班牙殖民军来到菲律宾,他们是乌尔达内塔、阿吉雷(Anfres de Aguirre)、拉达、埃雷拉和甘博阿(Pedro Gamboa),以著名修士乌尔达内塔为首领。⑥ 拉达在1569年7月8日致墨西哥总督的信里解释说,传教士迟迟不努力给许多菲律宾人施洗,是因为猜想国王可能下令撤出菲律宾,把西班牙的全部力量集中在中国。1572年5月初拉达前往马尼拉参加奥斯定教区会议,被选为大主教,因此

① H. Bernard著,萧濬华译:《天主教十六世纪在华传教志》,第140页。
② BR, Vol. 6, p.194.
③ 特谢拉:《16—17世纪从菲律宾前往东南亚葡占领地的传教团》,《文化杂志》2004年第52期,第30页。
④ 崔维孝:《明清之际西班牙方济各会在华传教研究(1579—1732)》,北京:中华书局,2006年,第45页。
⑤ H. Bernard著,萧濬华译:《天主教十六世纪在华传教志》,第140页。
⑥ 崔维孝:《明清之际西班牙方济各会在华传教研究(1579—1732)》,第28页。

留在马尼拉。在三年任期内,他的一个首要任务是尽可能去教化中国。他在1572年7月1日给墨西哥总督的信中说,他愿去中国,证实一个叫Canco的中国人所说的有关中国的富足与不足的消息;他在宿务的家里招待那个中国人住了几个月。[①] 拉达为了准备到中国传教,先期学习中国语言。1572年隆庆帝晏驾,当他听到新立皇帝万历将对逃亡海外的中国人实行大赦的消息,竟愿意充作中国商人的奴隶,让后者把他带来中国。结果由于菲督黎牙实比未予以同意而未成行。他继而又将希望寄托在负有"侦察中国"使命的伊斯拉身上,又因黎牙实比1572年8月21日猝死而未能成行。[②]

奥斯定会在1573年向国王提交的一份备忘录中要求,"如果要派人前往中国或其他地方,即使这里有其他修会的修士可以承担出使任务,我们应该是首选,因为我们修会很方便提供那样的修士"。[③] 1575年3月7日"驻在菲律宾的中国传教省"成立。1575年拉达和马里诺(Jerónime Marino)随同王望高来到福建厦门和泉州,希望在中国打开贸易和传教的大门,但未获明政府批准。返回菲岛后,1576年拉达又和奥古斯丁·阿尔布开克一起自愿充当使者前往中国,结果未获成功。

1584年3月驻菲律宾奥斯定会的省会长指定曼里克(Francisco Manrique)为院长,并命他担负在澳门筹备成立传教会所的责任。曼里克先派蒙托亚(Montoya)试办,未能成功,遂乘船返回马尼拉。9月份曼里克决定亲自和一位方济各会士波夫雷(Juan Pobre)一同动身赴澳门,但被暴风吹到了日本的平户海岸,在那里耽搁了两个月,才返回菲律宾。曼里克于1586年12月1日来到澳门,但他的到来遭到澳门当局的抵制。他便取道马六甲去见果阿总督,在获得几样必需的准许之后,于1587年12月重返澳门,并建立了一处修院。[④] 最后,澳门的西班牙籍奥斯定会士还是被菲利普二世赶回了菲律宾,那里的修院被葡籍奥斯定会士接管。近乎一个世纪后的1680年,奥斯定会才得以进入中国内地传教。[⑤]

方济各会修士的入华尝试。方济各会也称方济会,1209年由意大利人

---

① C. R. 博克塞编注,何高济译:《十六世纪中国南部行纪》,第43~44页。

② H. Bernard 著,萧濬华译:《天主教十六世纪在华传教志》,第141~142页。

③ BR, Vol. 34, p. 282.

④ H. Bernard 著,萧濬华译:《天主教十六世纪在华传教志》,第314~315页。

⑤ 任继愈:《宗教词典》,上海:上海辞书出版社,1981年,第1036页。

圣方济各(Francis of Assisi)所创立,为天主教托钵修会的主要派别之一,也是明清之际入华传教的天主教修会中,与耶稣会、多明我会相并列的三大主要修会之一。

1578 年西班牙方济各会士阿尔法罗(Pedro de Alfaro)偕同 14 名同会会士来到菲律宾,阿尔法罗被任命为该省的监护人。从奥斯定会神父和前往菲岛贸易的中国商人那里获知很多中国令人振奋的事情以及那里无数的灵魂,他们充满了激情并期待着救赎那些灵魂,渴望前往那里传教,哪怕会付出生命的代价。他们多次向当时的菲督桑德表达入华传教的愿望,请求后者支持并准许他们乘坐当时在马尼拉的中国商船前往,他们去征求中国商人的同意,甚至愿意充当他们的奴隶,或任何其他可能的方式。但是他们每次和总督谈这一问题,总督总是冷漠以对,让他们希望破灭。他们从西班牙前来的主要目的就是努力进入中国传教,他们决定采取别的办法。阿尔法罗决定与为了前往中国传教而学习了中国话的埃斯特万·奥尔蒂斯(Estevan Ortiz)修士以及一位士兵迪亚斯·帕尔多(Diaz Pardo)乘中国商船由民都洛秘密起行,但当他们到达那里时,中国船主拒绝搭载,阿尔法罗只好返回马尼拉等待其他机会。1579 年 6 月 15 日阿尔法罗一行 7 人从伊洛克(Ilocos)出发前往中国,后在广东附近登陆。在接受中国政府的各项调查后虽获得了自由,但被迫等待葡萄牙船只,等着被遣送出境。[①] 他们在 11 月 6 日被广东当局逐至澳门,被澳门主教安排在"天神之后"修院。对于阿尔法罗此次中国之行,1580 年 8 月 28 日一封给耶稣会会长的书信中也有所记载,"7 名方济各会修士由吕宋来至澳门,他们大半都是西班牙国人,只有 1 个是意大利国人,他们在广州住过 4 个月。1 人决定住在那里,4 人决定打算返回吕宋,其余的人主教拨给他们一处鄙陋的修院作住室"。由此可见,1579 年方济各会士已暂时在澳门站住了脚。

后来方济各会士格雷戈里奥(Antonio de St. Gregorio)又重新在欧洲召集 18 名同会修士成立一小团体,其中 8 名于 1580 年 5 月 10 日从塞维利亚动身赴墨西哥成立修院,培养赴中国服务的传教士。1582 年 2 月 20 名方济各会士抵达马尼拉,宗教当局原打算立刻派六七名修士到中国,但民事当局只允许 2 名方济各会士到澳门去增强天神之后修院的实力。可他们到达澳门之后,修院内空无一人,因为仅剩的一位留守人员方济各会士佩萨罗

---

①   BR,Vol. 6,pp. 125～134.

(Lucarelli de Pesaro)被澳门商人驱逐到了马六甲,只得及时折回马尼拉。

为了前往中国传教,方济各会士布尔戈斯上书西班牙国王,声称"他将去澳门视察方济各会的修院,并报告西葡两国的合并",并公然声明"凡反对他这次出行的,皆将被教皇明令弃绝"。他率领 6 名传教士于 1582 年 6 月 21 日动身,结果因水手驾驶错误,被载到了福建,在那里被明军抓获,当成间谍和海盗下狱,后经澳门葡萄牙当局出面营救而被押往广州,继而被逐到澳门。

1582 年 8 月佩萨罗自马六甲返回澳门"天神之后"修院,当局对于他的行止力主慎重,禁止他到广州去,佩萨罗力争不得只得聚集中国、日本及暹罗儿童二十余名,一方面教他们传教应用的学识,一方面自己学习这几国的语言。1583 年 2 月 13 日布尔戈斯与桑切斯一起返回马尼拉。1584 年有 6 名方济各会士在澳门等候去中国、安南、暹罗的机会,可是"他们看到中国开放的希望很小,不觉大失所望"。1584 年佩萨罗和罗耀拉为能尽量适应葡人的需要,由果阿返回里斯本,后又到罗马,颇得教皇西斯特五世的优待,佩萨罗得到教皇允许,在意大利成立三处修院,培养赴中国传教的修士;罗耀拉则于 1585 年 3 月偕同 20 名葡国修士由里斯本动身,最后于 1587 年春与数名新修士到达澳门,着手先前菲律宾方济各会士在那里成立的修院的整理工作。[1]

由于葡萄牙当局和耶稣会的反对,西班牙方济各会修士无法进入中国。1586 年方济各会士在菲岛设了一个传教省,名为圣格利高里中国传教省(S. Gregorii Philippinarum et China)。[2] 由于菲利普二世于 1589 年 8 月 9 日命令禁止菲律宾的西班牙传教士进入中国,直到 1632 年西班牙方济各会士再也没有组织过传教团到中国。1633 年初受方济各会圣格列高利菲律宾省会长的派遣,利安当(Antonio de Sancta Maria)和马方济(Francisco de la Madre de Dios)与多明我会传教士黎玉范(Juan Bautista de Morales)结伴从马尼拉来到台湾,同年 7 月利安当和黎玉范先期来到福建福安地区,至此方济各会士才成功在中国大陆立足。

多明我会的入华尝试。多明我会的正式译名为道明会,1215 年由西班

---

[1]　H. Bernard 著,萧濬华译:《天主教十六世纪在华传教志》,第 167～168、223～231、315 页。

[2]　Kenneth Scott Latourette, *A History of Christian Missions in China*, p.99.

牙人道明·古斯曼(Domingo de Guzman)创于法国南部的普卢叶,为天主
教托钵修会的主要派别之一,是明清之际入华传教的天主教修会中,与耶稣
会、方济各会相并列的三大主要修会之一。最早进入中国的是葡萄牙籍的
多明我会士,1556 年乘船到达澳门后在广州短暂停留的克鲁士被 17 世纪
多明我会士视为"中国宗徒"。葡萄牙籍多明我会士虽最早入华,却未能在
中国大陆久居,真正得以在明末中国大陆设立专属传教区并长久传教的是
西班牙籍的多明我会士。[①]

表 5-1　西班牙籍传教士尝试到中国传教表

时间	人　员	抵达地点
1587	阿尔塞迪亚诺(Antonio de Arcediano),阿隆索·德尔加多(Alonso Delgado),巴托洛·梅洛佩斯(Bartolome Lopez)	澳门
1590	卡斯特罗,贝纳维兹	福建海澄
1593	甘杜罗(Luis Gandullo),卡斯特罗	福建泉州
1604	甘杜罗	福建福州
1612	梅尔(Tomás Mayor),马地涅(Bartolome Martínez)	澳门
1618	胡安·道明(Juan de Santo Domingo),卡努(Juan Bautista Cano),里瓦贝罗塞(Diego de Rivabellosa)	日本长崎*
1619	马地涅	澳门

　*　在经历从澳门或直接进入福建传教的多次挫折后,西班牙多名我会士曾经尝试
从朝鲜半岛进入中国传教,他们希望借陪伴一位丰臣秀吉侵朝时被俘的朝鲜贵族教徒
返回朝鲜的机会,经朝鲜半岛到中国,但却在日本长崎被阻。

　　西班牙籍多明我会士自 1581 年就准备动身东来,在中国传播福音是该
会成立新教省的主要目的。据阿杜阿特在其《多明我会圣玫瑰省传教史》一
书中所言,"他们(指在菲律宾的多明我会士)总是特别容易为与皈化中国相
关的一切事情所影响",[②]"圣玫瑰省包含菲岛,日本帝国和中华帝国以及其
他的王国"。[③] 1582 年 10 月 20 日教皇颁布了建立多明我会菲律宾省的敕

---

①　张先清:《多明我会与明末中西交往》,《学术月刊》2006 年 10 月号,第 138 页。
②　BR,Vol. 30,p. 216.
③　BR,Vol. 30,p. 160.

令，但因等候菲利普二世的命令，迟误了四年时间，该会修士直到 1585 年才成行前往马尼拉。[①] 1587 年会士卡斯特罗（Juan de Castro）率领 15 位同会会士经墨西哥来到菲律宾，成立了圣玫瑰省（La Provincia del Santo Rosario），以马尼拉为中心开展对远东地区的传教事务。建立圣玫瑰省的一个主要目的就是想从菲岛进入中国传教，因此该会传教士进入马尼拉后，就在华人聚居区涧内（Parian）设立教堂，派驻教士，进行传教，同时向当地的闽南人学习闽南方言及汉字，为入华传教做准备。从 1587 年到 1626 年西班牙人侵入台湾前，西班牙籍多明我会士进入中国传教的尝试主要有七次（参见表 5-1）。[②]

1587 年 7 月抵达的那 15 位传教士原本想马上前往中国传教，但他们到达马尼拉后，菲律宾首任主教多明我会的萨拉萨尔让他们负责皈化涧内的中国人社团，因而未能成行。在他们抵达菲律宾的同时，由副监督阿尔塞迪亚诺率领的另两位同伴则直接从阿卡普尔科前往澳门教区，并在澳门建立了玫瑰圣母会院，这是多明我会在中国传播福音所建的第一间会院，也是进入中国内地的门户。后由于澳门葡萄牙当局和耶稣会的极力反对，多明我会传教士最终被逐出澳门。澳门当局还禁止他们前往马尼拉与同会的传教士相聚，迫使他们沿印度航线返回了欧洲。前述会院也被葡萄牙多明我会所夺。[③] 1590 年 4 月省会长卡斯特罗向众修士提出他前往中国的计划，并获得了后者的同意，他随后挑选贝拉比德斯（Miguel de Venavides）修士作为同伴，在征得主教和菲督的同意后便开始安排航行，结果他到达中国海岸后被明朝官军逮捕，释放后被勒令离境。[④] 1593 年修士甘杜罗和卡斯特罗作为使节被派往福建泉州，结果却来到了广东，被当成海盗抓了起来，广东总督命令他们在 15 天之内离开。[⑤] 1612 年，修士梅尔和马地涅与同属多明我会的澳门主教拉彼达（Juan de la Piedad）修士一道前往澳门，准备前往中国大陆传教，但是他们在澳门遇到了另一修会修士的强烈反对。结果他

---

① H. Bernard 著，萧濬华译：《天主教十六世纪在华传教志》，第 316 页。

② 张先清：《多明我会与明末中西交往》，第 138 页。

③ 崔维孝：《明清之际西班牙方济各会在华传教研究（1579—1732）》，第 41～42 页。

④ BR，Vol. 30，pp. 247～249.

⑤ BR，Vol. 32，p. 26.

们无法实现那一目的,梅尔前往西班牙,马地涅则返回菲律宾。[①] 1618 年菲督需要派一位懂中文的使者到中国通知中国商人,荷兰人驻在商船通过的海峡等着劫掠,多明我会的马地涅被选中担负那一使命,途中多次遭遇风暴,两次登陆台湾,最终到达澳门。但他在那里遇到了太多阻碍,无法展开传教活动,被迫返回马尼拉,进入中国的梦想破灭。[②]

上述其他各次尝试也都以失败告终。1626 年 2 月,多明我会士马地涅等 5 人随同菲律宾总督费尔南多·席尔瓦派遣的舰队一同前往台湾,开始了多明我会在台湾的传教活动。此后在台湾建立了基隆和淡水两个主要传教区,传教颇有进展,并最终建立起一条马尼拉—台湾—福建海上传教通道,为多明我会顺利进入华南大陆传教奠定了基础。[③] 1632 年 1 月 1 日,时任台湾多明我会负责人的高琦(Angel Cocchi)在福建沿岸一个荒凉的小岛登陆,这是西班牙籍多明我会士首次来到中国大陆。[④]

此外,需要说明的是,虽然 1581 年两位耶稣会神父席德诺(Antonio Sedeno)和桑切斯同主教萨拉萨尔一同抵达了菲律宾,但由于同一修会的缘故,菲律宾的西班牙耶稣会并未同澳门的葡萄牙耶稣会争夺中国教区。在中国传教的原西班牙籍耶稣会士多由里斯本出发,经葡属印度而来。偶尔有一些由马尼拉前往澳门也是属于修会内部安排。耶稣会会长为慎重起见,在 1579 年请求教皇指定何地应该属于葡国所"领有",格利高里十三世随答道:"在东印度一带,凡陆地及岛屿之属于葡王者,尽应归入葡国势力范围之内。毛里塔尼亚(Mauritania)以东以西之地凡被葡人以统治权或征服权、贸易权及航行权占领者,皆为葡国所领有"。毫无疑问,葡王将借口中日两国皆系葡人以贸易权及航行权所占领,故应归入葡国势力范围之内,保教权应属于葡萄牙王室。结果耶稣会会长于 1586 年 2 月 22 日写信给菲律宾的该会高层,"不要放过一个在菲律宾的传教士到中国去,即使有朝廷的官吏来要求,不要允许他们干预这类事情。桑切斯的行径,大大错误"。过四

---

① BR, Vol. 32, pp. 30~31.
② BR, Vol. 32, pp. 87~88.
③ 张先清:《多明我会与明末中西交往》,第 139 页。
④ 顾卫民:《中国天主教编年史》,第 138 页。其实,高琦为意大利人,1597 出生于佛罗伦萨,1610 年加入多明我会,并前往西班牙,在撒拉曼卡大学学习神学,后获副主祭称谓。由于西班牙在美洲地区和菲律宾的保教权,高琦放弃了其原来的国籍,效忠于西班牙王室。

个月之后的 1586 年 6 月 16 日他又写信说，"不应让新西班牙的受遣修士团与葡萄牙的相混合，因为菲利普二世还不允许这两国在贸易的事情上有所混合"。①

二、入华传教遭遇的各种阻挠

17 世纪 30 年代后，西班牙多明我会、方济各会及奥斯定会的托钵修士们才先后进入中国大陆地区传教，并成功立足。在其尝试入华的过程中及立足中国后，直至 17 世纪末，他们克服了主要来自葡澳当局、耶稣会以及菲律宾殖民当局的各种阻挠。

（一）葡澳当局的阻挠

葡澳当局阻挠托钵修士入华传教出于多方面的原因，一方面是担心西班牙籍传教士的到来，会影响澳门葡人同中国的政治、经济关系，特别是担心其同中国的贸易受到影响。另一方面则是为了维护葡萄牙王室在远东的保教权，认为西班牙籍传教士自菲律宾前往中国是对上述保教权的一种侵犯。

1. 葡萄牙王室在远东的保教权

1480 年之前的一系列教皇训谕基本奠定了葡萄牙远东保教权的内容，授予了葡萄牙对其发现领土政治上的占有权、经济上的贸易权、宗教上的传教权等一系列特权，并保证这些特权由葡萄牙一国垄断，其他人若侵犯了这些特权，将会受到包括开除教籍在内的严厉惩罚。1481 年 6 月 21 日教皇西克图斯四世（Sixtus Ⅳ）颁布的《不朽的国王》训谕将葡萄牙的发现权扩展到了印度。1508 年 7 月 28 日教皇朱利叶斯二世（Julius Ⅱ）授予了葡王"在海外占有地区有建筑教堂，提议官员人选，封赐主教座堂，建立学院、修院和其他宗教设施的权利"。② 1516 年 3 月 31 教皇里奥十世（Leo Ⅹ）发布的敕谕宣布，若无里斯本宫廷的同意，各国在印度不能任命主教，不得进行传教活动。③ 至此，葡萄牙在印度的保教权基本确立。1530 年教皇克莱蒙特七

---

① H. Bernard 著，萧濬华译：《天主教十六世纪在华传教志》，第 161、295～296 页。

② 顾卫民：《中国天主教编年史》，第 51 页。

③ Rérny, *Goa：Rome of the Orient*, London：Arthur Barker Ltd, 1957, p. 161.

世(Clement Ⅶ)批准了《萨拉戈萨条约》(Treat of Zaragoza),同意以马鲁古群岛以东 17 度经线为西、葡在东半球的界线,进一步划分和明确了葡萄牙的殖民势力范围,为其最终获得远东保教权奠定了政治基础。1534 年 11 月 3 日教皇保罗三世(Paul Ⅲ)宣布在印度果阿成立主教区,隶属于里斯本大主教区,管辖横跨好望角到中国这片广大地区的教务,葡王有权向教宗提出主教及神职人员人选,同时也有义务向保教区的各种教务活动提供物质保障。而根据《萨拉戈萨条约》,远东当时是葡萄牙的势力范围,葡萄牙也就自然拥有了远东保教权,作为葡属亚洲保教权的一个组成部分。至此,葡萄牙的远东保教权正式确立。[①]

由于葡萄牙国王享有在远东的保教权,结果"教宗的一切谕旨和敕令只有得到葡王及其参政院的同意才具法律效力。因此,东印度的所有传教事务都是葡萄牙的传教事务,外国传教士进入教区必须放弃其原有国籍"。[②]葡萄牙占据的澳门是进入中国的必经之地,天主教传教士进入中国前也必须向葡萄牙国王宣誓效忠,改用葡萄牙名,全面葡萄牙化。[③] 凡从欧洲派往东方的传教士必须征得葡萄牙国王的批准,并且一律乘葡萄牙船从葡萄牙首都里斯本出发。[④]

2. 葡澳当局对托钵修士的阻挠行动

西班牙人东来并立足菲岛,也对葡萄牙人在远东的传教权构成了直接挑战。在政治、军事斗争未能奏效的情况下,葡萄牙人便"秘密和教廷商议,根本打倒西班牙人垄断中国和日本传教事业的步骤",结果教廷在 1576 年 1 月 25 日发布敕谕,将马六甲和澳门分离教区,并将中国、日本及其"附近各岛"划归澳门教区。而当时的西班牙驻罗马公使不仅未注意到此事,在 1578 年 2 月 13 日设立马尼拉教区的条约内,还让人给加入一段附则,内云马尼拉距离亚洲大陆"两千海里以上"或 114 度以东之外,比实在位置超出 1100 或 1200 海里之远,相差约 63 度。因为这条附则,不单在马尼拉、中国

---

① 许璐斌:《16—17 世纪的远东保教权之争》,浙江师范大学世界史专业硕士学位论文,2009 年,第 4 页。

② Francois Rousseau, *L'idé missionnaire aux XVIe et XVIIe siéles*,Paris:Spes,1930,p.30. 转引自李丽娜的《巴黎外方传教会与天主教的中国本土化进程》,《汕头大学学报》2006 年第 1 期,第 49 页。

③ 李丽娜:《巴黎外方传教会与天主教的中国本土化进程》,第 49 页。

④ 江文汉:《明清间在华的天主教耶稣会士》,第 7 页。

及日本的各种权利尽行丢失，甚至菲律宾群岛，也纳入葡萄牙的势力范围之内。① 葡萄牙那么做，目的是企图凭借葡萄牙王室所享有的保教权，将西班牙人的活动限制在菲律宾。

所以，澳门的葡人长官对于"西班牙人来至中国，即便是传教士，即便是方济各会修士，在他们看来，就是脚上的刺，务必去之而后快"。他们对首批从菲律宾来到澳门的西班牙传教士阿尔法罗一行的态度，就如阿尔法罗在信中所言，"他们发生恐惧心，是因为相信西班牙国的海军将来攻击他们，并相信我们是来中国破坏及阻止他们贸易的密探"。连曾帮助过阿尔法罗一行的澳门庶务司铎顾第奥（André Coutinho），也被以与西班牙"密探"暗通声气之罪名而下狱，后来因卡内罗（Mgr. Carneiro）主教干涉才获释。西班牙籍方济各会士还在信中嘱咐本会的同志千万不要和葡萄牙人往来，"以杜绝他们在中国长官面前诽谤西班牙人的根由"。此外，前述 1580 年 8 月 28 日致耶稣会会长的信中还写到，"有人请求神父允许派遣几位西班牙籍耶稣会士来此，千万小心，此事将触动东印度总督及葡萄牙国王之怒"。应该说，出于对贸易和传教两方面的担忧，澳门葡萄牙人对于来自菲律宾的西班牙传教士的警惕，超出了维护保教权所应有的程度。1582 年桑切斯抵达澳门也激起了本地商民的疑心，硬说他不是传教士，而是侦探，甚至有人要禁止他举行弥撒祭礼，以为"这是用菲利普国王的名义取得中国领土的一种标记"。

至 1583 年，澳门全体主事人员要求侨居菲岛至西班牙人不要再派人到那里去，无论是教士、修士或俗人，一概拒绝。菲律宾王家财库管理人罗曼 1584 年受命前往澳门，他在信中写道，"方济各会士常被中国人看作嫌疑犯而拘入监狱，他们来到中国，不过（是）增多葡人对于西班牙人（的）疑忌之心"。1584 年澳门全体主事人员迫令西班牙籍人士离开那里，将天神之后修院充公。西班牙籍修士尝试赴果阿上诉，不意竟遭批驳，只得与马六甲众同伴一齐乘坐送罗曼和桑切斯来的商船回到马尼拉。② 1584 年几名西班牙传教士在澳门被杀，当时的一位老绅士道出了其中的缘由，"如果西班牙人来到这里的话，他们是不会安分守己的，说不定还要来骚扰本土，他们的教

---

① H. Bernard 著，萧濬华译：《天主教十六世纪在华传教志》，第 157～158 页。

② H. Bernard 著，萧濬华译：《天主教十六世纪在华传教志》，第 167～168、203、225～232 页。

士来到后会强迫这里的人们改宗,中国人会杀他们而且还会把我们赶走。因此我们一直保持警惕,这也就是不让西班牙人来的理由"。[1] 澳门传教长卡布拉尔(Cabral)在1584年12月5日致范礼安的信中也写道,"我恐怕这些来来往往的西班牙教士,要为我们引来绝大的损害……因为他们不单要掀起失去这处至关重要的传教根据地的危机,并且要断送这里的商埠,从此累及与中国的商业关系;但是,如果不幸两国的商业中断,我真不敢设想日本的传教事业及马六甲与印度的关税将要降到何等的境地"。也就是这时,西班牙王室的印度顾问批准了葡萄牙人的请求,禁止任何修士从里斯本及果阿以外的航路进入中国,并为此事下有一条通令。果阿总督采取的步骤则更为激烈,他禁止菲律宾与澳门的各种关系,不论政治的还是商业的。

1587年7月6日罗耀拉与众奥斯定会士议妥,联名向中国皇帝呈上一份陈辩书,内陈"同人等携有最高当权之教皇诏书,奈以余等籍属西班牙,故葡萄牙人不肯听从余等之请求及查视教皇之诏书"。1588年3月1日,多明我会士联合方济各会士及奥斯定会士上书菲利普二世,请求允许新西班牙这三个修会的修士到中国去。但另一方面,葡籍方济各会士从西班牙籍修士手中将天神之后修院取回,1587年10月23日所成立的玫瑰之后修院也被葡籍的多明我会士在1588年3月占领,那时只有奥斯定会的修院还在西班牙籍修士之手,至1596年也沦入葡籍修士之手。[2]

此外,对于来自西班牙托钵修会的竞争,印度副摄政(Vice-Regent of India)也进行了坚决的干预,并于1588年发布政令,要求葡萄牙传教士取代所有教派的传教士。1589年,他又说服菲利普二世亲自颁诏,禁止菲律宾教派在华活动,并且诏令业已在华的西班牙传教士回国。[3] 这一由菲利普二世于1594年签署的诏令甚至得到了教皇克莱蒙特七世的支持。1600年,教皇严禁任何传教士乘船前往印度,里斯本启航的除外,并且禁止西班牙各教会从菲律宾或美洲进入东亚地区,违者将被革出教会。[4]

---

① C. R. 博克塞:《16—17世纪澳门的宗教和贸易中转港之作用》,《中外关系史译丛》第5辑,上海:上海译文出版社,1991年,第84页。

② H. Bernard 著,萧濬华译:《天主教十六世纪在华传教志》,第294～295、316～317页。

③ 文德泉:《澳门及澳门教区》第二卷,澳门官印局,1940年,第87页。

④ 塞亚布拉:《强权、社会及贸易:菲律宾和澳门的历史关系(16—18世纪)》,第24页。

葡澳当局对西班牙传教士传教中国的阻挠，实质上是在抵制西班牙对其远东保教权的争夺。至 1633 年，罗马教廷授予耶稣会士之外的托钵修士以完全自由，可以自由前往远东的非葡属领地，[①]西班牙传教士从"教理"上彻底摆脱了葡萄牙保教权对他们前往远东传教的种种限制。特别是马尼拉—台湾—福建海上传教通道的打通，对西班牙传教士来说，澳门已经失去了入华传教门户的作用。然而 1640 年葡萄牙独立，西葡两国在远东的政治、军事对抗与传教权的竞争交织在一起；而 1642 年西班牙人被荷兰人逐出台湾后，澳门的门户作用重现。

1640 年，葡萄牙国王若昂四世对外宣称继承以往葡萄牙所有的远东保教权。他立即行使了这种权力，任命葡萄牙籍耶稣会士迪亚哥·路易士（Diago Luis）为日本主教。而西班牙则拒不承认葡萄牙的独立及其远东保教权，始终声称它才是远东保教权唯一的"合法"拥有者。教廷迫于西班牙的压力，也不承认葡萄牙的独立及其远东保教权，因此拒绝了对迪亚哥·路易士的任命。但葡萄牙始终不肯放弃远东保教权，视它为维持葡萄牙国际影响力以及远东殖民利益的唯一法宝。1649 年葡萄牙再一次任命一位葡萄牙籍神父为日本主教，并认为那位神父是日本主教的合法继承人，其国内的所有文件都称他们为"府内的被选主教"（Bispo eleito de Funay）。[②]

1640 年葡萄牙独立后，澳门的葡萄牙各界人士都表现出了极大的民族情绪，纷纷主张和西班牙及西属菲律宾断绝一切联系，他们撕毁西班牙旗帜，践踏西班牙君主的画像，去除其他西班牙统治的标志。[③] 1640 年澳门当局公然没收了价值三十万比索的马尼拉财产，以示其与西班牙人的决裂。[④] 1641 年菲律宾总督科奎拉意图征服澳门，派克劳迪奥（Juan Claudio）率领一支西班牙远征队进攻澳门，结果西班牙军队被打败，克劳迪奥被下狱。后来果阿的葡萄牙总督将克劳迪奥及其存活下来的士兵释放，用船将他们运回马尼拉。[⑤]

1640 年之后西班牙传教士发现澳门比以前更加冷漠。当西葡王室分

① Kenneth Scott Latourette, *A History of Christian Missions in China*, p. 100.

② 戚印平：《远东耶稣会史研究》，北京：中华书局，2007 年，第 560 页。

③ G. F. Zaide, *The Pageant of Philippine History: Political, Economic, and Socio-Cultural*, Vol. 1, p. 372.

④ J. F. 卡迪：《东南亚历史发展》上册，上海：上海译文出版社，1985 年，309 页。

⑤ Montero y Vidal, *Historia*, Vol. 1, pp. 259～260.

离的消息传到后,澳门的西班牙籍修士和修女被允许和平地离开,坚持留在那里的西班牙人却在 1644 年遭遇屠杀。[1] 葡萄牙驻果阿副总督 1643 年 5 月 4 日签署命令,在澳门居留的西班牙人要限期离境。1644 年利安当和 7 名西班牙修女被迫搭船前往菲律宾,几经磨难于 1645 年才到达马尼拉。[2] 这种僵持、对抗的局面直到 1668 年葡萄牙与西班牙签定和平协定,西班牙承认葡萄牙独立,以及 1669 年教廷恢复同葡萄牙的外交关系才得到缓和。[3] 迪亚士在其前述《1670—1694 年菲律宾的奥斯定会》中谈到,与澳门的贸易因 1640 年同葡萄牙的战争而禁止,后来为了入华传教又重开,"重开这一贸易所给出的理由是让传教士进入中国······我们的传教士只有在葡萄牙人选择让他们去的时候,才能进入中国"。[4] 然而,对于马尼拉与澳门重开贸易的安排,"葡萄牙人即使从马尼拉贸易中受惠甚大,那是他们保有澳门的主要手段,却对贸易安排执行得非常糟糕,关于让西班牙传教士借道经过,他们不仅不让他们进入,还对那些修士进行骚扰,如白乐望第一次和第二次前往中国都被他们骚扰"。[5]

(二)耶稣会的阻挠

1534 年罗马教廷在葡属印度的果阿成立总主教区,统辖远东传教事务。1553 年,葡萄牙人盘踞澳门,于是日本和中国的传教工作乃以澳门为中心。1576 年 1 月 23 日,教宗格利高里十三世(Gregory ⅩⅢ)颁谕成立澳门教区,辖区包括中国、日本、朝鲜和所有毗连岛屿,并任命耶稣会士贝尔肖尔(Belchior Carneiro Leitão)为署理主教,将圣玛利亚教堂升格为主教座堂,澳门教区本身则隶属于印度果阿总主教区。[6] 当葡王向教皇申请派出传教士于 1541 年与新任果阿总督同往果阿时,教皇将此事委托给了耶稣会。[7] 往后耶稣会士便以果阿为基地向远东地区渗透。1560 年第一批耶稣

---

① Kenneth Scott Latourette, *A History of Christian Missions in China*, p. 110.
② 张铠:《中国与西班牙关系史》,第 238 页。
③ 许序雅、许璐斌:《17 世纪西方天主教国家对远东保教权的争夺》,《文化杂志》2009 年第 70 期,第 150 页。
④ BR, Vol. 42, p. 151.
⑤ BR, Vol. 42, p. 294.
⑥ 方豪:《中西交通史》下册,第 970 页。这在日期上与前文有所出入。
⑦ 江文汉:《明清间在华的天主教耶稣会士》,第 7 页。

会士抵达澳门，1563 年澳门至少有 8 名耶稣会士。[①] 至 16 世纪 80 年代，耶稣会基本上垄断了中日两国的教务。然而，西班牙方济各会、多明我会和奥斯定会的托钵修士来到菲律宾后，也想方设法前往中国及日本传教，由此在远东地区与葡萄牙耶稣会展开了竞争。为此，耶稣会采取了各种措施竭力避免来自菲律宾托钵修会的竞争。

1. 耶稣会和托钵修会在教廷的角力

耶稣会利用同教皇的亲密关系阻挠托钵修士在远东与自己抢地盘。1585 年耶稣会远东视察员范礼安带领 4 名入教的日本贵族少年前往欧洲，引起欧洲基督教世界极大的反响，西班牙国王和罗马教皇隆重地接待了他们。耶稣会则趁机声称只有耶稣会才能治好远东教务，其他修会传教团的到来只会增添麻烦，破坏当地教会势力的发展。而教皇既迫于葡萄牙王室的压力，又为了嘉奖耶稣会，于 1585 年 1 月 28 日颁布圣谕，禁止耶稣会以外的其他修会进入日本和中国。[②] 不过这一特权持续不久，1586 年 11 月 15 日教皇西克图斯五世（Sixtus Ⅴ）废除前任的敕谕，准许方济各会士前往中国，克莱芒八世又于 1600 年 12 月 12 日进一步放宽限制，允许任何国家和任何修会的成员进入中国和日本。不过教皇又严禁任何传教士乘船前往印度，里斯本启航的除外，并且禁止西班牙各修会从菲律宾或美洲进入东亚地区，违者将被革出教会。[③] 对于西班牙的托钵修会来说，这意味着他们被剥夺了在中日两国传教的权利。这也是希望通过传教来发展贸易的西班牙所无法容忍的，菲利普二世向罗马提出了强烈抗议。迫于托钵修会的压力，罗马教廷于 1608 年授权菲律宾的方济各会和多明我会到日本传教，并严令其他教派不得参与对日贸易。这个决定直接打击了耶稣会士，并且削弱了澳门和长崎之间的丝绸贸易协定赋予他们的有利地位。[④] 至 1633 年，教廷宣布一切修会和宗教团体都可以任意选择路线前往远东。

2. 耶稣会与托钵修会在日本的争夺

不仅将传教中国视为他们的最高荣誉，西班牙托钵修会的传教团也将日本作为热门的传教目标。1584 年 5 名西班牙方济各会士抵达日本。

---

① H. Bernard 著，萧濬华译：《天主教十六世纪在华传教志》，第 109 页。
② 许璐斌：《16—17 世纪的远东保教权之争》，第 27 页。
③ 塞亚布拉：《强权、社会及贸易：菲律宾和澳门的历史关系（16—18 世纪）》，第 24 页。
④ 查理·博克塞：《阿妈港来的大船》，第 62～63 页。

1587 年因遭丰臣秀吉驱逐，葡萄牙耶稣会被迫在日本停止活动，西班牙方济各会则趁机展开传教活动，几乎占据了过去耶稣会在日本的地盘。①

托钵修会这些违反教皇敕令的行为受到了西班牙王室的支持。就日本主教区的设立及保教权一事，菲利普二世 1588 年致书教皇，表示想仿效其前任葡萄牙和阿尔加维历代国王，不打算信守与葡萄牙人达成的君子协定，表示对那一新主教区的保教权具有"极大的热情"，欲将它转入西班牙势力范围之内。对于教皇 1585 年颁布的禁止其他修会进入中日两国的禁令，他向菲律宾最高法院下令，未经西班牙枢机会议批准的教皇敕令不得在远东实施。② 1593 年 5 月，马尼拉的西班牙方济各会士议定，罗马教皇的敕令对他们没有影响。③

西班牙的多明我会和奥斯定会也于 1602 年抵达日本，开始在日本的传教活动。他们拒不承认葡萄牙和耶稣会的传教特权，也不承认耶稣会士担任的日本主教的权威和管辖，甚至还公开挑衅，要将日本主教置于马尼拉大主教管辖之下。范礼安在 1605 年 1 月 18 日给耶稣会总会长的信中写道，"托钵修士和马尼拉的西班牙人将一切视为己物……如果有可能，还想将澳门从我们手中夺去，将中国与日本的主教从果阿大主教职上分离，置于马尼拉大主教属下。他们还想使日本与中国的修道院、住院、诸修道会也从属于马尼拉各修道会高位圣职者们之下"。④ 陆若汉也在其《日本教会史》一书中写道，"托钵修士们……强烈希望将日本列岛、中国及周边的其他地区划入属于西班牙王室的辖区内……将中国主教区和日本主教区纳入马尼拉教会的管理之下"。⑤

1613 年日本庆长遣欧团成功访欧后，西班牙方济各会甚至提出了多种修改日本主教区划分的计划，以便更有利地与那里的耶稣会相抗争。1614 年日本教徒达 30 万之众，分由 140 名耶稣会士、26 名方济各会士、9 名多明我会士和 4 名奥斯定会士所管理。⑥ 西班牙的托钵修士源源流向日本，违

---

① 郑彭年：《日本西方文化摄取史》，杭州：杭州大学出版社，1996 年，第 16 页。

② 戚印平：《远东耶稣会史研究》，第 523 页。

③ 谢特拉：《16—17 世纪从菲律宾前往东南亚葡占领地的传教团》，第 30 页。

④ 戚印平：《远东耶稣会史研究》，第 519 页。

⑤ BR，Vol. 5，pp. 210～254.

⑥ 鲍晓鸥著，Nakao Eki 译：《西班牙人的台湾体验（1626—1642）：一项文艺复兴时代的志业及其巴洛克的结局》，台北：南天书局，2008 年，第 319 页。

反 1585 年的教皇敕令，耶稣会士进行了强烈抗议，宣称教皇格利高里十三世颁布的通谕将日本专门划给了耶稣会，也宣称西葡 1580 年合并的先决条件规定，两个伊比利亚王国会保持独立、分治；西班牙王室会承认葡萄牙的保教权，葡萄牙传教士正是由于保教权而在日本传教。方济各会士则宣称，教皇格利高里十三世的继承者西克图斯五世修改了他前任的通谕，授予了马尼拉的方济各会士在日本传教的特权。[①] 托钵修士还认为耶稣会士是通过欺骗手段才获得教皇的那一支持，因此他们不受那一敕令的阻碍。[②]

围绕传教权的争夺，在日的托钵修会和耶稣会还在其他方面相互争吵和敌对。因日本威胁入侵而出使日本的多明我会士高母羡与几位心怀不平、名声狼藉的西班牙商人合谋反对葡萄牙人，结果在长崎引起了新的反耶稣会士行动，导致西班牙人与葡萄牙人关系紧张。[③] 日本的耶稣会士不如他们在中国的同事那样行事谨慎，卷入那里的政治斗争，以致失信于日本中央政府，一些大名也反对他们，不希望他们进入自己的领地，托钵修士则以此主张他们在那些耶稣会士失去支持的地区是需要的。耶稣会士则认为闯入的托钵修士是耶稣会保留地上的偷猎者，他们曾经试图阻止他们的皈依者与后者发生任何交往，甚至不能参加后者主持的礼拜仪式。后来，耶稣会士不仅禁止他们的皈依者前往托钵修士那里，也拒绝聆听后者皈依者的忏悔。[④] 耶稣会士甚至要求他们的皈依者签署宣誓书，保证不会向托钵修士求助，据称还禁止后者吟诵玫瑰经。[⑤]

3. 耶稣会与托钵修会在中国的争吵

自从方济各会士阿尔法罗于 1579 年企图开教中国以来，西班牙托钵修会与葡萄牙耶稣会之间的矛盾几乎没有停止过。正如肯尼斯·拉图雷特（Kenneth Scott Latourette）所言，"不是所有在中国的耶稣会士都像艾儒略

---

① Fr. Marcelo de Rivadeneira, O. F. M. , *History of the Philippines and Other Kingdoms*, Manila, Historical Conservation Society, 1970, Vol. 2, p. 665.

② J. S. Cummins, *Jesuit and Friar in the Spanish Expansion to the East*, London：Variorum Reprints, 1986, p. 32.

③ Fr. Marcelo de Rivadeneira, O. F. M. , *History of the Philippines and Other Kingdoms*, Vol. 2, p. 665.

④ J. S. Cummins, *Jesuit and Friar in the Spanish Expansion to the East*, pp. 34～35.

⑤ J. S. Cummins, *Jesuit and Friar in the Spanish Expansion to the East*, pp. 396～397.

(Aleni)那样热心对待其他修会的代表,他们有时还制造麻烦"。① 1584 年赴澳门的罗曼在信中写道,"澳门的葡籍教士并不足以令人自豪,他们的私心较比世俗人一点不少"。②

　　托钵修士成功进入中国大陆传教后,耶稣会士不仅拒绝和前者进行任何交往或讨论,甚至还禁止他们的皈依者向前者忏悔,他们几乎将前者当成了异教的传教士。尽管教皇做出了相反的裁决,他们还是在努力保持他们对传教中国旧有的垄断,并采取异常手段排斥那些设法进入中国的托钵修士。③ 方济各会士罗耀拉设法进入中国,但是被不客气地逐了出来,即使他是耶稣会创始人圣依纳爵·罗耀拉的侄子,原因就是他们散布不利他的假消息。他们还采取高压手段驱逐到达北京的其他托钵修士。④ 1635 年利安当前往南昌与耶稣会中国区阳玛诺区长商议,后转往南京,当地教徒竟将他禁锢六个星期,又派人将他押回福安,利安当愤愤不平,将此事视为耶稣会指使的。⑤ 1637 年两名托钵修士被叛教的中国官员逮捕,后者与耶稣会士秘密合作,不仅希望吓退他们,也希望吓退任何其他冒险前来的托钵修士。托钵修士在耶稣会士的围场被审问,被严斥并告知将被驱逐出境。⑥

　　多明我会士阿杜阿特在其 1640 年撰写的《多明我会圣玫瑰省传教史》一书中写道,"即使最近进入中国的我们修会的修士免不了要遭受骚扰,但是也没有遭到他们想象的那样的反对。……至今年,即 1634 年,我们圣玫瑰省只有两位司铎在中国。……我们的修士前往不属于任何其他修会的城市,以避免冲突"。⑦ 这里的骚扰与冲突无疑与在华的耶稣会士相关。迟至 1697 年,多明我会士、奥斯定会士和方济各会士从马尼拉送出一份正式的请愿书给西班牙国王,请求他运用在罗马的影响力阻止葡萄牙人和法国人担任的主教将西班牙传教士逐出中国。⑧ 西班牙的托钵修士同样也在各个方面同耶稣会对立,甚至还煽动背后有耶稣会士撑腰的澳门商人造反。

---

① Kenneth Scott Latourette, *A History of Christian Missions in China*, p. 110.
② H. Bernard 著,萧濬华译:《天主教十六世纪在华传教志》,第 228～229 页。
③ J. S. Cummins, *Jesuit and Friar in the Spanish Expansion to the East*, p. 396.
④ J. S. Cummins, *Jesuit and Friar in the Spanish Expansion to the East*, p. 53.
⑤ 顾卫民:《中国天主教编年史》,第 140 页。
⑥ J. S. Cummins, *Jesuit and Friar in the Spanish Expansion to the East*, p. 53.
⑦ BR, Vol. 32, pp. 245～246.
⑧ Kenneth Scott Latourette, *A History of Christian Missions in China*, p. 110.

(三)菲律宾殖民当局的阻挠

尽管福音传播是西班牙海外殖民的重要目的之一,毕竟不是全部,菲律宾殖民当局虽然大力支持西班牙传教士前往中国传教,但还是不允许自由任意地前往,对华传教被其纳入整体的殖民利益与菲(西)中关系中来进行考虑。

1. 当局反对传教士任意离菲

当局对传教士任意离菲的反对态度,在 1586 年菲律宾西班牙代表会议提交的请愿书的第十章得到了比较完整的体现。该章多方面地报告了修士的擅自离菲行为及相关情况:

(1)修士未经总督和主教批准离开菲岛前往其他国家,"应该告知陛下这一混乱情况,修士被允许在任何他们意欲的时候离开菲岛,前往他们所选的任何地方。他们已经离开了四次,未经总督、主教或菲岛任何权力机构的批准。他们说,教皇已经授予他们全权,任何人阻挡他们将会被革除教籍。他们这些擅离行为已经并正引起很多损失,又没有收获任何灵魂"。

(2)那些擅离行为给菲岛带来的伤害,"他们(指国王从西班牙派来的修士)不学习这里土著的语言或与他们交往,而是渲染他们远行以满足自己好奇心和发现新土地的行为,他们在对话和书信中诽谤这个地区及这里的土著,给这一地区取臭名。他们阻止修士、士兵和定居者从西班牙和墨西哥前来,在菲岛他们又让其他的修士躁动不安,想继续远行,或返回(美洲或西班牙)。他们已经激起在俗神职人员和士兵的热情,受同样好奇心的驱动和欺骗,后者会给他们提供船只和设备,并和他们一起前往。因此,修士、士兵和船只离开了菲岛——这一切花费了陛下很多钱财,也造成了这里极大的短缺"。

(3)在俗神职人员和修士在未经准许而前往的国家犯下的错误,"给他们前往的国家造成的伤害也不小,因为那些人民受到了打扰与冒犯,将那些修士视为间谍和侦探者。因此后者持续地为防御作准备,修建防御工事,就如中国人所为,他们增加了很多的舰船和防守兵士,因为他们对前者的到来表示怀疑。这些修士未经准许,或未带补给品前往,他们使得我们的事务,包括宗教和战争事务,受人轻蔑和嘲讽。外国人逮捕那些修士和士兵,极大地羞辱他们,同时夺去他们的船只和船货,这已发生过五六次了"。

(4)认为中国和其他王国可以被皈化这一不实的想法所造成的困难,

"通过信件交流在新西班牙、卡斯蒂利亚和罗马形成的这一根深蒂固的观念,即中国或交趾支那、柬埔寨、暹罗和其他地区将会被皈化,人们同样认为是一种伤害或严重的困难。因此有必要让陛下明白并告知欧洲人,在所有那些擅离行为之后,总督、主教和当局已下令派出一位使节,让他遍访所有的那些王国,甚至是马六甲,而那些王国现在甚至比以前更加封闭。而那些未获准许就离开的修士除了遭受侮辱和虐待,没有取得任何收获,使得那些异教徒更加傲慢,更加警惕"。

(5)让西班牙和墨西哥的修士为菲岛而来,而不是为别的地方而来。"因为整个(东亚)大陆非常封闭,另一方面在菲岛有广阔的空间来提升基督教和拓宽陛下的王国,国王陛下应该下令,现在及今后,西班牙及墨西哥来的修士应该指派在菲岛。这里有着最丰富的灵魂,大量已受洗者现在得不到教诲或没有教士;大量已皈服而未受洗者,天天要求受洗;还有无数有待于被皈服者,对上帝一无所知。这一切都是因为缺少教士。这个群岛已准备就绪,而中国却完全反对圣教信仰,将所有的心思集中在中国是一个最严重的错误。中国的大门为圣教而关闭,这是魔鬼的杰作,因此谁也无法得以进入"。①

当局的反对态度也体现在莫加于1598年6月8日提交的报告中。"这些修会每年派出很多修士,借口是为修会事务而派,他们不考虑这里是否需要那些修士,也不考虑陛下送他们来这里的开支","他们(指修士)中那些更虔诚者竭力前往中国、日本、柬埔寨和其他王国以传播福音,忘了他们在这里的责任,他们是为此而被派来的。这一愿望让他们躁动不安,他们私自前往,并进行一些征服行动,这让西班牙人及一些当地统治者深受其扰。所有这一切都导致了其他令人不快的事情发生"。②

2. 当局对传教士任意离菲的限制政策

对于西班牙传教士的任意离菲行为,菲律宾殖民当局自身并请求西班牙王室颁布了一系列严格的法令来进行规范。1582年3月2日菲督龙其虑颁布法令,命令"无论什么品质或条件的人,无论由什么人陪伴,无论是经陆路或海路或其他任何方式,都不得离开前述修士所在的这座城市或其他地方,除非获得菲督明确的许可,违者将其财产没入陛下财库,并被公布为

---

① BR,Vol. 6,pp. 194~197.
② BR,Vol. 10,pp. 78~79.

王室的叛徒和叛逆者"。①

1586 年菲律宾西班牙代表会议提交的请愿书的第十章规定,不许任何世俗人员离开菲岛,也不得帮助修士离开。"为了改变前述混乱状态,陛下非常有必要向菲督下令,任何世俗西班牙人不得离开菲岛前往任何地方或做任何事情,或向任何修士提供船只、供给品或任何其他援助,以使后者在未获陛下、总督、主教或陛下认为合适的任何其他人特别准许的情况下离开菲岛,否则予以重罚"。②

1585 年 6 月 8 日的一道王室法令规定,"我们责令菲岛在修教士的首领们,不要允许他们修会的任何修士没有总督和大主教的特别准许而前往中国,或放弃他们负责的教务。……此外,我们命令,由我们付费前往菲岛的修士,被指派永久生活在那里的修士,没有总督和大主教的允许不应该也不会被允许前往中国大陆,或别的地方,因为我们派他们去履行我们的职责,去为我们的臣仆布道"。③ 不过 1589 年 8 月 9 日国王给新任命菲督戈麦斯·达斯马里尼亚斯的指令又规定,"修士应该在菲岛作出决议之后才能去那里,没有你及主教的准许不得前往其他地方。这一规定仅适用于那些被指派在菲岛定居和生活的修士,而不适用于那些从我这里领取了许可证,可以远行而前往其他地区的修士"。④

1596 年 2 月 5 日的一道王室法令规定,"任何生活在菲岛修士都不准前往中国和日本,即使带着传播圣教信仰的目的前往也不行,除非他从菲督那里获得了准许。任何时候面临向中国和日本派遣修士的问题,或请求派遣准许,马尼拉王室最高法院的主席和法官应该会同菲岛大主教和所有修会的省会长召开特别会议,他们应该协商并讨论引导那一神圣目的的可行措施。事先未经大主教和总督准许,仅凭所有参会者的同意,他们不得准许任何修士前往那些异教徒的国家。为了达此目的,我们的最高法院及法院主席应该发布各种必需的命令,并让命令得以执行。这就是我们的意愿"。⑤ 这一规定在 1621 年 12 月 31 日、1635 年 2 月 16 日、1636 年 11 月 6 日、1638 年 9 月 2 日、1640 年 7 月 12 日的法令以及 1681 年编撰的《印度法

---

① BR,Vol. 4,pp. 308~309.

② BR,Vol. 6,p. 196.

③ BR,Vol. 28,pp. 67~68.

④ BR,Vol. 7,pp. 171~172.

⑤ BR,Vol. 28,pp. 70~71.

典》中进行了重申。

此外,中国方面对外国人入境的限制,偶尔发生的教案以及其他的宗教迫害等,都给西班牙托钵修士入华传教带来了不同程度的困难。由于这不是本书论述的范围,故不详述。

三、入华传教所取得的成就

多明我会修士高琦(Angel Coqui)1632 年元旦在福建登陆,经过半个多世纪的努力,西班牙托钵修士终于实现了在中国大陆传教的夙愿。往后,西班牙的方济各会士和奥斯定会士也先后到来,至 17 世纪末,各托钵修会的在华传教事业均取得了一定的成就。

(一)多明我会

西班牙的多明我会士不仅最先立足中国大陆,也最先前往中国台湾传教,且进入台湾的时间更早,在两地的传教事业都取得了一定的成就。

多明我会一直盯着中国,多明我会省会长马丁内斯神父特别渴望皈化那一区域。[①] 1625 年菲督费尔南多·席尔瓦决定以国王的名义派一支舰队占领台湾的一个港口,他与马丁内斯商议,后者承诺带传教士前往台湾,希望以这种方式进入中国。1626 年马丁内斯带领 5 名修士随远征队前往,5月 10 日在基隆登陆,随后在那里建了一座简易教堂,在那里接受西班牙人的忏悔及布道。他们在那里建立的全圣修道院(Convent of All Saints)为教团期中会议所接受,并于 1627 年被建成一个牧区(Vicariate),莫拉(Francisco Mola)神父被任命为副本堂神父和修道院院长。[②] 修士摩惹(Jerónimo Morer)、胡安(Juan Elgüeta)、桑托(Tomás del Espíritu Santo)、圣地亚哥(Santiago de Santa María)、阿塞韦多(Francisco Acevedo)等至该教堂服务。[③] 到 1628 年,修士们已在台湾建立了 2 座小修道院和教堂,一座在基隆要塞附近,建在一个被称为 Camaurri 的原住民村庄里,称为圣约瑟,一座在离淡水半里格的地方,称为玫瑰圣母(Virgin of the Rosary)。[④]

---

① BR,Vol. 32,p. 152.

② BR,Vol. 32,pp. 156~158.

③ José María Alvarez 著,吴孟真、李毓中译:《西班牙道明会传教士在福尔摩沙的传教》,《台湾文献》第 54 卷第 4 期,第 313 页。

④ BR,Vol. 32,p. 173.

至于教徒受洗情况,阿杜阿特于 1629 年写道,"我们已有两栋小房子,并已经为一些小孩受洗……至于(为成人受洗)将信仰的种子撒播在好土地上一事,慢得如同神父们所形容的一般,好像是脚上绑了铅似的进展缓慢;然而,与此同时有些原住民成人已经受洗并在教堂内服侍神父了"。

1632 年西班牙军队在淡水港建立了另一座城堡,马丁内斯神父随军移往淡水,在那里建造了一座可供西班牙驻军举行弥撒圣祭及实践其虔诚信仰的简朴小教堂,被称为"圣母玫瑰"教堂。后又在该地 1.5 里格外的 Senar 原住民村落建立了一座教堂。据记载,到 1633 年时西班牙传教士在台湾已经兴建了 4 间教堂及许多其他房舍,并有一些次等传教地区。① 在汉人居住区也建有教堂与房舍,如艾基水曾提及一座在涧内的小教堂。② 在西班牙人统治台湾的 16 年间,据传教士所写的报告来研判,受洗人数大概 4000 人左右。

1642 年被驱逐后,西班牙人在台湾的传教事业也中断了。郑成功驱逐荷兰人后,曾在厦门传教的李科罗神父随郑军入台传教。1673 年 8 月 1 日多明我会阿卡迪奥(Arcadio del Rosario)、阿尔卡拉(Pedro de Alcala)、阿拉孔(Pedro de Alarcon)和科尔多瓦(Alonso de Cordoba)四位修士从马尼拉出发前往台湾,企图重新汇集在该岛分散四处的教友,但受到台湾当局的苛待,派员监视他们,还被当成间谍看待,在台湾待了 4 个月毫无进展,在无法发船前往福建的情况下,只好返回马尼拉。③

西班牙人占领台湾北部,为传教士由那里进入中国大陆提供了便利。进入台湾的多明我会士最终建立了一条马尼拉—台湾—福建海上传教通道,为该会顺利进入华南大陆传教奠定了基础。④

台湾的西班牙人指挥官阿尔卡拉科(Juan de Arcaraco)为了开通贸易,决定派一个使团去福州,修道院教士高琦及同伴塞拉(Thomas de Sierra)受命出使,另有 2 名士兵和 7 名菲律宾人随同,于 1631 年 12 月 30 日分乘 2

---

① José María Alvarez 著,吴孟真、李毓中译:《西班牙道明会传教士在福尔摩沙的传教》,第 314～316 页。

② 鲍晓鸥著,Nakao Eki 译:《西班牙人的台湾体验(1626—1642):一项文艺复兴时代的志业及其巴洛克的结局》,第 302 页。

③ José María Alvarez 著,吴孟真、李慧珍、李毓中译:《西班牙道明会传教士在福尔摩沙的传教》,《台湾文献》第 55 卷第 1 期,第 315～316、290～295 页。

④ 张先清:《多明我会与明末中西交往》,第 139 页。

艘小船出发。途中教士们乘坐的那艘小船的船主蓄谋劫掠,杀了使团的 5
名成员,包括教士塞拉,伤了 2 名,船只后被海盗逮住,神父高琦及其余 3 人
最后凿开船舱得以逃生。① 1632 年 1 月 1 日,高琦在福建沿岸一个荒凉的
小岛登陆,这是西班牙籍多明我会士首次来到中国大陆。② 1632 年 7 月高
琦离开福州到达福安县城,正式开始对华传教,并在福安城中建起了多明我
会在中国大陆的第一座天主教堂。受马尼拉多明我会派遣,黎玉范于 1633
年 7 月到达福安,协助高琦拓展教务。1633 年 11 月 18 日,高琦因劳累过
度而染病在福安去世。1634 年 11 月多明我会士苏芳济(Francisco Diaz)来
到福安,该年多明我会只有 2 名传教士在中国。③

　　高琦死后,黎玉范承担起了多明我会在闽东地方的传教任务。他逐步
扩大了传教范围,建立起了福安城、顶头、穆洋等一系列传教中心。1635 年
11 月,受圣玫瑰省省会长的派遣,多明我会士苏芳积从台湾到达福安,支援
黎玉范。至 1637—1638 年福建地方第一次较大规模的反教事件爆发前,多
明我会在闽东的传教事业获得了较快发展,皈依天主教的人数逐年增多。
据教会文献记载,此期间每年为八九百外教人施洗,到 1638 年他们的新教
堂因为基督徒的增长已经不敷使用。多明我会终于得以在中国大陆立足,
并初步奠定了其后该会在华长达三个多世纪的传教基业。④

　　受马尼拉宗教当局的派遣,1649 年 7 月 21 日黎玉范率同会的弗朗西
斯科·瓦洛(Francisco Varo)、蒂默特奥·博蒂格利(Timoteo Bottigli)和
曼努埃尔·罗德里格斯(Manuel Rodriquez)动身前往福建。1655 年 7 月黎
玉范率领部分多明我会修士经白石尖来到浙江兰溪,并将那里作为多明我
会在华活动的中心。⑤

　　1650 年罗文藻改穿多明我会会服,1652 年在福建汀州建教堂一座,
1654 年在马尼拉晋铎后,1655 年受马尼拉多明我会省长派遣,偕同多明我
会士郭洛那多(Domingo Coronado)、迪亚哥·罗德里格斯(Diego
Rodriguez)及瓦尔(Raimundo del Valle)等回国。1665 年由于西方教士被
逐,罗文藻一人承担全国大部分教牧工作。

① 　BR,Vol. 32,pp. 185~188.
② 　顾卫民:《中国天主教编年史》,第 138 页。
③ 　BR,Vol. 32,p. 245.
④ 　张先清:《多明我会与明末中西交往》,第 140 页。
⑤ 　张铠:《中国与西班牙关系史》,第 239~245 页。

1654 年,李科罗由多明我会派至厦门宣教,与其同行者还有同会的 4 位修士,蒙郑成功特许,在官邸对面建立教堂。1658 年多明我会士闵明我经澳门、广州历时四十天到达福安。1669 年闵明我悄悄离开广州的拘留所,1672 年到达罗马,1674 年回到故国西班牙。1673 年菲律宾派出 4 名多明我会士,次年又有 4 人到中国。同年,教廷传信部讨论决定将罗文藻提升为主教。

据说至 1665 年多明我会士拥有 11 处会院,大约 20 座教堂,在浙江、福建和广东大约有 1 万名基督徒由他们看牧。[①] 1684 年巴黎外方传教会创始人、宗座代牧陆方济主教抵达中国福建,即派卜于善(Philippus Le Blanc)神父赴广州,公布传信部训令,命令宗座代牧区内传教士,一律宣示服从宗座代牧。部令规定,拒绝宣示者不能举行圣事,故有部分西班牙方济各会、多明我会传教士随即离华返欧。1697 年,教廷任命多明我会士希氏(Petrusd' Alcala)为浙江主教。1695 年中国共有西班牙籍多明我会士 9 人,1701 年共有 8 人。[②]

(二)方济各会

方济各会是紧随多明我会进入中国大陆传教的第二个西班牙托钵修会,也是无论从来华传教士人数还是从活动区域来看,都紧随耶稣会之后的来华第二大天主教修会。[③]

1633 年 7 月 2 日利安当与黎玉范一道来到福建福安传教,成为进入中国大陆传教的第一位西班牙方济各会士。1634 年 11 月马方济也从台湾来到福安。利安当到达福安后,多明我会和方济各会达成协议:往后多明我会负责福安教务;方济各会负责顶头教务。方济各会进入中国后,在福建顶头村建立了第一个传教点,迈出了传教中国的第一步。利安当在顶头施洗的第一个中国教徒就是罗文藻。很快利安当就卷入了"礼仪之争",并于 1637 年离开中国前往马尼拉。此外,1633 年有 8 名方济各会士抱着进入中国的

---

① Kenneth Scott Latourette, *A History of Christian Missions in China*, pp. 100 & 111.

② 顾卫民:《中国天主教编年史》,第 193、215~216、219 页。

③ 崔维孝:《明清之际西班牙方济各会在华传教研究(1579—1732)》,第 2 页。

目的来到台湾。①

1648 年,利安当被罗马教廷任命为"宗座代牧区区长"。受马尼拉宗教当局的派遣,利安当偕同同会的文度辣(Buenaventura Ibañez)、何塞·卡萨诺瓦(José Casanova)及其弟迪戈·卡萨诺瓦(Diego Casanova)于 1649 年 8 月抵达福建安海,开始了他在中国传教的第二阶段。② 在耶稣会汤若望神父的指点和帮助下,利安当于 1651 年顺利在山东建教堂开教,建立起方济各会在中国的第一个教区。利安当在汤若望神父的帮助和支持下,与同会伙伴文度辣一起于济南、泰安等地建堂传教,深入村镇农庄向广大农民群众宣教,到 1664 年被捕入狱时,山东已发展教徒 5000 人。1669 年利安当病逝广州。

1672 年有 5 名方济各会士自菲律宾来华。同年文度辣神父和他的伙伴们在广州建立了方济各会在广东省的第一座教堂,随后在广州、东莞等地建立教堂和会院,使广州成为西班牙方济各会在华传教的基地和指挥中心。1671 年进入中国的利安定神父于 1672 年由广州抵达福建,重建了福建教区,后来又前往山东光复了利安当神父开创的方济各会教区。此外,方济各会还将传教活动拓展到了江西,逐步确立了以广东、山东、江西、福建 4 省为基础的方济各会中国教区。在这 4 个省份里,方济各会所建的教堂不断增加,受洗入教人数也不断增加。③

据说至 1665 年,方济各会士在广东有大约 4000 名新入教者。④ 1695 年中国共有方济各会士 16 人,1701 年则有 29 人。⑤ 另据崔维孝所著的《明清之际西班牙方济各会在华传教研究(1579—1732)》一书的附表所做的统计,自 1633 年至 1698 年,共有 43 位方济各会传教士进入中国,其中绝大多数为西班牙籍。据 1690 年 11 月的统计,方济各会在中国山东、广东、福建、江西四省共建有 36 座教堂,11 所会院;据 1721 年 4 月 26 日王雄善神父的统计,方济各会在中国的上述四省共有 26 处传教区,24 座会院,20 座教堂,

① 鲍晓鸥著,Nakao Eki 译:《西班牙人的台湾体验(1626—1642):一项文艺复兴时代的志业及其巴洛克的结局》,第 298 页。

② 张铠:《中国与西班牙关系史》,第 239～240 页。

③ 崔维孝:《明清之际西班牙方济各会在华传教研究(1579—1732)》,第 450～455 页。

④ Kenneth Scott Latourette, *A History of Christian Missions in China*, p. 111.

⑤ 顾卫民:《中国天主教编年史》,第 215、219 页。

46 座小圣堂。1721 年西班牙方济各会中国教区的教徒人数共有
12575 人。①

（三）奥斯定会

拉达中国之行留下的记载及门多萨《中华大帝国史》刊行吸引了各修会
的修士前来敲开中国福音传布的大门。但是直至 17 世纪末,奥斯定会在中
国传教的时间不长。1680 年,在方济各会菲律宾省会长费尔南多·德·拉
康采桑(Fernando de la Concepción)神父的推荐下,奥斯定会的白乐望神父
和他的同伴利贝拉(Juan de Rivera)神父来到了中国,通过澳门进入广州。②
1683 年 5 月 8 日,该会在马尼拉一座修道院内召开了教团会议,会议由庞
塞(Juan Ponce)主持,会上强烈建议向中国传教团增派修士,以帮助白乐望
神父和利贝拉神父。几个月之后,鲁维奥(Miguel Rubio)神父辞掉宿务修
道院院长之职,卸下那里的代理省会长(vicar-provincial)之责,自荐前往中
国。吉尔(Jose Gil)神父和帕蒂诺(Francisco Patino)神父也随后前来,在中
国各地的传教团服务了好几年,最后由于健康状况不断恶化返回了马尼
拉。③ 大约至 1686 年白乐望神父从中国回到马尼拉,奥斯定会传教团在广
东已经站稳脚跟,在肇庆(Xaoquinfú)和南雄(Nanhiunfú)各建有一座教堂,
在其他地方还建有两座。④

白乐望神父返回马尼拉后,被作为代表派往西班牙。关于中国的教务,
菲律宾教省会议指派给阿吉拉尔(Juan de Aguilar)修士,他在中国传教团
待了好几年,后因健康原因而引退。教省会议最后派遣戈麦斯(Juan
Gomez)去接替他的位置,戈麦斯待在中国直到去世。后来众多的修士被派
往中国以支援教务,教务不断扩大。若非教廷派出的宗座代牧极力要求在
中国传教的在修教士服从其指挥,向其效忠,因而阻碍了中国教团的发展,
奥斯定会在中国的教务应该更加繁盛。⑤ 1690 年白乐望神父自欧洲返回马
尼拉,带来同会修士 27 名,其中多位继而前往中国传教。巴尔鲁洛(Juan

---

① 崔维孝:《明清之际西班牙方济各会在华传教研究(1579—1732)》,第 467～475
页。
② 崔维孝:《明清之际西班牙方济各会在华传教研究(1579—1732)》,第 46 页。
③ BR,Vol. 42,pp. 210～211.
④ BR,Vol. 42,p. 240.
⑤ BR,Vol. 42,p. 244.

Barruelo)在中国待了好几年,托马斯·奥尔蒂斯(Tomás Ortiz)在中国待了 18 年,努涅斯(Juan Núñez)也在中国待了很多年。[①] 1695 年中国共有 5 名西班牙籍奥斯定会士。[②]

至 1701 年,奥斯定会在中国的广东、广西、江西和湖广等地有传教士 6 人,建有会院 7 座,圣堂 4 间。由于"礼仪之争"而引发的罗马教皇和中国皇帝之间的尖锐对立,使得在华的西方传教士不得不作出选择,结果导致奥斯定会于 1710 年突然决定自中国教区撤走其全部传教士,结束在华传教活动。奥斯定会在江西和广东两省有 6 个堂区陷入无人管理状态,还有教堂和会院被当地民众挪作他用,有的改为学堂,有的改为养猪场。[③]

此外,西班牙耶稣会虽然未参与中国教区的争夺,但是葡萄牙耶稣会派往中国的会士中却有不少原籍西班牙的。

方济各·沙勿略为十个耶稣会创始人之一,1552 年 8 月怀着到中国传教的热望乘"圣十字"号抵达距广州 30 海里的我国上川岛,结果于当年 12 月在那里去世,在天主教史著作中被称为"中国宣教之父"。西班牙耶稣会士庞迪我 1599 年抵达澳门,1600 年 3 月到达南京,1601 年同利玛窦一同到达北京,后北京宫廷任职,同时从事传教活动,1616 年发生南京教案后,1617 年初庞迪我等被逐回澳门,1618 年 1 月卒于澳门。此外,自 1627 年直至耶稣会于 1773 年被罗马教廷取缔,前后还有 7 位西班牙籍耶稣会士来华传教,他们分别是(中文名):科尔泰斯、巴托雷、努涅斯、洪度亮、鲁日孟、陆约瑟和庞若翰。[④] 不过,在拉丁文献《1552 年至 1779 年中国耶稣会士名录》中,227 年之间总共有 456 名会士,其中西班牙籍的只有 6 名。[⑤]

第二节　企图武力传教

西班牙人占领菲岛后所建立的殖民政权是政教合一的,且西班牙王室

---

① BR,Vol. 42,pp. 298~299.

② 顾卫民:《中国天主教编年史》,第 215 页。

③ 崔维孝:《明清之际西班牙方济各会在华传教研究(1579—1732)》,第 46~47 页。

④ 朱静编译:《洋教士看中国朝廷》,上海:上海人民出版社,1995 年,第 241~255 页。

⑤ 方豪:《中国天主教史人物传》,北京:宗教文化出版社,2007 年,第 100 页。

和菲律宾殖民当局都大力支持对华传教事业,所以菲岛很多宗教界人士企图借用世俗政权的力量对中国进行武力传教,以实现所谓的传教自由。不过,这一武力传教的主张在宗教界内部也存在反对意见,一些相对较为正义或理性的宗教界人士从不同的角度对那一主张进行了反驳。

一、政教合一的殖民政权

与西班牙海外殖民的宗教目的相一致,菲律宾殖民政权实为一个政教合一的传教政体,负责维护西班牙王室的保教权,推动在东亚地区的传教事业。

(一)西班牙王室在西印度的保教权

西班牙王室在西印度的保教权由一系列教皇敕令所授予,所涉及的内容非常广泛,使得教皇对西印度教会只剩下名义上的管辖权。

1. 授予保教权的教皇法令

1493年5月4日教皇亚历山大六世颁布谕令,授予西班牙王室对西印度的统治权,但附以在那里传播基督教的义务。1501年11月16日的教皇谕令又授予征收什一税(tithe)和早期收益(first fruits)的权力,但附以用王室资金建造和装修教堂,供养那里的神职人员,供给圣餐礼所需物品的义务。1508年7月28日教皇朱利叶斯二世颁布谕令,授予卡斯蒂利亚王室对西印度已经建立和将会建立的基督教会以完全的保教权。

2. 保教权向菲律宾延伸

教廷授予西班牙王室在西印度的保教权首先适用于美洲,随着黎牙实比1565年的到来而延伸到了菲律宾。从那时起,对于与王室保教权相关而国王自己或通过印度事务委员会都无法顾及的所有问题,则由菲督充当王室副保护圣徒或国王副手。18世纪前王室保教权体现在菲律宾主要有如下内容。

(1)国王有权就出缺的主教职位向教皇推荐候选人,后者再予以任命。主教甚至在接到教皇谕令前就可以接掌他们的教区。受荐前受荐者得宣示遵守有关王室保教权的各项法律。

(2)高级教士召开教省会议,需取得国王的准许。会议期间,王室副保护圣徒得作为国王的代表出席。会议通过的法案在付印或公布前必须送印度事务委员会批准。

　　(3)国王为西印度所有大教堂的高位(Honor)、教士(Canonry)、全俸牧师(Prebend)和半俸牧师(Half-prebend)推荐候选人,辖有那些有俸圣职的大教堂高级教士则对那些被提名者予以任命。由于菲岛距离宗主国过于遥远,国王授权菲督推荐临时的全俸牧师。1608年国王作出规定,如若不能召开全体教士大会,则为菲律宾的每个副主教(Suffragan see)岗位任命两位神职人员(Cleric),协助主教履行职责。

　　(4)各修会教省和会所的建立,传教士赴菲,返回西班牙许可证的颁发,对每一个修会传教区的分派,在修牧师主持的教区的建立,都要获得国王同意。19世纪之前由于通信困难,国王通常将部分前述权利委托给副保护圣徒,诸如允许传教士从马尼拉前往日本或中国等。为此,一些总督竭力迫使各修会向他们提交教省会议法案,不过后者或者找借口避开这一话题,或者极不情愿地执行。与这些权利相对应的是王室对各修会承担的义务。首先,西班牙王室有义务承担传教士旅行费用。从西班牙到菲岛的航程通常要耗费1000比索。如果由于不可预知的情况,生活成本比预期高或者货币贬值,这一数额不够,修会或国王自己根据修会的要求补偿那一缺额,这一做法一直延续到1849年。其次,从16世纪开始殖民政府一直遵循一个传统,分给马尼拉5个修道院每个400比索及400法内格(fanega)的大米,以支持修道院每天任意时间为土著举行的四次圣餐礼。在牧区教堂建立时,国王还供给一套祭服,一套圣餐杯碟和一面钟。此外,国王还供给弥撒时为献祭、圣体、圣灯所需的酒、面粉和油。再次,国王除了惯常地均等给予的那些救济物,还偶尔给予特别帮助,特别是给予方济各会士,因为他们没有土地,通常更需要帮助。当耶稣会士返回菲律宾时,国王对他们非常慷慨。尽管只有在放弃原有财产的条件下他们才被允许返回,王室支付他们往来的旅费,给予棉兰老牧区的每位教士1200比索的年薪,每位修道院杂役400比索的年薪。最后,国王也对活跃的传教团修士给予支持,每年给予的资金与稻米数量不定,年度变化很大。

　　(5)教皇乌尔班八世在1625年的一道通谕中,授予西班牙国王收取一个月收入(mesada)的权利,只要一些出缺的高位、教士职位、全俸或半俸牧师职位、教堂的职位与圣职、助理牧师职位(curacies)和传教团(missions)被委任。数额的确定则通过计算所委任的那一圣职最后五年的总收入,从其中扣除一个月的份额。受荐的被提名人要承诺上交那一个月的数额给王室财库。早期的《印度法典》和1844年9月5日的王室法令,都规范了那一支付月贡（Church Monthly）的制度。

（6）什一税和早期收益在往时是支持礼拜仪式及供养神职人员的一项重要资金来源，菲人是不用强制缴纳的，习惯做法是从政府自菲人处征来的为数不多的贡品中留出一部分。贡品通常是一比索多的物品。在 16—17 世纪，为了前述目的习惯从贡品中留出 3 里尔以建立一项基金，被称为 *Sanctorum*。[①]

在保教权之下，教皇的权力只局限于名义上的对国王在这些问题上的行动予以认可。[②] 同时，西班牙的印度事务委员极力把持教会的最高主权，"没有它的允许，便不能创立一处堂口或一处修院；不能成立传教会；不能修筑圣堂；不能为教区划界；不能将传教士由甲传教省拨至乙传教省；不能将属于新修会之修士派送于传教会内。一位西班牙籍的修士若打算返回欧洲，按 1564 年 7 月的王令，不应在教皇之前请求许可，而必须求印度事务委员会的承认。印度事务委员会甚至发表禁令，自从 1530 年 11 月起——在 1672 年时这条禁令执行得更为严厉，阻止任何非西班牙籍之修士，进入属于西班牙之领土"。[③]

（二）政教合一的殖民政权

西属菲律宾殖民政权是政教合一的。民事当局大力推动传教事业，而传教士"除向没有受到福音之光感召的人们传播上帝的崇高与光荣之外，也在寻求西班牙的威严和强大。上帝也在利用西班牙的威严和强大来实现其伟大的事业"。[④]

1. 民事当局对传教事业的支持

这一支持主要体现在两个方面：一是物质方面的。菲律宾各修会的传教士，几乎都来自西班牙和墨西哥。他们长达两年的旅程费用由西班牙王室承担。传教士到菲后被分配到指定的教区，马尼拉殖民政府发给薪俸或

---

① Pablo Fernandez, O. P. , *History of the Church in the Philippines* （1521—1898）, Manila, National Book Store, 1979, pp. 101~107.

② Alejandro M. Fernandez, *The Spanish General Governor in the Philippines*, Quezon City：Law Center, University of the Philippines, 1971, p. 82.

③ H. Bernard 著，萧濬华译：《天主教十六世纪在华传教志》，第 158~159 页。

④ 门多萨：《中华大帝国史》马德里，1944 年，第 19 页。转引自张铠：《中国与西班牙关系史》，第 188 页。

津贴,大主教年薪 4125 比索,主教年薪 1838 比索,教士每年得到 100 比索和 100 法内格大米的补助。① 迪亚士在《征服》一书的《1670—1694 年菲律宾的奥斯定会》部分写道,1586 年奥斯定会士白乐望被派往欧洲,"他为在中国的传教士争取到了补助和薪金,每人每年 100 比索,这是国王陛下给予其他修会传教士的数额"。② 1608 年 8 月 18 日佩德罗·马里亚卡所列的菲律宾政府年度收支状况表,详细地列出了教会和传教团体神职人员的工资与开支(见表 5-2),不仅神职人员从殖民政府支薪,神职人员所在的修道院、教堂、医院、神学院、传教团等的各项开支也由殖民政府承担。③ 蒙法尔康在其 1637 年向国王提交的备忘录中,也将殖民政府与教会有关的支出详细列出,共计 37297 比索。④

二是管理制度方面的。菲岛总督和最高法院成员等世俗权威,不仅代表西班牙国王行使统治权,而且亦为教皇服务,宣传教义。所以民事当局不仅为传教事业提供物质支持,还尽量在管理制度上提供便利。1585 年 6 月 9 日的一道王室法令规定,"为了传播福音,皈化和教导土著,以及其他惯常的各种事情,托钵修会会从墨西哥派遣修士到菲岛,新墨西哥或其他地方,我们命令新西班牙总督发放许可证给那些被派遣的托钵修士;为了鼓励和激励那些修士服务上帝,从事传道工作,墨西哥总督应该尽可能地保护和支援他们"。⑤ 同年 9 月 5 日的一道王室法令规定,"我们命令,修士在获得我们的准许后,同他们的小组负责人(Commissary)一起着手前去皈化和教导菲岛土著,西班牙与新西班牙的省会长、修道院长、监护人以及其他高层不要阻止或妨碍他们的航程,而是应该给予他们以保护及适当的援助"。⑥ 1594 年 4 月 27 日的一道王室法令则规定,"我们命令新西班牙总督及各修会的高层,每一位相关者,密切注意,不要让派往菲岛的传教士经过那里时受到任何阻碍,也不要允许他们以任何借口前往别的省份"。⑦ 这一规定还在 1611 年 9 月 17 日的法令中进行了重申。1609 年 9 月 18 日的一道王室

---

① 金应熙:《菲律宾史》,第 140 页。
② BR,Vol. 42,p. 294.
③ BR,Vol. 14,pp. 259~263.
④ BR,Vol. 27,pp. 124~125.
⑤ BR,Vol. 28,p. 68.
⑥ BR,Vol. 28,p. 68.
⑦ BR,Vol. 28,p. 69.

法令规定，"我们的新西班牙总督应该保护根据我们的命令，由我们付费前往菲岛的传教士，我们的王室官员及所有其他雇员应将他们快速送出，善待他们，不要对他们的人员、书本以及发给他们用以筹措航程费用的委任状（warrant）征税"。①

表5-2　1608年教会和传教团体神职人员的工资与开支

单位：比索

职　位	人数	单个支出	总支出
马尼拉大主教	1	4125比索	4125比索
宿务主教	1	1838比索	1838比索
卡加延主教	1	1838比索	1838比索
甘马磷主教	1	1838比索	1838比索
马尼拉教长（dean）	1	600比索	600比索
执事长（archdeacon）	1	500比索	500比索
领唱人（precentor）	1	500比索	500比索
院长Schoolmaster	1	500比索	500比索
司库（treasurer）	1	500比索	500比索
教士（canon）	4	400比索	1600比索
受俸牧师（racioneros）	2	300比索	600比索
助理受俸牧师（medio-racioneros）	2	200比索	400比索
圣波特西安娜学院牧师（chaplain）	1	300比索	300比索
马尼拉圣奥斯定修道院修士（the convent of San Agustin）	6	100比索；100法内格大米	600比索；600法内格大米
马尼拉圣奥斯定修道院建筑费用		700比索	700比索
马尼拉圣多明我修道院修士（the convent of St. Dominic）	4	100比索；100法内格大米	400比索；400法内格大米
马尼拉耶稣会修道院修士（the convent of the Society of Jesus）	4	100比索；100法内格大米	400比索；400法内格大米

---

①　BR，Vol. 28, p.71.

续表

职 位	人数	单个支出	总支出
马尼拉圣方济各修道院修士（the convent of St. Francis）		国王谕令予以同样数额	没有接受
宿务圣佩德罗修道院修士	2	100 比索；100 法内格大米	200 比索；200 法内格大米
菲岛国王封地传教团修士	58		7071 比索
6 处西班牙人居留地的 6 位教区教士及其圣器保管人			1654 比索 3 兜缉 2 格拉诺
甲米地和 La Hermita de Guia 镇及马尼拉部分地区的 3 位教区教士及 2 圣器保管人			700 比索
王室封地内的教会开支			4000 比索
给予王室封地传教团的教堂用品			600 比索
给予圣奥斯定、圣多明我和耶稣会修道院的药品			600 比索
马尼拉大教堂的音乐、司事及建设费用			85 比索
马尼拉大教堂的酒、蜡及其他支出			400 比索
马尼拉土著医院支出			687 比索 4 兜缉；1500 法内格大米；1500 只家禽；许多床单
卡加延医院			300 比索
总数		33536 比索 7 兜缉 2 格拉诺；3100 法内格大米；1500 只家禽；许多床单	

资料来源：BR，Vol. 14，pp. 259～263.

2. 传教士为民事当局服务

传教士的服务主要表现在两个方面，即对内协助殖民征服，对外充当使节出使并搜集情报。

某些历史学家认为"西班牙在菲律宾的殖民地是用传教士来占领的"，"在菲律宾每有一个修道士，国王就有一个将军和一支军队"。[①] 在西班牙

---

① 周南京：《西班牙天主教会在菲律宾殖民统治中的作用》，《世界历史》1982 年第 2 期，第 56～63 页。

远征队征服菲律宾的过程中,西班牙传教士为帮助远征队站稳脚跟不遗余力地工作,他们通过传教争取群众,从思想上软化菲律宾人民抵抗殖民侵略的战斗意志,远征队逐点推进,传教活动则从面上铺开;远征队使用武力攻伐,传教士则以甜言蜜语进行欺骗,两者相互依赖,彼此配合,不断地拓展殖民事业。因此 19 世纪曾有人评述,西班牙所以能够以千数百士兵征服拥有50 万人口的群岛,占领和保有菲律宾,完全是因为宗教的影响。[①]

在西班牙殖民者立足菲岛,建立殖民政权之后,西班牙传教士又在民事当局中扮演重要角色。在菲律宾,如同西班牙及其殖民地一样,总主教和托钵修士等教会权威,不仅代表教皇行使教权,而且亦代表国王维护西班牙主权。总主教遇总督出缺时,可代理总督职权。在地方上,因教士深入下层社会,学习当地语言,教士成为当地民众的精神领袖,以及与政府沟通的中间人,他们担任健康和慈善团体的主席、学校的督查、税收的监督人、市选举的监督人、市预算的审查人和公共道德、和平与秩序的监督人,是西班牙主权的真正看守人,也是天主教戒慎的保护者。地方政治虽有民选的村长和镇长,但除了收税外,其政治权力几乎由教士或托钵修士取代。[②] 正如安东尼奥(Antonio García-Abásolo)所言,"在菲律宾,其他职务的西班牙人多集中在马尼拉以及其他一些特定的城市里,除此以外的地区,相较于首府马尼拉而言,事实上人数相当少。因此,居住在外地并渗入群岛各地的修士们,自然而然地承担起行政管理工作,其结果是马尼拉当局在这些马尼拉以外地区的任何事务,皆需借由传教士们教育那些原住民社群才能达成,最后甚至是依赖殖民当局以及传教士的威信,西班牙人才得以据有菲律宾"。[③] 甚至在菲律宾人民所进行的一系列起义中,西班牙传教士也在其中扮演着平叛者的角色。正如佩德罗·弗尔南德斯(Pablo Fernandez)所言,"他们作为西班牙人、传教士和教区牧师,传教士发挥影响平息那些起义,既为西班牙

---

① 金应熙:《菲律宾史》,第 139～140 页。

② Gloria D. Feliciano and Thomas G. Flores, A Note on Change in the Philippine Barrio, in Daniel Lerner and Wilbur Schramm (ed.), *Communication and Change in the Developing Countries*, East-West Press, University of Hawaii, 1969, Second Printing, P. 290. 转引自陈宏瑜:《菲律宾的政治发展》,台北:商务印书馆,1980 年,第112 页。

③ 安东尼奥:《寻找中国——西班牙人在远东》,参见吕理政主编《帝国相接之界:西班牙时期台湾相关文献及图像论文集》,台北:南天书局,2006 年,第 93 页。

留住菲岛,也为了传播福音"。也如菲岛临时总督萨里奥(Pedro Sarrio)所言,"两百年的经验证明,在所有的战争、起义和反叛中,教区牧师在安抚那些起义者方面发挥了主要作用"。① 在几次起义中,由于对菲律宾土著的影响力,传教士将巨大的危险转移了。他们常常冒着生命危险在起义者中穿梭,有时甚至能够阻止起义。② 正是因为传教士在民事当局中扮演重要角色,所以爱德华·盖洛德·伯恩认为,"要检视菲岛的民事当局,那么我们得做好心理准备,我们会发现那只是一层外衣,里面是教会的躯体"。③

西班牙传教士还在对外交往方面协助民事当局,常常充当使节。西班牙传教士由于他们的学识、智慧,特别是他们为了传教目的往往掌握多种语言,在对外交往中具有不可替代的优势。早在黎牙实比远征队开始征服菲岛时,国王菲利普二世曾训诫他,"你要特别注意,在所有与那些地区土著的谈判中,都应该让随行的教士在场,以便得到他们良好的建议与劝告"。④ 西班牙传教士还在传教的同时,为菲律宾殖民当局搜集情报。诸如明末的中国内忧外患,农民起义不断,皇帝昏庸无道,宦官专权巧取豪夺,海疆不靖,北疆战事连连,这些局势变化都在菲殖民当局的掌握之中,而在华的西班牙传教士正是其信息的主要来源之一。1619 年 7 月 12 日,一位在马尼拉的耶稣会士记述了过去一年发生在菲律宾和周边国家的事件,有关中国的事件源自一份来自中国的备忘录。当时鞑靼人与中国人一直处于战争状态,并从中国北边的边境省份侵入了中国。有关那些战争的经过和损失及中国当时的处境,都记录在中国朝廷大臣联名呈给皇帝的奏折中,而朝廷大臣联名呈给皇帝的奏折被在华的耶稣会士抄录下来,由北京送至澳门,澳门再送至马尼拉。⑤ 1620 年 6 月 14 日,一位不知名的作者在马尼拉记述了过去一年发生在菲律宾和周边地区的事件,其中写道,"尽管去年我已写过了中国人与鞑靼人的战争,现在我还是要写这一个问题,因为我收到了我们在中国的神父寄来的一些信件"。⑥

———————————

① Pablo Fernandez, O. P. , *History of the Church in the Philippines*,1521—1898, pp. 187~188.
② BR, Vol. 38, p. 12.
③ BR, Vol. 1, p. 49.
④ BR, Vol. 2, p. 98.
⑤ BR, Vol. 18, pp. 206~213.
⑥ BR, Vol. 19, p. 42.

表 5-3　部分西班牙传教士的重要出使

出使时间	出使者	出使地点	出使任务
1575 年 6 月 12 日	奥斯定会士拉达及马林	福建	开通对华贸易及入华传教
1582 年 3 月 12 日	耶稣会士桑切斯	澳门	让澳门葡人效忠菲利普二世并开通马尼拉同中国港口的贸易
1586 年 6 月 26 日	耶稣会士桑切斯	西班牙与罗马	向西班牙王室递交请愿书及向教廷请示宗教问题
1592 年 7 月 7 日	多明我会士高母羡	日本	延缓丰臣秀吉对菲岛的进攻
1593 年 5 月 30 日	方济各会士布拉斯克斯（Pedro Bautista Blazquez）及另 3 会友	日本	巩固高母羡所取得的外交成果
1593 年	多明我会士费尔南多·卡斯特罗,甘杜罗和卡斯特罗	福建漳州	交涉菲督 Damariñas 被杀事件
1596 年 1 月	多明我会士希门内斯（Alonso Jimenez）	柬埔寨	随同远征队一起支援暹柬战争的柬埔寨
1614 年	耶稣会士佩德罗·戈麦斯（Pedro Gomes）和胡安利贝拉（Juan de Ribera）	果阿	与葡印当局交涉联合对抗荷兰人
1618 年	多明我会士马丁内斯	广东和漳州	告知中国官员,由于荷兰人拦截,暂时不要让商船队前往菲律宾港口
1662 年	多明我会士李科罗（Victorio Ricci）	台湾	将西班牙人拒绝纳贡的消息转告郑成功

资料来源：Pablo Fernandez, O.P. , *History of the Church in the Philippines*, 1521—1898, Manila, National Book Store, 1979, pp. 177～184.

（三）菲律宾殖民当局的对华传教热诚

前文已经详述,传播基督教是西班牙王室海外殖民的重要目的之一,中国作为最理想的传教地,所以菲律宾殖民当局大力推动对华传教。

1. 西班牙王室的大力推动

菲利普二世对于传教中国早就抱有极大的兴趣。奥斯定会使者埃雷拉在 1574 年 9 月参加王宫会议,被任为赴中国公使,可惜他在距离马尼拉仅 100 海里的地方,与 11 个同伴一齐葬身于风浪之中。他赴中国的主要使命之一,就是打开中国的传教之门。在 1579—1581 年间,菲利普二世将中国的传教事业列为主要政事之一,与继任葡王一事等样重要。他在 1580 年代连续几次向中国派出使团,重要目的之一就是传教,这充分体现在他写给万历皇帝的国书中。1580 年 6 月 10 日,他在 Badajoz 写成致中国皇帝的正式国书一份,全文所表达的愿望为“导示中国皇帝及其民众,共入于光荣及崇敬造天地万物真主宰之途径”,结尾又写道,“请陛下相信,此系敝人对于陛下及其全国人民之幸福上最可贵之贡献,世间珍宝绝无可与其比拟者”。自 1575 年至 1588 年底,西班牙送往菲律宾的传教士已近 200 人,希望能在中国立足。[①] 1593 年 1 月 17 日菲利普二世回信菲督,“关于你所说的,为了安抚中国国王,让他为我服务,并打开那些地区传教的大门,应该向他派送使节和礼物,我正在考虑这一问题,会通知你最后的决定”。[②] 1595 年 11 月 30 日的一道王室法令规定,“马尼拉最高法院应该给予那些根据法令获得许可证及准许前往中国或日本的传教士,以必要的船只、船上备用品、祭服及其他惯常的补给品。菲岛的官员应该执行并支付院长及法官为那一目的命令和授权给予的东西”。[③]

2. 菲律宾殖民当局的大力推动

1583 年 6 月 18 日马尼拉主教在给国王的信中写道,“澳门的主教给我写信,说他所管理的教区,一直扩张到中国全部,以及日本,连日本附近的岛屿……最好是把马尼拉、澳门、马六甲三处教区划清。因为这样便要有人注意到距离的问题上去,马鲁古群岛及婆罗洲各教区都是离马尼拉较近,离马六甲特别是离澳门较远。为中国及日本的传教区也是一样:澳门虽然与广州近在咫尺,但是从泉州往北各地,离马尼拉较比离澳门为近,而且启程也比较顺利;再说所辖治的省份又这样众多,足能成立二十处教区”。[④] 马尼拉主教的意思很明确,希望将中国泉州以北的地区划归马尼拉教区管辖。

在 1586 年菲律宾西班牙代表会议拟就的侵华计划中,在谈到征服中国

① H. Bernard 著,萧濬华译:《天主教十六世纪在华传教志》,第 162、169～170、326 页。

② BR,Vol. 8,p. 304.

③ BR,Vol. 28,p. 70.

④ H. Bernard 著,萧濬华译:《天主教十六世纪在华传教志》,第 227 页。

所能获得的收益时写道，"如果此项征服计划制定与执行得当，其诸多巨大收益中首先就是上帝及其子我主耶稣基督的知识——在这些远离教会及天主教国王支持的土地上，这一知识已经发轫，目前在这一群岛上受到挤压，传播有限，如果被忽视，每天都有结束的危险——将不仅在广大的地域中传播，而且通过武力征服这一手段能很好地建立，广泛地延伸，以致永远不会被毁灭；而且会连同那个国王的荣耀与盛名一道持续地保留在这个新的世界里，保留在人类和上帝的面前。由于他的热忱、勤勉和豪爽，那一国王实现了世界上其他君主所未能实现的（功绩）。第二，若非亲眼所见，没有人能想象或理解，认识并崇拜他们造物主的灵魂会不可胜数。今天他们处在完全的黑暗中，漠视造物主，通过完全由于土地的富庶与肥沃而出现的偶像崇拜、邪恶和兽性，完全驯服于并伺候地上的魔鬼。……第六，一开始便要建立大量的教堂和寺院，不但是为了上述目的，而特别是为了教导我们的信仰、教义和生活方式。第七，镇抚农民和村民并使其皈化将不会有什么困难。他们人数如此众多，几乎所有的土地都覆盖着村落。他们是颇为简单而又纯洁的，并且遭受极大的压迫和暴政。至于妇女，则数量众多，要传入信仰将更无困难，因为他们的美德和自爱是一切认识他们的人所注目的——达到一种程度，在一切道德问题上和我们比较，只是欠缺基督教"。[①]这充分说明侵华的目的之一就是为了传教。

1594 年方济各会士奥尔特加给国王提了 14 点建议，其中写道，"您下令继续您 12 年前的命令，进行已开始的事情，尽管由于上帝的意愿未明，而未能达到意想的结果，这对服务上帝，服务陛下您，对中华王国如此众多人口的福利和解救是非常有利的。那就是陛下您给中国国王写信，为了表示爱与友谊，给他送几样中国所没有的这里的产品，请求他倾听陛下将派到他那里的上帝的使者，允许福音传播者进入他的王国，自由地传播我们的圣教信仰，同意西班牙人和中国人进行贸易，给予前者某个海港，如同给予葡萄牙人的澳门一样"。[②] 1595 年 12 月 6 日菲督路易斯·达斯马里尼亚斯在给其国王的信中谈到，"这封（给中国皇帝的）信是用很大的热情、尊重、敬意和力量写成的，我尽力铭记陛下您想要皈化那个伟大王国的神圣激情、目的和愿望，将之书于信件中。……作为仆人，我渴求上帝能在像中国这一个伟大

---

① 　BR, Vol. 6, pp. 214～216.

② 　BR, Vol. 9, pp. 112～113.

的王国被认知和服务,我冒昧地说,如果陛下您送一些珍玩给中国皇帝,根据上帝目前所设置的情境,那对服务上帝、陛下的功绩,以及那里众多迷失而又深负罪孽的灵魂的福利,将极为重要、有益而有利"。① 此外,在其1637、1640 年提交的报告或备忘录中,都强调了保留菲岛这一前进基地的重要性,因为福音可以由此传入中国等周边国家和地区。

二、武力传教的争议

正因为西属菲律宾殖民政权是政教合一的政体且大力推动对华传教,所以菲岛很多宗教界人士或者为了复制在美洲传教经验,或者为了急于打开中国的传教之门,或者导因于传教中国受挫,产生了借用世俗政权力量,通过武力进行对华传教的主张,并为此进行大力宣传以获得支持,但宗教界内部也有一部分人反对这种主张,并一度引起激烈争论。

(一)武力传教主张

早在 1569 年 7 月 8 日,拉达写信给墨西哥总督马克斯·德·法尔塞斯,"我们了解,中国是一个广袤、富饶且有着高度文明的国度,它的城市、堡垒、城墙都比欧洲的要大得多。如果国王陛下想征服它,他首先得在这里有一块居留地,因为我们的干舷船无法安全通过中国沿岸那么多的岛屿和沙洲,而必须用有桨的船只;再者,要征服那样一个庞大且人口众多的国度,也需要就近援助和避难的地方,以防不测。……我希望写这封信,因为我相信我主上帝通过阁下这一媒介,这块土地会接受信仰,我们会进入中国"。② 在菲岛立足未稳的情况下,就主张对中国进行武力传教,很明显拉达是想复制西班牙传教士在美洲的传教经验。在 1572 年 7 月 1 日给墨西哥总督的信中说,他认为如果派遣两个修士去中国,那会是件好事,"因为除了给福音和吾主服务敞开大门,也可以因此得到真实情况,他们将把我王的伟大告知中国人,让他们知道臣服陛下是他们的义务,因为他出财力把传教士派去教导他们"。③ 拉达在该信中竟想不战而屈人之兵,让几个传教士来直接要求中国人臣服。他返回马尼拉后写出了《中国纪行》,目的是为了给西班牙最

---

① BR,Vol. 9,pp. 204 & 206.
② BR,Vol. 34,p. 127.
③ C. R. 博克塞编注,何高济译:《十六世纪中国南部行纪》,第 44 页。

高当局提供用武力征服中国的依据。为了说明征服中国对西班牙的价值，他对中国广袤的领土、众多的人口、丰富的矿产进行详细客观的记述。为了强调武力皈化中国的必要性与可行性，他刻意地突出中国崇拜偶像的"异端"倾向，并贬低中国的科学发展水平。[①]

1573 年 6 月 6 日方济各会士奥尔特加在给墨西哥总督的信中告知，黎牙实比所制定而传教士所期待的探索中国计划，主要由于继任总督拉维萨雷斯及其朋友的反对而没有执行，他对此感到悲伤。他再次提出，如果重组远征队，愿意随同前往。他还建议探索属于中国的 Cauchill 岛，因为那里有丰富的胡椒和丁香出口。[②]

马尼拉主教曾在给国王的信中说，[③]"陛下既领有西葡二国，印度全部也几将列入版图……依敝人之见，敢请派遣大批军队进入中国，以实力高强不致为中国军队所伤害为原则。此项军队有自由进入中国及在中国各省通过之权。如此既可尽震慑之能事，又可保障传教事业之安全，及传教工作之自由，朝廷与地方官皆不敢作阻止传教之妄想……倘中国皇帝过于执拗，故意禁止传教工作，尽可借军队之力，取消其治国权。此项主张虽与上条具有同样之准确性……但比较难于实现……求陛下摈弃一切业务，专意进行此种伟大计划，即便有收复圣地及征服一千处佛兰德斯之机会，也不应顾惜。无论恺撒或亚历山大皆未能遇有此种光荣的行军良机。自从传教事业开始以来，何曾有过如此重要之工作"。在马尼拉的传教士，皆受到这种思潮的动荡，都十分兴奋。

前文已经多次提到的西班牙耶稣会士桑切斯又是一个强烈主张复制美洲传教经验的传教士。他曾主张，"若没有军队协助教士，便一个人也不能劝化，因为国内之人，不能依赖外力作护符，只仗赖殉生，并不能得到传教的成绩"。[④] 桑切斯第二次来到澳门时，提出了武力征服中国的设想，"无论合宜与否，我们还是愿意同他们（指中国的国王和总督）进行战争，因为尽管我已入华数月并在吕宋研究了数年，我可以肯定的是通过传教无法皈依中国，上帝允许这么做。但在此问题上，我还是愿意相信在那里（日本）工作了二

---

① 张铠著：《中国与西班牙关系史》，第 189 页。
② BR，Vol. 34，p. 23.
③ 该信的写作时间该在菲利普二世兼任葡萄牙王位后不久。
④ C. R. 博克塞编注，何高济译：《十六世纪中国南部行纪》，第 227～228、233～234 页。

十年,在这里工作了近三十年的人。他们的意见相同,认为上帝一定会通过新西班牙与秘鲁的途径来解决这件事情。唯一不同的是,众人认为在上述两个国家无征服的凭据与权力,而在此却大有特有"。①

桑切斯与澳门的耶稣会士多有接触,他曾在信中写道,"我和罗明坚的意见完全相反,我以为劝化中国,只有一条好法,就是借重武力"。而"听凭上帝指定中国皈化的时期"是罗明坚与利玛窦所遵照的步骤,因为西班牙人过于急躁,不能耐心等候,他们遂打算和后者脱离。1584 年 1 月 25 日罗明坚把他所彻底觉悟的原则,写成下文:"当这草创之期,诸事务须逐渐进行,千万小心,不要受到不知慎重的教士的连累。海外教士欲来中国服务,亦不敢妄加赞同,因恐新来中国,人地生疏,而累及原先在中国的教士,使他们蒙受意外的危险"。② 但是,在 1586 年菲律宾西班牙代表会议所提交的含有详细侵华计划请愿书中,当时菲岛宗教界的上层人物基本上都有签名,桑切斯也有。无敌舰队覆灭后,桑切斯这个"在基督教义的信仰和实践上最称杰出"的虔诚天主教徒,并没有放弃征服中国的"雄心壮志"。他跑到西班牙各大学演讲,广泛宣称征服中国的必要性和正义性。据他说,"对原始人种而言,必要时就该用刀尖把宗教加到他们头上去。用任何残暴的手段去强迫他们接受宗教都是合理的"。③

1590 年 6 月 24 日菲律宾主教萨拉萨尔写信给国王,"长期以来我一直想着皈化中国,并带着那一想法来到这个群岛。我接受主教职位的原因之一就是,这个群岛靠近中国,并有很多中国人来到这里生活。伤心于不许外国人踏入那一土地,福音在那里的传播受阻……我给陛下写信,认为陛下派舰队到那个国家是正当的,一旦传教士入境被拒,就武力打开一条通道,让中国人接受他们"。④

1637 年到达北京的几位托钵修士由于威胁,至少是讨论,西班牙将入侵和征服中国,结果引起了麻烦。⑤ 同年 10 月,耶稣会士胡安·洛佩斯

① 王都立:《利玛窦神父历史著作集》,马塞拉塔,1913 年,第 2 卷,第 425 页。转引自金国平著/译:《西力东渐:中葡早期接触追昔》,第 131～132 页。

② C. R. 博克塞编注,何高济译:《十六世纪中国南部行纪》,第 231～233 页。

③ 福尔曼:《菲律宾群岛》,第 51 页。转引自严中平:《老殖民主义史话选》,北京:北京出版社,1984 年,第 325～326 页。

④ BR, Vol. 7, pp. 213～214.

⑤ J. S. Cummins, *Jesuit and Friar in the Spanish Expansion to the East*, p. 52.

(Juan Lopez)在一份报告中说,西班牙传教士在中国"太不小心",预料将有一场大规模的迫害。① 1638年7月他在记述1637—1638年菲律宾事件时,讲到了在中国传教的卡丁(Antonio Cardin)神父于1638年4月15日从澳门给他写信,谈到"这些年间基督教在中国快速发展,但随着托钵修士的到来,现已陷入一片混乱之中。所有的教士都被赶到了泉州,教堂被破坏了,所有的人都被关在泉州的一个教堂里。原因就是修士们谈到了征服,公开说四千西班牙人能够征服中国,这样的谈论让中国人不舒服,立即向他们的官员报告,所以我们都失败了"。② 1640年耶稣会士曼德斯(Affonso Mendes)从果阿写信给教廷传信部,"这些疯狂的方济各会士如同他们在日本曾作为的那样,正在用他们鲁莽的举动毁灭中国传教区"。③

那些托钵修士中行动张扬、主张武力传教的主要来自多明我会。利安当第二次进入中国后,认为多明我会做事过于张扬,很难与之长期合作,所以1650年7月14日离开福安,想到朝鲜去开辟一个新教区。他也没有和多明我会的传教团保持联系,并为多明我会传教士热衷于战争以及行为孟浪而感到十分忧虑。④ 1670年从广州越狱逃走的西班牙多明我会传教士闵明我(Fernando de Navarrete)还写了一本书《孔子得救了吗》,这本书狂叫用武力征服中国,强迫中国人皈依天主教。⑤ 迟至1676年,多明我会传教士闵明我在其所著的《中华帝国历史、政治、伦理和宗教论集》一书中感叹,"鞑靼人对他们的臣仆中国人保护得如此之好,而我们的人民却极力逃避,不愿关顾我们的君主及其臣仆,这是极大的不幸!"⑥言下之意不言自明,要是中国上下矛盾重重,而他们精诚团结,那中国就容易征服了!

(二)反对意见

如前文所述,直至17世纪末,菲岛宗教界对华进行武力传教的言论时

---

① 严中平:《老殖民主义史话选》,第335页。

② BR,Vol. 29,pp. 37~38.

③ C. R. Boxer, *Fidalgos in the Far East*,1550—1770:*Fact and Fancy in the History of Macao*,the Hague Martinus Nijhoff,1948,p. 161.

④ 张铠:《中国与西班牙关系史》,第241~243页。

⑤ 博克塞:《葡萄牙绅士在远东1550—1770》(C. R. Boxer, *Fidalgos in the Far East*,1550—1770),第164页。转引自严中平:《老殖民主义史话选》,第336页。

⑥ BR,Vol. 37,p. 294.

有发生,但宗教界内部对这一主张的反对意见也一直存在,即使是在殖民当局和宗教界热议武力征服进而皈化中国的 16 世纪 80 年代。

1586 年桑切斯受派返回西班牙,在墨西哥时,他武力传教以皈化中国的主张遭到很多人的反对,其中最著名的是耶稣会士阿科斯塔(José de Acosta),一位一流的传教学理论家,他于 1587 年 3 月 15 日在墨西哥刊行《对在中国的战争的看法》,对中国的各种问题讨论得十分深入,和桑切斯的意见刚好相反。① 有关武力征服中国一事,他有如下见解。首先,中国不允许西班牙人前往贸易和传教不能构成对其发动战争的充分理由,因为中国针对的不只是西班牙人,中国人自己也不去排斥外人的地方,中国不许外人进入是一种自保方式,中国人尤其有理由对西班牙产生恐惧。其次,中国人对葡萄牙人和西班牙人的侮辱、无理做法和凌辱也不构成向中国发动战争的充分理由。因为凌辱十分短暂,属于私人之间的纠纷,并非是国王受辱,那些凌辱也不过是中国人对西班牙人的戒心与恐惧。就算重大凌辱,必须以战争来加以惩罚,也应该由最高君主来惩罚他的臣民,来弥补造成的损失,在最高君主或最高法院不愿弥补其臣民造成的损失而犯有过错之前,不可对君主或其王国的某部分发动战争。再次,至于在华受洗的信徒受到了凌辱需对中国的异教徒发动战争,也必须确保战争的正义性,使其合法,战争需符合下述条件:除了传播我们的信仰,不带来更大的损害;首先通过和平的方式来解决争端;如果发动战争,也不可超过正常复仇即对信徒进行必要保护的范畴;信徒是因为信教而被异教徒侮辱,并非源自个人私怨。事实上中国人中并没有因为信教而侮辱信徒的事件发生。最后,不必以发动战争来传播福音,因为 1500 年以来基督教不曾使用那一手段,自使用以来为上帝带来了太多的冒犯,为人类带来了太多的损害。中国人的理智也与其他异教徒有所不同,在实业发达、人力充沛、城池遍地的那个地方进行战争,不可能不造成巨大损失,不可能不为基督徒的英名带来可怕的丑闻与仇视。② 阿科斯塔可以说是对武力征服中国的各种所谓的理由都进行了驳斥,甚至反对武力传教,这在当时那样一个宗教狂热的时代是非常难能可贵的,其立场体现一定的正义感,在诸多反对对华进行武力传教的宗教人士中

---

① C. R. 博克塞编注,何高济译:《十六世纪中国南部行纪》,第 232 页。

② 《利玛窦神父历史著作集》第 2 卷,第 450～455 页。转引自金国平著/译:《西力东渐:中葡早期接触追昔》,第 140～144 页。

具有一定的代表性。

　　另一位对对华进行武力传教持反对立场的代表性人物是菲岛主教萨拉萨尔,在后来得知中国政府对未经准许而入境的外国人并不像葡萄牙所说的那么严厉,他改变了先前所持的主张对华进行武力传教的立场。1590 年6 月 24 日给国王的信中,他写道,"尽管他们(中国的统治者)确实是细心而又多疑,谨慎地保护着他们的国家,不让任何可能会伤害和骚扰那一土地的外国人入境,然而毫无疑问,先前所说的关于他们的一切都是虚伪的指控,因为直到现在,我们还找不出任何人,如葡萄牙人所说的那样,因踏上他们的土地而被杀,也没有任何人因此而被终身监禁。……所以,我说如果我因为得到了错误的报告,即中国的统治者不允许那些能传教者入境,因而妨碍和阻挠了福音的传播,而一度认为可能要与中国作战,现在我已知道了事实,我宣布,提着铁拳去中国或使用任何暴力是对上帝所做的最大冒犯,可能是对福音传播最大的阻碍和抑制。因为我们从来都未曾有过,而现在也没有,任何武装进入那个国家的原因、权力或理由;因为我们显然未曾告诉他们,他们也不知道我们的目的。相反,他们以为我们是一个仅以篡夺别的王国为目的的民族。因为这样想,他们当然要防范我们。为了纠正他们对我们的错误观念,我们不要带着大型舰队和武装部队前往那里,因为这样做的唯一结果只会是惹恼和冒犯这个世界上最大最好的王国。如果我们依照上帝所命令和期待的方式前往,依照神圣的主宰所指定的日期(因为人类不可能知道)我们将会实现自原始教会以来最大规模的皈教。这正是魔鬼靠着在国外传扬进入中国的唯一方式便是武力这一观念而加以阻挠的。事实上,直到现在还没有发现,有任何民族像中国人这样如此欣然地要接受福音,或者能够让按照我主耶稣基督的指令前去传播福音的(传教者),抱有取得巨大成效的希望。如果任何人有不同的见解,即使是来自天堂的天使,愿陛下将他当成是魔鬼的使者,想要说服人们,耶稣基督的福音不是靠着知识,而是靠着狂热、暴力和武力传布的,正如回教的古兰经。愿上帝将这一原则从基督教君主的头脑中除去,从一切熟悉上帝律法和福音真理的人的头脑中除去。我确信,当陛下获悉这些事实之后,将不会容许作出任何与上帝的意愿相违背的事情。……多明我会士高母羡……寄了一本书(即《明心宝鉴》)给陛下,这是从中国给他带来的其中的一本。……根据我的评判,它含有值得思考的内容,由此可以看出人类理性的力量,因为没有信仰的光亮,这些(内容)已经和基督教所教导的很接近了。由此陛下可以看出,对教导这些事由的像中国这样的王国，要求使用武力进入宣传我们的信仰，是多么错误的事。很显然，对于这样的人民，理性的力量比武器更有力。愿我主根据他的意志指导这一事务，愿他乐意在陛下的统治期内，我们能够看到该王国皈依信仰，使陛下能够首先在地上，然后在天堂享有这项殊荣"。① 因为萨拉萨尔怀有皈化中国的强烈愿望，所以他思考的主要是如何更好更有效地皈化中国的问题，立场相对更为理性，但是他并没有否认武力传教作为一种传教方式的正当性，只是认为在中国不适合进行武力传教罢了。

再一位反对对华进行武力传教的代表性人物是多明我会士高母羡。他于1588年抵达菲律宾，随后被指派到涧内在华人当中进行传教。为了更好地完成自己的职责，高母羡开始刻苦学习中文，而且进步迅速并在当地华人的帮助下于1590年将中文书《明心宝鉴》译成了西班牙文。这是第一部从中文翻译成西班牙文的著述。当他到达菲岛时，正是菲岛民事当局和宗教界围绕如何皈化中国这一重大问题展开激烈讨论的年代，试图武力征服进而皈化中国的议论不绝于耳。不过，在菲岛上层人士中还存在另一种观点，即认为像中国这样有着独特文明和国势强盛的帝国用武力根本就不可能征服，西方传教士反倒是可以通过宣扬儒家文明和基督教文明的相似之处，利用西方在科学技术上的优势，把中国人吸引到信仰基督教的道路上来。菲律宾主教萨拉萨尔就持上述观点。在这一问题上，高母羡和萨拉萨尔主教持同一立场，他不同意那种认为中国人拒绝接纳外国人进入他们国家的观点，认为那是因为西方传教士不懂中国的语言文字，双方难以交流所致，如果传教士学会了中文，那么中国人就会接纳他们，精通中国语言文字的利玛窦和罗明坚能在中国立足就是明证。他认为相当部分西方传教士并不了解中国文化特征，看不到儒家学说与基督教教义有近似的地方。他翻译《明心宝鉴》的目的就是为了让欧洲人了解中国，从而确立用和平方法皈化中国的信心。② 应该说，高母羡对对华武力传教持反对立场，主要是基于对中国国情及文化的了解，是出于传教策略上的考虑，与主教萨拉萨尔的立场有一致性，但又有所超越，更倾向于和平传教的主张。

① BR，Vol. 7，pp. 216，218～220 & 238.
② 张铠：《中国与西班牙关系史》，第203～206页。

第三节　传教策略分歧与中国礼仪之争

西班牙托钵修会与葡萄牙耶稣会除了争夺对华传教权外，还在对华传教策略上存在重大分歧。前者倾向于对华进行武力传教，不过那一策略因菲律宾殖民当局侵华企图的失败的而无法实现，后者则基本上主张和平传教。另一方面，由于中华文明与欧洲基督教文明的异质性，如何在和平传教的基础上皈化中国，双方又有着诸多的分歧。后者以皈化中国为最终目的，奉行文化适应政策，尽可能地在两种异质文化之间进行调和。前者则更倾向于强调维护基督教义的纯洁性，对文化适应政策持保守态度。由这一分歧的延伸，前者强烈质疑后者对中国礼仪和术语所作的文化诠释，由此引发的修会间以及后来中国朝廷与罗马教廷间长达一百多年争执，史称礼仪之争。在这一漫长的争执中，西班牙的托钵修士扮演了重要角色，对其发展和演变起了重要的推动作用。

一、葡萄牙耶稣会的对华传教策略

耶稣会是一个 16 世纪中期才成立的年轻修会，其两大宗旨就是传教和效忠教皇，也就是为天主教世界开疆拓土。由于年轻，耶稣会并没有陈规的约束，在传教策略方面显得更有弹性，再加上自创始人开始就奉行本土化方针，所以在海外传教的过程中，面对新的政治文化环境，更容易采用适应性策略。耶稣会对中国术语及礼仪所进行的文化诠释正是这一策略运用的表现。

（一）耶稣会的适应性传教策略

来到远东地区的耶稣会士，改变基督教世界"一手拿着十字架，一手拿着宝剑"的传统传教方式，奉行适应性传教策略。这种新的传教策略得以产生并长时段存在，固然与当时欧洲及远东地区特定的政治、文化、宗教背景相关，也能获得神学理论方面的支撑，即耶稣会士所宣称"盖然论"（Probabilism）——一种神学道德论，认为在上帝诚命、教会法规和国家法律前遇多种不同可能性时，应视何者更可能符合道德而定，且按较大可能者行事。这一策略的确立并非一蹴而就，而是经历了一个酝酿、探索、实践到形成的过程。就其在中国的确立过程而言，沙勿略、范礼安、利玛窦是其中的代表性人物。

1. 耶稣会的适应原则

自创始人罗耀拉以来,耶稣会就确立了两大传教原则:一是走上层路线,即与主流社会保持良好关系;二是本土化方针,即一种倾向于以学习传教地区的语言和风俗为必要条件的灵活传教方法。在华耶稣会士的传教策略可以说是这两大原则的延续,同时又是他们对自身所处环境做出反应的结果,是上述两大原则的深化和具体化,从而使适应政策成为耶稣会中国传教团的基本标志。① 将皈化统治阶层放在第一位的政策源自耶稣会宪章的规定。自罗耀拉开始,耶稣会士就相信需要有传教士去服务于统治阶层从而维持他们对基督教的好感,若能获得上层人士的支持,那对下层人士的传教工作就会有一个稳固的基础。

2. 适应性传教策略的奠基者沙勿略

按照欧洲的传统以及在落后的海外殖民地行之有效的办法,基督教的传播是通过炫耀武力和派遣外交使团,采取强制手段来大规模皈化民众,最终使皈依者在生活方式和文化心态上达到全盘西化。然而在同中国文明接触之后,沙勿略和范礼安都深感过去那种"一手拿着圣经,一手拿着皇帝所给的宝剑"的做法,"在远东的伟大帝国是不能使用的"。②

早在印度传教期间,鉴于当地居民的文化多样性,沙勿略便有运用某个民族自有文化体系和价值观中的术语来传播基督教的想法。不过,他真正了解其他的宗教和文化乃是走向天主及隐匿真理的踏脚石,决心远离以前所沿用的传教方法,着意培养适合于这些文明民族的传道者典型的思想感情,是在他离开印度前往日本传教之后。1549 年至 1551 年间他在日本传教,通过与日本僧人的辩论,坚定地认为要成功将基督教引入日本,就需要从欧洲派遣既是文学家又是科学家的知识型传教士。所以,他建议派往中国的传教士,应当有高深的学问,绝顶的聪明,对哲学的透彻了解及解答各种疑难问题的本领。同时还要有丰富的天文学知识,因为这里的人都迫切希望了解日月运转的方法和诸多自然现象的原理,③并认为,"为同他们联

---

① 张国刚:《从中西初识到礼仪之争——明清传教士与中西文化交流》,北京:人民出版社,2003 年,第 346~347 页。

② H. Bernard 著,萧濬华译:《天主教十六世纪在华传教志》,第 320 页。

③ 沈定平:《明清之际中西文化交流史——明代:调适与会通》,北京:商务印书馆,2007 年,第 135、139 页。

络，这是一种最有效的办法"。① 他还认为，皈化重点应由普通民众转向文人学士，传教方法由强制性的宣讲灌输改以传授知识为手段。②

概而言之，沙勿略主张的传教策略为，"耶稣会士应对宣教方式因地制宜地做出一定的变通，以便在不引起与当地土著文化冲突的情况下，逐步地使基督教变成土著居民的信仰。在这一过程中，不是借助军事暴力手段，用基督教文化强行同化土著文化，而是首先要了解当地的文化，进而适应这种文化，最终通过基督教文化优越性的展示，再把当地居民吸引到基督教归化者的行列中来"。为实现前述目的而应采取的措施为，"传教士们要学习当地的语言，以便了解当地的文化，并进而用当地的语言文字来宣传基督福音；借助高贵的身份和名义以及通过馈赠礼品来与当地权贵人士进行对话，以便在当地社会中立足；传教士必须是品学兼优的'读书修士'，使传播科学知识成为宣传福音的先导；佛教在东方国家有着广泛的影响，只有批驳佛教学说才能为传播基督福音扫清道路；在东方各君主专制国家，应把争取最高统治者皈依基督教当作宣教的中心工作，只要最高统治当局信奉了基督教，他统治的整个国家也将基督教化"。③

3. 适应性传教策略的构思者范礼安

16 世纪中前期，亚洲的基督教传教方式仍然是建立在欧洲主义的基础上。"欧洲主义是一种思想状态。它包括对各民族文化形式最终发展结果的一种狭隘和无知的猜测，它为这些文化形式赋以绝对的价值并因此不能认识到其他文化固有的价值。它是那些不断遭自己所接纳或被迫接纳入家门的外国人欺辱之人的敏感性的一贯刺激物"。④ 1574 年范礼安就任远东视察员后，他接受了沙勿略所主张的前述策略与措施，并将之确定为耶稣会传教团的政策。他意识到，西方宗教不可能取代或抹杀中国文明，只有通过宣扬基督教对中国文明的辅佐和帮助作用，基督教才有在中国流行的可能。因此他明确指出，在中国传教应当避免过去那套方法，使传道适应新的民

① H. Bernard 著，萧濬华译：《天主教十六世纪在华传教志》，第 71 页。

② 沈定平：《明清之际中西文化交流史——明代：调适与会通》，第 162 页。

③ 张铠：《中国与西班牙关系史》，第 181 页。

④ Dunne George H., *Generation of Giants: the Story of the Jesuits in China in the Last Decades o the Ming Dynasty*, Notre Dame, Ind., University of Notre Dame Press, 1962, p. 18.

族,让西洋传教士"中国化"是不可或缺的前提。① 他极为担心"征服者"式的思维,希望将它隔离在日本和中国传教区之外。倘若欧洲主义与西班牙人的征服论调相结合则更加危险。因此他格外排斥西班牙传教士前往中国传教,他曾在著作中宣称,若其他修会进入中国就意味着来自菲律宾群岛这样一个被欧洲主义彻底浸透因而闭目塞听之地的传教士将会广泛传播带有偏见的传教观点。

通过接触和了解,范礼安认识到中国人是一个伟大而受人尊敬的民族,尊敬学者并愿意了解一切导向智慧的东西,但也会拒绝来自一种声称比中国文明优越的文明的任何东西。为了适应中国文化,构思入华传教的可行途经,他认为训练赴中国的传教士最重要的一条是学会阅读、写作、讲述中文,并熟悉中国的文化、行为方式与风俗。罗明坚应命在 1579 年 7 月自果阿到达澳门,严格服从他的意图潜心学习中文。他还指示罗明坚,要他学习中国风俗以及其他一切有助于传教事业开展的东西;让利玛窦翻译四书,认为这是将来用一种意味深长的方式向中国基督徒清晰表达基督教义的必要准备,还指示利玛窦写一篇关于中国居民、风俗、制度和政府的概述,并劝告他说,这是成为一名有效率的使徒不可或缺的前期工作。另一方面,为了推行自己适应中国文化的政策,他在 1582 年 3 月重抵澳门后,把干扰罗明坚贯彻其政策的澳门耶稣会长上调到日本,下令中国传教区的耶稣会士应摆脱澳门社区而享有极大的自治权,并向耶稣会总会长力陈不要干涉这些决定。他还命令对皈化者停止实行"葡萄牙化"政策,明确中国基督徒应仍然是中国人。相反,传教士应使自己"中国化"。② 对于原先在澳门和马尼拉的做法,即"凡是领洗入教的中国人,都要变成葡萄牙国人或西班牙国人。在姓名、服装、风俗上都要按照葡、西两国的式样",范礼安认为"不但是可笑的而且是无用的"。他以耶稣为名号成立了一个团体,"里面不要欧洲人,中国人固然仍旧是中国样子,西洋的传教士也要'中国化'",让"中国的传教士和在中国的西洋传教士,'在适宜的范围之内,分工合作'",并致函耶稣会长,要求"不要有人改动他的决议案,一点也不要改动"。③

为了让传教士能够在中国站稳脚跟,除了主张适应中国文化外,范礼安

---

① 沈定平:《明清之际中西文化交流史——明代:调适与会通》,第 162 页。

② 张国刚:《从中西初识到礼仪之争——明清传教士与中西文化交流》,第 352~355 页。

③ H. Bernard 著,萧濬华译:《天主教十六世纪在华传教志》,第 194~195 页。

也不忘耶稣会传统与沙勿略主张,即走上层路线。而这在中国最有效的途径莫过于通聘皇帝以获得传教许可,所以他曾写信给耶稣总会长,"怀疑和不信任外国人是中国人的不治之症。因此,采用他们的服装、他们的语言、他们的习俗、他们的生活方式,总而言之,在一个欧洲人的可能范围之内竭力将自己改造成中国人的做法是不够的。……唯有租借一块土地和获得中国皇帝的特旨才能使我们得到进入中国的自由和在该国居住的安全。但鉴于中国皇帝难以接近的尊严,我们无法找到其他的办法获得这一点,除非是派一个隆重的使节;……因此除了教皇之外,就再没有更可以恳求的人了"。① 与上层路线相对应,范礼安也主张对信徒施洗注重质量。他积极鼓励在肇庆的传教士,虽然最初皈依者只有40名,但他认为这些自动投到会所要求领洗的新教徒,其重要性"较比别的国内的两万教友或日本的四万教友,有同等的价值"。②

范礼安所提出的是一种政策性指导,而非具体的行动计划,所以范礼安所具有的变革性特征代表的是基本传教态度的转变,"与试图将自己作为一个外来实体移植到充满抵拒性和不友好的中国文化主体上不同,这回基督教要恢复它那种潜移默化的原始特点。要平静地进入中国文化主体,就必须努力从内部将它变形"。③ 这种新的传教政策与此前500年间西方基督教史上的传教政策完全对立,"与伊比利亚人传教区的征服者传统相决裂,在更深的神学与哲学层面上与正宗基督教精神的概念和欧洲中心主义的宗教、文化及历史观发生分歧"。④

4. 适应性传教策略的践行者利玛窦

利玛窦并没有带着一个现成的行动计划进入中国内陆,而是在进入后,通过对中国文化的接触与了解,在耶稣会已有经验的基础上,根据中国的政治文化现实,逐步摸索出一套适应中国文化而又具体可行的行动模式。

耶稣会士到来后,很快就得出结论,这一新的传教区需要特别的手段,

---

① 何高济等译:《利玛窦中国札记》下册,第672～674页。

② H. Bernard著,萧濬华译:《天主教十六世纪在华传教志》,第300页。

③ Dunne George H., *Generation of Giants: the Story of the Jesuits in China in the Last Decades o the Ming Dynasty*, p.17.

④ Ross Andrew C., *A Vision Betrayed: The Jesuits in Japan and China, 1542—1742*, Edinburgh, 1994, p.42.

因为中国人特别的惧外,对所有的"外国野蛮人"既充满怀疑,又非常鄙视。[①] 鉴于此,利玛窦致力于将中国文化与基督教进行融合,从而建构一种"中国—基督教"式的综合体。他将两种文化间的沟通文章作在社会性与道德性因素上,选择儒学作为这些因素的中方载体。在确定以儒学与基督教进行嫁接融合之后,利玛窦开始通过四方面的适应来完成他所设想的"本土化":生活方式、术语、伦理道德、具有意识形态性的礼仪和习俗。在生活方式上,利玛窦和他的继承者们接受了中国人的举止态度、饮食习惯、睡觉模式、上下里外的衣着打扮。他们不仅穿土人的丝质长袍,还模仿土人蓄起胡须、雇佣仆人,并学会向有影响力的人物赠送价值不菲的礼物。由于中国官员视徒步旅行为耻辱,神父们出门也乘轿子。在术语问题上,利玛窦采用中国古籍中频繁出现的"天"或"上帝"指代 God;在伦理道德方面,他以儒家的仁、德、道等概念来解释基督教伦理,并且在他创造的中国式教义问答教学法中,构成天主教徒精神约束制度的天主教戒律中有六条被他忽略,天主教七件圣礼中有六件被他抹去;在礼仪问题上,他起初因有口头举动而禁止基督徒从事祭祖祀孔礼仪,但当他发现叩头礼也用于对皇帝或父母等活着的人,便把这些礼仪理解为社会性和政治性举动而允许执行。在术语、伦理、礼仪方面对中国人的种种顺应其实在利玛窦的思想中是一气呵成的,是他致力于用中国古代文献证明中国宗教起初为一神论的表现,也是他致力于向中国人展示他们自己的古代宗教与基督教间具有相似性的表现。

利玛窦在传教形式方面也做出符合中国实际的调整。1596 年 6 月至 1598 年 6 月在南昌活动期间,利玛窦基本确定了在中国传教的形式。其一,用儒学术语同儒家学者展开问难辩驳,展示出一种知识上和精神上的挑战;其二,自南昌之后,耶稣会不再召集公共祈祷。前者的原因是,南昌是科考之地,文人汇集,而晚明中国思想界的活跃气氛使这些学者们在儒学规范之内对新思想持开放态度。后者的原因有二:一则他希望彻底结束耶稣会士与和尚的瓜葛,若要从事公开祈祷,他们就必须穿僧服,而且明朝政府因白莲教之故反对宗教性公开集会;其二则与前者相关联,因为他那时坚信,在中国受教育人群中传播福音的有效形式是小范围的讨论而非公开

---

① J. S. Cummins, *Jesuit and Friar in the Spanish Expansion to the East*, p. 42.

布道。①

　　在具体的传教策略上，利玛窦首先利用知识传教。利玛窦意识到，要采用基督教来说服一个古老而又高度发达的文明改变它的生活方式，他们的工作将非常艰难，因为中国人不像任何其他民族，他们似乎过于看重文化知识，那是对信仰的最大障碍，要获得他们的尊敬都非常遥远，要皈化他们则更是艰难。然后，利玛窦明白了如何去接近那个世故的民族：依赖于他们对知识的好奇与热爱。由于利玛窦认识到中国人智慧且充满理性，并对科学感兴趣，于是耶稣会开始了它向中国派遣其最聪颖成员的政策，耶稣会数学家、建筑家、宫廷画家、舆地学家、机械学家不断被派来中国。

　　同时利玛窦也继承了耶稣会走上层路线的传统，将注意力集中在中国皇帝和士人身上。从 1583 年抵达中国到 1601 年到达北京，利玛窦一直死盯着帝国龙廷的方向，认识到在那样一个等级森严的社会，基督教最大的希望就在于获得皇帝的支持。② 利玛窦曾写道，"虽未大声宣扬，但是利用良好的读物与推理，对读书人逐渐介绍我们的教义，让中国人知道，天主教的道理不但对中国无害，对中国政府尚且大有帮助，它为帝国缔造和平。以此原则我设法使知识分子皈依成为教友，对象不是大批的民众；假如有一批知识分子或进士、举人、秀才以及官吏等进教，由于知识分子能进教，自然可以铲除一般可能对我们的误会。如果我们有相当多的教友，那就不愁给皇帝上奏疏了，皇帝获悉中国教友按教规生活，并不违反中国的国法，天主也逐渐显示提供更合适的生活方式，去完成他的圣意"。③

　　与上层路线相对应，利玛窦在为信徒施洗时也是重质不重量。虽说他曾有过追求数量的梦想，但范礼安在利玛窦着手中国工作之初就告诫他要反对"立即皈化大批人这种极端错误且缺乏思考的热忱"，因而他自进入中国之时就不曾背离这一点，并且从不曾试图去重视发生在日本的任何一种集体皈化运动。在浸染过中国文化氛围和制度环境后，他越发清楚地认识到首要任务不是去大量施洗，而是使基督教在中国人的生活中赢得一个被接受的位置，如果不能实现这一点，教会始终会面临被敌对的官员驱逐出中

　　①　张国刚：《从中西初识到礼仪之争——明清传教士与中西文化交流》，第 361～364 页。

　　②　J. S. Cummins, *Jesuit and Friar in the Spanish Expansion to the East*, p. 43～44.

　　③　转引自沈定平：《明清之际中西文化交流史——明代：调适与会通》，第 369 页。

国的危险。因此他将自己的工作定位在给未来打下一个坚实基础,这个基础不建立在那些在一个充满敌意的社会边缘地带艰难生存的、数量有限的基督徒社区上,而建立在一种中国—基督教文明之上。这就是说,他希望使耶稣会士传教区成为中国社会的一部分,使基督教成为中国文化的一部分,使耶稣会士和他们所宣扬的信仰不再被认为是外来的和有害的。只有这样才能建立起一个真正中国人的和基督徒的教会,才能使基督教或天学被较高阶层和普通大众所接受,从而实现皈化整个中国的目标。① 正是出于这样一种传教策略,所以早在南昌、南京期间,利玛窦曾对中国传教事业难以迅速发展的原因进行过深入分析,确定传教士的战略任务不是即刻取得伟大的成功,而是为此远景做开荒和奠基的工作。于是他抛弃了其他教会盛行的大规模布道与急速皈依的方法,而采取谨小慎微、缓慢、个别讲道和皈化的办法。② 他在书信中也曾写道,"我早已想过,宁缺毋滥,因此对这批教友,我一再考验他们,曾仔细地熏陶他们","目前尚不能以教友的多寡来判断传教工作的成败……在教友数目上我们不如其他教会;但如以教友的素质而言,我们却在其他教会之上。这里的新教友勤办告解,常领圣体与厉行教友善功,颇不寻常"。③

利玛窦凭借尊重中国文化的态度和敏锐的洞察力扬弃他所继承的经验,他历经多年摸索出来的那一套对华传教方法,"是他的经历和他那准确判断中国形势的罕有天才的共同产物"。④

(二)耶稣会对中国术语及礼仪的文化诠释

中国文化与基督教文化毕竟是两种异质文化,耶稣会士所适用的中国人的生活方式、中国文化与价值体系下的术语、中国人的伦理道德和风俗礼仪,是否完全切合基督教教义及其伦理道德要求,从一开始就困扰着利玛窦及其后继者,也引发了巨大争议,特别是体现在术语及中国礼仪方面,那也

---

① 张国刚:《从中西初识到礼仪之争——明清传教士与中西文化交流》,第360~361页。

② 沈定平:《明清之际中西文化交流史——明代:调适与会通》,第362页。

③ 罗渔译:《利玛窦书信集》下册,台北:光启出版社、辅仁大学出版社,1986年,第265、275页。

④ Dunne George H., *Generation of Giants: the Story of the Jesuits in China in the Last Decades o the Ming Dynasty*, p. 28.

是后来中国礼仪之争的主要内容。事实上，利玛窦及其同伴在摸索适应中国文化的传教方法的过程中，对主张适应的内容曾有过慎重的思考。

用中文中的什么术语来表示基督教的神，最早进入中国大陆的罗明坚和利玛窦立刻面临这一称呼上的问题。可以说这一问题至关重要而又紧急，因为做不出决定，就无法将祈祷文和礼拜仪式的流程翻译成中文。1583年当利玛窦与罗明坚在广东肇庆传教时，发现一个叫"若望"的青年用了"天主"二字，便立即采用，因为它的意思是"天地主宰"，正符合天主教教义。① 结果罗明坚于 1584 年刊行的《天主实录》中就将基督教所尊奉的唯一的神 God 通译为"天主"。利玛窦最初也使用"天主"一词来指称 God。因为他认为中国人将"上天"作为最高神灵来崇拜，通过将 God 称为"天主"，能显示God 比"上天"更伟大。② 再者他发现这一术语被道教徒、佛教徒采用，也出现在正统的儒家典籍中。③ 然而，在对中国早期古籍进行研究的过程中，利玛窦发现出现于其中的"天"和"上帝"被中国人用来指代一个灵魂与人类的统治之主，其性质与基督徒所宣称的真神正好一样，是一切力量与法律权威的源头，约束及捍卫着最高的道德法律，且全知全能、奖善惩恶。所以利玛窦在其所著的《天主实义》中用了几页的篇幅来阐述"天"和"上帝"就是指他所布道的真神。④ 据其所载，"天主者，造天地万物之主，即中国所奉之天，即中国所祀之昊天上帝也，特非道教所称玉皇大帝耳。然中国经典、祀典，亦何曾尊事玉皇大帝乎？所以必称天主教者，为苍苍旋转之天，乃天主所造之物，恐人误认此苍苍者以为主宰，故特称无形主宰之昊天上帝为天主焉。中国称上帝为天，犹称帝王为朝廷，亦无不可。特因此中文字圆活，称旋转者为天，称主宰者亦曰天，可以意会。西国行文务须分别，必称天主云耳。故天也，上帝也，一也"。⑤ 利玛窦"力效华风"，主张采用儒家用语，如用"昭事上帝"的"上帝"和"万物本乎天"的"天"来指称基督教的神，因为中国古圣

① 江文汉：《明清间在华的天主教耶稣会士》，第 62～63 页。

② J. S. Cummins, *Jesuit and Friar in the Spanish Expansion to the East*, p. 45.

③ Kenneth Scott Latourette, *A History of Christian Missions in China*, p. 133.

④ Joseph Brocker, Matteo Ricci, in *Catholic Encyclopedia*, Vol. Ⅷ；Latcurette, *A History of Christian Missions in China*, New York, 1910, p. 133.

⑤ 转引顾卫民：《中国"礼仪之争"的历史叙述及其后果》，《文化杂志》，2006 年，第105 页。

贤都用此指天地的主宰。① 利玛窦尽量引用先儒的话,证明基督教的"天主"乃是六经所言的"天"和"上帝",②目的是因为中国人"拥护孔夫子,所以可以对孔夫子著作中遗留的这种或那种不确定的东西作出有利于我们的解释"。③ 1600 年,范礼安同意了利玛窦以"上帝"指称基督教神的术语选择。为了证明他所适用的这些术语符合基督教义,利玛窦在《天主实义》中认为中国古籍中的"天"不限于物质,实指一位全知的神明,"作善降之百详,作不善降之百殃"的主宰;"天"、"上帝"与"天主"同义,三个名词都可以用;中国人郊祀祭天也"非祀苍苍有形之天,乃敬天地万物之原"。④ 他也相信"上帝"和"天"原本具有神学意义,基督徒可以适当地采用。⑤

最早入华的耶稣会士面临的第二个问题,有着更为深远的影响,因为它涉及中国人为了纪念祖先而举行的仪式。整个民族,从皇帝到农夫都践行那些纪念仪式,如果忽略就是不虔诚,其中涉及供献肉、水果、绸布、香料,在尸体、坟墓或灵位前焚香和冥钱。追溯有记载的历史,那些礼仪是中华帝国社会制度的基础,若进行干涉,必定会激起暴力反应。与这些并行的还有很多其他仪式,即文人学士践行的对孔子的祭拜。每月有两次小的祭拜仪式,包括跪拜和上香以纪念圣人。逢春秋祭祀,则仪式更为庄重,要呈献牲、食,参加的信徒通常要在祭祀仪式举行前斋戒并禁行房事。很明显,传教士要决定这些行为是不是宗教性的,是献祭还是只是社会纪念行为,是否允许基督教皈依者参与。

敬孔和祭祖行为很难界定是不是迷信。利玛窦研究了二十年,他注意到,那些中国礼仪,并未伴有对死者或孔子的祈祷,他确信,那些礼仪只是意在普遍地灌输对父母和权威的顺从。因此他得出结论,那些只是社会行为。利玛窦也不是一直确信自己的立场,而是对颇受争议的盖然论进行戏剧性的运用。他宣称,那些有关祖先的仪式确定不是偶像崇拜,或许也不是迷信。⑥ 所以他采取了温和的立场,决定祭祖敬孔礼仪只具有社会意义,只要

---

① 江文汉:《明清间在华的天主教耶稣会士》,第 62 页。

② 利玛窦:《天主实义》清光绪三十年,上海慈母堂刻本。

③ 利玛窦:《中国札记》(上),第 90～104 页。

④ 江文汉:《明清间在华的天主教耶稣会士》,第 62～63 页。

⑤ Kenneth Scott Latourette, *A History of Christian Missions in China*, p.133.

⑥ J. S. Cummins, *Jesuit and Friar in the Spanish Expansion to the East*, pp. 45～46.

帝国法律要求，基督徒可以参加。他相信中国的基督徒最终会决定什么可以做以及什么不可以做，希望关于葬礼和尊敬死者的基督教礼仪会逐步取代那些古老的中国礼仪。[①]

利玛窦之所以重新考虑中国礼仪问题，其原因之一固然是耶稣会士在中国面临的现实困境，他对儒学的认识也是影响其礼仪立场的基础。他视儒学为士大夫的一种生活方式，其中的观念和准则又通过士大夫影响大众，这与佛教道教的偶像崇拜大为不同。祭祖敬孔礼仪是儒家所倡导的行为，是用来培养五伦之核心"孝道"的行为，孝道是维护中国社会良好秩序的基本手段，因此祭祖礼仪就本质而言是在执行有关"孝道"的功能，是具有社会效果的行为，没什么或根本就没有迷信的迹象。该因果链的前提假设是，这些礼仪起源于孔子，因此研究这些礼仪在早期儒家作品尤其是孔子著作中的表现形式，就能发现他们的最初特征。基于此，利玛窦和其他早期耶稣会士试图大量引用古代儒家文献来论证礼仪的本质并非迷信。首先，最早的礼仪仅仅是表示尊敬的行为。祭祖礼仪产生之时的中国人被描述为按照自然法而生活，因此这些礼仪起初显然不包含迷信标志。孔子坚持神不可知论，这些由孔子确立倡导的仪式不大可能具有宗教意味。其次，祭祖祀孔的功能和含义是象征对已逝祖先尽孝心的持续愿望，对生者的服从和尊敬行为由对祖先牌位执行的类似行为所替代和延续。至于耶稣会士所看到的礼仪为何具有令人易于误解的迷信外表，则是因为这些原本只是文明行为的典礼在岁月变迁中被超自然或迷信的错误信仰所污染，但这些错误信仰早已被遗弃，因此并不影响礼仪的本质，而且可以清除他们以恢复礼仪本来的纯洁。1603 年 12 月利玛窦终于对中国礼仪发出具有历史性的决议文件，其基本观点是：遵守中国传统的尊孔礼仪；认为中国人祭奠祖宗的仪式"大概"不是迷信，因为这些仪式并不能视为有明显的迷信色彩，而更明显的倒是有排除这种迷信观念的成分。利玛窦的文件为中国的传教工作提供了可行和必要的指南，而他颁发此文件又是以范礼安的指示为政策依据。此前利玛窦将他的观点上报范礼安，范礼安在 1603 年和 1605 年分别召开会议与其顾问们讨论这个问题，结果赞同利玛窦的观点。为此，范礼安颁发了一

---

① Kenneth Scott Latourette, *A History of Christian Missions in China*, p. 134.

系列指示,这个文件最可能于 1603 年颁布并由此确立耶稣会对礼仪的总体政策。① 当然,利玛窦也承认祭祖敬孔礼仪受到了多神教的玷污,但认为只要加以澄清和说明,就可以得到净化而保留下来,并不与天主教信仰发生直接的冲撞。② 因而他容忍没有明显迷信迹象的行为,努力引导这些典礼逐渐与基督教行为相符。

二、西班牙托钵修会的反对意见

前文已对耶稣会和托钵修会为争夺中日两国的传教权而展开的争夺与争吵进行了叙述,但尚未谈及双方在传教策略与方法上的分歧与争执。事实上,双方除了传教区争夺这种利益上的分歧外,在信仰及信仰传播方面也存在诸多分歧。正如卡明斯所言,"这两个群体的传教士在母国西班牙就一直冲突,特别是耶稣会士和多明我会士,从唱诗班练习到自由意志,几乎在每一样事情上都存在分歧。这些分歧发展成敌对,在某些情况下演变为某种仇恨。当那些传教士前往海外新的领域时,他们不可避免地会将那些敌对观念带到那里。……特别是在日本,耶稣会士和方济各会士只差没有挥刀相向"。③

(一)托钵修会入华前的传教经验

相较于新生的耶稣会而言,托钵修会都有着几百年的历史,在信仰及信仰传播方面早已形成了各自特定的传统,也在耶稣会诞生前就有着近半个世纪的海外传教经验。所以托钵修士能够将大量而又多样的传教经验带到亚洲。他们有在格拉纳达摩尔人中传道的经验,有在美洲和菲律宾土著以及殖民者中传道的经验,也有在马尼拉的中国人和日本人中传道的经验,他们也有自己的日本传教团,并在那里非常突出。每一个地方都不同,从未将以前某一次的经验完全复制,但每一次的经验都说明了对适应性的需求,都从整体上为下一次传教做准备。此外,作为西班牙的托钵修士,自然带有其民族历史和文化传统的烙印。

---

① 张国刚:《从中西初识到礼仪之争——明清传教士与中西文化交流》,第 401～404 页。

② 顾卫民:《中国"礼仪之争"的历史叙述及其后果》,《文化杂志》,2006 年,第 105 页。

③ J. S. Cummins, *Jesuit and Friar in the Spanish Expansion to the East*, pp. 7～8.

中世纪的西班牙在西欧是独特的，公元 711 年被穆斯林征服，直至 1492 年都处在不同程度地被占领状态。直到 1699 年匈牙利被解放，在伊斯兰所征服的基督徒领土中，伊比利亚半岛是被成功收复的第一块也是唯一一块。在伊斯兰所征服的土地中，也仅有西班牙回归了其原来的宗教。从阿拉伯人手中收复失地的运动，明显给西班牙人的生活、性格和民族观念带来了深远的影响，这一影响甚至今天从马德里到马尼拉都还能感受到。① 有时人们认为，伊斯兰征服与西班牙独特的收复失地运动所带来的后果之一，表现在了 16 和 17 世纪西班牙人的宗教顽固性上："大体上，西班牙传教士并没有努力进行适应的心理准备。西班牙人形成了"一种难以更改的正统性"，他们不"像受文艺复兴影响的意大利人，习惯于与新教徒生活在一起的德国人"那样适合于改变。②

在美洲，托钵修士们想抓住他们所认为的机会创造一个乌托邦，回归使徒时代原始教会的纯洁性，回归一种不需要改革的天主教，因为它未受欧洲腐败和罪恶的污染。所有的福音传播者无视自己的修会身份，都参与了破坏偶像行动。McAndrew 在谈论他们对墨西哥异教寺庙和土著文物的破坏时，对那一艺术灾难非常悲痛，而那却是征服的必然结果。Ricard 则强调，他们的行动是一贯且符合逻辑的，因为不可能期待他们不去碰那些旧有宗教的朝觐中心和集会地点，破坏异教徒的宗教场所会让那些印第安人处于一种宗教真空状态，从而使他们更愿意转而寻求基督教的安慰。③ 与征服墨西哥相比，西班牙对菲律宾群岛的冲击是相对平和的，这也体现在传教士的工作中。他们更新了传教方法，放弃了那种在新西班牙驱使他们采取激进手段的天启精神，放弃了那种事先未给教导就施洗的行为，并变成了土著的自然保护者。

无论如何，面对一个异质的文化环境，托钵修士还是面临着文化适应问题。诸如在美洲，术语问题曾引发争论，若采用西班牙术语，可能会使基督教教义在当地人的意识中变得肤浅且不易吸收；那些反对采用那瓦特语者

---

① J. S. Cummins, *Jesuit and Friar in the Spanish Expansion to the East*, pp. 35 & 64.

② P. Damboriena, S. J., *La Salvacion en las religions no cristianas*, Madrid, 1973, pp. 107 & 113.

③ J. S. Cummins, *Jesuit and Friar in the Spanish Expansion to the East*, pp. 37~38 & 72.

则担心,异教徒的概念会污染基督教教义。托钵修士有时甚至被迫修改拉丁文的宗教祈祷书。因为可能会引起墨西哥印第安人的误解,一个拉丁词被从弥撒礼中删除:"Papa"在那瓦特语中指牧师,因此在弥撒祷告中"Papam"一词被换成了"Pontificem nostrum",以免皈依者会认为他们旧的牧师还被纪念着。事实上,托钵修士还是奉行了一定程度的文化宽容政策,在墨西哥他们曾鼓励将基督教和当地的艺术形式融合,就如几个世纪前兴起于西班牙的基督徒和穆斯林之间的那种融合,允许特定形式的耶稣受难像存在以适应当地的境况;他们曾温和而又满意地看待新旧宗教的并列,看着特兰斯卡兰人(Tlascalan)将煮好的食物、羊羔和猪带进教堂,献上蜡及鸽子;在万圣节他们允许印第安人前往教堂敬献他们的祖先;早期在墨西哥他们也在基督教情境中适用古典的那瓦特习惯与风格。

过去的传教经历也给托钵修士留下了很多教训。在马尼拉他们对一些中国人进行了施洗,后者看似热心,结果却只是"稻米基督徒"(rice Christian),不然就是被突然发现正在遵循旧的礼仪,并将其与新适用的宗教信条进行出色的结合。这让托钵修士们担心,中国人是善变的,在信任他们之前必须对其进行测试,以证实他们确实是有信仰。在美洲,托钵修士莫托里尼亚注意到,阿兹特克人似乎敬有一百位神祇,却并不反对再多敬一个,即他们的征服者。在这一点上,他们也像中国人,后者准备好了让他们的三样宗教偶像,即佛教、道教和儒教(三教),为第四样腾出道来,耶稣基督将只是那个民族万神殿中的一位新加入者。此外,在美洲托钵修士还长期和当地的地下抵制运动作斗争。在那里,偶像和异教小雕像被藏在天主教圣坛上,置于十字架或耶稣像的后面,被当地人变相敬拜。当地人也践行自己表达意愿的模式,即使受到持续而严密的监视,那些现象还是持续存在。[①]

托钵修会入华前多样的传教经验为其入华后传教策略和方法的制定奠定了基础。特别是在传教过程中所受的教训,是其日后在对华文化适应政策上持保守态度的重要原因之一。

---

① J. S. Cummins, *Jesuit and Friar in the Spanish Expansion to the East*, pp. 75 & 92~97.

(二)托钵修会的意见分歧

当葡萄牙耶稣会和西班牙托钵修会同时出现在远东地区,特别是在中国传教区时,双方在传教事务方面的分歧完全暴露,彼此相互指责。

1. 传教方式上

方济各会的传教精神是更多地进行榜样示范,而不是口头说教。遵循这一主旨,方济各会的传教行动以最受爱戴的中世纪圣徒的教导为基础,追求儒雅、谦卑与人道。"圣方济各的设想与创见就是,派出的传教士能够享受贫困并将其当成一件积极、令人兴奋而又浪漫的事情;乐意于比穷者更穷,比卑贱者更卑贱,比无知者更无知".[①] 安于圣贫让托钵修士们集中精力于下层民众中,因为他们相信自下而上进行基督教化更容易成功。方济各会士将安于圣贫列为第八圣礼,这使他们对贫富阶层都有强大吸引力。该会会士布拉斯克斯在 1590 年代解释了他们为什么在日本取得成功,很少遭遇日本政府反对,他指出方济各会士不像耶稣会士,不致力于让富裕和有影响力的人物改宗,而是热衷于在贫困阶层传教。[②] 将双方进行对照,映出彼此间的诸多差异。首先,与托钵修士安于圣贫的精神相对照,在华耶稣会士却效仿中国上层社会的生活方式,出入乘轿、身穿丝绸、雇佣人,因而备受前者指责。其次,托钵修士倾向于接触底层人士,并乐于去蛮荒之地,且常常将他们征服的成果转让给耶稣会士经营和发展。而耶稣会士基本遵循沙勿略的箴言:对所有人行使牧师职责,但要全力以赴皈化统治者和其他上层人士。[③] 双方的路线正好相反。不过这种相反不是绝对的,在中国的托钵修士同时也希望获得中国政府的支持,获准自由传教,正如耶稣会士即使集中精力于上层阶级,但也没有忽视穷人。托钵修士即使严格宣誓安于圣贫且热衷于此,但如若需要,他们有足够的弹性来进行改变。[④] 最后,与托钵

---

① C. N. L. Brooke, The Missionary at Home:1000—1250, in G. J. Cuming, (ed.), *The Mission of the Church and the Propagation of Faith*, Cambridge, 1970, p. 62.

② J. S. Cummins, *Jesuit and Friar in the Spanish Expansion to the East*, pp. 62~63.

③ Lach Donald F., *Asia in the Making of Europe*, Vol. 1, Chicago and London, 1965, p. 313.

④ J. S. Cummins, *Jesuit and Friar in the Spanish Expansion to the East*, p. 63.

修士重视以榜样示范来进行传教相对,耶稣会士则倾向于借用科学进行知识传教,双方在言与行之间的侧重点不一样。

2. 文化适应政策上

相较于耶稣会的对华文化适应政策,托钵修士虽说不是完全反对,但在程度上却要保守得多。通常认为,托钵修士敌视文化适应政策和"人性手段"的运用。一项中国教区的研究描述方济各会士"憎恶每一样文化适应措施,认为那是对信仰的背叛",并引方济各会士伊班纳(Buenaventura Ibáñez)为证,因为他谴责耶稣会的方法为"纯人道的手段,与使徒所使用的完全相反"。

对于涉及第一戒律的新事物,托钵修士没有进行宽容的心理准备。他们倒是做好了很多人会抵制他们,驱逐他们的心理准备,因为他们宣传的教义过于苛求。当他们怀疑存在迷信时(更别说偶像崇拜),托钵修士是不会妥协的。不过,与人们通常所认为的不同,他们也不会进行无谓的干涉,即使是在他们感到很想那样做时,他们也会通过谴责"欧洲主义"来抑制自己。[①] 为了不让中国人心生反感,耶稣会士一般不公开显露十字架和耶稣受难像,托钵修士抵达中国时便得出结论,耶稣会士不敢公开显露十字架,太过于谨慎。当耶稣会士不认可他们的观点,并极力影响他们也那么做时,他们非常忧虑,认为耶稣会士胆小得令人丧气,他们从一开始就打算将十字架作为他们传道的中心。他们也认为耶稣会士的谨慎以及让耶稣基督重负减轻、苦难变甜的愿望似乎走得太远,宣称中国人并没有对耶稣受难像产生反感,认为耶稣会士弗塔多于1636年写给总会长的信偶然地证实那一点。他们还批评耶稣会士教法不严,批评后者不颁布教会法律和十诫,没有宣扬基督受难说,不承认孔子下地狱,没有坚持规范的圣体程序。

对于耶稣会士针对中国特定的政治文化背景,将传教定位为长远做开荒和奠基工作,采取谨小慎微、缓慢、个别讲道和皈化的办法,托钵修士也有非议。他们认为,在一个信仰混乱而又令人迷惑的世界,应该以充分自信的方式来宣讲基督教,传播福音:呼吁所有人服从全能的上帝,从已死并已升天的耶稣基督那里获得救赎,并认为那是不可避免的。他们显示了使徒保罗的某种无畏精神,不受人为因素阻碍,不怕殉教。不过在犯了很多战术性

---

① J. S. Cummins, *Jesuit and Friar in the Spanish Expansion to the East*, pp. 77 & 86~89.

错误之后,他们很快就从错误中吸取教训,在不偏离主要原则的情况下,很快就修正了他们的态度,较少冒险,不再在大街上公开布道,将劝化行为限制在教堂。①

对托钵修士来说,传播福音是最本质的:没有福音传道,《十二使徒遗训》就只是一套道德说教,而非救赎原则。他们认为利玛窦的传教方法中存在危险,认为耶稣会士无权拖延福音的传播或冲淡福音原理的本质内涵,不管那一方法从临时性的观点来看是多么的适当,因为冲淡的东西最后就会消失。

对于中国人为了纪念孔子和死者所践行仪式的性质问题,利玛窦已作出结论,即认为那些礼仪或许无关迷信,托钵修士则不同意那一判断。造成这种理解上分歧的原因之一就在于,赞同利玛窦观点的那些耶稣会士从中国古代的经籍中寻找他们对中国礼仪的解释,而托钵修士以及那些同意他们观点、持不同意见的耶稣会士,则不是基于经籍自身来对当时的中国宗教思想进行理解,而是基于后来的那些经籍的评论者。照耶稣会士的方式行事,基于那些旧的礼仪可能不是迷信那一判断,允许皈依者部分保留。很多托钵修士则认为,那么做似乎是在低估其中的危险,就像宽恕中国人传统的宗教调和态度一样危险,像是在迎合一种将互不兼容的事物进行吸纳和调和的内在倾向。托钵修士认为在那一个信仰模糊且秉持不可知论的世界,有必要挺直腰杆,以避免模棱两可,他们担心耶稣会士由于希望往后获得拒绝权威和教条主义者的认可而作出让步:后者似乎在推进自然神论的事业,因为他们施洗的信徒很快就会失去准确的宗教身份意识。耶稣会士则诉诸盖然论来证明他们决定的正当性,那一神学理论自身当时正被神学家们热烈争论。托钵修士们对他们认为不确定的神学理论印象不深,他们更喜欢安全而不是可能性。②

在文化适应政策上托钵修士虽然态度保守,但并非完全持反对态度。在17世纪中国传教区,多明我会士闵明我被他的批评者认为是顽固典型以及所有托钵修士中最心胸狭窄、最不妥协、最苛严者。也正是这位托钵修士

---

① J. S. Cummins, *Jesuit and Friar in the Spanish Expansion to the East*, pp. 85～86 & 95～96.

② J. S. Cummins, *Jesuit and Friar in the Spanish Expansion to the East*, pp. 86 & 92～100.

赞成尽可能地奉行融合政策。但是就什么可以融合及可能融合,他的观念
与追随利玛窦的那些耶稣会士给出的定义不尽相同。他态度中的一个构成
因素就是,至少在某种程度上尊重中国人。他不明白,为什么需要让基督教
去适应一个在智力上同他们一样出众的民族,一个完全能够全部吸收基督
教义的民族。但是,他试图找到一条中间道路,走出困扰自己进退两难的困
境。他定下了很多实践规则:传教士应该小心谨慎,不要显露出过于自信的
迹象,要态度温和,不要依靠引用经文来进行争论,因为引用那些经文,即使
用来对付异教徒是极好的,但在中国毫无用处。与中国人打交道必须站在
他们的立场上,需要从他们的书本出发,引用其中的内容与他们进行争论,
并且一直要让争论建立在自然理性的基础上。①

(三)托钵修会和耶稣会其他方面的对立

托钵修会和耶稣会之间的不睦远不止于对远东传教权的争夺,在远东
传教策略和方法问题上的分歧,早在耶稣会成立之初双方之间的对立就已
开始。

早在耶稣会创始之时,名义上属于教会实则是西班牙王室机构的宗教
裁判所,自视拥有绝对权威并排斥一切能够超越它的精神权威。而罗耀拉
《神操》的精神主旨被认为与遭该裁判所谴责的西班牙神秘主义早期形式有
关,这决定了耶稣会与该裁判所精神旨趣不投。耶稣会尤其不能见容于该
裁判所的是其与教皇有直接和特殊的联系,宣称效忠教皇,即意味着不打算
服从西班牙宗教裁判所和王室。鉴于此,供职裁判所的西班牙多明我会士
率先掀起一场迫使耶稣会士服从的浩大运动,多明我会士和西班牙人对耶
稣会士的疑忌也由此生根。②

在居统治地位的欧洲主义影响下,16 世纪耶稣会推行的突破性传教方
法立刻招致批评。托钵修会的成员一开始就对罗耀拉以学习语言为重的革
新不满,为后来敌视适应策略埋下了伏笔。最早出现在印度的众多方济各
会士尤其不愿向印度文化妥协和学习诸多的印度语言,直到 16 世纪末,他

---

① J. S. Cummins, *Jesuit and Friar in the Spanish Expansion to the East*,
pp. 87~88.

② Ross Andrew C., *A Vision Betrayed:The Jesuits in Japan and China*,
1542—1742, p. 14.

们才因教皇、王室和修会上级的指令而开始认真对待语言学习。①

托钵修会还诟病耶稣会在远东进行的规模巨大的商业操作。耶稣会经商始于日本传教区全盛时期，目的是为了获得维持日本传教区的足够经费，传教活动扩展到中国后，他们商业活动的范围也扩大了。耶稣会在远东所有传教团的庞大开支多由他们的商业利润来支付，只有一部分靠欧洲汇来的经费支付。然而耶稣会士的商业活动却招致了托钵修士的诸多非议。方济各会认为经商不符合教徒的身份，指责耶稣会越来越背离了传教的理想。这一争论让传教团的资金来源问题公开化，耶稣会主张并实行自养，方济各会则主张化缘。②

托钵修士想要观看中国的情景总是受到干扰，耶稣会的战略不可避免地引发他们的犹豫、怀疑和警觉，因为从一开始他们就面临着那些同道难以解释的行为。有时候那些托钵修士似乎感觉到他们在皈化那些异教徒的同时，不得不纠正耶稣会士的行为，因为在那一传教区有太多未解的行动。有的耶稣会士在为官，有些在经商，有的在铸炮，他们似乎羞于见到十字架并准备宽容迷信，他们决心将那一传教区控制在自己手中而默许那些不喜欢的同道被驱逐出境。这部分地解释了，为什么那些托钵修士对在墨西哥使用弗恩特（Ponce de la Fuente）的基础教义问答手册没有疑虑，却对利玛窦的充满怀疑，尽管后者的建立在基本相似的法则之上。③

三、中国礼仪之争

中国礼仪之争特指从 17 世纪中叶持续到 18 世纪中叶、在中国传教士之间及传教士与罗马教廷之间展开的、有关中国传统祭祀礼仪性质的讨论，事实上包括术语问题和礼仪问题两部分，前者讨论在中文里选用什么词汇来表达基督教的神这一概念，后者是处理中国基督徒的祭祖敬孔礼仪，归根结底是由耶稣会对华传教的适应政策所引起。④

---

① Lach Donald F., *Asia in the Making of Europe*，Vol. 1，pp. 278～280.
② 佛朗哥：《日本群岛传教梦的结束：〈日本的辩解〉和耶稣会士与托钵僧的论战》，《文化杂志》2004 年第 50 期，第 42 页。
③ J. S. Cummins, *Jesuit and Friar in the Spanish Expansion to the East*，pp. 98～99.
④ 张国刚：《从中西初识到礼仪之争——明清传教士与中西文化交流》，第 345 页。

（一）耶稣会内部的术语之争

尽管由于适应策略的实行，耶稣会不仅在中国大陆站稳了脚跟，传教工作也取得了瞩目的成就，但是从一开始，就是否支持利玛窦的观点，耶稣会内部就没有取得一致意见。在中国，大部分耶稣会士追随利玛窦，在日本却大部分持反对意见。①

在中国传教团中最具有代表性的人物就是龙华民，自 1597 年到达中国以来，他就对那些术语的合法性表示怀疑。② 由于利玛窦的威信及其倡导适应策略所取得的巨大成就，所以他在世时中国教区内部的反对意见都未公开。他去世后，对适应策略的基础是否可靠的讨论势所难免，日本的耶稣会士首先挑起战端。利玛窦的中文著作传到日本后，其中所用的术语使日本耶稣会士不安，他们将焦虑告知澳门的耶稣会东亚总部，由后者再转达给中国的耶稣会士。而在中国，1610 年左右一些入华耶稣会士发现，因过分仓促地使基督教同中国观念相结合，从而引起了异教化危险，认为不应该对中国人过分迁就，该制止某些妥协行为。③ 所以日本耶稣会士的意见传到后立刻得到了龙华民的赞成。他于利玛窦去世后正式被委任为中国传教团团长，认为适应策略破坏了基督教义的纯正性，尤其反对用中国典籍中的"上帝"来译基督教的"God"，因为他认为中国人并没有把他们的"上帝"视为一尊被人格化的、独一无二的、天地间的造物主和无所不在的神，相反仅将其看成是"天道"和"天命"的一种无形力量。至于中国人"敬天"、"祭祖"和"敬孔"，他更认为完全是一种偶像崇拜的具体体现，是一种迷信活动。④

龙华民曾建议中国与日本传教省视察员巴范济（Francesco Pasio）全面审查那些争议，后者在征询了徐光启、李之藻、杨廷筠等的意见之后，发现他们都支持利玛窦的观点，所以尽管他赞成前者的观点，还是将该问题搁置了起来。但龙华民并未罢休，他 1617 年向继任视察员维埃拉（Francisco Vieira）呈交了一篇上述主题的论文。1618 年被逐至澳门的熊三拔写了一篇随笔和一篇正式论文来支持龙华民，坚持认为中国人不了解上帝、天使和

---

① Kenneth Scott Latourette, *A History of Christian Missions in China*, p. 135.

② Dunne George H., *Generation of Giants: the Story of the Jesuits in China in the Last Decades o the Ming Dynasty*, p. 284.

③ 谢和耐:《中国和基督教》,上海:上海古籍出版社,1991 年,第 63 页。

④ 张铠:《中国与西班牙关系史》,第 226～227 页。

灵魂。大约在同年，澳门的耶稣会士迪科斯坦佐（Camillo di Costanzo）也向维埃拉呈递了一篇攻击利玛窦术语问题的论文。维埃拉本人赞成迪科斯坦佐、龙华民和熊三拔的意见，但他知道庞迪我、王丰肃（Vagnoni）不同意，于是命他们写文章表达观点。结果二人写了一篇捍卫利玛窦所选术语的文章，针锋相对地认为中国人具备上帝、天使和有理智的灵魂这类知识。由于视察员维埃拉不置可否，1618 年的首轮辩论最后不了了之。

视察员骆入禄（Jerénimo Rodrigues）1621 年在澳门召集了一次传教士会议，讨论术语问题。结果大多数传教士支持利玛窦，所以他颁布了一系列指示，赞成利玛窦的立场。龙华民鼓动对决定进行复议，结果建议未被采纳。他自 1618 年以来一直在基督徒和异教徒文人中就利玛窦术语及其有效性进行调查，并于 1623 年将其所获的结论写成《孔子及其教理》一书，第二年又写文章抨击利玛窦的《天主实义》。结果王丰肃、费乐德（Rodrigo de Figueredo）、史惟贞（van Spiere）等又先后卷入战火。于是 1627 年 12 月一群耶稣会士集于嘉定，由耶稣会中国副省会长阳玛诺主持召开会议。1628 年 1 月会议作出决定，维持利玛窦的适应策略，但禁用"上帝"一词，改用"天主"这一术语。此后该术语就被中国天主教会所沿用。

然而 1633 年龙华民又写文章攻击"上帝"一词，费奇规（Gaspand Ferreira）著文予以反驳。龙华民又撰写一篇长文迅速予以回击，进而连"上帝"和"天主"都否定，提出采用"Deus"的音译，结果又遭到艾儒略和曾德昭的批评。为了结束那场延宕二十多年的争论，1635 年至 1641 年间任中国副省会长的傅汎济下令焚毁反利玛窦作品，龙华民的作品唯有《孔子及其教理》由于存有副本才得以幸免。

至此，围绕传教策略的争论，仅限于耶稣会内部，且在中国礼仪问题上容易取得一致意见，争论主要集中在术语问题上。这种争论由耶稣会内部扩散至修会之间则是在西班牙传教士黎玉范和利安当到来之后。需要补充说明的是，耶稣会内部的分歧也不仅是术语问题，还有其他的诸多歧见。截至 1665 年，耶稣会至少召开了 74 次会议，以消除内部分歧。耶稣会也采取了各种措施来消除内部歧见，并将那些歧见定为内部秘密，不让所有的外人知道。①

---

① J. S. Cummins, *Jesuit and Friar in the Spanish Expansion to the East*, pp. 59~60.

（二）中国礼仪之争

虽说耶稣会内部的争论主要集中在术语问题上,在中国礼仪问题上容易取得一致意见,但并不是没有分歧,歧见早在托钵修会到来之前就已出现。

隶属于日本传教区的耶稣会士陆若汉于 1616 年的信中,不仅指责利玛窦的术语选择,还率先谴责耶稣会士容忍中国习俗的行为,说耶稣会士容忍中国教徒在灵堂中使用香烛、纸钱以在死尸上留下气味,还容忍其他一些"就连中国的摩尔人都因之是异教迷信而几乎不为的"风俗,认为所有这一切容忍行为完全不必要。然而,因为他不了解中国文化,他的意见没有被重视。与之形成鲜明对照的是,最早立足于中国的托钵修士,即多明我会士高琦,却是耶稣会政策的同情者。他向马尼拉的多明我会当局报告,多明我会士必须来中国,而且要像中国人那样生活,学习官话并遵照耶稣会士的方法。他还特别坚持说,马尼拉多明我会士所倡导的那种只求在沿海非法着陆就开始布道的方法不是正确的道路。[1]

然而,应高琦要求受派前来中国的黎玉范和利安当一行人却并不同意高琦的意见,正是他们首先将礼仪问题由耶稣会内部争议推向教派争端。

鉴于托钵修会以往的传教经验,他们在传教策略和方法上同耶稣会的分歧,以及他们同耶稣会之间的不睦,均为西班牙人的多明我会士黎玉范和方济各会士利安当见到中国的教务情况后,他们被自己见到的情况惊呆了。[2]

从 1635 年 12 月 22 日到 1636 年 1 月 9 日苏芳积和马方济就敬天、祭祖和尊孔的中国礼仪问题向 11 位中国教民进行质询,1636 年 1 月 21 日至 2 月 10 日,4 位在福建传教的多明我会士又聚会,就他们对中国礼仪问题的理解进行讨论,最后编写了两份《通告》(Informaciones),极为简明扼要地记录了判决,旁列有关基督教术语问题的会谈、讨论和一场辩论,[3]由苏芳积和利安当带往菲岛,以期送到菲岛后再由神学家对中国的敬天、祭祖和参

---

[1] 张国刚:《从中西初识到礼仪之争——明清传教士与中西文化交流》,第 413～414 页。

[2] J. S. Cummins, *Jesuit and Friar in the Spanish Expansion to the East*, p. 49.

[3] Dunne George H., *Generation of Giants: the Story of the Jesuits in China in the Last Decades o the Ming Dynasty*, pp. 297～298.

拜孔子等仪式是否为迷信活动做出裁决。菲岛宗教界认为允许中国教民敬
天、祭祖和参拜孔子是关系到基督教教义纯正性的根本问题，绝不能采取调
和主义态度。菲岛宗教界除立即向罗马教廷申诉自己的原则立场外，还决
定派多明我会的黎玉范和方济各会的利安当前往罗马，直接向教皇阐述发
生在中国的"礼仪之争"的性质和可能产生的后果。①

　　由于反教运动，黎玉范于 1637 年被逐，1639 年离开中国之际向耶稣会
视察员李玛诺去信，以 12 个问题的形式提出自己对耶稣会策略的反对意
见，继续对耶稣会士提出挑战。1640 年 4 月黎玉范由澳门赴马尼拉。由于
多明我会和方济各会高层决定派他和利安当去罗马，他们二人则于 5 月启
程赴罗马。1643 年到达罗马后，他向传信部递交了一份包含 17 个问题的
正式报告。教廷传信部将黎玉范的诉状转给了圣职部，圣职部召集神学家
委员会专门讨论那些问题。神学家们只是依据黎玉范的描述来判断，他们
事实上陷入了黎玉范早已设定的逻辑：中国人的礼仪是宗教性的，耶稣会士
容忍异教徒的宗教崇拜，这种容忍能被许可吗？答案不言而喻，圣职部对第
7 至第 11 个问题以不容置疑的口气予以否定和谴责。② 圣职部的神学家们
非常仔细而又全面地讨论了那些问题，决定禁止中国基督徒参加那些礼仪，
"只要它们是被正确描述"。③ 最后传信部于 1645 年 9 月 12 日颁发一道经
教皇英诺森十世（Innocent X）批准的部令，做出了支持黎玉范、谴责耶稣会
做法的裁决。部令结尾规定："耶稣会及各修会的传教士们，包括已经在中
国或者准备去中国的都要遵守教宗此道敕谕。在教宗和教廷作出另外的决
定以前，都必须遵守这道谕旨。"④圣职部的裁决和教宗谕旨都体现了教廷
的慎重，他们只能根据黎玉范的描述来进行裁决，但无法判断后者描述的正
确性。

　　1646 年 6 月 12 日黎玉范率领新招募的 27 名多明我会士前往东方，包
括后来在礼仪之争中发挥重要作用的闵明我。抵达菲岛后，黎玉范立即向
菲岛宗教界宣读了教皇英诺森十世有关礼仪之争的圣谕以及罗马教廷任命

　　① 张铠：《中国与西班牙关系史》，第 237 页。
　　② 张国刚：《从中西初识到礼仪之争——明清传教士与中西文化交流》，第 419～
421 页。
　　③ Ross Andrew C. , *A Vision Betrayed*：*The Jesuits in Japan and China*，
1542—1742，p. 181.
　　④ 顾卫民：《中国天主教编年史》，第 147、153 页。

他为"中国与日本各教会大主教（Archbishop）"的通令。他还带去了教皇对利安当"宗座代牧区区长"的任命书。当时正在菲岛的利安当接受了上述任命，并认为教皇签署的圣谕意义重大，要求将其在日本、朝鲜、满人统治下的中原地区以及其他相关地区颁发，同时还要求教皇再度重申其内容，认为唯有这样才能迫使其他教派的传教士无法曲解其精神实质。罗马教廷这一裁决使菲岛的多明我会士和方济各会士感到欢欣鼓舞，他们渴望尽快前往中国，大展宏图。1649 年 7 月 21 日黎玉范和利安当率领增援的多明我会和方济各会传教士从马尼拉出发，二度前来中国。黎玉范认为他经教皇授命已经握有掌管中国教区的全权，教皇圣谕可望使礼仪之争中持不同观点的传教士在思想上重新统一起来，从而使中国的基督教化更有希望。所以他再次来到福建后，便把分散在各地的多明我会士都召集到福安，传达了1645 年圣谕的内容，动员多明我会修士团结奋战。①

耶稣会士就中国礼仪问题进行了正式辩护。就黎玉范 1639 年提出的12 个问题，副省会长傅汎济写了两份关于耶稣会士立场的重要辩护词，其一是 1639 年 11 月 5 日写给教皇乌尔班八世的信，其二是黎玉范 12 点疑问的专门答复，后者于 1640 年 2 月 8 日被送往罗马。

在华耶稣会士获悉教廷 1645 年决议后大为震动，他们坚信，礼仪被错误表述才导致那样的结果，决定派学识渊博的卫匡国去罗马表达自己的观点，就他们的行为和对中国礼仪的许可提供一个真实描述，说明他们从未许可基督徒参加黎玉范所描述的那些礼仪，黎玉范的问题完全是凭空想象。卫匡国 1651 年受命，1654 年抵达罗马，1655 年向圣职部提交了四个问题，由那里的神学家进行神学评价。其中的第三和第四个问题就是黎玉范所提的第八和第九个问题，就是中国人的敬孔和祭祖问题，这是卫匡国辩护的重点，他在提交的报告中强调了耶稣会的传统立场，即那些礼仪设计之初是出于文明的目的。② 教廷圣职部于 1656 年 3 月 23 日颁发经教宗亚历山大七世批准的谕旨，对中国的祭祖祀孔问题做出了决议，"圣职部规定，允许中国基督徒参加上述的（祀孔）仪式。这种仪式看来纯粹是民俗性的和政治性的"；"圣职部了解了上述情况后，规定中国的入教者可以进行这种纪念他们

---

① 张铠：《中国与西班牙关系史》，第 239～241 页。

② 张国刚：《从中西初识到礼仪之争——明清传教士与中西文化交流》，第 427～429 页。

先人的仪式，甚至可以和教外人士一起纪念，只要他们不做任何迷信的事情。甚至当教外人士做迷信的事情时，只要没有颠覆的危险，和否则不能避免他人的憎恨和敌意时，中国基督徒公开表明其天主教信仰后也可以在场。教宗同意了对上述问题的答复和决定"。① 这道谕旨"承认传教士在行使权力方面有广泛的自由；它赋予中国基督徒遵守全部具有世俗和政治性质的典礼的权利，并允许基督徒有充分的自由判断什么礼仪属于此类"。② 圣职部的神学家们每次裁决的依据都只能是外部提供的信息，而耶稣会士又提供了有利于他们自己的充足证据，所以如同之前的黎玉范一样，此次耶稣会士获胜了。

耶稣会士的申辩对教廷产生的影响还体现在 1659 年传信部给宗座代牧陆方济所下的指令中。"只要中国人不公开反对宗教和善良风俗，不要去尝试说服中国人改变他们的礼仪、习俗方式。有什么事情比把法兰西、西班牙、意大利或者任何其他的欧洲国家的东西输入中国更傻的呢？不要把这些东西，而是要把信仰输入中国。信仰并不是要反对或者摧毁任何民族的礼仪习俗，只要这些礼仪习俗并不是邪恶的。恰恰相反，信仰要把它们保留下去。一般来说，人们都珍惜及热爱他们自己的生活方式，尤其认为他们自己的民族比其他民族更好，这是人之常情。没有比去改变一个国家的习俗更能引起对方敌视和疏离的了，尤其是那些历史悠久的民族，当你取消对方的习俗而用你自己国家的习俗取而代之时，这点尤其千真万确。不要因为中国人和欧洲人的方式不同而藐视中国人的方式，反而还要尽力做他们习惯的事情，赞赏值得赞赏的事情，不值得赞赏的事情不必去吹捧它。小心谨慎要求人们，不轻易下判断，或者至少不要仓促地、急躁地妄加指责。明显的邪恶，最好示意不同意，而不要用语言予以除掉，要抓住思想上具备接受真理的时机，再逐步消除邪恶"。③

当卫匡国带着罗马教廷新的圣谕返回东方时，多明我会和方济各会正在落实英诺森十世圣谕的精神。两个内容相反的圣谕先后在中国颁布，在中国传教团内部引起严重混乱。1659 年利安当自山东南下，路过兰溪时与卫匡国就 1656 年教宗亚历山大七世颁发的圣谕进行了针锋相对的辩论。

---

① 顾卫民：《中国天主教编年史》，第 164～166 页。

② Kenneth Scott Latourette, *A History of Christian Missions in China*, p. 137.

③ 顾卫民：《中国天主教编年史》，第 168～169 页。

他在辩论后深感对礼仪之争中涉及的理论问题应进一步加以研究。1660
年9月4日他呈给传信部红衣主教一份备忘录,内含28个篇章,摘引卫匡
国及利玛窦著作中有关礼仪的基本论点,并与朱宗元的《答客问》、朱用纯的
《朱文公家训》等著作中的论点相比较,最后指出:二百年来,中国的礼仪很
多方面已与迷信合流。为了使罗马教廷尽快了解他的观点,他再度派文度
辣带着他的上述备忘录和其他致菲岛省教区的信件南下兰溪,希望返回菲
岛的多明我会士能将他的这些文稿尽快转给罗马教廷。文度辣启程后,他
又写了一份呈报罗马教廷传信部和教宗包含88个篇章的报告,将1645年
圣谕和1656年圣谕作了全面的比较研究,并最后提出了他个人对于礼仪之
争的基本看法。除了利安当与卫匡国面对面的争论外,1661年多明我会士
在黎玉范的主持下于兰溪集会,集中讨论中国的礼仪问题,认为亚历山大七
世颁发的圣谕是对中国礼仪实质认识上有误解所致,并于4月20日通过决
议:在罗马教廷对礼仪之争作出新的最终裁决之前,在中国的多明我会士仍
将遵照英诺森十世圣谕的精神,禁止中国教民敬天、祭祖和参拜孔子。与会
的多明我会传教士又向罗马教廷呈上一份《陈情与请求》,要求教廷回答他
们提出的22个涉及礼仪之争的问题,由在金华传教的多明我会士胡安·波
朗科(Juan Polanco)亲自送往罗马。①

　　在1656年圣谕颁布之前,即1651年,黎玉范向圣职部提交了一份新的
备忘录,但直到1664年去世他尚未获得圣职部的裁决。当被派往罗马的波
朗科询问1656年圣谕是否废止了1645年圣谕,圣职部于1669年11月20
日颁布了一道经由教宗批准的谕旨,告知他第二道谕旨并没有废止第一道
谕旨,而是要根据其中所描述的问题、情况及各个方面两者都要遵守。

　　杨光先事件中大多数传教士被流放并监禁于广州,19名耶稣会士、3名
多明我会士和1名方济各会士(利安当)在同一所房屋中被拘押将近5年,
这反倒促成了他们之间的和解。那些传教士在此期间召开了一个长达40
天的会议,讨论他们之间的分歧并试着为传教工作找出更统一的方法。会
议在1668年1月26日结束,讨论并通过了42项议案。这42项决议涉及
适应中国形势的教会纪律的方方面面,如洗礼、斋戒、教义指导、教会历法、
焚烧偶像等。其中第34条论及基督徒的葬礼,鼓励新入教者尽可能以基督
徒的方式参加葬礼,但又规定"关于在死者灵堂的棺木前跪拜和在埋葬地跪

---

① 张铠:《中国与西班牙关系史》,第243~246、249页。

拜,无法订立统一的行动规则,但是这交由行为者依靠自己的慎重来判断什么比较妥当,根据地点、场合和人来做决定"。第 41 条议案讨论遵守 1656 年圣职部敕谕,并连带讨论了有关祭拜死者和孔子的问题,"关于中国人崇拜他们的教师孔子和先人的礼仪,圣职部 1656 年所做出并经由教皇亚历山大七世批准的答复必须无条件执行:因为它们建立在一种可能性很强的意见之上,无法提出相反的证据来反对这种意见。接受这种或然性,救赎之门才能对无数中国人开放,若他们被禁止从事他们能够合法并怀着良好信仰去做的事,以及如果不做就会给他们带来巨大不便的事,他们就会被排斥在基督徒信仰之外"。那 42 条议案经过讨论、修改并表决,方济各会士利安当在犹豫中签名同意,多明我会代表闵明我直到 1669 年 9 月 29 日才递交表示同意的书面意见。1670 年耶稣会士殷铎泽(Prosper Intorcetta)被中国副省会长成际理(Feliciano Pacheco)派往罗马,向教宗汇报广州会议结果且得到了教宗的认可。广州会议是耶稣会的一个胜利,"在中国,几乎所有的方济各会士和奥斯定会士都支持耶稣会的立场,只有多明我会士继续作为一个整体反对耶稣会,即使在多明我会士当中也有分歧。有趣的是,在 1681 年和 1686 年罗文藻站出来反对其同会的大多数成员,为利玛窦的立场辩护"。[①]

黎玉范去世后,闵明我被任命为多明我会中国传教团团长。他虽然最终在广州会议的决议上签字,但因随后不久其中两项决议在未通知与会者的情况下被耶稣会的高层变更,他便认为他不再受那些条款约束。1669 年 12 月 9 日他逃离广州到达澳门,继而从那里返回欧洲,此后则不遗余力地批驳广州会议决议。1673 年他在罗马出版的《中华帝国历史、政治、伦理和宗教论集》一书,其中充满了对耶稣会士传教方式及其对中国礼仪态度的强烈指控。他还向教廷呈递了他关于礼仪之争基本观点的 14 款陈文,并附龙华民所著的《孔子及其教理》一文,目的在于说服教廷取消 1656 年允许中国教徒祭祖和参拜孔子的圣谕,但目的没有达到。为了进一步阐明礼仪之争的实质,他开始写《大中华传教团古代以及当今之争论》一书。黎玉范和利安当把礼仪之争从耶稣会内部争论扩大为基督教不同教派间的辩论;而闵

---

① Kenneth Scott Latourette, *A History of Christian Missions in China*, pp. 137 ~138.

明我《中华帝国历史、政治、伦理和宗教论集》的出版则引起了整个欧洲对礼仪之争的关注,使礼仪之争的争论范围从中国扩大到欧洲,从教会内部扩大到世俗社会,从宗教问题的探讨变成对整个中国文明的整体研究。①

---

① 张铠:《中国与西班牙关系史》,第 252、254 页。

第六章

结　　论

　　"外交政策是指一国制定的指导其外交活动的目标、原则和行动方针。一般是根据国家的战略、利益、综合国力和国际环境加以确定的"。[①] 西属菲律宾殖民地对外交往方面享有的独立性,虽不是一个独立国家,但由于其在对外交往方面享有的独立性,也与后者相差无几。通过前几章对政策内容、政策形成的背景和过程以及政策执行效率等方面的阐述,现在有必要对菲律宾殖民当局的对华政策特点作一简要的分析和归纳,探究其对华政策与菲(西)中关系的内在联系。

一、政治现实主义

　　纵观菲律宾殖民当局对华政治态度的前后变更,其所折射的正是西班牙母国实力的盛衰,充分体现了西班牙人在对外政治交往中的现实主义态度。在开启海外殖民征服前,西班牙尚未或刚刚完成领土统一,其东、南面依然处在穆斯林势力的威胁之中,北面则有强大的邻邦法国,为了遏制法国人的利益,反击土耳其人的扩张,西班牙需要寻找盟友,西班牙王室派遣哥伦布西航,寻找马可·波罗和克拉维约所描绘的东方大国——中国,目的是想与中国"大汗"结盟,进而形成对奥斯曼帝国的合围。这时西班牙人对中国的政治态度是寻求交好。然而不到一个世纪后,1586 年菲律宾殖民地提交的侵华计划书中,在描述征服中国的收益时谈到,"从东边困扰土耳其,同时堵塞英、法等其他西方国家"。同样是面对中国,同样是为了"困扰土耳

　　[①]　俞正梁:《当代国际关系学导论》,上海:复旦大学出版社,1996 年,第 89 页。

其",但所采取的政治态度则由寻求交好转为了企图征服。这种态度转变所折射的正是西班牙国力的变化,因为1586年的西班牙正处于其欧洲霸权的顶峰时期。

随着1588年无敌舰队的覆灭,1598年《韦尔万和约》的签订,西班牙在欧洲的霸权已经衰落,进入17世纪后仍处于衰落的过程中,相应地菲律宾殖民当局也一改企图侵华的态度,转向防范与交好中国。然而,在菲律宾殖民当局秉持防范与交好政策的整个17世纪,菲(西)中官方交往仍然停留在地方政府层面,并且在很多情况下处于一种相互敌视或防范的状态之中。这是否说明了西班牙人放弃了其在对外政治交往中的现实主义态度呢?答案是否定的。因为实行防范政策本身就是现实主义态度的体现。至于为什么菲(西)中之间官方交往的层级没有获得提升,则需要从菲(西)中双方去找原因。

首先,明清两代是"华夷"秩序的全盛与顶峰时期,朝贡体制成为中国朝廷对外政策的支柱。1553年葡萄牙人被允许踏足澳门从事贸易活动,从而突破中国朝贡贸易体系的封锁,但这只是明朝廷在贸易方面所作的政策调整,并不能说明在政治交往方面也放弃了朝贡体制。其次,为了上帝、黄金和荣誉而来到东亚地区的西班牙人,不可能接受朝贡体制,因为这有损西班牙王室的荣誉,与其海外殖民的目的相悖。担心中国朝廷将所派的使者看成贡使,将所送的礼物看成是贡品,从而让王室荣誉受损,正是菲利普二世第一次遣使明朝廷失败的原因之一。进入17世纪后,虽然进一步衰落,且在1659年《比利牛斯条约》签订后在欧洲沦为一个二流国家,但西班牙还是一个欧洲大国,并有着广袤的海外殖民地,也不太可能放弃王室的荣誉而接受朝贡体制。

二、经济实用主义与地方主义

自立足菲岛直至17世纪后期,尽管菲律宾殖民当局在政治层面上多半采取一种对华敌视和防范态度,但在经济层面上却充分利用对华贸易以维系菲律宾殖民地的生存,且这一政策比较恒定。根据菲律宾殖民地所面临的现实境况务实处理对华贸易,充分体现了菲律宾殖民当局在经济层面上的实用主义态度。这种实用主义的直接表现就是,在通常情况下在可控的范围内兼顾经济与政治安全问题。在实践中,一方面表现为不因政治上对华敌视与防范而放弃对华贸易往来。这在菲督桑德时期表现得最为明显,桑德本人是一个狂热的侵华分子，对菲中贸易也持消极态度，但他顾忌到菲律宾殖民地的现实需要，任内未对中国商船征收任何关税，并写信报告国王，"向中国船只征收关税似乎太早"，因为他担心征收关税会让中国商人"不会再来"。菲律宾殖民当局之所以如此作为，就是因为对华贸易对菲律宾殖民地而言至关重要，攸关其存亡。在香料贸易的争夺中先后败给了葡萄牙和荷兰，菲岛本土产出无几，与周边其他地区的贸易又受挫或受限，使得菲律宾殖民地高度依赖于对华贸易。另一方面表现为不因潜在的安全威胁而完全拒绝华人留菲。1603年的菲岛华人起义刚被血腥镇压，1604年5月又有13艘中国商船来到菲律宾，对此殖民当局的反应不是拒绝华商入境，而是为了吸引更多的华商今后继续前往菲岛贸易，而一反常态对华商作出一系列让步，诸如默许现金交易，准许华商进城居留，在城内出售货物，破例准许他们自由地进出马尼拉等。1639年的华人大屠杀后，菲律宾殖民当局也采取了一些招徕华商前往的措施。最显著的是在1662年，在大屠杀前召开的军事会议上，多数与会代表同意留下基督徒华人，给雇用他们的社区提供服务。在屠杀后召开的会议中又同意华人留菲，只是人数不能超过6000人。菲律宾殖民当局之所以如此作为，正是由于菲岛的西班牙人始终不多，当地土著民族在劳动技能等方面又相对较差，使得菲岛的内部经济发展以及诸多其他非经济领域都需要甚至是依赖于勤劳而又富有技能的华人的服务。

菲律宾殖民当局在对华贸易和留菲华人问题上奉行实用主义，在对待西班牙（或联合）王国内部的贸易竞争时则奉行地方主义。有意思的是，在对华贸易问题上，菲律宾殖民当局和中国方面的政策都比较恒定，双方争执少，在西班牙（或联合）王国内部却存在诸多的分歧与争执。首先是这一贸易带来的巨大逆差，与当时欧洲流行的重商主义相悖，造成了菲律宾殖民地与西班牙（或联合）王国之间的利益分歧，也造成了菲律宾殖民当局与西班牙王室之间的政策分歧。其次，由于这一贸易有利可图，菲岛的西班牙商人面临着亚洲地区的葡萄牙商人和美洲的西班牙商人在货源上的争夺，美洲的西班牙商人对其菲墨贸易控制权的挑战，以及母国西班牙的塞维利亚商人对美洲市场的争夺。面对这些分歧与争夺，菲律宾殖民当局从菲律宾殖民地的利益出发，一面抵制或搁置西班牙王室的各项菲中或菲墨贸易限制法令，并游说王室取消那些法令，一面同王国内其他各利益集团展开激烈争夺，以巩固货源并保证市场。

三、文化欧洲主义

　　欧洲主义的一个重要特征就是,它赋予各种异族文化形式以绝对的价值,因而不能认识其固有价值,因此奉行欧洲主义就很难去适应异族文化,并很容易产生各种文化偏见。西班牙托钵修会虽然不是完全反对对华文化适应,但相较于葡萄牙耶稣会,他们的态度要保守得多。西班牙托钵修士的这种欧洲主义体现在很多事例上,此处略举几例。首先,菲律宾殖民当局和西班牙传教士热心皈化中国及在菲华人,这本身就是欧洲主义的体现,因为他们否认中国既有宗教的固有价值及其存在的合理性,希望代之以他们自认为是神圣的天主教。其次体现在对待中国礼仪的态度上,这一点不再赘述。再次体现在一个细节问题上,即在菲华人受洗时是否要剪发的问题。如果说中国人敬孔和祭祖的仪式带有迷信之嫌,如若允许,恐有违天主教义,那么剪发只是涉及受洗的仪式问题,应该是可以宽容的,不然的话,菲督和西班牙国王也不会对菲律宾主教的剪发令持反对意见。而这个细节问题对于深受儒家文化熏陶的汉族人而言,却是事关孝道的重大问题,因为"身体发肤,受之父母,不可毁伤,孝之始也"。然而对于这一细节问题竟然争执了近40年之久,最后以受洗者缴纳特别许可费方可免剪结束争执。这充分体现了西班牙传教士对他族文化的不尊重。最后体现在另一个细节问题上,即是否顾忌中国人的感受,公开显露十字架和耶稣受难像的问题。在这个问题上,西班牙托钵修士与葡萄牙耶稣会士的表现截然不同,前者从一开始就打算将十字架作为他们传道的中心。此外,对在菲华人实行隔离政策,对中国人性格特征的各种偏见,对中国科技的鄙视,对中国各种社会习俗的偏见等等,都是西班牙人,特别是其传教士欧洲主义的体现。

　　欧洲主义对西班牙传教士的对华传教方式和传教策略产生了重要影响,即传教方式保守,这充分体现在中国礼仪之争中;传教策略上主张武力传教,欧洲主义让西班牙传教士藐视异族文化,很难进行文化适应,这必然会给传教工作带来挫折,面对这种挫折,受在美洲传教经验的影响,加上西班牙人的好战精神,很容易滋生武力传教的想法,这恐怕是直到17世纪末还有西班牙传教士主张对华进行武力传教的重要原因之一。

四、各项政策相互关联

　　菲律宾殖民当局的各项对华政策是相互关联的,经济上的紧密联系使得菲律宾殖民当局在对华官方交往方面态度慎重，在占领菲岛后的近三十年间，虽然侵华主张与计划被不时提出，但始终没有被付诸实施，对菲中贸易重要性的考虑肯定是其中的原因之一。同样出于经济上的考虑，菲岛始终维持一定数量的华人存在。在立足菲岛初期，菲律宾殖民当局还想同时打开对华贸易和传教大门，让对华贸易和传教齐头并进。出于对华传教的热忱，菲律宾殖民当局在排斥在菲华人时，有时也采取克制态度。1686 年西班牙国王要求驱逐所有在菲华人的命令之所以没有被执行，其中的原因之一就是"担心康熙帝会撤销在华南进行传教活动的许可"。① 不过，殖民当局的对华官方交往政策，不管是企图侵略中国，还是交好与防范中国，似乎并未影响其对华贸易和传教的热忱，也没有影响其对在菲华人的安全防范。正是因为菲律宾殖民当局的各项对华政策是相互关联的，所以孤立地去看待其中任何一项政策都有偏离现实的可能。

---

① 魏安国著，吴文焕译：《菲律宾生活中的华人，1850—1898》，第 10 页。

参考文献

一、中文著作

（一）古籍

1. 周去非著，屠有祥校注：《岭外代答》，上海：上海远东出版社，1996年。

2. 中山大学东南亚历史研究所编：《中国古籍中有关菲律宾资料汇编》，北京：中华书局，1980年。

3. 中国第一历史档案馆编：《清代中国与东南亚各国关系档案史料汇编》（第二册：菲律宾卷），北京：国际文化出版公司，1998年。

4. 赵彦卫：《云麓漫钞》，北京：中华书局，1985年。

5. 赵汝适著，杨博文校释：《诸蕃志》，北京：中华书局，1996年。

6. 张廷玉等：《明史》，北京：中华书局，1974年。

7. 印光任、张汝霖著，赵春晨点校：《澳门记略》，广州：广东高等教育出版社，1988年。

8. 严从简著，余思黎点校：《殊域周咨录》，北京：中华书局，1993年。

9. 徐松：《宋会要辑稿》，上海：中华书局，1957年。

10. 徐溥、李东阳等：《明会典》，印景文渊阁四库全书，台北：商务印书馆，1986年。

11. 徐昌治：《破邪集》，日本安政二年刻本，四库未收书辑刊，北京：北京出版社，2000年。

12. 向达校注：《两种海道针经》，北京：中华书局，1961年。

13. 夏燮著，高鸿志点校：《中西纪事》，长沙：岳麓书社，1988 年。

14. 汪大渊著，苏继顾校释：《岛夷志略》，北京：中华书局，1981 年。

15. 脱脱等：《宋史》，北京：中华书局，1977 年。

16. 谈迁：《国榷》，《续修四库全书》，史部，编年类，上海：上海古籍出版社，1995 年。

17. "中央研究院"历史语言研究所校勘：《明实录》，上海：上海古籍书店，1983 年。

18. 宋濂等：《元史》，北京：中华书局，1976 年。

19. 屈大均：《广东新语》，北京：中华书局，1984 年。

20. 茅瑞徵：《皇明象胥录》，四库禁毁书丛刊，史部，第十册，北京：北京出版社，2005 年。

21. 罗曰褧：《咸宾录》，北京：中华书局，1983 年。

22. 李毓中编：《台湾与西班牙关系史料汇编》，台北：台湾文献馆，2008 年。

23. 李贤：《大明一统志》，台湾影印本，1965 年。

24. 李东阳等撰，申时行等重修：《大明会典》，台北：新文丰出版社，1976 年。

25. 柯劭忞：《新元史》，《传世藏书》，史库，二十六史，海口：海南国际新闻出版中心，1996 年。

26. 焦竑：《国朝献征录》，台北：学生书局，1965 年。

27. 何乔远：《闽书》，福州：福建人民出版社，1994 年。

28. 何乔远：《名山藏》，福州：福建人民出版社，2010 年。

29. 顾炎武：《天下郡国利病书》，广雅书局，光绪二十六年刊本。

30. 费信著，冯承钧校注：《星槎胜览校注》，北京：中华书局，1954 年。

31. 范晔撰，李贤注：《后汉书》，北京：中华书局，1965 年。

32. 陈子龙等辑：《明经世文编》，北京：中华书局，1962 年。

33. 查继佐：《罪惟录》，杭州：浙江古籍出版社，1986 年。

（二）专著

1. 庄国土：《中国封建政府的华侨政策》，厦门：厦门大学出版社，1989 年。

2. 庄国土：《华侨华人与中国的关系》，广州：广东高等教育出版社，

2001 年。

3. 郑永常:《来自海洋的挑战:明代海贸政策演变研究》,板桥:稻香出版社,2004 年。

4. 郑彭年:《日本西方文化摄取史》,杭州:杭州大学出版社,1996 年。

5. 郑民编:《菲律宾》,上海:商务印书馆,1925 年。

6. 张至善:《哥伦布首航美洲:历史文献与现代研究》,商务印书馆,1994 年。

7. 张维华:《明清之际中西关系简史》,济南:齐鲁书社,1987 年。

8. 张其昀等著:《中菲文化论集》,台北:中华文化出版事业社,1960 年。

9. 张铠:《中国与西班牙关系史》,郑州:大象出版社,2003 年。

10. 张家哲:《拉丁美洲:从印第安文明到现代化》,北京:中国青年出版社,1999 年。

11. 张国刚:《从中西初识到礼仪之争——明清传教士与中西文化交流》,北京:人民出版社,2003 年。

12. 曾少聪:《东洋航路移民:明清海洋移民台湾与菲律宾的比较研究》,南昌:江西高校出版社,1998 年。

13. 杨建成主编:《菲律宾的华侨》,台北:中华学术院南洋研究所,1986 年。

14. 晏可佳:《中国天主教简史》,北京:宗教文化出版社,2001 年。

15. 严中平:《老殖民主义史话选》,北京:北京出版社,1984 年。

16. 王绳祖:《国际关系史:第一卷(1648—1814)》,北京:世界知识出版社,1995 年。

17. 王加丰:《西班牙、葡萄牙帝国的兴衰》,西安:三秦出版社,2005 年。

18. 万明:《中葡早期关系史》,北京:社会科学文献出版社,2001 年。

19. 圣教杂志社编:《天主教传入中国概观》,台北:文海出版社,1971 年。

20. 沈定平:《明清之际中西文化交流史:明代:调适与会通》,北京:商务印书馆,2007 年。

21. 沙丁等著:《中国与拉丁美洲关系史》,郑州:河南人民出版社,1986 年。

22. 任继愈:《宗教词典》,上海:上海辞书出版社,1981 年。

23. 全汉昇:《中国经济史论丛》,台北:稻禾出版社,1996 年。

24．戚印平：《远东耶稣会史研究》，北京：中华书局，2007年。

25．潘日明：《16—19世纪澳门与马尼拉的商业航运》，澳门：海事研究中心，1987年。

26．聂德宁：《明末清初的海寇商人》，台北：杨江泉发行，2000年。

27．吕理政主编：《帝国相接之界：西班牙时期台湾相关文献及图像论文集》，台北：南天书局，2006年。

28．刘芝田：《中菲关系史》，台北：正中书局，1979年。

29．刘芝田：《菲律宾民族的渊源》，香港：东南亚研究所、菲华历史学会合作出版，1970年。

30．刘继宣、束世征：《中华民族拓殖南洋史》，上海：商务印书馆，1934年。

31．刘浩然：《中菲关系史初探》，泉州：泉州市菲律宾归侨联谊会，1991年。

32．林仁川、徐晓望：《明末清初中西文化冲突》，上海：华东师范大学出版社，1999年。

33．廖大珂：《福建海外交通史》，福州：福建人民出版社，2002年。

34．梁志明主编：《殖民主义史　东南亚卷》，北京：北京大学出版社，1999年。

35．梁英明等：《近现代东南亚》，北京：北京大学出版社，1994年。

36．李毓中：《菲律宾简史》，南投：暨南国际大学东南亚研究中心，2003年。

37．李金明、廖大珂：《中国古代海外贸易史》，南宁：广西人民出版社，1995年。

38．李长傅编译：《菲律宾史》，上海：商务印书馆，1936年。

39．金应熙主编：《菲律宾史》，开封：河南大学出版社，1990年。

40．金国平著：《西力东渐：中葡早期接触追昔》，澳门：澳门基金会，2000年。

41．江文汉：《明清间在华的天主教耶稣会士》，北京：知识出版社，1987年。

42．黄滋生、何思兵：《菲律宾华侨史》，广州：广东高等教育出版社，1987年。

43．黄邦和、萨那、林被甸主编：《通向现代世界的500年——哥伦布以来东西两半球汇合的世界影响》,北京:北京大学出版社,1994年。

44. 何晓东编著:《菲律宾古近代史》,台北:三民书局,1976年。

45. 顾卫民:《中国天主教编年史》,上海:上海书店出版社,2003年。

46. 方豪:《中西交通史》(下册),长沙:岳麓书社,1987年。

47. 方豪:《中国天主教史人物传》,北京:宗教文化出版社,2007年。

48. 崔维孝:《明清之际西班牙方济会在华传教研究》(1579—1732),北京:中华书局,2006年。

49. 陈台民:《中菲关系与菲律宾华侨》,香港:朝阳出版社,1985年。

50. 陈乐民编著:《十六世纪葡萄牙通华系年》,沈阳:辽宁教育出版社,2000年。

51. 陈荆和:《十六世纪之菲律宾华侨》,香港:新亚研究所,1963年。

52. 陈宏瑜:《菲律宾的政治发展》,台北:商务印书馆,1980年。

53. 晁中辰:《明代海禁与海外贸易》,北京:人民出版社,2005年。

(三)译著

1. 谢里尔　E.马丁、马可　瓦塞尔曼著,黄磷译:《拉丁美洲史》,海口:海南出版社,2007年。

2. 魏安国著,吴文焕译:《菲律宾生活中的华人》,香港:世界日报社,1989年。

3. 孙家堃译:《哥伦布航海日记》,上海:上海外语教育出版社,1987年。

4. 斯塔夫里阿诺斯著,吴象婴等译:《全球通史》,上海:上海社会科学院出版社,1999年。

5. 罗渔译:《利玛窦书信集》,台北:光启出版社、辅仁大学出版社,1986年。

6. 莱斯利·贝瑟尔主编,林无畏、吴经训、孙铢、丁兆敏译:《剑桥拉丁美洲史》,北京:经济管理出版社,1995年。

7. 克拉维约著,杨兆均译:《克拉维约东使记》,北京:商务印书馆,1957年。

8. 陈守国著,施华谨译:《菲律宾五百年的反华歧视》,马尼拉:菲律宾华裔青年联合会,1989年。

9. 波梁斯基著,北京大学经济系经济史经济学说史教研室译:《外国经济史·封建主义》,北京:三联书店,1964年。

10. 滨下武志著,朱荫贵、欧阳菲译:《近代中国的国际契机——朝贡贸易体系与近代亚洲贸易圈》,北京:中国社会科学出版社,1999 年。

11. 鲍晓鸥著,Nakao Eki 译:《西班牙人的台湾体验(1626—1642):一项文艺复兴时代的志业及其巴洛克的结局》,台北:南天书局,2008 年。

12. 白蒂著,庄国土等译:《远东国际舞台上的风云人物郑成功》,南宁:广西人民出版社,1997 年。

13. 安田朴著,耿昇译:《中国文化西传欧洲史》,北京:商务印书馆,2000 年。

14. 安德鲁·贡德·弗兰克著,刘北成译:《白银资本》,北京:中央编译出版社,2000 年。

15. 安德鲁·罗杰·威尔逊著,吴文焕译:《西统时期菲律宾华人简史》,马尼拉:菲律宾华裔青年联合会,2001 年。

16. R. B. 沃纳姆著,中国社会科学院世界历史研究所译:《新编剑桥世界近代史》,北京:中国社会科学出版社,1999 年。

17. J. F. 卡迪著,姚楠、马宁译:《东南亚历史发展》,上海:上海译文出版社,1985 年。

18. H. Bernard 著,潇濬华译:《天主教十六世纪在华传教志》,上海:商务印书馆,1936 年。

19. G. F. 赛义德著,吴世昌、温锡增译:《菲律宾共和国:历史、政府与文明》,北京:商务印书馆,1979 年。

20. E. 布拉德福德·伯恩斯著,王宁坤译:《简明拉丁美洲史》,长沙:湖南教育出版社,1989 年。

21. D. G. E. 霍尔著,中山大学东南亚历史研究所译:《东南亚史》,北京:商务印书馆,1982 年。

22. C. R. 博克塞编注,何高济译:《十六世纪中国南部行纪》,北京:中华书局,1999 年。

二、中文论文

1. 庄国土:《论中国海洋史上的两次发展机遇与丧失的原因》,《南洋问题研究》2006 年第 1 期。

2. 庄国土:《论中国海洋史上的两次发展机遇与丧失的原因》,《南洋问题研究》2006 年第 1 期。

3. 庄国土：《论 17—19 世纪闽南海商主导海外华商网络的原因》，《东南学术》2001 年第 3 期。

4. 庄国土：《海外贸易和南洋开发与闽南华侨出国的关系——兼论华侨出国的原因》，《华侨华人历史研究》1994 年第 2 期。

5. 庄国土：《16—18 世纪白银流入中国数量估算》，《中国钱币》1995 年第 3 期。

6. 周南京：《西班牙天主教会在菲律宾殖民统治中的作用》，《世界历史》1982 年第 2 期。

7. 郑玉书：《中菲间历史文物之梗概》，《台湾风物》1961 年第 2 期。

8. 郑佩宜：《十七世纪初以前的中菲贸易与 1603 年的马尼拉大屠杀》，台湾大学历史学研究所硕士学位论文，2008 年。

9. 赵启峰：《西属（1565—1898）菲律宾华人经济空间之研究》，台湾成功大学硕士学位论文，1999 年。

10. 赵亮：《中国与西班牙的第一次正式交往》，《北京大学研究生学志》2007 年第 1 期。

11. 张先清：《多明我会与明末中西交往》，《学术月刊》2006 年 10 月号。

12. 张维持、胡晓曼：《从出土陶瓷看古代中菲关系》，《学术研究》1985 年第 1 期。

13. 张国昀：《论重商主义》，《西北师大学报》（社会科学版）2004 年第 41 卷第 5 期。

14. 佚名，黄徽现译：《中国报道》，《文化杂志》1997 年第 23 期。

15. 杨立冰：《略论古代中菲关系》，《东南亚纵横》1987 年第 1 期。

16. 严中平：《丝绸流向菲律宾，白银流向中国》，《近代史研究》1981 年第 1 期。

17. 严中平：《从菲律宾到中国》，《近代史研究》1982 年第 1 期。

18. 许序雅、许璐斌：《17 世纪西方天主教国家对远东保教权的争夺》，《文化杂志》2009 年第 70 期。

19. 许璐斌：《16—17 世纪的远东保教权之争》，浙江师范大学世界史专业硕士学位论文，2009 年。

20. 萧轩竹：《西属初期菲律宾土著的华货消费市场》（1571—1620），台湾政治大学硕士学位论文，2008 年。

21. 吴景宏：《明初中菲关系之探讨》，《明代清代史研究论集》，大陆杂志史学丛书,第三辑第四册,台北:大陆杂志,1970 年。

22. 王加丰:《西班牙帝国为什么衰落》,《浙江师大学报》(社会科学版)1997 年第 6 期。

23. 特谢拉:《16—17 世纪从菲律宾前往东南亚葡占领地的传教团》,《文化杂志》2004 年第 52 期。

24. 汤开建、田渝:《明清之际澳门天主教的传入与发展》,《暨南学报》(哲学社会科学版)2006 年第 2 期。

25. 索萨:《西葡国王菲利普二世以及菲律宾群岛与帝汶的关系》,《文化杂志》2004 年第 51 期。

26. 施雪琴:《西班牙天主教在菲律宾:殖民扩张与宗教调适》,厦门大学南洋研究院博士学位论文,2004 年。

27. 施雪琴:《西班牙天主教语境下的宗教政策——16—18 世纪菲律宾华侨皈依天主教研究》,《华侨华人历史研究》2002 年第 1 期。

28. 施雪琴:《16 世纪天主教会对西班牙海外管辖权的争论——兼论菲律宾群岛的"和平征服"》,《厦门大学学报》(哲学社会科学版)2004 年第 1 期。

29. 塞亚布拉:《强权、社会及贸易:菲律宾和澳门的历史关系(16—18 世纪)》,《文化杂志》2004 年第 51 期。

30. 全汉昇:《明季中国与菲律宾间的贸易》,《中国经济史论丛》1997 年第 2 期。

31. 全汉昇:《略论新航路发现后的中国海外贸易》,《中国海洋发展史论文集》第 5 辑,1993 年。

32. 全汉昇:《略论新航路发现后的海上丝绸之路》,《"中央研究院"历史语言研究所集刊》,第 57 本第 2 分册,1986 年。

33. 全汉昇:《从晚明到清代中期中国与西班牙美洲的丝绸贸易》,《历史地理》第 6 辑,1988 年。

34. 钱江:《1570—1760 年中国和吕宋贸易的发展及贸易额的估算》,《中国社会经济史研究》1986 年第 3 期。

35. 钱江:《1570—1760 年西属菲律宾流入中国的美洲白银》,《南洋问题研究》1985 年第 3 期。

36. 潘树林:《试论收复失地运动对葡萄牙和西班牙海外扩张的影响》,《四川师范大学学报》1996 年第 1 期。

37. 罗荣渠:《中国与拉丁美洲的历史联系(十六世纪到十九世纪初)》,《北京大学学报》(哲学社会科学版)1986年第2期。

38. 罗德里格斯:《菲律宾在东亚的影响(1565—1593)》,《文化杂志》2004年第52期。

39. 鲁伊·罗里多:《葡萄牙人与丝绸之路:明朝末年的澳门与马尼拉》,《文化杂志》2002年第44期。

40. 刘文龙:《西属美洲王权与教权关系初探》,《拉丁美洲研究》1991年第3期。

41. 林金枝、韩振华:《读郑成功致菲律宾总督书——中国历史上保护华侨正当权益的先驱》,《南洋问题》1982年第3期。

42. 廖大珂:《福建与大帆船贸易时代的中拉交流》,《南洋问题研究》2001年第2期。

43. 李曰强:《明代中菲贸易研究》,山东大学硕士学位论文,2007年。

44. 李毓中:《明郑与西班牙帝国:郑氏家族与菲律宾关系初探》,《汉学研究》1998年第2期。

45. 李永锡:《西班牙殖民者对菲律宾华侨压迫的政策与罪行》,《中山大学学报》1959年第4期。

46. 李永锡:《菲律宾与墨西哥之间早期的大帆船贸易》,《中山大学学报(社科版)》1964年第3期。

47. 李隆生:《明后期海外贸易的探讨》,复旦大学博士学位论文,2004年。

48. 李丽娜:《巴黎外方传教会与天主教的中国本土化进程》,《汕头大学学报》2006年第1期。

49. 李金明:《明代后期的海外贸易与海外移民》,《中国社会经济史研究》2002年第4期。

50. 江醒东:《明代中国与菲律宾的友好关系》,《中山大学学报》(社会科学版)1981年第1期。

51. 黄滋生:《十六世纪七十年代以前的中菲关系》,《暨南学报》(哲学社会科学版)1984年第2期。

52. 黄滋生:《十六——十八世纪华侨在菲律宾经济生活中的作用》,《暨南学报》(哲学社会科学版)1982年第1期。

53. 黄重言:《菲律宾古国考》,《东南亚历史学刊》1983年第1期。

54. 黄重言：《〈东西洋考〉中的中菲航路考》，《学术研究》1978 年第 4 期。

55. 华涛：《大航海时代初期欧洲的东亚观》，《文化杂志》2004 年第 52 期。

56. 胡安·包蒂斯塔·罗曼撰，陈用仪摘译：《中国风物志》，《文化杂志》1997 年第 30 期。

57. 佛朗哥：《日本群岛传教梦的结束：〈日本的辩解〉和耶稣会士与托钵僧的论战》，《文化杂志》2004 年第 50 期。

58. 戴默尔：《欧洲近代初期的日本与中国观：对东亚陌生文化不同理解管道之比较》，《文化杂志》2007 年第 64 期。

59. 陈丽娜、陈静：《论巴黎外方传教会对天主教中国本土化的影响》，《宗教学研究》2006 年第 4 期。

60. 巴托洛梅·来昂纳多·德·阿亨索拉著，范维信摘译：《征服马鲁古群岛》，《文化杂志》1997 年第 31 期。

61. C. R. 博克塞著，黄鸿钊等译：《16—17 世纪澳门的宗教和贸易中转港之作用》，《中外关系史译丛》第 5 辑，上海：上海译文出版社，1991 年。

三、外文论著

1. A. H. Johnson, *Europe in the Sixteenth Century*：1494—1598, London，1905.

2. Alejandro M. Fernandez, *The Spanish General Governor in the Philippines* , Quezon City：University of the Philippines，1971.

3. Alfred W. McCoy & Ed. C. de Jesus, *Philippine Social History*：*Global Trade and Local Transformations* , Quezon City, Metro Manila：Ateneo de Manila University Press，1982.

4. Andrew Pettegree, *Europe in the Sixteenth Century*, Oxford，Malden，Mass：Blackwell，2002.

5. Anthony Reid, *Southeast Asia in the Early Modern Era*：*Trade, Power and Belief* , Ithaca, Cornell University Press，1993.

6. Antoniode Morga, *The Philippine Islands, Moluccas, Siam, Cambodia, Japan, and China, at the Sixteenth Century*, New York，Burt Franklin Publisher，1970.

7. Ausejo Luz, *The Philippines in the Sixteenth Century*, Chicago University, 1972.

8. Austin Craig ed. , *The Former Philippines thru Foreign Eyes*, New York: D. Appleton and Company, 1917.

9. Berthold Laufer, *The Relations of the Chinese to the Philippines*, Manila, Philippines, 1967.

10. Beyer, H. Otley, & De Veyra, Jaime C. , *Philippine Saga: a Pictorial History of the Archipelago since Time Began* , Manila, Evening News, 1947.

11. C. H. Haring, *The Spanish Empire in America* , New York, Oxford University Press, 1947.

12. C. R. Boxer, *The Great Ship from Amacon*, *Annals of Macao and the Old Japan Trade* 1555—1640, Lisbon, 1963.

13. Charles Henry Cunningham, *The Audiencia in the Spanish Colonies as Illustrated by the Audiencia of Malina* (1583—1800) , Berkeley, University of California Press, 1919.

14. Clements Markham translated and edited, *Early Spanish Voyages to the Strait of Magellan*, London, Printed for the Hakluyt Society, 1911.

15. Cynthia Ongpin Valdes, *The Chinese in the Philippines during the Spanish Colonial Period* , a Monograph for Teresita Aug Lee and the Kaisa Foundation, April, 2002.

16. Daniel B. Schirmer & Stephen Rosskamm Shalom, *The Philippines Reader: A History of Colonialism, Neocolonialism, Dictatorship, and Resistance*, Boston: South End Press, 1987.

17. Dean Conant Worcester, *The Philippine Islands and Their people: a Record of Personal Observation and Experience, with a Short Summary of the More Important Facts in the History of the Archipelago*, New York: Elibron Classics, 2005.

18. Edgar Wickberg, *The Chinese Mestizo in Philippine History*, Manila: Kaisa Para sa Kaunlaran, 2001.

19. Eufronio M. Alip, *Philippine History: Political, Social,*

Economic, Manila, Alip, 1958.

20. Eufronio M. Alip, *Philippine-Chinese Relations*, Manila: Alip · & Sons, Inc. , 1959.

21. Eufronio M. Alip, *Ten Centuries of Philippine-Chinese Relations*, Manila: Alip, 1959.

22. F. A. Kirkpatrick, *The Spanish Conquistadores*, London, Adam & Charles Black, 1946.

23. F. Landa Jocano, *Philippine History*, Quezon City: Publications Office, Philippine Center for Advanced Studies, University of the Philippines, Diliman, 1975.

24. F. Landa Jocano, *Philippine Prehistory: an Anthropological Overview of the Beginnings of Filipino Society and Culture*, Diliman, Quezon City: Philippine Center for Advanced Studies, University of the Philippines, 1975.

25. G. F. Zaide, *The Pageant of Philippine History: Political, Economic, and Socio-Cultural*, Manila, Philippine Education Company, 1979.

26. Gregorio F. Zaide, *Documentary Sources of Philippine History*, Metro Manila, National Book Store, INC. , 1990.

27. H. de la Costa, S. J. , *Readings in Philippine History*, Makati, Bookmark, 1973.

28. H. de la Costa, S. J. , *Readings in Philippine History*, Manila, Bookmark Inc. , 1965.

29. Helen Rawlings, *The Spanish Inquisition*, Malden, MA: Blackwell Pub. , 2006.

30. Irving Berdine Richman, *The Spanish Conquerors: a Chronicle of the Dawn of Empire Overseas*, New Haven, Yale University Press, 1919.

31. J. S. Cummins, *Jesuit and Friar in the Spanish Expansion to the East*, London, Variorum Reprints, 1986.

32. James S. Coleman ed. , *Education and Political Development*, New Jersey, Princeton University Press, 1965.

33. John L. Phelan, *The Hispanization of the Philippines: Spanish Aims and Filipino Responses*, 1565—1700, Madison, The University of Wisconsin Press, 1959.

34. Jose S. Arcilla, S. J. ed., *The Spanish Conquest*, *Vol. III of Kasaysayan: The Story of the Filipino People*, Philippines, Asia Publishing Company, Limited, 1998.

35. Keith Whinnom, *Spanish Contact Vernaculars in the Philippine Islands*, Oxford: Oxford University Press, 1956.

36. Kenneth Scott Latourette, *A History of Christian Missions in China*, New York: The Macmillan Company, 1929.

37. Leslie E. Bauzon, *Deficit Government: Mexico and the Philippine Situado* (1606—1804), Tokyo: The Centre for East Asian Cultural Studies, 1981.

38. Linda A. Newson, *Conquest and Pestilence in the Early Spanish Philippines*, Honolulu: University of Hawaii Press, 2009.

39. Manuel T. Chan, *The Audiencia and The Legal System in the Philippines* (1583—1900), Quezon City: Progressive Printing Palace, 1998.

40. Martin J. Noone S. S. C., *General History of the Philippines*, part I, Vol. I, *the Discovery and conquest of the Philippines* (1521—1581), Manila: Historical Conservation Society, 1986.

41. Martinez de Zuniga, *An Historical View of the Philippine Islands*, London, Davids, Whitefriars, 1814, Vol. 1.

42. Michael Leifer, *Dilemmas of Statehood in Southeast Asia*, University of Columbia Press, 1972.

43. Miguel A. Bernand, S. J., *The Christianization of the Philippines: Problems and Perspectives*, Manila: The Filipiniana Book Guild, 1972.

44. Nicholas P. Cushner, *Spain in the Philippines: from Conquest to Revolution*, Quezon City: Ateneo de Manila, 1971.

45. Nicolas Zafra, *The Colonization of the Philippines and the Beginnings of the Spanish City of Manila*, Manila: National Historical

Commission，1974.

46. O. H. K. Spate，*The Spanish Lake*，Minneapolis：University of Minnesota Press，1979.

47. Onofre D. Cox-puz，*The Bureaucracy in the Philippines*，Quezon：Institute of Public Administration，University of the Philippines，1957.

48. Pablo Fernandez，O. P.，*History of the Church in the Philippines* (1521—1898)，Manila：National Book Store，1979.

49. Paul H. Kratoska ed.，*South East Asia：Colonial History*，London and New York：published by Taylor& Francis，2001.

50. Renato Constantino，*The Philippines：a Past Revisited*，Quezon City：Tala Pub. Services，1975.

51. Renato Constantino，*A History of the Philippines：From The Spanish Colonization to the Second World War*，New York：Monthly Review Press，1975.

52. Robert R. Reed，*Colonial Manila：the Context of Hispanic Urbanism and Process of Morphogenesis*，Berkeley，Los Angeles，London：University of California Press，1978.

53. Ross Andrew C.，*A Vision Betrayed：the Jesuits in Japan and China*，1542—1742，Edinburgh，1994.

54. Rufus B. Rodriguez，*The History of the Judicial System in the Philippines* (1565—1898)，Quezon City：Rex Printing Company，1999.

55. Shubert S. C. Liao，*Chinese Participation in Philippine Culture and Economy*，University of the East，Manila，Philippines，September，1964.

56. The Supreme Court of the Philippines，*The History of the Philippine Judiciary*，Manila：Published by the Philippine Judiciary Foundation，1998.

57. Virginia Benitez Licuanan and Jose Llavador Mira，*The Philippines under Spain*，National Trust for Historic and Cultural Preservation of the Philippines，1996.

58. W. H. Scott，*Oripun and Alipin in Sixteenth Century*

Philippines，In *Slavery*，*Bondage and Dependency in Southeast Asia*，Anthony Reid ed. ，St. Lucia：University of Queensland Press1983.

59. Wilhelm Roscher，*The Spanish Colonial System* ，New York：Henry Holt and Company，1904.

60. William Lytle Schurz，*The Manila Galleon*，New York：E. P. Dutton，1939.

61. W. Woodruff，*The Struggle for World Power* 1500—1980，Macmillan，1981.

62. C. R. Boxer，*The Church Militant and Iberian expansion*，1440—1770，Baltimore：Johns Hopkins University Press，1978.

63. Henry Kamen，*Spain*，1469—1714：*A Society of Conflict*，London，New York：Longman，1991.

64. C. R. Boxer，*Fidalgos in the Far East*，1550—1770：*Fact and Fancy in the History of Macao*，the Hague Martinus Nijhoff，1948.

65. C. R. Boxer，*The Dutch seaborne empire* 1600—1800，London：Hutchinson，1977.

66. Horaciode la Costa，*The Jesuits in the Philippines* 1581—1768，Cambridge，Harvard University Press，1961.

67. Edgar Wickberg，*The Chinese in Philippine Life* 1850—1898，Manila：Ateneo de Manila University Press，2000.

68. McCarthy，*Spanish Beginnings in the Philippines*，1564—1572，Washington，D. C. ：The Catholic university of America press，1943.

69. Jesus Galindo，400 *Years*，1578—1978：*Franciscans in the Philippines* ，Manila，Regal Printing，1979.

70. Gregorio F. Zaide，*Philippine Political and Cultural History*，v. 1：*the Philippines since Pre-Spanish Times*，Manila，Philippine Education Co. ，1957.

71. C. R. Boxer，*Portuguese Conquest and Commerce in Southern Asia*，1500—1750，Hampshire，Gower Publishing House，1985.

72. C. R. Boxer，*Portuguese Conquest and Commerce in Southern Asia*，1500—1750，London：Variorum Reprints，1985.

73. C. R. Boxer，*Portuguese Conquest and Commerce in Southern*

Asia，1500—1750，London：Variorum Reprints，1985.

74. E. H. Blair and J. H. Robertson，*The Philippine Islands*，1493—1898，Cleveland：The Arthur H. Clark Co. ，1903，Vol. 1~44.

75. Willian Henry Scott，*Filipinos in China before* 1500，Manila：China Studies Program de la Salle University，1989.

四、外文论文

1. B. L. ，Review：History of the Philippine Islands from Their Discovery by Magellan in 1521 to the Beginning of the XⅧ Century，*Bulletin of the American Geographical Society*，Vol. 39，No. 8 (1907).

2. Belinda A. Aquino，How Philippine Studies Began，*Filipinas Magazine*，October 2000.

3. C. N. L. Brooke，The Missionary at Home：1000—1250，in G. J. Cuming，（ed. ），*The Mission of the Church and the Propagation of Faith*，Cambridge，1970.

4. C. R. Boxer，Some Aspects of Spanish Historical Writing on The Philippines，in D. G. E. Hall edited，*Historian of South East Asia*，London，Oxford University Press，1961.

5. Carmen Y. Hsu，Writing on Behalf of a Christian Empire：Gifts，Dissimulation，and Politics in the Letters of Philip Ⅱ of Spain to Wanli of China，*Hispanic Review*，summer 2010，University of Pennsylvania Press，2010.

6. Charles Henry Cunningham，The Residencia in the Spanish Colonies，*The Southwestern Historical Quarterly*，Vol. 21，No. 3 (Jan. ，1918).

7. Colin Jack-Hinton，The Political and Cosmographical Background to the Spanish Incursion into the Pacific in the Sixteenth Century，*Journal of the Malayan Branch of the Royal Asiatic Society*，37(2)，1964.

8. Costa Horacio de la，Church and State in the Philippines during the Administration of Bishop Salazar，1581—1594，*The Hispanic American Historical Review*，Vol. 30，1950.

9. David P. Barrows，The Governor General of the Philippines Under

Spain and the United States, *The American Historical Review*, Vol. 21, No. 2. (Jan. , 1916).

10. F. A. Kirkpatrick, Review: The Audiencia in the Spanish Colonies as Illustrated by the Audiencia of Manila (1583—1800) , *The English Historical Review*, Vol. 35, No. 140 (Oct. , 1920).

11. Fr. Alberto Santamaria, O. P. , The Chinese Parian, Alfonso Felix, Jr. (editor), *The Chinese in the Philippines* , Manila, 1966.

12. Flynn and Giraldez, Born with a 'Silver Spoon' The Origin of World Trade in 1571 , *Journal of World History*, Vol. 6, No. 2, 1995.

13. Horaciode la Costa, Episcopal Jurisdiction in the Philippines during the Spanish Regime, in Gerald H. Anderson, *Studies in Philippine Church History*, Ithaca and London, Cornell University Press, 1969.

14. Howard F. Cline, CivilCongregations of the Indians in New Spain, 1598—1606 , in *The Hispanic American Historical Review*, Vol. 29, No. 3 (Aug. , 1949).

15. J. C. , Review: TheAudiencia in the Spanish Colonies as Illustrated by the Audiencia of Manila (1583—1800), *The Mississippi Valley Historical Review*, Vol. 8, No. 4 (Mar. , 1922).

16. J. Gayo Abagon, The Controversy over Jurisdiction of Spanish Rule in the Philippines , in Gerald H. Anderson, *Studies in Philippine Church History*, Ithaca and London, Cornell University Press, 1969.

17. James A. Le Roy, The Philippine 'Situado' from the Treasury of New Spain, *The American Historical Review*, Vol. 10, No. 4, (Jul. , 1905).

18. John A. Larkin, Review: An historical view of the Philippine Islands , *The Journal of Asian Studies*, Vol. 28, No. 1, (Nov. , 1968).

19. John L. Phelan, Some Ideological Aspects of the Conquest of the Philippines , *The Americas*, Vol3, No. 3 (Jan, 1957).

20. Katharine Bjork, The Link That Kept the Philippines Spanish: Mexican Merchant Interests and the Manila Trade, *Journal of World History*, Vol. 9, No. 1, 1998.

21. Keith Whinnom, Spanish in the Philippines, *Journal of Oriental Studies*, 1954, Vol. 1.

22. Louisa Schell Hoberman, Merchants in Seventeenth-Century Mexico City: A Preliminary Portrait, *The Hispanic American Historical Review*, Vol. 57, No. 3, Aug., 1977.

23. Robert Lewis Gill, The Legal Aspects of the Position of the Chinese in the Philippine Islands, a dissertation submitted in partial fulfillment of the requirements for the degree of doctor of Philosophy in the University of Michigan, Ann Arbor, Michigan, April, 1942.

24. Robert Ronald Reed, Hispanic Urbanism in the Philippines, *Journal of East Asiatic Studies*, Vol. 11, (March, 1967).

25. Tom Barker, Silver, Silk and Manila: Factors Leading to the Manila Galleon Trade, *Philippine Studies*, 44:1(1996).

26. Wu Ching-Hong, Historico-Economico Aspects of Sino-Philippine Relations, 1603—1762, submitted to the Graduate School, University of the Philippines, in partial fulfillment of the requirements for the degree of doctor of philosophy in history, 1975.

后　记

虽从小就对历史抱有浓厚兴趣，可直至读博前我一直都未能如愿成为一名历史学的科班生，即使考入了厦门大学师从庄国土教授攻读专门史，入学之初也在想，虽为史学专业，将来的主要研究方向可能还是会延续硕士阶段的国际关系研究，重点研究现状。当恩师庄国土教授让我加入国际合作项目《菲律宾华人通史》的研究工作，具体负责菲律宾概况、明中叶以前的菲中关系、古代中菲间的相互认知等部分的研究与撰写时，我确实诚惶诚恐，毕竟对史学研究过于陌生，尽管庄教授就我负责的部分设好了研究框架，并就如何开展研究进行了耐心讲解。

接受任务后，我不敢懈怠，经常性地泡在图书馆，翻阅之前从未接触过的《宋史》、《元史》、《明史》、《明实录》等众多史籍。史籍馆藏区借阅的人不多，有时甚至形孤影单，所以书上灰尘较多，我经常弄得满脸灰尘，但那样也好，我都没有碰到我想要的书被别人借走的情况。研究工作推进缓慢，时间却过得很快，承担的任务不多，耗时却不少，花了近乎一年半的时间才完成。随即到了准备博士学位论文开题的时候，在与导师商量之后，决定继续中菲关系研究，因为那一块基础相对好一些。受益于廖大珂教授指点，获导师首肯，最后我将博士学位论文题目定为"菲律宾殖民当局的对华政策(16—17世纪)"。

为了撰写博士论文，我前往菲律宾国立大学访学了半年多，在该校图书馆、圣托马斯大学图书馆、雅典耀大学图书馆、华裔文化传统中心图书馆等多个图书馆收集了很多有关中菲关系和菲律宾华人的文献资料，在菲律宾国家博物馆、圣托马斯大学博物馆、华裔文化传统中心博物馆等参观了大量与中菲关系相关的文物，获取了大量信息。同时台湾著名的中菲关系及中国—拉美关系学者李毓中博士也为我提供了很多档案和文献资料。结合国内的史籍和中文文献资料，加上所能收集到的英文资料，论文在资料准备上勉强还算完整。

本书正是在博士学位论文的基础上修改而成，尚有诸多缺陷和不足，希望学界同行予以批评指正。同时感谢庄国土教授将该书列入八桂学者中国与东南亚关系研究丛书予以出版！

陈丙先

2015年3月30日

于广西民族大学

图书在版编目(CIP)数据

菲律宾殖民当局的对华政策：16—17世纪/陈丙先著.—厦门:厦门大学出版社，
2015.5
（中国与东南亚关系研究丛书）
ISBN 978-7-5615-5495-1

Ⅰ.①菲…　Ⅱ.①陈…　Ⅲ.①对华政策－研究－菲律宾－16世纪～17世纪
Ⅳ.①D822.334.1

中国版本图书馆 CIP 数据核字(2015)第 084849 号

官方合作网络销售商：　dangdang.com　亚马逊 amazon.cn　JD 京东.COM

厦门大学出版社出版发行
（地址:厦门市软件园二期望海路 39 号　邮编:361008）
总 编 办 电 话:0592-2182177　传真:0592-2181253
营销中心电话:0592-2184458　传真:0592-2181365
网址:http://www.xmupress.com
邮箱:xmup @ xmupress.com
厦门大嘉美印刷有限公司印刷
2015 年 5 月第 1 版　2015 年 5 月第 1 次印刷
开本:720×1000　1/16　印张:20.75　插页:2
字数:340 千字　印数:1～2 000 册
定价:47.00 元
本书如有印装质量问题请直接寄承印厂调换